교리의 종말

Theology and the End of Doctrine

크리스틴 헬머

교리의 종말

2020년 11월 11일 초판 1쇄 발행
2025년 3월 21일 초판 2쇄 발행

지은이 크리스틴 헬머
옮긴이 김지호
검 토 민경찬
해 설 김진혁
펴낸이 김지호

도서출판 100
전 화 070-4078-6078
팩 스 050-4373-1873
소재지 경기도 파주시 아동동
이메일 100@100book.co.kr
홈페이지 www.100book.co.kr
등록번호 제2016-000140호

ISBN 979-11-89092-15-3 93230
CIP제어번호 CIP2020046344

내 사랑, 동반자, 대화 상대,

그리고 함께 부모 된 그대

로버트 A. 오시Robert A. Orsi에게

목차

한국어판 서문

교리는 그리스도교의 신학 어휘 목록에 있는 중요한 전문 용어입니다. 교리는 또한 남성의 권위와 철저하게 연결된 용어입니다. 역사적으로 볼 때 교리를 작성한 신학자들은 유럽의 백인 남성이었습니다. 신약성서의 유다서는 특정한 사람들이 "성도들에게 단번에 전해진 그 믿음"을 옹호하는 임무를 맡는다고 기록하고 있습니다. 이러한 성서의 위임장(mandate)은 나중에 '교회의 박사들'이라는 특권이 되었습니다. 이들은 교육받은 남성 성직자로 대학에서 신학을 가르치는 엘리트들이었습니다. 이 학자들은 이단 사건을 관장했으며, 그리스도인 황제들과 제후들의 조언자였고, '교회법'으로 알려진 법률 문서에 금지령(proscriptions)을 넣었습니다. 교리라는 용어는—원래 라틴어 *doctrina*는 '가르침'을 의미—진리, 정통, 규범적 믿음, 남성 권력과 긴밀한 관계가 되었습니다. 남성 저술가와 남성 교사로 된 하나의 사도적 전통은 한 세대에서 다음 세대로 교리를 충실하게 전하는 일을 굳건히 했습니다. 물론 예외도 있었습니다. 시에나의 카타리나(Catherine of Siena)나 아빌라의 데레사(Theresa of Avila)와 같은 강력한 인물은 오늘날 교회의 '박사'로 인정받고 있습니다. 하지만 대체로 교리는 남성의 학문과 남성의 권위의 영역이었습니다.

저는 위와 같은 의미로 교리의 의미를 배우게 되었습니다. 단 한 분의 교수님만 제외하고, 제가 다녔던 루터파 신학교 선생님들은 모두 남성이었습니다. 그들은 오로지 남성 저자들에 대해서만 가르쳤고, 남성 신학자들만 배정했고, 남성으로서, 남성 신학자들(오리게네스, 아우구스티누스, 아퀴나스, 루터, 칼뱅, 바르트, 본회퍼)의 렌즈를 통해 교리사의 문헌들을 해석했습니다.

게다가 제가 속한 루터교 전통에서 교리는 권위와 관련된 함의가 더 있습니다. 권위 있는 가르침이라는 의미에서의 교리는 '순수한'이라는 형용사로 특징지어집니다—라틴어로는 *pura doctrina* 입니다. 이는 성서에 기록된 교리적 진리가 16세기 종교 개혁자들에 의해 충실하게 회복되었다는 의미였습니다. 루터와 칼뱅은 그리스도의 복음을 중세 가톨릭의 기형적 형태에서 구해 냈습니다. 종교개혁자들은 중세 가톨릭 신학자들이 구원의 요건으로 추가한 인간의 행위로부터 자유로운 복음을 교리의 진리로 선포하였습니다. 단순히 교리가 아니라, **순수한** 교리가 개신교 남성 신학자들의 특권이었습니다.

제가 소장 학자일 때 제 자신의 고유한 교리 탐구를 시작한 것은 이러한 맥락에서였습니다. 저는 삼위일체 교리에 끌렸습니다. 삼위일체 교리는 그리스도교에서 두 가지 핵심 고백(confessional commitments) 중 하나로 간주되고 있습니다. 삼위일체는 그리스도교 교리에서 차지하는 이러한 핵심성 때문에 '교의'(dogma)의 지위를 부여받았습니다. 교의라는 용어는 더할 나위 없는, 다툼의 여지가 없는, 최고의 규범성을 지닌다는 특징이 강조되는 표현입니다. 신학자들은 삼위일체 교의가 그리스도교 성서에 명시적인 의미로 표현된 것이 아니라 초대 교회에 의해 만들어진 것이라는 점에 대해 동의하지만, 그럼에도 삼위일체 교리에 이렇게 비범한 지위를 부여합니다. 아리우스(Arius)와 아타나시오스(Athanasius) 같은 신학자들은 하나님이자 사람이라는 예수님의 지위에 대해 물음을 던졌습니다. 그리고 이 물음에 답하는 과정에서, 전에 사용된 적 없던 전문적인 용어가 만들어졌습니다. 아버지와 아들의 '동일본질성'(consubstantiality)이나 아버지의 영원한 '발출'(spiration)을 나타내는 용어들입니다. 저는 중세 신학자들이 세 위격 간의 관계와 세 위격과 신적 본질의 관계를 이해하기(make sense) 위해 논리적 삼단논법을 사용한 방식들을 추적하면서, 계속해서 삼위일체에 대해 탐구했습니다. 저는 20세기의 스위스 신학자 칼 바르트가 여러 권으로 된 자신의 『교회 교의학』(*Church Dogmatics*)의 토대로서 삼위일체 교리를 재발견한 방식과 더불어, 그리스도교 교리의 정통성을 보증하는 것으로 삼위일체 교리의 지위를 주장한 바르트를 따르는 현대 신학자들의 작업을 연구했습니다. 삼위일체 교리의 역사는 탁월한 구별, 고도의 전문 용어, 철학적 개념화로 특징지어졌습니다. 그리고 이 역사는 남성의 세계였습니다.

저의 물음들은 급증했습니다. 한 문제에서 또 다른 문제로 이어지면서 말이죠. 누가, 삼위일체에 대해 말해진 모든 것을 대표하는 하나의 그리스도교 전통을 결정했을까요? 왜 삼위일체 정통에 관한 기록에는 여성 신학자들이 빠져 있을까요? 폭넓게 탐색하니 두 명의 여성이 나타났습니다. 한 분은 13세기의 여성 신비주의자인 메히트힐트 폰 막데부르크(Mechthild of Magdeburg)로, 그녀는 『신성의 흐르는 빛』(*The Flowing Light of Divinity*)이란 책에 자신의 삼위일체적 비전을 적었습니다. 그리고 저는 20세기 스위스 의사인 아드리엔 폰 슈파이어(Adrienne von Speyer)가 여러 신비주의적 통찰 가운데 특히 삼위일체적 비전을 가지고 있었다는 점도 알게 되었습니다. 제가 여기서 간략히 제시한 한 쪽 성(性)만 참여한 교리의 역사에 걸맞게도, 폰 스페이어는 그녀가 60권의 저술을 남겼다는 점보다 가톨릭 남성 신학자인 한스 우르스 폰 발타자르(Hans Urs von Balthasar)의 신학 작업에 중요한 삼위일체적 통찰을 제공했다는 점으로 더 유명합니다. 그리고 메히트힐트의 비전의 정통성은 종종 의심받고 있습니다.

저는 결국 교리의 본성 자체에 의문을 갖게 되었습니다. 하나님의 계시의 정확한 전달을 영원하게 포착한 언어적 공식(linguistic formula)이 없다면, 삼위일체 교리를 계시에 기초한 교리로 주장하는 것이 어떻게 가능할 수 있을까요? 저는 중세 신학자들이 '하나'와 '셋'의 관계를 요약하기 위해 어떤 명제—라틴어로는 *tres res sunt una res*, 문자 그대로 옮기면 "세 사물은 하나의 사물이다"—를 언급했음을 알게 되었습니다. 그들은 이 공식을 삼위일체에 관한 무수히 다양한 사색의 출발점으로 사용했습니다. 그럼에도 이 명제는 놀랍게도 어떤 고백문에도 성문화된 적이 없었습니다. 그리고 어떤 단 하나의 텍스트도 삼위일체에 관한 사색에 결정적인 종지부를 찍지 못했습니다.

저는 삼위일체 교리의 역사를 연구하면서, 교리 자체를 단번에 주어지는 것이라기보다 '이해하게 되어 가는' 과정으로 생각하게 되었습니다. 교리는 하나의 숙제이지, 최종 산물이 아닙니다. 교리는 신학자들의 지적 과업이지, 가보나 한 줌의 재산처럼 이전 세대들로부터 수동적으로 물려받은 유산이 아닙니다. 교리는 그리스도교의 살아 있는 전통에 영향을 미친 근본 현실들을 탐구하고 경험하기 위한 출발점입니다. 교리는 결코 그리스도교 역사의 마지막 장이 아닙니다.

이러한 측면에서 교리에 대해 생각함에 있어 저의 동맹군은 19세기 초 독일의 개혁파 신학자이자 목사인 슐라이어마허였습니다. 슐라이어마허는 20세기의 수많은 신학자들에게 논쟁의 대상이었습니다. 그들은 슐라이어마허가 교리의 규범적 지위를 개인의 주관성에 양도했다고 확신했습니다. 하지만 저는 그의 작품을 연구하면서 슐라이어마허가 중요한 도움을 주는 대화 상대라는 점을 발견했습니다. 그는 교리의 생산이 가능하다는 식의 이해를 통해서, 궁극적으로는 신의 신비인 것을 적절하게 표현하도록 돕는 개념적 자원들을 통해서 저의 생각을 도왔습니다. 저는 또한 슐라이어마허에 대한 2차 자료에 담긴 비판을 재활용한 신학자들이 그를 오해해 왔음을 알게 되었습니다. 슐라이어마허는 교리를 주관적인 경험으로 대체하지 않았습니다. 더 정확히 말하자면, 그는 다양한 역사적 시대와 장소에서 숙고할 수 있게끔 교리를 유연하게 해 주는 경험과 객관적 계시 사이의 관계에 대한 복합적인 설명을 내놓았습니다. 제가 발견한 슐라이어마허는 세계화된 시대에 사는 21세기의 그리스도인들에게 유용할 수 있는 교리의 생산에 관한 모델을 개발한 분입니다.

누군가는 교리를 이런 식으로 이해하면 '규범성'을 잃게 된다고 우려할지도 모릅니다. 또 누군가는 제가 창의성을 강조하면서 어떤 특정한 유럽의 전통에 대한 충실함을 훼손시키는 게 아닌가 걱정할지도 모릅니다. 저는 규범성과 충실성이 교리의 의미에 중요하다는 점을 인정합니다. 하지만 이 용어들의 문제는 신학 전체에서 아주 작은 한 부분만을 식별하는 데 사용되어 왔다는 점입니다. 그 밖의 다른 신학자들도 많이 있습니다. 자신이 속한 특정 공동체를 위해 교리를 생산해 왔고, 생산해야 하는 여성 신학자, 유색인 신학자, 사회적 신분이 낮은 신학자, 전 세계를 다루는 포괄적인 신학자도 있습니다. 지금은 새롭게 교리에 대해 생각할 수 있는 가능성을 받아들이기 위해 규범성과 충실성에 대한 제한을 느슨하게 할 때입니다. 우리는 성급하게 규범성으로 돌진하기 전에, 제한적이고 편협한 지적 유산들에 잘못 규범적 지위를 부여하지 않도록, 세계 곳곳에서 만들어졌고 만들어져야 할 교리에 대한 수많은 다양한 표현들을 살펴볼 필요가 있습니다.

교리는 뒤죽박죽의 삶 가운데서 진리를 분별하는 일에 관한 것이며, 하나님에 대한 우리의 파편화된 진술일지라도 인간의 다양한 언어로 이를 말하는 법을 배우는 일에 관한 것입니다. 교리는 인격, 권력, 지적 성찰의 전통들, 교회의 다양한 예배 방식들과 연관됩니다. 교리는 시험과 개정, 재진술과 검증을 필요로 합니다. 교리에 대한 이러한 이해 방식은 표준적인 유럽 남성의 전통으로 한정된 교리가 **종말**(an *end*)에 이르러야 한다는 점을 가르쳐 줍니다. 다양하며, 합의를 바탕으로 하고, 공동체 지향적이며, 개인의 삶과 함께하는 삶에서 지적 실천을 구현하는 교리를 만들 여지를 두기 위해서 말이죠. 이러한 **목적**(*end*)을 지향할 때, 교리는 그리스도교의 살아 계신 하나님께 귀 기울이며 그 하나님을 이해하는 중요한 신학적 실천으로서 그 생명력을 잃지 않을 것입니다.

크리스틴 헬머

서문

아마 많은 독자들이 이 책의 제목이 조지 린드벡(George A. Lindbeck)의 중요한 책 『교리의 본성』(*The Nature of Doctrine*)을 떠올리게 한다는 점을 알 것이다. 그 책은 웨스트민스터 존 녹스 출판사(Westminster John Knox Press)에서 1984년 처음 발간되었고, 2009년에 25주년 기념판으로 다시 출간되었다. 내가 대학원에서 린드벡의 책을 처음 읽었을 때, 언어와 실재의 관계에 관한 물음이 처음으로 나를 사로잡았다. 나는 이 물음이 매우 신학적인 문제라고 생각한다. 나는 이 문제의 답을 찾으려다가 루터 연구에서부터 슐라이어마허에까지, 그리고 20세기 초기를 거쳐 결국 현대 신학까지 연구하게 되었다. 내 탐구 여정의 전환점은 슐라이어마허의 『변증법』(*Dialektik*)과 『신앙론』(*Glaubenslehre*)●을 읽을 때였다. 나는 튀빙엔 대학교에서 두 명의 친

● 『기독교 신앙』(*Der christliche Glaube*, 1830/1831)을 『신앙론』이라고 부르기도 한다. 『기독교 신앙』 1판(1821/1822)은 우리말로 번역·출간되었다(파주: 한길사, 최신한 옮김, 2006). 그러나 이 책에서 언급하는 것은 2판이다 ―옮긴이 주.

절하고 우수한 멘토, 만프레드 프랑크(Manfred Frank)와 아일러트 험즈(Eilert Herms)의 도움을 받으며 저 두 책을 읽고 있었다. 그때 나는 어떤 신학적 방향을 직감하기 시작했다. 그것이 지금 이 책에서 다룰 관심사를 자극했다.

'종말'(end)이란 단어에는 필시 어떤 시작이 있으리란 희망이 담겨 있다. 그리고 이런 의미에서 '교리의 종말'은 이중적인 의미를 지닌다. 교리의 종말은 근대성이 교리에 미쳐 온 영향과 관련하여 그리스도교 내부의 신학적 관심을 드러내는 하나의 평가이자 판단이다. 나는 교리 자체를 질문으로 바꾸기 위해서 특히 그리스도교 신학이 가장 관심을 갖는 실재에 대한 물음으로 바꾸기 위해서, 역사적인, 인식론적인, 신학적인 여러 질문들을 던짐으로써 이러한 관심에 기여하고자 했다. 이는 두 번째 물음으로 이어진다. 즉, 어떻게 저 실재가 초역사적인 방식으로 전달되어서, 교리가 살아 계신 삼위 하나님을 개별적으로 경험하는 기회이자 개인적인 복음의 의미를 살아 있는 그리스도교 전통에 새기는 하나의 기회가 될 수 있을까? 나는 그리스도교 전통의 핵심에 다가가기 위해서 교리의 지시적 차원(referential dimension)을 강조하고자 한다. 그리스도교 전통은 내가 이해한 바로는 개인적이면서도 공동체적인 것이고 상황적이면서도 초역사적인 것이다. 만약 교리가 끝없는 대화로 초청하는 어떤 실재에 대한 증언으로 여겨졌더라면, 어째서 교리가 새로운 것—특히 내가 생각하는 새로운 것은 신학적 대화에 활기를 불어넣는 것이다—을 성실하게 대해야 한다는 압박을 받았겠는가?

그래서 나는 교리의 성실성, 즉 근대성에 관한 주요 물음, 도전, 한계 및 그 풍성함과 진실한 관계를 맺는 것과 관련하여 새로운 논의로 초대하기 위해, '교리의 종말'이라는 평가를 언급하고 있다. 따라서 '종말'—질문이나 역설이나 변증법대화 없이, 그리고 실재도 없이 교리적 성실함에 독점권을 행사하는 것이 끝났다는 의미에서의 종말(an end)—은 왜 교리가 신적 실재가 주는 선물을 언어와 역사로 담아내는 신학 장르인지에 대해 새로운 매력을 느끼도록 자극한다. 이러한 태도는 신학적이다. 어떤 이들은 정치적인 태도라고도 말할 것이다. 왜냐하면 그리스도교 역사에서 교리에 호소하는 행위는 대개 권력을 입증하는 행위이기 때문이다. 그러나 나의 관심은 현실에 근거하여 새롭게 교리를 연구하는 데 있다. 나의 작업이 인식론적인 방향으로 나아가는 경향이 있긴 하지만, 내가 이렇게 시작하는 것은 교리가 실재를 탐구하는 새로운 방식에 열려 있게 하려는 것이다. 이렇게 하여 교리가 현대 신학뿐만 아니라 종교 연구와 종교적 실천에도 기여점이 있음을 보일 것이다.

이 책은 2012-13학년도에 헬싱키고등연구소(Helsinki Collegium for Advanced Study)에서, EURIAS(European Institutes for Advanced Study)로부터 후한 연구비를 지원받아서 현재의 형태가 되었다. 나는 그 연구소에 있는 동안 "마리 퀴리 유리아스 연구원"(Marie Curie EURIAS Fellow)이라는 직함을 갖는 영예를 얻었다. 마리 퀴리는 교리를 다루는 신학 분야처럼 (아마도 뮤즈들을 제외한다면) 여성의 기여가 잘 드러나지 않는 분야의 개척자였다. 헬싱키 대학교 신학부를 비롯하여,

헬싱키 도심에 '내 방'과 활기찬 학술 공동체를 제공해 준 EURIAS 재단과 연구소 모두에 감사드린다. 연구 휴가를 준 노스웨스턴 대학교에도 감사드린다.

로버트 오시(Robert A. Orsi)는 이 책을 쓰는 모든 과정마다 나의 대화 상대가 되어 주었다. 이 책에서 제시하는 상당수의 아이디어에는 우리가 가정에서 진행 중인 신학과 종교학 세미나의 흔적이 담겨 있다. 또한 이 책의 산문체 표현은 꼼꼼하고 참을성 있는 그의 노력 덕분이다. 나는 깊은 고마움을 담아 이 책을 오시에게 헌정한다. 그의 사랑은 나를 알아주고 이해해 주었고, 그의 생각과 글은 내 생각을 형성해 주었으며, 그의 존재는 내 일상에 다가와 기쁨이 되어 주었다. 우리의 아홉 살배기 아들 앤서니(Anthony)는 한 해 동안 헬싱키에서 나와 함께해 주었고, 앤서니의 즐겁고 전염성 있는 열성, 음 뭐랄까, 모든 것에 대한 그의 열광은 어두운 북유럽의 겨울마저도 환하게 밝혀 주었다. 나는 이 연구를 하면서 어떻게 엄밀하면서도 공감 어린 독자가 원고를 훨씬 정확하게 다룰 수 있는지를 다시 한 번 알게 되었다. 나는 매릴린 맥코드 애덤스(Marilyn McCord Adams)에게 감사드린다. 그녀는 후한 마음으로 가장 세심하게 개입하여 책을 읽어 주었으며, 책이 다루는 논증과 그것의 역사적/개념적 변천에 대해 실질적으로 검토해 주었고, 논증들을 더 정교하게 만들 수 있는 새로운 방식을 상상하기 위해 함께 고민해 주었다. 웨스트민스터 존 녹스 출판사의 내 편집자인 댄 브래든(Dan Braden)에게도 감사를 드린다. 그는 이 프로젝트를 지원해 주었고, 2013년 7월 영국

왕실에 아기가 태어나기 전에 내가 원고를 끝마칠 가능성이 없다는 데에 내기를 걸기도 했다.

이 책을 향한 여정은 이전의 출판물에 실려 있다. 내가 2장에서 다루는 내용, 즉 「리츨에서 브룬너까지: 신비주의도 형이상학도 아닌 슐라이어마허 문제」는 『종교 저널』(*The Journal of Religion*) 83, no. 4 (October 2003) 517-538면에 실린 논문 「신비주의와 형이상학: 슐라이어마허와 역사적-신학적 궤도」(Mysticism and Metaphysics: Schleiermacher and a Historical-Theological Trajectory)에서 생각하기 시작했던 것이다.

일러두기

- reality는 맥락에 따라 '현실'(예컨대 어떤 상태나 사실을 의미할 때) 또는 '실재'(예컨대 '하나님'과 같이 어떤 대상을 가리킬 때)로 옮겼지만, 대체로 의미상 명확히 구별되지 않고 중의적이다(또는 어느 쪽으로 읽어도 의미가 성립된다).
- 두 가지로 해석될 수 있으면서 동시에 두 의미 모두가 중요해 보이는 경우 윗첨자로 병기하였다(예. 부정비존재). 단, 실재현실의 경우 따로 병기하지 않았고, nature는 '자연'으로 통일하여 옮기되, 아주 어색해 보이는 부분에서만 '본성'으로 표기하거나 병기하였다.
- 저자가 인용문에 추가한 삽입구 및 한국어 번역본 쪽 번호 병기는 [ ]로 표시하였다. 괄호 안의 괄호([ ])도 이 기호로 표시하였다.
- 독자의 이해를 돕기 위한 옮긴이의 첨언은 〔 〕로 표시하였다.

약어표

BC *The Book of Concord: The Confessions of the Evangelical Lutheran Churh*. Translated by Charles Arand et al. Edited by Robert Kolb and Timothy J. Wengert. Minneapolis: Fortress Press, 2000. 『信仰告白書』, 지원용 옮김(서울: 컨콜디아사, 1988).

BO Friedrich Schleiermacher. *Brief Outline of Theology as a Field of Study (1811 and 1830)*. Translated by Terrence N. Tice. 3rd ed. Louisville, KY: Westminster John Knox Press, 2011.

CD I/1 Karl Barth. *The Doctrine of the Word of God: Prolegomena*. Vol. I/1 of *Church Dogmatics*. Translated by Geoffrey W. Bromiley. Edinburgh: T&T Clark, 1975. 『교회 교의학 I/1: 하나님의 말씀에 관한 교의—전반부』, 박순경 옮김(서울: 대한기독교서회, 2003).

CD I/2 Karl Barth. *The Doctrine of the Word of God: Prolegomena*. Vol. I/2 of *Church Dogmatics*. Translated by G. T. Thomson and Harold Knight. Edinburgh: T&T Clark, 1956. 『교회 교의학 I/2: 하나님의 말씀에 관한 교의—후반부』, 신준호 옮김(서울: 대한기독교서회, 2010).

CF Friedrich Schleiermacher. *The Christian Faith (1830/31)*. Translated by D. M. Baillie et al. Edited by H. R. McKintosh and J. S. Stewart. Edinburgh: T&T Clark, 1999.

EBR *Encyclopedia of the Bible and Its Reception*. 8 vols. (thus far). Edited by Dale C. Allison Jr., Volker Leppin, ChoonLeong Seow, Hermann Spieckermann, Barry Dov Walfish, and Eric Ziolkowski. Berlin: de Gruyter, 2009-.

KGA Friedrich Schleiermacher. *Kritische Gesamtausgabe*. 5 parts, 36 vols. (thus far). Edited by Günter Meckenstock, Andreas Arndt, Ulrich Barth, Lutz Käppel, and Notger Slenczka. Berlin: de Gruyter, 1983-.

LW *Luther's Works: American Edition*. 55 vols. Edited by Jaroslav Pelikan and Helmut T. Lehmann. St. Louis and Minneapolis: Concordia Publishing House and Fortress Press, 1958-1986. 『루터 전집』(48-54 출간), 오광석 등 옮김(서울: 컨콜디아사, 2017-).

RGG *Religion in Geschichte und Gegenwart*. 3rd ed. 6 vols. Edited by Kurt Galling. Tübingen: J. C. B. Mohr (Paul Siebeck), 1956-65.

Speeches Friedrich Schleiermacher. *On Religion: Speeches to Its Cultured Despisers*. Translated from Über die Religion (1st ed., 1799), edited, and introduced by Richard Crouter. Cambridge Texts in the History of Philosophy. Cambridge: Cambridge University Press, 1996. 『종교론』, 최신한 옮김(서울: 대한기독교서회, 2002).

SW Friedrich Schleiermacher. *Sämmtliche Werke*. Edited by Ludwig Jonas et al. 3 parts, 31 vols. Berlin: G. Reimer, 1834-1864.

TDNT *Theological Dictionary of the New Testament*. Edited by G. Kittel and G. Friedrich. Translated by G. W. Bromiley. 10 vols. Grand Rapids: Eerdmans. 1964-1976.

WA Weimarer Ausgabe. *D. Martin Luthers Werke: Kritische Gesamtausgabe*. 120 vols. Edited by J. K. F. Knaake et al. Weimar: H. Böhlau, 1883-2009.

WA TR *D. Martin Luthers Werke: Kritische Gesamtausgabe. Tischreden*. 6 vols. Edited by K. Drescher et al. Weimar: H. Böhlau, 1912-21.

Theology and Doctrine

Ⅰ 교회와 학계 사이의 신학
Ⅱ 교리에 대한 신학의 관심
Ⅲ 영원의 유혹
Ⅳ 역사주의의 충격
Ⅴ 언어적 전환
Ⅵ 전망

1

신학과 교리

I. 교회와 학계 사이의 신학

신학은 교리 연구와 관련 있다. 교리는 특정한 시간과 장소에서 인간 존재가 경험하는 신적 현실과 관련된다. 신적 현실은 그러한 시공간적 특수성에 닿지만, 동시에 이를 초월한다. 이것이 이 책의 논점이다. 나의 주된 건설적 목표는 교리에 대한 관심에 새로운 활력을 불어넣는 것이다. 다른 여러 원인 중에서도 지난 몇 십 년 동안의 논쟁은 소수의 신학자 무리 외에 교리 논쟁에 진지하게 참여하는 이가 없을 만큼 교리를 고립시키는 데 일조해 왔다. 또한 교리라는 말이 인간의 경험을 등한시하거나 심지어 부정하기까지 하는 교회의 권위와 사실상 동의어가 되도록 일조해 왔다. 개별 신학이 교리를 정의하는 방식과 교리 연구를 위해 제시되는 방법은 신학자들 사이에서도 저마다 다르고, 다양한 역사 시기별로도 제각기 다르다. 그러나 변함없는 사실이 하나 있다. 언어와 실재의 관계를 규정하는 특정한 설명들에 대한 헌신이 여기에 수반된다는 사실이다. 즉,

이전 세대들의 교리를 전유하는 신학적 작업, 동시대인들과의 대화, 교리를 이해하는 새로운 방식을 개발하는 일, 교리를 오늘날 필수적인 문제들과 관계 맺게 하는 일에는 언어와 실재의 관계에 대한 나름의 전제가 상정되어 있다.

신학자의 개인사, 정치적 맥락, 교회 및 그리스도인 공동체와 맺고 있는 관계, 이 모두가 신학자가 묻는 물음의 형태에 영향을 미친다. 자신의 생각을 개발하는 데 평생이 걸릴 수도 있다. 종종 한 평생 이상의 시간이 필요하다고 느낄 수도 있다. 신학자가 성장하고 변하면서, 자신의 생각도 시간의 흐름을 따라 개인적, 종교적, 문화적 환경에 의해 지속적으로 굴절된다. 그러나 그러다가 이따금 혼란을 겪는다. 당연하게 여겼던 것이 무너지면서 신학자는 멈춰 서게 된다. 그러한 순간에는 특별한 절박함이 있다. 신학자는 자신이 보고 있는 새로운 현실에 어울리는 언어를 찾을 수밖에 없고, 자신의 생각을 학계와 교회 안팎에 있는 자기 시대의 다른 사상가들과의 대화에 가져가게 된다. 이러한 상황 속에서 신학의 항로는 영원히 변할 수도 있다.

서구 신학사에서 그런 심오한 방향 전환이 있었던 전형적인 순간으로, 다음 세 가지를 들 수 있다. (1) 16세기 개신교 종교 개혁가 마르틴 루터(Martin Luther, 1483-1546). 그는 죄인들을 위해 죽으신 그리스도 안에서 쉼을 발견하기까지 악령에게 시달리며 잠 못 이루는 밤을 보냈다. 루터의 돌파구는 수년간의 성서 연구로 준비되었고, 그 결과 복음에 의해 인간 개인이 자유롭게 된다는 이해에 이르렸다. 이러한 발견—이는 실존적이면서 신학적이었고, 다른 것들도 그렇게 기술되어야 한다—은 하나님께서 너를 위해(*pro te*) 의롭다 하심을 선포하셨다는 친밀한 언사를 그리스도교 담론에 도입했다. (2) 바르비 신학교 신학생이었던 18세의 프리드리히 슐라이어마허(Friedrich Schleiermacher, 1768-1834). 그는 나중에 "현대 개신교 신학의 아버지"로 불리게 된다. 슐라이어마허는 신앙의 위기를 경험했다. 그는 그리스도의 대리적 속죄 신학에 대해, 그리고 인간에게 의도하신 완전함에 이르지 못하면 인간에게 영원한 형벌을 선고하시는 하나님에 대해 고심했다. 슐라이어마허는 세 가지 지적 운동—경건주의, 독일 계몽주의, 낭만주의—의 합류점에 서 있었다. 슐라이어마허는 이 세 가지 운동 모두에 기대어, 그리스도의 인격과 구속 사역을 설명하기 위한 직접적인 자기의식(immediate self-consciousness)이라는 새로운 용어를 개발함으로써 위기를 돌파하는 길을 만들어 냈다.[1] (3) 스위스의 신학자 칼 바르트(Karl Barth, 1886-1968). 그는 1934년 독일에서 국가 사회주의라는 인종 차별적 정치에 맞닥뜨렸다. 그때 그는 전례 없는 신학적 절박함을 느끼며 인간의 정치, 문화, 종교에 심판을 고하시는 하나님의 말씀에 주목했다.

1 *The Life of Schleiermacher as Unfolded in His Autobiography and Letters*, vol. 1, trans. Frederica Rowan (London: Smith, Elder & Co., 1860), 46-47에 있는 슐라이어마허가 1787년 1월 21일 자기 아버지에게 보낸 유명한 편지에 언급된 내용이다. Friedrich Schleiermacher, *On Religion: Speeches to Its Cultured Despisers*, ed. and trans. Richard Crouter, Cambridge Texts in the History of Philosophy, 2nd ed. (Cambridge: Cambridge University Press, 1996), xii를 참고함.

바르트의 사상에서 하나님의 말씀(성서 속 예언자들의 언어에 뿌리를 둔 문구)은 예수 그리스도와 결정적으로 동일시되었다. 그래서 바르트는 삼위일체 교리에 더 깊이 관여하게 되었다.

개인적으로도 사회적으로도 격변기에 작업했던 신학자들에 대한 이러한 간략한 묘사는 이 책이 지향하고 있는 시각을 선명하게 보여 준다. 아주 오래된 탐구인 신학은 신학자들이 대학과 교회의 대화 상대와 대화하는 가운데 자기 시대에 발생한 사건과 절박한 사정에 비판적이고 건설적으로 참여함으로써 진리에 대한 새로운 시각으로 나아가는 길을 만든다. 신학은 초월을 지향하면서 동시에 철저히 특정 시공간에 자리한 학문이다. 신학은 개인의 필요와 사회적 위기로부터 나오지만, 이것들 너머의 진리를 살핀다. 신학자의 연구는 늘 반드시 주변 세계에, 하늘과 땅에 열려 있어야 한다.

우리가 오늘날 북미에서 신학이 어떻게 되어 가는지를 살피면, 역사적, 사회적 환경이 이 학문에 중요한 반향을 불러옴을 보게 된다. 다수의 요인이 현대 신학의 상황을 형성한다. 신학이 자리하는 위치 중 하나로 교단 신학교가 있다. 오늘날 교단 신학교는 전례 없는 재정 압박을 겪으며, 교회를 섬길 다음 세대 종교 지도자들을 어떻게 훈련시킬지 고심하고 있다. 전임 사역자라는 전통적인 모델은 갈수록 불가능해 보인다. 이로 인해 급격히 변하는 세상에서 스스로 일하며 살 목사를 교육하는 창조적이지만 또한 벅찬 새로운 방식을 탐색하게 된다. 신학교 건물과 멀리 떨어져서 열리는 온라인 과정, 집중 강좌, 주말반이 미래의 추세가 될 것으로 보인다(미래는 언제나 알 수 없기 때문에, 이러한 추세들로 흐르리라고 보는 확신에 회의적인 자세를 취하는 것도 정당하지만 말이다). 성직자들이 사역으로 얻은 수입만으로는 생계를 유지할 수 없을 때를 예견하며, 전문적인 훈련과 대안적인 직업 준비 모두에 우선순위를 두도록 교육 모델이 개발되고 있다. 이것이 새로운 문제는 아니지만—사례비를 두고 교구회(vestry)와 계속 싸운 조나단 에드워즈(Jonathan Edwards)의 투쟁만 생각해 보더라도—신자유주의 경제라는 영구적 위기의 맥락에서는 특별히 절실한 문제다. 교인 유지라는 과제도 주류 교회는 물론 1990년대 이후의 새로운 복음주의 교회들을 압박하고 있다. 후자는 한때 주류 교단의 대안으로 번성할 것이라 예견되기도 했다. 교회들은 결국 "우리" 신학교—"우리"를 불만의 따옴표(scare quotes)로 묶은 이유는 항상 소유권을 행사하는 만큼 재정을 지원해 주는 것은 아니기 때문이다—가 교회 출석을 다시 매력 있게 만드는 방향으로 전통적인 신학교 교육을 조정해야 한다고 주장한다. 이러한 모델은 시간이 지나며 변화하는 교회에 도움이 된다.

교단의 지배를 받는 신학교 중 일부는 다른 자세를 취한다. 이들은 계속해서 전통적인 토대를 지닌 신학 교육에 전념한다. 이러한 학교의 상황에서는 성서학, 예전학, 실천신학과 마찬가지로 역사와 조직신학을 신학적 형성 과정에 없어서는 안 될 것으로 여긴다. 교회는 세상을 향해 특수한 임무를 가진 살아 있는 기관을 목표로 하기 때문에, 수 세기 동안 교회의 특수성을 특징지어 온 특정 전통 안에서 지도자들을 양성하길 원할 것이다. 이러한 시각에서 교회는 대대로 그 교회의 정체성을 특징지어 온 교리를 지켜 낼 신학자들을 필요로 한다. 신학은 그 교회를 위한 것이다. 이러한 모델은 교회의 독특하고 영구적인 정체성 유지에 도움이 된다.

신학교의 신학에 대한 이러한 두 가지 시각은 학문적 진공 상태 속에 존재하는 것이 아니다. 신학이 교회로 하여금 현대 세계에서 적절성을 갖게끔 하고자 하든, 아니면 교회의 독특한 정체성 유지에 도움을 주고자 하든 간에, 신학의 임무에 관한 이 두 모델은 모두 근·현대 학교에서 이루어지는 보다 넓은 맥락에서의 지식 추구와 관련하여 발전된 것이다. 신학을 교회에서 하든, 신학교에서 하든, 종합대학교의 신학부나 교단 소속 대학의 신학과에서 하든지 간에, 신학은 학문적 추구다. 다음 세대의 신학자들은 대학원의 전문 교육을 받기 전에 이미 자국 대학의 학사 학위를 손에 들고 있다. 그런 다음 대학원에서 교수들에게 배우게 될 것이다. 그래서 신학적 탐구에 영향을 미치는 가정들과 방법론들은 언제나 오늘날의 문화적, 지적 헌신의 맥락에서 다루어진다. 비록 오늘날 신학이 보다 넓은 대학의 맥락과 명백히 관련 있다는 사실을 신학의 공적 수사(public rhetoric)의 선두에 둘 수 없더라도, 신학자들이 배우고 작업한 학계의 맥락은 그 분야의 자기-이해에 영향을 미친다. 다른 학문 분야들처럼 신학은 지식과 이해의 추구를 지향한다. 모든 학문은 진리를 추구한다. 비판신학(critical theology)이 아무리 신학과 학계의 관계를 다루더라도, 아무리 건설적으로 이 관계를 이해한다 하더라도, 학문 분야로서의 신학은 현대 학계에서 지식 추구에 헌신하는 다른 노력들과의 대화에 자신을 열어 두는 개방성에 따라 그 지위가 선다—또는 넘어진다.

동시에 대학에서, 특히 세속 대학교에서 신학의 지위가 지적인 학문 분야로 존립 가능한지에 대해 다툼이 있다는 점을 인정해야 한다. 지난 삼십 년 동안 신학에 특별한 도전이 제기되었고, 이따금씩 매우 노골적인 격론이 벌어졌다. 나는 북미 세속 대학의 종교학과에서 일하는 학계의 신학자라는 내 위치에서 이를 지켜봤다. 이 논쟁에서 다음과 같은 수사(rhetoric)가 나올 수 있다: 근·현대 사상은 권위적이고 규범적인 담론들로부터 독립적일 뿐만 아니라 이를 날카롭게 비판하면서 자유롭고 합리적인 기획으로 발전해 왔다. 이러한 역사적 성취의 틀로 볼 때 신학은 자율권을 빼앗는 교조적인 학문으로 의심받는다. 종교학자 도모코 마츠자와(Tomoko Masuzawa)는 더 노골적으로 신학자들을 대학의 직책에 딸린 재정적 혜택을 붙들고 놓지 않는 것이 주 관심사인 "별 볼 일 없는 범죄자"(petty criminals)라고 불렀다.[2] 마츠자와는 학문 분야로서의 종교학을 포기해야 할 정도로 독일 신학이 그리스도교 보편주의에 전념하며 세계 종교의 현대적 연구를 심하게 오염시켜 놓았다고 주장한다. 신학과의 관계로 인해 종교학이 골탕을 먹고 있다. 또 다른 비평가는 스포츠의 은유를 사용하여 신학자들이 종교 이론가들에게 "만만한 상

2 이 표현은 Tomoko Masuzawa, *The Invention of World Religions: Or, How European Universalism Was Preserved in the Language of Pluralism* (Chicago: University of Chicago Press, 2005), 328n15에서 볼 수 있다.

대"(fair game)라고 썼다.[3] 신학이 사냥철의 사슴처럼 사냥꾼의 추적을 피할 수 있는 방법은 아무래도 독단적인 교리들을 포기하거나, 신학을 지성사 또는 문화 연구로 자체 개편하거나, 정치신학이라는 새로운 영역에서 신학의 정치적인 차원을 전면에 내세우는 길뿐인 듯하다. 신학은 오직 그 핵심 과업으로 여겨지는 것을 근본적으로 바꿈으로써만, 현대의 경멸자들의 눈에 만족스런 수준에서 자유로운 지적 탐구의 정신에 알맞게 될 것이다. 달리 말해 학계 안에 들어갈 수 있는 비자를 얻으려면, 신학은 신학이기를 그쳐야 한다.

그리고 여기서 가장 문제시되는 것은 교리다. 신학이 문제라면, 교리는 그 문제의 쟁점이다. 교리는 범죄로, 대학에서 그 범죄가 일어나지 않게 신학을 막아야 한다. 한편, 학계에서 교회로 시선을 옮기면, 교리는 권위 있는 정형문구들(formulations)로 그리스도인의 믿음을 지키는 것으로 일컬어진다. 그리스도교 교회 안에서의 교리는 시공간을 가로지르는 그리스도인의 정체성의 일치와 관련된다. 그래서 현재 유발된 교리에 대한 총체적 문제는 고스란히 학계와 교회 사이를 가르는 방화벽 기능을 한다.

문제는 신학이 필연적으로 교리와 관련된다는 데 있다. 하지만 배타적인 방식으로 교리가 그리스도인의 정체성에 권위 있는 핵심적인 것으로 정의된다면, 신학과 교리의 관계는 대학에서 신학의 소

3 Russell T. McCutcheon, "The Study of Religion as an Anthropology of Credibility," in *Religious Studies, Theology, and the University: Conflicting Maps, Changing Terrain*, ed. Linell E. Cady and Delwin Brown (Albany: State University of New York Press, 2002), 14.

외를 깊어지게 할 뿐이다. 반면, 신학이 교리의 역사적 기원과 발전을 탐구한다면 학계의 논의에 기여할 수 있을까? 혹은 신학이 구체적인 시간과 공간에서 개별 신학자들이 자신이 처한 개인적, 사회적, 정치적 상황과 관련하여 교리를 어떻게 해석했는지를 묻는다면? 혹은 더 나아가서 신학이 교리와 당대의 상황의 관계를 묻는다면? 이는 우리에게 다음과 같은 핵심 물음을 남긴다. 최근 몇 년간 교회의 관심과 학계의 탐구 사이에, 성스러운 것과 세속적인 것 사이에, 규범적인 것과 추정상 비규범적인 것 사이에 벌어진 심연에 빠지지 않으면서, 어떻게 교회와 학계 모두에 대한 신학의 책임을 인정하는 방식으로 교리를 연구할 수 있을까?

II. 교리에 대한 신학의 관심

신학이 상이한 의제와 관심을 지닌 다양한 영역으로 나뉘면서 교리를 이해하는 방식에 영향을 미쳤다. 교리는 구시대의 표준이므로 오늘날의 그리스도인들과는 무관한가? 교리가 시대에 상관없이 그리스도인들에게 공통적인 것, 즉 그리스도교의 핵심 신념과 근본 정체성을 전달할 수 있는가? 만일 가능하다면, 어떤 정형문구로? 누구의 해석으로? 현재 교리를 교조적인 침해로 간주하는 세속 학계에서 교리는 존립 가능한 주제일까? 교회와 학계가 교리를 해석하고 정립하며 각자의 목표와 이익을 산출함에 따라 교리의 본성은 필연적으로 변한다. 그러나 그러한 경쟁하는 이익을 고려할 때, 교리를 (1) 교회에 선한 것으로 여기면서, 또한 (2) 대학의 연구에 기여하는 비판적 탐구의 대상으로 여기는 이중의 과제를 도출하는 것이 가능할까? 결국, 학계의 교리 연구가 교회와 사회에서 그리스도교 신학의 확고한 지적 유산을 새로운 세대의 그리스도인들과 연결시킬 수 있을까?

이 책 『교리의 종말』(*Theology and the End of Doctrine*)은 신학이 그리스도인의 믿음의 내용을 지적으로 탐구하는 것으로서 존립 가능한지에 대한 문제를 검토한다. 교리에 관한 문제를 비판적으로 고찰함으로써 그렇게 할 것이다. 나는 현대 교회와 관련된 지적 실천으로서의 교리와, 인문학과의 광범위한 관계 속에 있는 신학에 대한 물음으로서의 교리 모두에 관심이 있다. 다음과 같은 진단에 손대기 좋은 시기다: 교회에서는 교리의 해체와 보존 사이에서 신학이 머뭇거리고, 대학교에서는 신학이 다른 분야의 대화 상대들과 관계를 맺을 때 교리를 가지고 무엇을 해야 하는지가 그리 확실하지 않다. 그러니까 이 작업은 교회와 학계 사이에서 벌이는 교리와 신학에 대한 하나의 탐험이다.

교리는 지적인 기획으로서 신학의 과업이다. 특히 교리의 정형문구에서 언어와 실재가 신학적으로 해석되는 방식과 관련되는 과업이다. 이 책은 신학이 교리를 이해하는 방식을 재고하도록 초청하면서 신학 탐구의 새로운 영역과 방법을 내비치는 전망을 담아낼 것이다. 이것이 나의 큰 그림이다. 그러면서 『교리의 종말』은 비교적 최근의 특정한 정치적, 지적 환경에서 어떻게 수많은 그리스도교 신학이 현재 상황과 같이 발전했는지를 고찰한다. 이 책에서 역사적인 내용을 덧붙인 까닭은 내가 현대 신학의 구성 요소들을 검토하는 데 필수적인 틀이라고 생각하는 것을 확립하기 위해서이다. 현대 신학의 구성 요소들이 일단 분석되면 미래를 위한 새로운 방식으로 재결합될 수 있으리라고 희망하면서 말이다.

교리의 종말이 이미 임한 것일까? 최근 몇 년간 자주 교리의 종말이 고해졌다. 그리스도교 정통을 지지하는 사람들은 자유주의적 계몽주의와 오랜 근대기—17세기부터 20세기까지 이어진 기간으로, (이 시기에 대한 익숙한 설명에 따르면) 세속 이성의 우세와 신앙 영역의 축소가 나타났다—가 교리를 무력화시킨 원인이라고 주장해 왔다. 정통 신앙의 옹호자들은 자유주의의 전술적 특징이 교리를 이성의 법정에 세우는 것이며 그 결과 교리는 근대 이성이라는 낯선 표준에 맞춰지거나 이성적으로 합치된 추세에 의해 거절당하는 초라한 선택을 받게 되었다고 주장해 왔다. 이 그리스도교 정통의 지지자들에 따르면, 계몽주의가 신앙을 공격한 이후 초자연적인 것과 기적적인 것을 교리적으로 소환하는 것은 과학으로 뒷받침되지 않기 때문에 불가해한 것이 되었다. 이런 이유로 (구경꾼들은 주장하기를) 신앙의 신비는 교회가 주입한 명제들을 부지중에 받아들인 사람들에게만 강제될 수 있다. 자연주의적 이성의 기준에 따르면, 교리적 세계관이 상정한 천사와 악마, 성인들, 영의 세력을 포함하는 존재론은 감각 지각을 초월하는 것이다. 자연주의적 이성은 이러한 존재론을 시대에 뒤떨어진 중세 그리스도교의 유물로 보았다. 이러한 세계관은 이성으로 비신화화해야만 하는 것이었다. 이것이 근대성 안에서 교리 개념의 운명이었다. 그래서 현대 세계에서 교리를 옹호하는 일부 사람들의 이야기에 따르면, 교리는 잠시 위기를 맞는 중이다.

이것은 내가 말하려고 하는 교리의 종말에 관한 이야기가 아니다. 오히려 나는 자신들이 근대성의 공격으로 여긴 것으로부터 교리를 보호하려고 했던 사람들이 오늘날 교리가 맞이한 도전을 초래했음을 논증할 것이다. 이는 교리의 수호자들이 만든 위기지, 교리의 비방자들이 만든 것이 아니다. 내가 특히 관심을 두고 있는 것은, 신학이 살아 있는 하나님의 실재와 연결이 끊어진 기독교 세계관 안에서 교리에 규범적 기능을 부여했는데, 어떻게 이렇게 되었는지를 살피는 것이다. 내가 교리의 종말이라는 말로 의미하는 바는 다음과 같다: 교리가 어떤 새로운 것도 말할 수 없는 게 당연해질 때, 교회의 정체성을 권위 있게 강화하는 기여도에 따라 교리의 중요성이 측정될 때, 교리는 종말에 이른 것이다.

나는 근대성 안에서 신학의 발전을 역사적으로 검토하고 이를 통해 저 주장으로 나아갈 것이다. 나는 몇몇 주도적인 신학자들 사이에서 논쟁 지형이 형성된 방식과, 그 논쟁들이 오늘날 우리가 있는 곳까지 특정한 경로로 이어진 방식에 관심이 있다. 구체적으로 말하자면 독일 신학의 유산, 특히 마르틴 루터와 프리드리히 슐라이어마허의 유산을 살펴보고, 또한 세월을 거치며 형성된 이 신학자들에 대한 해석들이 20세기 신학을 어떻게 추동했는지를 살펴볼 것이다. 종종 매섭게 경합하는 루터와 슐라이어마허의 신학에 대한 논쟁들은 근대 개신교 신학의 엔진이었다. 지금도 이 두 인물은 명백히 현대적인 방식으로 신학적 전망을 계속 형성하고 있다. 이러한 신학의 역사로의 여행은 교리에 대한 새로운 방향을 제안하기 위한 무대를 설정한다.

내 논증을 아포리즘식으로 미리 말하자면, 교리는 실재를 정교하게 표현하는 것을 목표로 하는데, 이런 실재와 관련하여 교리를 바라보는 신학은 경험을 지식 생산과 관련시키는 신학이다. 교리가 교리의 진리를 말할 때 교리는 경험에 대해 말하는 것이다. 이 작업에서 중요한 것, 교리의 운명의 성패를 가르는 것이 이것이기 때문이다. 우리는 경험과 지식의 관계를 어떤 식으로 이해하고 있는가? 특히 하나님에 대한 인간의 경험과 하나님에 대한 인간의 지식의 관계를 어떤 식으로 이해하고 있는가? 우선 교리가 신적 실재와 인간의 경험에 다시 연결되면, 그제야 신학은 지적 호기심과 학문적 엄밀함을 가지고, 그리고 이 세상에서 하나님에 대한 교회의 증언에 깊이 공감하면서 교리에 다가가도록 고무될 것이다.

그러나 먼저, 왜 애당초 신학이 교리에 관심을 가져야 하는지에 대한 물음이 있다. 그래서 이 장은 신학이 가장 절박하고 깊은 곳에서 통찰력 있는 삶에 기여한다는 점으로 시작할 것이다. 영원한 것은 끝끝내 신학을 자아내는 것이다. 신학은 그리스도인의 확신을 지탱할 수 있는 언어로 하나님에 관한 진리를 표현하라는 도전을 즐긴다. 신학의 시선은 내면을, 사물의 영원한 본질을, 그리고 바깥을, 하나님께서 인간들 사이에 머무시는 곳을 응시한다. 18세기와 19세기의 근대 역사주의는 신학을 흔들어 하늘에서 땅으로 내려오게 했고, 그 충격이 교리에 전해졌다. 얼마나 충격이 깊었던지, 신학을 끌어당기는 영원의 중력과 대조해야만 그 충격을 제대로 인식할 수 있다.

III. 영원의 유혹

루터가 겪은 신앙의 위기는 근대 서구 세계를 형성하는 데 중추적인 역할을 하게 되었다. 이는 “내가 어디서 은혜로우신 하나님을 찾을까?”[4]라는 그의 불타오르는 물음에 달려 있었다. 루터의 양심은 겁에 질려 있었다. 그는 악령에 시달리며 괴로워했다. 그는 강한 채찍과 혹독한 금식으로 자신의 몸을 굴복시켰고, 영적인 고통은 그에게 아픔과 고통을 가져왔다. 하지만 루터는 평범한 수도사가 아니었다. 그는 악몽에 시달렸고, 특히 자신이 영원한 구원을 상실했다고 두려워했다. 루터의 두려움은 그가 살던 시대의 여러 위기들—

4 이 물음에 대해서는 다음을 보라. Theodor Dieter, “Why Does Luther’s Doctrine of Justification Matter Today?” in *The Global Luther: A Theologian for Modern Times*, ed. Christine Helmer (Minneapolis: Fortress Press, 2009), 199: “이와 같이 루터의 물음—종교 개혁의 루터—은 ‘내가 어떻게 은혜로우신 하나님을 찾을까?’가 아니라 ‘내가 어디서 은혜로우신 하나님을 찾을까?’이다. 그 답은 오직 ‘복음 안에서 믿음으로’일 수밖에 없다.”

부패, 전쟁—과 더불어 그의 개인사와 심리적 고통이 한데 모아지는 지점에서 나왔다. 루터는 심판자 그리스도 조각상과도 자주 마주쳤다. 아마 비텐베르크의 성 마리엔 교회 주변 묘지에서였을 것 같다.[5] 루터의 두려움은 그를 영원의 문으로 몰아갔다. 루터는 나이가 든 후 자신의 중대한 돌파구를 되돌아보며 다음과 같이 썼다. "여기서 나는 완전히 다시 태어난 느낌이었다. 열린 문을 통해 낙원 그 자체에 들어갔다고 느꼈다. … 이처럼 바울의 저 장소[롬 1:17]가 나에게는 참으로 낙원으로 가는 문이었다."[6]

루터가 강하게 경험했던 그리스도인의 상상 속 영원한 형벌은 생생했고, 루터의 양심에 위기를 초래했다. "내가 충분히 해 오지 못했으면 어떡하지?"라는 괴로운 질문은 그의 시련과 영적인 두려움(Anfechtungen)의 원인이었다. 루터가 인생의 영원한 결과를 보고자 하는 탐구에 붙들린 유일한 신학자는 아니다. 토마스 아퀴나스는 노년에 영원이라는 비전에 너무 감동한 나머지 다른 문장을 쓰지 않을 정도였다고 한다. 근대 신학자 프리드리히 슐라이어마허는 젊은 날에 종교적 감정과 직관에 우주가 스스로를 드러낸 무한한 방식에 매료되었다(만년에 그는 칸트의 비판 철학에 기대어 자신의 신학적 입장을 완화

5 루터가 비텐베르크 어디에서 저 이미지를 접했는지에 대한 역사적 문제는 여전히 열려 있지만, 루터의 설교에는 심판자 그리스도의 이미지가 자주 나온다. 마을 교회의 문머리(lintel)는 성모 마리아의 대관식 장면으로 꾸며져 있었기 때문에 거기 있지는 않았을 것이다. 16세기 초의 묘지 이미지가 없기 때문에 이 역시도 불확실하긴 하지만 심판자 그리스도 조각상이 묘지에 있었을 수도 있다. 마르틴 트레우 박사(Dr. Martin Treu)와의 개인 서신(2013. 7. 2.).

6 *LW* 34:337, in "Preface to the Complete Edition of Luther's Latin Writings [1545]."

했다). 신학자들 사이에는 이성이 알 수 있는 것의 한계 너머를 보고자 하는 실존의 절박함과 사색의 욕망이 있는데, 이렇게 너머를 살피는 것은 종종 위기를 촉발한다.

신학자들은 영원에 대한 생각의 방향을 잡는 작업을 기꺼이 도와주는 지적인 동료들과 함께하는 특권이 있다. 철학은 '명석 판명한 생각들'로 개념화하고 정교하게 다듬어진 개념들을 가지고 말하기 위한 도구로 신학에 도움이 된다. 만일 영원에 대한 사색으로 학문적 가치를 얻으려 한다면, 여기에는 엄밀한 논리와 좋은 논증이 요구된다. 플라톤은 이성을 통해 확고하고 안정적인 지식을 추구했다. 지식은 억견이나 믿음을 초월하는데, 왜냐하면 지식이 시간성 없는 영원한 형상을 지향하기 때문이다. 철학은 관조 속에서, 즉 덧없는 현상의 시간성을 거슬러 올라 영혼을 영원한 형상으로 고양시킴으로써 안정성에 도달하기 위한 인식론적 수단을 신학에 제공한다. 그리스도교 신학은 이러한 상승의 인식론을 신학의 인식론으로 여겼다. 하지만 신학자들은 신학의 주제를 생각할 때 이러한 생각에 머무를 수만은 없었다. 즉, 상승의 정점을 초월하는 하나님께 적합하도록 철학적 도구를 개조할 필요를 느꼈다.

그래서 신학은 영원을 향한 끌림을 철학과 공유하지만, 신학이 그것을 홀로 가지고 가야할 때가 온다. 서구 신학 전통의 역사는 신학자들이 철학자들과 갈라서야 하는 갈림길에 이르는 이야기를 기록한 것인지도 모른다. 그러한 갈라섬이 철학에 대한 거부를 함의하는 것은 아니다. 루터도 오컴의 윌리엄(William of Ockham)이나 피에르 다이(Pierre d'Ailly) 같은 중세 후기의 신학자들처럼 철학적으로 구분 짓고, 용어를 창안하고, 개념을 정의하는 등의 작업을 했다. 그러나 루터는 이런 도구들을 오로지 신학적 주제에 맞춰 개조했다. 성패는 하나님의 영원한 정체성을 보존하는지 여부에 달려 있었다. 달리 말해, 신학은 논리학보다 더 큰 무언가와 관계된다. 신학의 동사 시제 의미론은 영원을 전달하기 위해 만들어졌다. 하나님은 영원에 관한 진리다. 학문들 사이에서 신학의 독특한 위치는 영원한 실재를 연구하고픈 신학의 충동에 입각한 것이다.

신학자들은 자기 삶과 경험으로부터 자신의 주장의 증거를 대야 하는 위태로운 위치에 있다. 아마도 이것은 신랄하고 때로는 잔인하기까지 한 신학의 기질을 설명해 주는 것 같다. 신학은 인색한 사업일 수도 있다. 신학 논쟁은 권력과의 긴밀한 관계에 따라 조정되고 교회의 주도권에 봉사하며, 의견이 다른 동료들을 냉혹하게 비판하고 반대자들을 불길에 휩싸이게 해 왔다. 신학은 때로 배제하기 위한 권력을 얻고자 이항 대립적 구도에 집착하며 이를 신학적 추론의 핵심 장치로 사용한다. 이는 심지어 폭력의 단계에 이르기도 한다. 신학이 영원에 몰두하면서 스스로에게 큰 판돈이라는 느낌을 부여한다. 그래서 철학자가 가능성들을 두고 학문적 도박을 하거나 반사실적 서술들을 고려해 보고자 하는 게 덜 시급하고 덜 절박한 일로 보이게 만든다. 혹은 심지어 다음과 같은 사소한 유희로 보이게 만든다: (언젠가 신에 관한 세미나에서 어느 종교 철학자가 제안한 것을 들은 것인데) 하나님이 우주에서 가장 큰 귀를 자라게 할 수 있느냐는 질문에 골몰

한다고 해서 과연 우리가 전능한 실재에 다가가게 될까?

그러나 우리는 이제 역사의 이 시점에서, 너무 많은 이단들이 화형당했고, 다양성이 너무 격하게 정죄되었으며, 살아 있는 실재가 정통이라는 너무 견고한 형태로 굳어져 왔다고 말해야만 한다. 진리에 대한 신학적 헌신은 지적인 것 이상이어야 한다. 그것은 철저히 개인적인 것이면서도 동시에 보편성을 열망한다. 진리는 가능성들을 가지고 하는 놀이가 아니다. 진리는 온 세상의 모든 것과 더불어 있는 주관성이라는 현실성에 닻을 내리고 있다. 루터는 1529년의 소교리문답에서 사도 신조의 첫 번째 조항을 해석하면서 "나는 하나님께서 존재하는 모든 것과 더불어 나를 창조하셨다고 믿는다"라고 설명한다.[7] 현실의 모든 것에 대한 판별이 믿음의 대상에 대한 신학자의 헌신에 새겨진다. 교리의 목표는 그 모든 것을 인간이 접근할 수 있는 간략한 공식(formula)으로 압축하는 것이다.

교리가 영원에 대해 말한다면, 그것은 신학이라는 인간의 기획에 담긴 유혹이다. 교리를 지키는 일에 수많은 것들의 성패가 달려 있다. 정치적이고 교회적인 다툼들이 용어를 놓고 일어났고, 때로 한 글자를 두고 일어나기도 했다. 초대 교회에서 호모이우시오스(ὁμοιούσιος)의 첫 번째 ι를 놓고 벌인 논쟁처럼 말이다. 이는 신학자들과 교회 지도자들이 아버지와 아들이 유사한지(ι가 있다) 아니면 동일한지(ι가 없다)를 결정하는 과정에서, 무엇이 정확한지를 두고 싸우면

7 *BC* 354.2.

서 발발한 것이다. 오랜 세월이 흐른 뒤 개신교 종교 개혁자들은 교회에 교리를 순수하게 보존할 책임이 있다고 주장했다. 그리스도교 역사에서 교회의 파문 선고와 저주 분출은 끊이지 않았다. 교리의 역사는 이 논쟁적이고 폭력적인 역사의 흔적을 담고 있다. 이는 또한 성격 차이에 대한 이야기, 세속 권력에 대한 이야기, 자신들이 진리로 이해한 교리적 진리에 대한 격한 충성에 대한 이야기이기도 하다. 그러나 교리 언어의 발전이 권력 투쟁과 연관되어 있다는 점이 명백한 사실이긴 하지만, 그것이 다는 아니다. 그러한 논쟁은 신학이 영원으로부터 그 내용을 도출한 어떤 진리를 추구했다는 증거이기도 하다. 교리들은 우리가 향유하고 응시하지만 결코 고갈되지 않는 영원한 신비를 가리킨다.

이렇게 덕이 되지 않는 교리적 정확성 추구의 역사의 핵심에는 때때로, 신학은 영원에 대한 주장을 만들어 내는 동안 시간 속에 존재하는 학문이라는 역설이 있다. 시간과 영원의 구별, 피조물과 영원한 운명의 구별, 세계와 하나님의 구별—신학의 중추인 양극단—은 하나님이 세계로 하여금 세계 고유의 사업을 실패하지 않게 하실 것이며 또한 하나님이 자신의 사업에 세계 자체를 엮어 넣어 오셨다는 확신으로 만들어진다. 신학은 이 진리를 겨냥하고 있다. 신학은 이 진리를 포괄하고 가리킬 명명법과 개념을 개발하려고 노력한다. 그리고 신학은 시간 속에서 다듬어진 신학적 표현과 그 표현이 가리키는 영원 안에 있는 대상 사이의 역설을 간직하는 인식론을 고수한다. 영원한 진리는 신학을 끌어당기는 유혹이고, 시간은 신학을 위태롭게 하는 위기다.

IV. 역사주의의 충격

시간은 그리스도교 신학에 지속적으로 도전을 가한다. 중기 플라톤주의의 신의 영원성 및 불변성 개념과 연관하여 그리스도의 죽으심을 이해하고자 고심했던 초대 교회 때부터, 그리스도의 성육신을 "원에 접하지 않으면서 접하는 접선"[8]이라는 은유로 설명하고자 했던 초기 칼 바르트에 이르기까지, 시간은 신학이 정복할 수 없는 대상이었다. 문제는 다음과 같다. 신학이 그리스도교의 핵심, 즉 가장 중요한 신비이자 역설인 '육신이 되어 우리 가운데 사신 말씀'(요 1:14a)을 공정하게 보여 줄 수 있는가? 그리스도교 신학은 수 세기 동안 그리스인들에게 물려받은 사변적인(speculative) 공리들—이를

8 Karl Barth, *The Epistle to the Romans*, trans. of 6th ed. by Edwyn C. Hoskyns (London: Oxford University Press, 1968), 30 (로마서 1:4를 다루는 부분). 『로마서』, 손성현 옮김(서울: 복있는사람, 2017). 147. [접선은 개념상 한 점에서 원과 접하지만, 동시에 (접)점은 공간을 점유하지 않기 때문에(또는 무한히 작기 때문에) 원과 접선이 닿지 않는다고도 말할 수 있다—옮긴이 주.]

테면, 하나님은 고통을 받을 수도 변할 수도 없다는 견해—을 떼어 놓는 데 열중했다. 신학은 그러한 그리스도교 신앙의 현실과 그 현실로부터 제기된 문제들로 인해 철학적 사변에 적합한 용어를 정립하게 되었다. 하나님의 영원한 존재는 인간의 본성과 연합하여 "동정녀 마리아에게 나시고 본디오 빌라도 치하에서 … 십자가에 못 박히셨다"—이 실재로 인해 그리스도교 신학은 고통과 죽음뿐만 아니라 시간과 관련하여 하나님에 대해 생각하게 되었다.

시간이라는 개념의 도전은 18세기와 19세기 초 독일 신학에서 역사주의가 등장한 이후 학계의 논쟁에서 아주 집요해졌다. 이 근대 신학 전통이 유럽의 맥락에서 나온 다른 신학들과는 다른 독특한 점은 역사 연구를 인문학에서 지배적인 학문 모델로 만들었다는 점이다.[9] 독일 신학이 역사에 천착한 일은 지대한 영향을 가져왔다. 성서학, 역사 철학, 그리고 최근 생겨난 종교학 분야는 역사적 사건의 독특성에 대한 인식과 그 원인을 판별하려는 노력을 통합한 역사관에 의해 돌이킬 수 없게 형성되었다. 역사학은 인문 과학이다. 역사학은 인간의 작용 및 그 한계를 반성하며 나온 것이고, 역사적 인과관계를 지배하는 법칙을 고수한다.

현대 독일 신학의 궤적에서 이러한 한 가닥만 생각해 보자. 마르틴 루터는 무한을 담을 수 있는 시간의 신비(*finitum capax infiniti*[유

9 다음을 보라. Sheila Greeve Davaney, *Historicism: The Once and Future Challenge for Theology*, Guides to Theological Inquiry (Minneapolis: Fortress Press, 2006), 9-13; Frederick C. Beiser, *The German Historicist Tradition* (New York: Oxford University Press, 2011).

한이 무한을 담을 수 있다])를 묘사했는데, 루터의 성탄 찬송("온 세계가 감싸 안을 수 없는 그가 마리아의 무릎 위에 누워 있다")[10]이 그 예다. 삼백 년 후의 독일 신학자 프리드리히 슐라이어마허는 신학을 위한 튼튼한 역사적 발판 건설에 착수했다. 슐라이어마허는 새로운 역사 과학이 신학의 영원한 교리에 대해 제기한 도전을 받아들임으로써 현대 신학의 길을 열었다. 하지만 좋은 지적 노력이 질타받지 않는 경우는 없다. 슐라이어마허의 이름은 신학이 근대 역사주의 패러다임에 항복했다는 현대적 논의에서 필연적으로 회자된다. 슐라이어마허 문제—근대와 현대에 대한 나의 분석 중 상당수가 이 문제를 중심으로 한다—는 역사와 영원에 관한 문제다.

프리드리히 슐라이어마허는 대개 현대근대 신학(modern theology)의 아버지로 여겨진다. 19세기로의 전환기에 그가 했던 작업의 중요한 측면 하나는 새롭게 설립된 베를린 대학교를 위해 학문 분과들을 개념화하고 이 분과들과 지식 추구의 관계를 개념화했다는 것이다.[11] 이는 대학에서 신학이 있을 자리와 대학 외부 기관인 교회를 섬길 신학 교육 과정을 계산에 넣은 것이다. 이와 동시에 신학은 대학 내

10 *LW* 53:241, v. 3 of "All Praise to Thee, O Jesus Christ [1523?]." 『예식과 찬송』, 루터 전집 53, 나형석 옮김(서울: 컨콜디아사, 2017), 309, 3절[이 한국어 번역본에서는 가락에 맞춰 다음과 같이 옮겼다: 세상이 품지 못한 분, 마리아가 안았네—옮긴이 주].

11 Appendix A, "Theology in the University," specifically "The Case of Berlin, 1810," in Hans W. Frei, *Types of Theology*, ed. George Hunsinger and William C. Placher (New Haven: Yale University Press, 1992), 95-115의 역사적 설명과 Thomas Albert Howard, *Protestant Theology and the Making of the Modern German University* (Oxford: Oxford University Press, 2006), 267-302를 보라.

에서 자기 역할의 필요성을 계속 주장할 수 있었고, 다른 분야 학자들과의 대화도 계속 이어나가게 되었다. 슐라이어마허는 양쪽 세계 모두에 발을 담그고 있었다: 슐라이어마허는 베를린 대학교에서 다른 여러 직책들도 맡으면서 에큐메니컬 개혁파-루터교 교회의 개혁파 목사로 봉직했다. 대학 내에 자리한 '실정 학문'(positive science)으로서 신학은 교회 지도자들이 자신들의 공동체 안에서 잘못된 관행을 바로잡는 일과 건전한 경건을 조성하는 일에 활용할 수 있는 이론들을 생산하는 작업을 맡게 되었다. 이런 식으로 신학은 교회의 활력을 돕는 '영혼 돌봄'을 그 임무의 일환으로 취하게 되었다.[12]

슐라이어마허는 신학에 대한 교회의 임무를 성공적으로 완수하기 위해서 교회의 현 상황을 이해하고 또한 현 상황과 과거의 관계를 이해해야 했다. 이러한 목적을 위해, 슐라이어마허는 신학이 교회를 위한 임무를 수행하는 데 도움이 되도록 역사 분야에 대해 최근 생겨난 학계의 관심을 생산적으로 활용했다. 역사주의적 전환은 신학의 시선을 영원에서 시간으로 이동시켰다. 그 이후로 신학은 종교 공동체의 사상과 실천에 천착하게 된다. 종교 공동체의 사상과 관습이 그 기원에서부터 자기 시대에 나타난 형태에 이르기까지 시

12 루터 또한 위로를 교리의 한 측면으로 간주했다. 이 주제에 대해서는 보 크리스티안 홀름(Bo Kristian Holm)의 통찰력 있는 다음 두 논문을 보라. "Der Trost kommt vom Sehen—zu Katechismussystematik und Lehrbergiff," in *Denkraum Katechismus: Festgabe für Oswald Bayer zum 70.Geburtstag*, ed. Johannes von Lüpke and Edgar Thaidigsmann (Tübingen: Mohr Siebeck, 2009), 109-24; "Zur Funktion der Lehre bei Luther: Die Lehre als rettendes Gedankenbild gegen Sünde, Tod und Teufel," *Kerygma und Dogma* 51, no. 1 (2005): 17-32.

간의 흐름에 따라 공동체의 삶이 점진하는 가운데 변했기 때문이다.

이렇게 신학을 역사 분야로 보는 새로운 구상은 교리 연구에 영향을 미쳤다. 슐라이어마허는 교의신학[13]을 "개신교 교회에서 지금 통용되고 있는 교리에 대한 지식"[14]으로 정의했다. 교리는 당대의 교회에서 규범적인 신앙 진술이다. 교리의 규범성은 생생한 신앙을 정교한 언어로 가다듬을 수 있는 교리의 능력과도 관련되고, 교의신학의 체계 속에서 신앙 진술이 짜임새를 갖추는 방식과도 관련된다. 교리는 과거의 교리적 발전에 의해 현재의 상황이 형성되었다는 인식을 통해 오늘날 그리스도인 사이에서 일치하는 신념을 명확히 엿볼 수 있게 해 준다. 달리 말하면, 교리는 언제나 시간의 흐름 속에서 그리스도인의 생생한 경험과의 역동적이고 변증법적인 관계로 나타난다. 다양한 시간과 장소의 특정한 그리스도인 공동체에서 발생했던 문제와 논쟁이 교리의 내적 동력—교리의 원동력—이었다. 교리는 영구히 고정된 진리에 대한 것이라기보다 역사 속에 살아 있는 신앙에 관한 것이다.

이 책에 나오는 신학자들이 규정하고 다루었던 슐라이어마허 문제는 교리를 이렇게 역사적으로 표현함으로써 촉발된 불안감과 관련된다. 하나님의 영원한 진리를 지상에 나타낸다고 하는 신학은 역

13 슐라이어마허가 '조직신학'(systematic theology)이란 용어를 거부하고 '교의신학'(dogmatic theology)이란 용어를 지지했다는 것은 중요하다. 슐라이어마허는 교의신학이란 말이 이 분야에 대한 역사적 접근을 함축하기 때문에 선호했다. 신학은 현재 교회의 맥락에서 유효한 교리를 연구할 때조차도 기술적(descriptive)이다.

14 *BO* 72 (§195).

사적 이성의 한계 안에서 더 이상 그 정체성과 임무에 대해 설명할 수 없다. 그렇다면 어떻게 교리가 시간 안에서 신적 진리에 관한 주장을 할 수 있는지로 문제가 변한다. 이는 신약성서가 기록되자마자 나온 고전적인 난제다. 미국 신학자 조지 린드벡은 이 문제를 다음과 같은 식으로 정립했다. "종교적 믿음이 과거와 현재를 통틀어 아주 다양한 형태를 가지고 있을 때, 어떻게 종교는 '성도들이 단번에 받은 그 믿음'(유다서 3)을 보존한다고 주장할 수 있을까? 어떤 의미에서는 모든 종교가 그렇게 주장하듯이 말이다."[15] 슐라이어마허의 신학 프로그램은 현대 신학(그리고 사회학)이 종교 공동체와 회중의 번창을 촉진하기 위해 교리가 생산되는 장소인 종교 공동체와 회중에 몰두하는 길을 열었다. 그럼에도 슐라이어마허가 신학에 처방한 학문적 헌신은 표면적으로 볼 때 그리스도교 신앙이 아닌 다른 원천들로부터 그 원리를 도출함으로써 신학을 절충시켰다는 도전을 받아 왔다. 1924년 스위스 신학자 에밀 브룬너(Emil Brunner)가 슐라이어마허의 교리 접근법이 지닌 문제의 핵심은 그의 역사주의가 아니라 경험과 형이상학에 호소한 것(하나님 말씀의 객관적 진리를 저버린 것으로들 추정하는)이라고 식별하자, 이러한 비판에 예리하고 명확한 초점이 생겼다.

15 George A. Lindbeck, *The Nature of Doctrine: Religion and Theology in a Postliberal Age* (Philadelphia: Westminster Press, 1984), 78; cf. the 25th anniversary ed. (Louisville, KY: Westminster John Knox Press, 2009). (달리 표기하지 않는 한, 내가 표기한 것은 1984년 초판의 쪽수다.)

V. 언어적 전환

언어적 전환(linguistic turn)은 주로 루트비히 비트겐슈타인(Ludwig Wittgenstein)의 『논리-철학 논고』(*Tractatus logico-philosophicus*. 책세상 역간) 출간 후 철학에서 일어난 방향 전환을 의미하는 말이다. 그러나 언어는 신학자들의 최근 관심사이기도 하다. 특히 폭넓은 루터교 유산 내에서 작업한 두 명의 신학자는 말씀-지향적 신학의 주창자로 부상했다. 이들은 죄를 용서하시는 하나님의 말씀의 능력에 대한 루터의 통찰을 심화시키면서, 언어에 관한 현대 신학·철학·인류학 이론에서 얻은 자원으로 이러한 통찰을 재맥락화했다.[16] 독일에서 오스왈드 베이어(Oswald Bayer)는 *promissio*, 즉 하나님의 용서 약속에 관한 루터의 이해를 정교하게 다듬었다. 이 약속은 "나는 너를 용서한다"(*Ego te absolvo*)라는 구두 선포로 이루어진 약속의 성취와

16 라인하르트 휘터(Reinhard Hütter)는 오스왈드 베이어와 조지 린드벡의 신학을 어떻게 신학이 교회의 실천이 될 수 있는지에 관한 현대의 주도적인 사례로 분석한다. 그의 책 *Suffering Divine Things: Theology as Church Practice* (Grand Rapids: Eerdmans, 1999)를 보라.

동일하다. 베이어에 따르면, 루터의 신학적 혁신은 하나님께서 발화하시고 성직자가 예배 중에 의례를 따라 제정의 언어로 청중에게 구체적으로 제시하는 '화행'(speech act)에 주목시킨 것이다.[17] 베이어는 철학자 J. L. 오스틴(Austin)에게서 화행이란 용어를 빌려 왔다. 한편 미국에서는 또 다른 루터교 신학자 조지 린드벡이 미국의 인류학자 클리퍼드 기어츠(Clifford Geertz)가 제안한 문화에 대한 해석학적 모델을 구성신학적으로 사용하였다.[18] 게임의 판도를 바꾼 기어츠의 『문화의 해석』(*The Interpretation of Cultures*, 1973. 까치글방 역간)이 출간되고 10년보다 조금 더 지나서 나온 『교리의 본성: 후기자유주의 시대의 종교와 신학』(*The Nature of Doctrine: Religion and Theology in a Postliberal Age*, 1984)에서, 린드벡은 종교 이해에 대한 문화-언어적 모델(cultural-linguistic model)을 제시했다. 그리고 더 나아가 그리스도인의 신앙을 개별 언어의 용법으로 구성된 세계관으로 이해했다. 린드벡은 예일 신학대학원 교수이자 예일 대학교 종교학부 교수라는 다중적인 헌신의 맥락에서 글을 쓰고 있었다. 그는 또한 로마 가톨릭과 루터교 사이의 에큐메니컬 대화에 깊이 헌신했다. 그리고 그는 제2차 바티칸 공의회에 참석한 몇 안 되는 개신교 '파견 참관

17 베이어의 개념에 대한 휘터의 설명(Hütter, *Suffering Divine Things*, 77-78)과 나의 글 "The Subject of Theology in the Thought of Oswald Bayer," *Lutheran Quarterly* 14, no. 1 (Spring 2000): 21-52를 보라.

18 린드벡의 기어츠 수용에 대해서는 나의 글 "Luther, History, and the Concept of Religion," in *Lutherrenaissance: Past and Present*, ed. Christine Helmer and Bo Kristian Holm, Forschungen zur Kirchen- und Dogmengeschichte 106 (Göttingen: Vandenhoeck & Ruprecht, 2015)를 보라.

인' 중 한 사람이었다. 신학과 교리에 대한 린드벡의 구성적 제안은 교리를 통해 식별한 그리스도교 공동체 사이의 불가피한 차이점을 강조하는 데에만 기여했던 교리 구축을 넘어서는 하나의 방법을 제공한다는 점에서 개신교 신학과 가톨릭 신학에서 폭넓게 받아들여졌다. 신학적 성찰을 교회의 정체성과 연결하는 데 관심 있는 신학자들은 특별한 열심을 가지고 린드벡을 읽었다.

베이어와 린드벡의 유산을 물려받아 작업하는 신학자 세대는 신학에서의 언어적 전환에 영감을 받아서 교회를 신학 작업의 필연적 맥락으로 보게 되었다.[19] 이 신학자들은 교회가 예배에서 사용하는 언어-문학적 어법을 담론적 실천(discursive practice)으로 본다. 이러한 담론적 실천을 통해 신자들은 공동체의 삶과 언어를 배우고, 다양한 삶의 환경을 신앙의 측면에서 해석할 수 있게 된다.[20] 믿음은 얼마나 능숙하게 훈육되었는가의 문제다. 신자는 그리스도교 담론을 능숙하게 '말하는 사람'이다. 기어츠 식으로 말하자면, 그리스도교 담론은 그것을 알게 된 만큼 세계에 대한 모델이자 세계를 위한 모델이 되고, 이런 식으로 신자들은 이러한 특정한 의미

19 베이어와 린드벡의 제안에 모두 "철저하고 근본적인 교회론적인 결함뿐만 아니라 성령론적 결함"이 내재되어 있다고 논하며 이를 교정하는 휘터의 책(*Suffering Divine Things*, 26)을 보라.

20 휘터는 다음과 같이 이 구분을 표현한다. "그것은 '교리문답 신학'처럼 개인이 신앙 행습에 서서히 맞춰지는 것과 관련된다(교리문답을 통한 학습). 그것은 '텍스트 내재적(intratextual) 신학'처럼 아주 다양한 삶의 상황 속에서 그리스도교의 신앙 행습을 지켜 내는 것, 그리고 이러한 상황들을 신앙 행습의 맥락 안에서 해석하는 것과 관련된다(긴 여정을 통한 학습)." (Hütter, *Suffering Divine Things*, 50-51).

의 세계를 자기 고유의 것으로 여기며 그 안에 산다. 린드벡은 이를 다음과 같이 쓴다. "그리스도인이 된다는 것에는 이스라엘과 예수에 대한 이야기의 언어로 자기 자신과 자신이 사는 세계를 해석하고 경험할 수 있을 만큼 그 이야기를 학습하는 것이 포함된다."[21] 신자는 복음의 "청자"다.[22] 신자가 신앙의 언어로 말하는 데 능숙한 정도—이는 신앙을 살아 내는 것과 상응한다—는 자신의 언어가 그리스도교 담론의 기저에 놓인 "문법"을 따르는 데에서 나타난다.[23] 신학자들은 교리를 '신앙의 문법'으로 보는 이러한 교리 개념에 매력을 느껴 왔다.

저 문구는 적어도 성령님이 "그 자신의 문법"을 가지고 있다고 호소했던 루터에게까지 소급될 수 있다.[24] 그러나 현 시대에 이 말을 되풀이하면 교리 이해에서 중요한 교회의 정체성 개념이 떠오르게 된다. 교회의 관습으로서의 신학(휘터의 책 제목[부제]을 내비친다)은 그리스도교 담론의 구조와 어법을 지배하는 규칙들을 식별하는 것을 그 과업으로 한다. 신학은 한편으로 청자들이 능숙하게 말할 수 있도록 인도하고 적응시킨다. 다른 한편으로는 교회의 규범적 문법

21 Lindbeck, *Nature of Doctrine*, 34.

22 린드벡은 종교라는 말로 자신이 의미하고자 하는 것을 설명하기 위해 *verbum externum*(외적 언어)이라는 루터의 개념을 분명히 언급하고 있다: "한 종교는 무엇보다도 자기 자신과 자신의 세계를 주조하고 형성하는 외적 언어, 즉 a *verbum externum*이다. (Lindbeck, *Nature of Doctrine*, 34).

23 Lindbeck, *Nature of Doctrine*, 81: "어떤 경우든 그것은 어휘집이 아니라 종교의 문법으로, 교회의 교리들에는 이 문법이 주로 반영되어 있다."

24 WA 39/II:104.24: "Spiritus sanctus habet suam grammaticam."

의 원인이 되는 교리를 살핀다.

이렇게 언어를 그리스도교 세계관에서의 교리의 본성으로 강조하는 것은 **외적 언어**(*verbum externum*)라는 루터의 종교 개혁 개념을 떠오르게 한다. 루터는 하나님의 용서의 말씀을 인간 실재 바깥에 있는 것으로 간주하기 위해 저 용어를 사용하였다. 루터가 이해한 것처럼 인간이 아니라 오직 하나님만이 죄를 용서하시며, 하나님께서 죄인에게 건네신 "내가 너를 용서하노라"라는 용서의 말씀은 실제로 용서의 효력을 가져오는 하나님의 행동이다. 그러나 루터는 이러한 하나님과의 만남에서 인간이 취하는 태도로서 하나님의 **말씀**을 수용하는 것을 강조한 반면, 문화-언어적 방식으로 신학에 접근하는 데 동조하는 현대 신학자들은 **교리**의 수용을 강조한다. 휘터의 말로 하면, 교리는 "어떤 특정한 집단의 정체성, 안녕, 결속에 결정적인 규칙이며, 또한 그 집단을 다른 집단과 구별해 주는 규칙"[25]으로 여겨진다. 시간이 흘러도 정체성을 특징짓는 규칙들은 지속된다고 말해지듯이, 그만큼 교리는 교리의 진리를 왜곡할 수도 있다고 여겨질 만한 새로운 틀로부터 보호되어야 한다.

그래서 **수용**은 교회에서 교리의 기능에 대한 신학적 설명이라는 공통의 관심사를 지닌 개념이다. 그러나 위의 몇 개의 문장만으로도 드러나듯이, 저 용어는 다의적(multivalent)이다. '수용'에는 구체적인 신앙 규칙 또는 신조를 그리스도교의 정경(canon)에 적용해 봄으로

25 Hütter, *Suffering Divine Things*, 57.

써 어떻게 그것이 통일체이며 진짜인지 대한 연구가 포함될 수 있다.[26] '수용'—이것이 "정경으로 규정되고 교리로 표현된 교회의 실천적 지혜"를 받아들임을 의미할 때—은 실천자들이 "성서가 증언하는 **동일한** 하나님-드라마의 사건에 참여"[27]할 수 있게 해 주는 것으로 이해될 수 있다. 또는 그리스도교 신앙의 핵심 요소의 규범적 표현으로서 신학적으로 취해진 과거의 특정한 교리의 '수용'은 그리스도교 세계관에서 인식론적 수위(首位)를 점한 것으로 이해될 수 있다(수용과 교리에 대한 이러한 이해는 3장에서 다룰 것이다). 그러니까 언어-문헌적 구성으로서의 교리가 교회의 정체성에 관한 규범적인 지위를 갖도록 요구하는 다양한 신학적 제안들이 있다—이들 모두는 수용을 적절한 인간의 자세로 강조하는 공통점을 공유한다.

그러나 현대 신학의 문화-언어적 학파에서 이렇게 교리의 수용을 강조한 핵심은 루터의 말씀의 신학을 전유한 것이지만, 이는 루

26 Robert W. Jenson, *Canon and Creed*, Interpretation: Resources for the Use of Scripture in the Church (Louisville, KY: Westminster John Knox Press, 2010), 41: "서로 잘 부합하는 정경과 신조는, 아니 오직 서로 잘 부합하는 정경과 신조만이 시간의 제약을 받는 교회의 자기-동일성을 지키는 하나의 온전하고도 완전한 수호자를 만들 수 있었고, 지금도 만들 수 있다."

27 Kevin J. Vanhoozer, *The Drama of Doctrine: A Canonical-Linguistic Approach to Christian Theology* (Louisville, KY: Westminster John Knox Press, 2005), 350, 354. 강조체는 원저자의 것. 『교리의 드라마』, 윤석인 옮김(서울: 부흥과개혁사, 2017), 591, 597. 올리-페카 바이니오(Olli-Pekka Vainio)는 린드벡의 진리 이론의 특징을 "수행적"(performative)이라고 묘사한다. 그의 책 *Beyond Fideism: Negotiable Religious Identities*, Transcending Boundaries in Philosophy and Theology Series (Surrey, UK: Ashgate, 2010), 72를 보라.

터의 이해에서 동일하게 핵심적인 또 다른 측면—신학에서 필수적인 경험에 대한 강조—을 희생시키게 된다.[28] 이러한 간과가 내게 처음으로 분명해졌던 때는 근대 신학과 현대 신학에서 구체화된 슐라이어마허에 대한 한결같은 비판에 주목하기 시작하면서부터였다. 슐라이어마허에 대한 이러한 견해는 엄밀히 말해 전혀 슐라이어마허에 '관한' 것이 아니라는 생각이 들었다. 더 면밀히 검토하니, '슐라이어마허'라는 이름은 언어와 경험 사이에 있는 이론상의 간극—실제로는 심연—을 명명하여 확실하게 하기 위해 동원되고 있음이 명백해졌다. 슐라이어마허를 때리는 것은 근대 신학의 대화에서 이 간극이 당연하고도 최종적인 성격을 갖도록 기여했다.

예를 들어, 린드벡의 『교리의 본성』에서 '슐라이어마허'는 "종교에서 결정적으로 중요한 것(그것이 무엇이든)과의 궁극적으로 중요한 접촉을 사유에-앞선 자기 경험의 심층에 위치시키고, 내적 경험이 나타나고 떠오르도록 객관화된 것(즉, 비추론적 상징)을 종교의 외적 특징 또는 공적 특징으로 간주하는"[29] 신학적 입장을 대표한다. 린드벡은 슐라이어마허의 직접적인 자기의식을 "사유에-앞선 자기 경험의 심층"으로 해석하고, 이를 일반적인 종교 경험으로 식별

28 잘 알려져 있듯이 루터는 신학자가 됨에 있어 경험이 필수라고 했다. WA TR 3:312.11-13 (no. 3425)에 나와 있는 "무엇이 신학자를 만드는가?(*Quae faciant theologum*) (1) 성령의 은혜(*gratia Spiritus*) (2) 고투(*tentatio*) (3) 경험(*experientia*) (4) 기회(*occasio*) (5) 꾸준하고 주의 깊은 읽기(*sedula lectio*) (6) 학문 지식과 실천(*bonarum artium cognitio*)"을 보라(Oswald Bayer, *Theologie*, Handbuch systematischer Theologie 1 (Gütersloh: Gütersloher Verlagshaus, 1994), 57n107에서 인용함).

29 Lindbeck, *Nature of Doctrine*, 21.

했다. 즉, 오직 개별 종교로 구별되는 분화 단계 이후에만 개별 종교 특유의 담론으로 식별된다고 간주한 것이다. 여기서의 문제는 슐라이어마허가 교리에 '시간을 가로지르며 교회의 정체성을 확보한 그리스도교 진리 표현으로서의 우선적인 지위'를 부여하는 데 표면상으로 실패했다는 점이다. 슐라이어마허가 심리를 강조했기에 외재성 및 하나님의 말씀으로부터, 내면성과 인간의 경험을 분리한 것에 대한 책임이 있다고 말해진다.

"슐라이어마허 문제"—앞으로 내가, 신학과 교리에 대한 현대의 논의에서 슐라이어마허를 독해하는 특정한 방식을 도구화한 것을 언급하기 위해 사용할 표현—는 이 책이 역사적 탐구를 지향하게 한다. 이런 식으로 슐라이어마허를 읽는 독해의 기원은 무엇이며, 그 유산은 무엇인가? 이 문제에 답하기 위해 나는 20세기의 신학적 사색의 출발점인 독일 신학으로 돌아갈 것이다. 독일 신학의 역사는 독일의 역사 및 정치와의 관계를 고려하지 않은 채 말해질 수 없으며, 두 번의 세계대전으로 인한 세계적 위기 및 쇼아(홀로코스트)와 함께 말해져야 한다. 유럽과 러시아 전역의 삶과 터전의 끔찍한 파괴가 독일 신학을 말해 준다. 그래서 나는 나의 주요 대화 상대들이 북미의 맥락에서 저술하는 신학자들이지만 이미 한 세기를 더 지난 유럽 신학의 선두에 있었던 문제들로 시작할 것이다.

다른 무엇보다도 이는 루터를 의미한다. 독일 신학에서 루터의 역할, 구체적으로 그가 '말씀' 개념을 신학에서 발전시켰던 일은 과대평가될 수 없다. '말씀'에 대한 신학적 개념화의 발전 과정은 교리를 이해하는 데 중요한 함축을 지닌다. 이러한 신학적 줄기의 궤적은 결국 이어진 시대의 철학과 신학과 정치학에 의해 맥락화되고 또 여러 번 재맥락화된 20세기 초까지 이어진다. 내가 지성사를 다루는 목표는 상이한 역사적 상황마다의 다양한 개념적 접근 방식을 가지고 이렇게 엮인 '말씀'의 가닥들을 규명하는 것이다. 이는 교리와 언어의 관계에 대한 가정들이 어떻게 발생했고 확립되었는지를 더 잘 식별하기 위한 것이다. 말씀과 교리에 대한 현대 북미의 신학적 개념에 이를 때까지, 우리는 어떻게 언어론적 영향력과 인식론적 영향력이 '교리'에 대한 의미의 장(semantic field)을 지배하게 되었는지를 살펴볼 것이다. 내 논증의 목적인이 여기에 있다: 교리가 실재로부터 떠나서 언어로 옮겨 갔는데, 이러한 전개는 20세기 말에 절정에 달하였고, 그렇게 옮겨 간 만큼 교리는 그 내적인 힘을 잃는다.

이것으로 이야기가 종말에 이른 것으로 보일 수 있지만, 내가 논증하는 바는, 이 종말은 역사의 한 단원의 마지막이라는 것이다. 너무 개념화된 교리가 종말을 맞으면서 점진하는 그리스도교 교리 이야기의 새로운 장이 펼쳐질 공간이 열릴 것이다. 그래서 이 책의 제목에 예고된 교리의 종말은 하나의 시작을 알리는 신호이기도 하다. 이렇게 다시 생각해 보는 것은 어떨까? 즉, 살아 계신 하나님을 숙고하고 그분께 참여하기 위한 초대장으로서의 교리는 어떤가? 개개인의 삶에서, 공동체 안에서, 역사 속에서 일하시는 하나님의 행동들을 분간하기 위한 안내자로서의 교리는 어떤가? 만일 이것이 교리가 나아가야 할 종착점(end)이 된다면, 즉 교리의 목적과 목표라는 의미에서의

'종착점'이라면, 교리의 종말(end)은 없을 것이다. 경이를 경험하는 것은 이 책을 마무리 짓는 곳에서 중요해질 것이다. 왜냐하면 개인의 경험과 역사 속에서 살아 계신 하나님의 행동에 대한 예기치 못한 놀라운 것이 교리에서 인정될 수 있는 방식으로 교리를 재개념화하는 것이 내가 공언하는 목표이기 때문이다. 그런 까닭에 이 책에서 건설구성적인 부분은 교리의 수용보다 교리의 생산을 강조한다. 분명히 이것들은 상호 배타적인 것이 아니다. 우리가 늘 우리 세계의 주체이면서 동시에 그 세계에 의해 좌우된다는 사실이 인생의 현실인 것처럼, 교리도 늘 수용되고 또한 생산되며, 늘 상속되고 또한 개척된다.

그렇지만 나는 생산으로서의 교리에 초점에 맞추며 마무리할 것이다. 다시 말하면, 생산은 수용을 전제로 하며 또한 수용과 깊숙이 관련되지만, 또한 어떻게 교리가 (1) 항상 초월을 대상으로 하고 갈망하는 동시에 (2) 특정한 시공간이라는 상황과 관계하며 (3) 살아 있는 가지각색의 청자들에게 말해질 수 있도록 (4) 자기 시대의 지평과 언어에 비추어 (5) 인간 존재에 의해 표현되는지를 가장 분명하고 두드러지게 드러내는 것이 생산이다.● 교리를 만드는 일은 용어를 가지고 다투고, 명료하게 하고, 정의하는 특정한 시간과 장소에서 일어나며, 언어로 된 신조는 교회와 정계와 학계의 논쟁이라는 일제 공격에 휘말리게 된다. 그리고 헬라어 개념과 라틴어 개념에

● 영어와 한국어의 문장 구조 차이에 따라 순서를 바꿨다. 원서에서는 순서(번호)가 정 반대다 — 옮긴이 주.

대한 논쟁이 있다.[30] 우리가 보게 되겠지만, 교리에 대한 탐구는 불가피하게 인식론적 물음을 수반한다. 교리는 진리 주장을 하는 지식이라는 의미에서, 하나님과 자기 자신과 세계에 대한 지식의 위상을 갖으려 한다. 그래서 신학자들이 교리를 개념화하고 다듬는 데 영향을 미친 인식론적 가정들이 식별되고 분석되어야 한다. 마찬가지로 내용을 결정한다는 것(이것도 교리 생산의 한 차원이다)은 교리의 내용 생산 과정이 개념-지성적, 영적-신비적, 언어-문헌적 재료들 사이에서의 절충 과정이라는 주장이다. 신학자들이 그리스도와 삼위일체에 대한 교리들로 거듭 돌아간다는 사실은 이러한 교리들이 그리스도인의 하나님을, 그리고 백성들의 삶 가운데 나타나는 이 하나님의 현실의 끝없는 매력을 표상한다는 증거다. 신학이 학계에 자리한 학문 분야로서 이러한 교리의 생산에 기여하는 방식은 이 책의 관심사 중 하나다.

교리가 생명을 부여하고 생명을 지탱하는 복음의 영향력을 띠고 또 그러한 영향력에 기여하는 것을 보기 위해서는 교리에 창의적이고 신실한 관심이 요구된다는 점을 인식할 수 있을 때, 신학은 학문적 헌신과 교회에서의 그리스도인의 관심 사이에서 건강한—

30 교리를 특징짓는 특정한 발전 양상에 대한 고전적인 연구는 존 헨리 뉴먼 추기경(Cardinal John Henry Newman)의 *An Essay on the Development of Christian Doctrine* (1878; repr., Westminster, MD: Christian Classics, 1968)이다. 또한 모리스 와일즈(Maurice Wiles)의 *The Making of Christian Doctrine: A Study in the Principles of Early Doctrinal Development* (Cambridge: Cambridge University Press, 1967)도 보라.

지적인 결실과 실존적 설득력이 있는—관계를 보다 잘 이끌어 낼 수 있다. 만일 당위로서의 신학의 목표가 "모든 생각을 사로잡아 그리스도께 복종시키는"(고후 10:5) 것이라면, 훈련된 사유와 경청하는 사유의 실천으로서의 신학은 하나님의 진리가 교회와 세상에 들어가는 길을 예비하는 데(시 23:3) 도움이 될 것이다. 너무나 인간적이고, 너무나 오류에 빠지기 쉽고, 너무나 이견이 많은 교리를 다루는 작업은 결국 인간에게 경험되고 알려진 하나님을 어떻게 언급할 수 있을지에 대한 것이다.

VI. 전망

이 책은 두 부분으로 구성되어 있다. 첫 번째는 역사적이고 진단적인 부분으로, 1924년 에밀 브룬너가 슐라이어마허를 통렬하게 비판하며 제기한 문제가 이 부분의 틀을 이룬다. 브룬너의 물음을 나 자신의 물음으로 만들기 위해 나는 이렇게 질문했다: 왜 슐라이어마허가 (자연주의적인) 동일성 철학과 신비주의를 융합시켰다고 비판받으며, 또 왜 이러한 융합을 자기 신학의 철학적 토대로 전유했다고 비판받는가? 브룬너는 슐라이어마허가 그리스도교 신학을 이방 신학에 넘겨주었으며, 신학에서 다루는 선함과 은혜를 19세기의 문화적 언어로 번역했다고 비난했다. 슐라이어마허가 실제로 이해했던 대로 신학과 종교적 경험을 비교해 보면, 여기서 비판적 역할을 하는 용어들은 꽤 복잡해진다. 그럼에도 실재와 언어라는 주제가 브룬너와 함께 현대 신학의 문제가 되었다는 점은 분명하다. 이는 2장 「리츨에서 브룬너까지: 신비주의도 형이상학도 아닌, 슐라이어마허 문제」에서 다룰 것이다. 그리고 20세기 신학에서는 더욱 문제가 되었다. 이는 칼 바르트부터 최근 신학까지를 추적하면서 3장 「삼위일체적 표상으로부터 인식적-우위 모델까지: 말씀, 교리, 신학」에서 다룰 것이다.

나는 논의 전반에 걸쳐 신학에서 실재와 언어의 역할과 이것이 교리에 함의하는 바를 면밀히 살펴볼 것이다. 나는 교리가 점점 더 언어와의 연관성 속에서 이해되어 왔다고 주장하는 바다. 이런 식의 관점이 전개되도록 조건을 마련해 놓은 것은 20세기로의 전환기에 지배적인 철학적 틀이었던 신칸트주의다. 20세기 말에는 교리가 점점 세계관 내에서 갖는 기능적 측면에서 개념화되었다. 이 장은 언어와 실재의 관계에 대한 새로운 개념으로 나아갈 길을 가리킴으로써 마무리할 것이다. 이는 이 책의 후반부에 있는 구성적인 단계를 향한 길이다.

4장 「언어와 실재: 슐라이어마허에게 약간 도움받은 신학적 인식론」은 언어와 실재를 연결시키는 방법론을 제안한다. 여기서 나는 내 오래된 대화 상대인 슐라이어마허와 대화를 진행한다. 나는 어떤 신학적 인식론을 재건하기 위해 특별히 노력했는데, 이 신학적 인식론은 내가 생각하기에 슐라이어마허의 신약성서 이해 방식을 특징짓는 것이다. 나의 목표는 어떻게 신약성서에서 가장 이른 시기의 층위들이 나사렛 예수에 대한 구체적이고 대중적인 경험들과 관련되는지를 슐라이어마허의 관점에서 보이고, 그런 다음 어떻게 이러한 초기의 환호(acclamations)가 그리스도교 교리 발전을 위한 요인(parameters)으로 역할 하는지를 보이는 것이다. 교리의 생성은 이 설명에서, 개인적 의미 생성과 상호주관적 논의에 열려 있으면서도 그리스도교의 살아 있는 실재로서 그리스도의 변화시키는 영향력을 증언하는 것으로 나타난다. 교리적 산물은 단층적인 경험이나 생각으로 즉석에서 정해지는 것이 아니다.

마지막 장 「사회적 구성임을 인정하고 해체 너머로 나아가기: 신학과 종교학을 위한 교리」는 교리 생성을 신학과 종교학 사이에 위치시킴으로써 인식론과 성서에 초점을 맞춘 4장을 확장한다. 만일 교리가 필연적으로 사회적 구성물이라면, 이에 상응하는 적절한 질문은 교리가 증언하고자 하는 신적 현실과 교리의 정형문구들을 형성한 역사적 현실 모두에 적절하도록 교리가 표현되는 방식에 관하여 묻는 것이다. 달리 말하면, 이 마지막 장은 신적이고 인간적인 현실을, 교리 생산을 구성하는 요소의 측면으로 회복시키는 일에 초점을 맞춘다. 이 점에서 신학은 종교학에서의 새로운 경향과 공조할 수 있다. 종교학에서의 새로운 경향은 신학과 마찬가지로 인간 경험의 종교적 차원이라는 현실에 종교학이 관심을 보이고 있다는 증거다. 종교학이 환원주의 너머로 나아가고자 하는 것처럼, 신학에서도 이러한 새로운 경향을 종교적 경험을 다루려는 신학적 시도를 위한 하나의 자원으로 볼 수 있다. 종교적 경험이 하나님의 현실을 증언하는 만큼 말이다. 신학은 인식적으로 주요한 어떤 명제에 교리를 가둠으로써, 생각을 제한할 필요가 없다. 신학은 역사와 형이상학과 경험으로부터 교리의 내용의 실재를 되찾기 위해 생각을 자유롭게 할 수 있다. 교리가 하나님의 특별한 현실에 열려 있고 이 세상에서 인류에게 참여하시는 하나님께 열려 있을 때, 교리적 표현은 살아 있는 그리스도교 신앙을 증언한다. 이와 같이 이 책이 가리키고자 하는 것은 교리의 생명이다.

From Ritschl to Brunner

Neither Mysticism nor Metaphysics, but the Problem with Schleiermacher

2

리츨에서 브룬너까지

신비주의도 형이상학도 아닌, 슐라이어마허 문제

I. 교리라는 말의 의미는 무엇인가?

그리스도교 신학 담론은 물론 일반적인 대화에서도 '교리'라는 단어는 굳건함(stability)을 내포한다. 제국들은 흥했다가 사라지지만, 교리는 지속된다. 교리는 교회의 정체성을 안전하게 지킨다. 그래서 예컨대 루터교인들은 칭의 교리가 "그로써 교회가 서고 넘어지는"[1] 조항이라고 주장한다. 따라서 이 장에서 나는 다음과 같은 핵심 물음으로 시작하려 한다: 무엇이 시간과 공간을 가로질러 굳건하다는 이러한 평판을 교리에 부여하는가? 시간이 흐르며 '교리'라는 단어에 축적되어 온 교리를 수식하는 독특하고 불가결한 형용사들이 보여 주는 바와 같이, 교리는 영원하신 하나님에 대한 진리와 관계있다고 말해진다. '참된 교리'(*vera doctrina*)는 진리에 관한 하나의 규범으로 그 기능을 드러낸다. 즉, 모든 교회의 설교와 가르침을 평가

1 Theodor Mahlmann, "Articulus stantis et (vel) cadentis ecclesiae"(*RGG* 1:799-800)를 보라.

하는 기준인 것이다. 교리는 거룩하다(*sacra doctrina*). 교리는 하나님을 교리의 원천으로 본다. 그리고 거룩한 성서와 같이, 교리에는 하나님께서 하나님의 본성에 대하여, 그리고 하나님 자신과 세계에 대한 하나님의 관점에 대하여 계시하신 지식이 들어 있다. 16세기의 루터교 종교 개혁자들은 교리가 또한 순수하고[2] 건전하다고[3] 주장하였다. 인간의 전통과 해석이 교리에 덧붙여 놓은 것들을 벗겨 낸다면, 교리는 복음의 진리와 동의어인 셈이다.

이러한 내포들—진리, 거룩함, 순수함—은 그 의미, 용법, 연관성에 있어 몹시 유연한 어떤 용어에 우리를 집중시킨다. '교리'라는 말의 역사에 대해 어느 선집의 편집자들이 쓴 것처럼, "정의되지 않았고, 애매하며, 어디에나 있는 표현을 가지고 무엇을 할 수 있을까? 저 말을 사용하는 모든 사람들이 본질적이라고 여기는 어떤 내용을 지나치게 나타내는 표현을 가지고 무엇을 할 수 있을까?"[4] 교리(doctrine)는 라틴어 어근 동사[현재 부정형] *docere*에서 파생되었기에 간단히 '가르침'(라틴어로는 *doctrina*, 독일어로는 Lehre)으로 정의될 수

2 아우크스부르크 신앙 고백(1530)의 제7조(*BC* 177.20)는 복음에 관한 순수한 교리(*pura doctrina evangelii*)를 언급하고 있다.

3 *LW* 12:407, from *Commentary on Psalm 51* (1532/1538): "그러므로 기도는 그러한 인간들에 맞서 사람들 가운데 건전한 교리를 지키기 위해 필수적이다."

4 Philippe Büttgen, Ruedi Imbach, Ulrich Johannes Schneider, and Herman J. Selderhuis, "Einleitung/Introduction," in *Vera Doctrina: Zur Begriffsgeschichte der Lehre von Augustinus bis Descartes/L'idée de doctrine d'Augustin à Descartes*, ed. Philippe Büttgen et al., Wolfenbütteler Forschungen 123 (Wiesbaden: Harrassowitz Verlag, 2009), 19. 위의 문장은 내가 영역(英譯)한 것이다.

있다. 이는 더 넓은 함축과 의미가 열려 있는 말이다. '가르침'은 가르치는 자와 관계된다. '가르치는 자'는 의사(physicians)든 교회의 박사(*doctores ecclesiae*)든 '박사'(doctors)를 말한다. 거룩한 교리에 대해 말할 때, 그리스도는 '신적 교사'로, 하나님은 '계시자'로 언급될 수 있다. 교사는 지식을 전한다. *Doctrina*는 science나 독일어 Wissen으로도 번역될 수 있다. Wissen은 학문을 가리키는 Wissenschaft의 어근이다. 이러한 관점에서의 지식, 즉 Wissenschaft는 내용 및 교육(지식이 전달되는 방식) 모두와 관련된다. 그리스도교 교육과 관련하여 전달(communication)은 교리문답이나 신앙 고백이라는 장르로 이루어진다. 예를 들어, "나는 믿는다"라는 개인적 고백과 "우리는 믿는다"라는 교회의 선언은 그리스도교 신앙에 관한 지식을 구두로 전달하는 것이다. 신앙을 기르기 위해서 이러한 고백들은 계속 되풀이된다. 전달 행위로서의 고백은 질문과 대답으로 이루어진 교리문답 형식에서 비롯되었다. 이는 초기 그리스도교 공동체에서 초심자들에게 신앙의 기초를 가르치면서 사용된 것이다. 따라서 교회 활동으로서의 교리 함양은 본질적으로 교리를 가르치고 고백하는 방식과 관련된다.

교리는 또한 신학이라는 도구를 사용하여 연구할 수 있는 내용이기도 하다—교회가 자신의 교리적 정체성을 알려면, 실제로 연구되어야 하는 것이다. 교리 연구는 신학의 과업 중 하나다. 신학은 교리가 나온 역사적 기원을 검토하고, 살아 있는 교회를 위해 현대적 맥락에서 교리(들)의 진리를 해석할 책임이 있다. 신학은 지식

덩어리로서의 교리에 접근한다. 교리에 관한 신학적 연구는 서로 이질적인 교리의 내용들을 추려서 하나의 전체로 체계화한다. 중세의 대전(*summa*), 근세의 신학강요(*loci communes*), 근·현대의 조직신학(systematics)—이 모든 것이 신학의 형식으로, 개별 교리들 사이에 정합적이고 포괄적인 일치를 부여하고자 하는 그 목적이 나타나 있다. 이러한 신학적 노력이 내적인 차이 내지 불일치를 제거하지는 않는다. 오히려 그것은 진리와 지식의 일치를 원하는 강렬한 욕망에서 나와서 다양한 것들을 체계적으로 정리하고자 하는 한 가지 방식이다.

독일의 역사가 테오도르 말만(Theodor Mahlmann)이 쓴 것처럼, 최근까지도 교리는 그 모든 도전적인 복잡성에 대해서 메타적 고찰의 주제가 된 적이 없었다. 그리스도교 지성사에서 이러한 사실은 미국의 신학자 조지 린드벡의 『교리의 본성』이 영어권 세계에 굉장한 영향력을 미친 이유이기도 하다. 그리고 1994년 독일어로 번역되면서 영어권 세계 너머에까지 큰 영향을 미치고 있다.[5] 말만이 적절하게 말한 것처럼, 특별히 중요한 점은 린드벡의 목표, 즉 종교를 문화 체

5 George A. Lindbeck, *Christliche Lehre als Grammatik des Glaubens: Religion und Theologie im postliberalen Zeitalter*, trans. Markus Müller, intro. Hans G. Ulrich and Reinhard Hütter, Theologische Bücherei 90 (Gütersloh: Gütersloher Verlagshaus, 1994). Bruce D. Marshall은 린드벡의 책이 중국어, 일본어, 프랑스어, 이탈리아어로도 번역되었다고 언급하였다. 그가 쓴, 25주년 기념판(George A. Lindbeck, *The Nature of Doctrine,* 25th anniversary ed. [Louisville, KY: Westminster John Knox Press, 2009], vii)의 서문(Introduction: *The Nature of Doctrine* after 25 Years)을 보라.

계로 보는 특수한 이해의 틀 안에서 교리를 교회와 신학이라는 보조적인 개념과 연결시킨 것이며, 이는 인류학자 클리퍼드 기어츠에게서 끌어낸 이해다.[6] 이러한 움직임과 더불어, 공통된 '역사적 교리들'에 충성하고 있다는 측면에서 '가시적인 그리스도인의 일치'라는 목표를 지켜 내면서, 동시에 교리적 차이를 고립된 명제가 아니라 개념적 틀의 측면과 관계시킬 수 있는 가능성을 열어 줌으로써, 린드벡은 루터교인과 로마 가톨릭교도 사이의 교회 일치의 난국을 해결하길 원했다.[7]

그 책의 에큐메니컬적 목표들은 교리를 개념화함에 관한 더 깊은 물음을 만들어 냈고, 그래서 『교리의 본성』은 그리스도교 공동체의 핵심 헌신들을 언어-문헌적 표현으로 구축함에 있어서 교리의 역할에 대한 보다 폭넓은 논의를 시작하였다. 린드벡은 교회의 정체성을 수립함에 있어, 성서를 읽는 진리-기준을 결정함에 있어, 하나의 교회의 공통된 헌신들을 보여 줌에 있어 교리가 중요하다고 주장하였다.[8] 린드벡의 그리스도교에 대한 문화-언어적 접근은 교리를 교

6 Theodor Mahlmann, "*Doctrina* im Verständnis nachreformatorischer lutherischer Theologen," in Philippe Büttgen et al., *Vera Doctrina*, 200.

7 George A. Lindbeck, "Foreword to the German Edition of *The Nature of Doctrine*," in *The Nature of Doctrine* (2009), xxx: "그 목적은 교리적으로 법제화하는 것이 아니라, 역사적 신조와 고백들에 충실하면서 교회 일치를 추구하는 것이 개념적으로 쉬워지도록 그리스도교 교리의 가변성과 불변성의 상호내재성을 탐구하는 것이다. … 반복해서 말하건대, 이 책은 전신학적이며(pretheological), 나는 이 책이 주로 교리적으로 헌신된 에큐메니스트들에게 흥미를 줄 것이라고 소박하게 추측하였다."

8 브루스 마샬은 '신학적 자유주의'라는 입장으로 간주되는 것과 대립되는 전통적인 그리스도교 신학의 지적 가능성(viability)을 강조함으로써, 더 논쟁적인 측면에서 린

회와 진리와 정체성과 언어를 아우르는 담론에 위치시켰다. 결과적으로 이 용어들은 교리에 관한 담론과 너무 철저하게 묶여서 교리 담론의 의미로 여겨지게 되었다.

그러나 오늘날의 교리 논의에는 논쟁과 연관된 어떤 불안감이 수반된다. 그 불안감의 상당수는 19세기 독일 신학자 프리드리히 슐라이어마허에게, 또는 문제에 대한 명칭으로서의 '슐라이어마허'에 집중된다. 현대 그리스도교 신학의 어떤 불안감에 대해 슐라이어마허가 희생양이 되어 왔다는 점은 매우 흥미롭다. 왜 슐라이어마허의 '체험적 표현주의'—또는 신학자 브루스 마샬(Bruce Marshall)이 쓴 것처럼, 슐라이어마허의의 "내면성 논제, … [이것은] 그리스도인의 믿음이 내면의 경험에 호소함으로써 정당화되며, 믿음의 내용 및 믿음을 표현하는 문장의 의미가 내면의 경험에 의존한다[는 의미다]"—에 대한 반론은 예외 없이 교리에 대한 논쟁을 동반하는가?[9]

나는 내가 '슐라이어마허 문제'라고 부르는 것을 최근 신학의 역사에 들어가는 입구로 사용할 것이다. 그렇게 하는 나의 목적은 왜

드벡의 책이 영향을 미친 이유를 언급하고 있다. ("Introduction," in Lindbeck, *The Nature of Doctrine* [2009], xii): "아마도 『교리의 본성』의 가장 깊은 매력은 전통적인 그리스도교 교리와 정체성에 헌신한 공동체들이 지적으로 시대에 역행할 필요가 없으며 완전히 최신식일 수 있다는—실제로, 전통적 그리스도교의 가르침으로부터 도피한 신학적 자유주의야말로 지적으로 시대에 뒤떨어진 것이라는—도발적인 확신에 있을 것이다."

9 Lindbeck, *Nature of Doctrine* (1984), 20-21; Bruce D. Marshall, *Trinity and Truth*, Cambridge Studies in Christian Doctrine (Cambridge: Cambridge University Press, 2000), 54.

교리에 대한 담론에서 다양한 용어들이 슐라이어마허를 필수 상대로, 교리 담론의 밑바탕이 되는 주춧돌로 세우는지를 이해하는 것이다. 그렇다면 이 장에서는 점점 더 언어 및 공동체의 정체성과 연관되고 있는 교리의 운명을 밝히기 위해서, 서구 개신교 신학의 역사에 특히 영향력이 큰 부분을 살펴볼 것이다. 전체를 아우르는 물음은 **왜** 교리와 연관하여 떠오르는 어떤 생각들이 교리에 누적되어 왔는가 하는 것이다. 우리는 (1) 개신교 신학에 널리 퍼져 있는 '말씀'이란 용어가 내가 확인할 기간 내에서 중요하게 부각된다는 점 (2) 그것이 나타날 때 즈음 '말씀'이 특정한 개념들, 즉 '영'(spirit) 개념 및 '객관성' 개념과 연관되어 왔다는 점을 보게 될 것이다. 이 개념들은 20세기로의 전환기 무렵에 하나님의 현실 및 인간 본성에 대한 논의에서 차례로 나타났다.

'하나님의 말씀'이란 주제에 대한 검토는 칼 바르트의 사상과 더불어 시작하는 것이 일반적인 출발이다. 칼 바르트는 슐라이어마허에 대한 가장 유명한 비판자로, 초기 저술에서부터 슐라이어마허를 비판하였다.[10] 바르트의 비판은 하나님의 말씀이 인간의 문화, 정치, 역사와 대립한다는 신학적 입장을 상정하고 있었다. 이 주장을 구

10 바르트는 1917년에 다음과 같이 경의를 표하면서도 통렬한 비판을 가한다: "우리 선조들이 그저 종교가 아니라 계시인 성서를 위해 맹렬히 싸웠을 때, 그들은 확실히 옳았다. 특히 슐라이어마허와 같이 경건하고 예리한 사람조차 이 진리를 뒤집어 놓았지만, 선조들은 이 진리가 전복되지 않게 하였다." (Karl Barth, "The New Word in the Bible (1917)," in *The Word of God and Theology*, trans. Amy Marga [London: T&T Clark, 2011], 25).

성하면서 바르트는 이분법을 구성-신학적으로 사용하였다. 이러한 이분법은 1910년대의 신학적 경향에서 이미 명백히 나타난 것인데, 슐라이어마허가 1830/31년에 출간한 『기독교 신앙』(*Der christliche Glaube*)에서 언어와 경험의 관계에 대한 자신의 이해를 소개한 후 한참 지나서 나온 경향이다. 그래서 나는 바르트와 더불어 시작하기보다, 어떻게 이 논의가 말씀과 경험이라는 이분법적 측면으로 슐라이어마허를 나타내기에 이르렀는지를 보여 주는 것을 목표로 하여 바르트 이전과 주변의 몇몇 인물을 살펴볼 것이다. 이들은 실재에 관한 신학적 문제들을 말씀과 연관하여 논하였다.

이야기는 20세기 전환기 독일 신학사의 어떤 시기, 곧 제1차 세계대전 전에 신학자들이 칭의 교리에 다시 몰두했던 시기에서 시작된다. 비스마르크가 정치했던 시대의 저자이자 후대 독일 신학자들에게 큰 영향을 미친 루터교 신학자 알브레히트 리츨(Albrecht Ritschl, 1822-1889)은 루터교의 핵심 교리인 칭의를 자신의 구성신학의 초석으로 삼았다. 그는 칭의 교리에 대해 연구하면서 칭의 교리의 역사에 깊게 관여하게 되었고, 그러면서 이 교리의 형이상학적 측면에 중대한 수정을 가하게 되었다. 그 결과 죄인에게 전달되는 칭의의 **매개**(mediation)에 대해 재고하게 되었다. 현대 신학자들에게 이는 칭의 교리에 관한 명백한 점으로 보일 수 있을 것이다. 특히 하나님의 말씀과 관련해서 그렇다. 그러나 리츨의 시대로 돌아가서 보면, 죄인에게 칭의가 매개되는 것에 대한 물음이 전혀 명백하지 않았다는 점이 확실해진다. 칭의 교리가 개신교 정통에서 정립되어 왔듯이 리츨은 이 교리를 비판적으로 전유하였고, 자연[본성]과 영에 대한 신칸트주의적 범주가 지배적이었던 신학적 논의 방식을 따라 칭의 교리를 재개념화했다. 이러한 범주들을 칭의 담론에 도입함으로 말미암아 리츨의 추종자들 사이에서 매개 문제에 관한 논쟁이 시작되었다. 이는 '칭의'라는 말과 신비적 체험이라는 말의 관계를 중심으로 한 논쟁이다. 칭의는 경험될 수 있는가, 특히 그리스도와의 신비적 관계로 경험되는가? 아니면 칭의는 말씀으로 매개된 것인가? 리츨 이후 세대의 두 명의 중요한 신학자 막스 라이쉴레(Max Reischle, 1858-1905)와 카유스 파브리치우스(Cajus Fabricius, 1884-1950)는 이 문제를 계속 다루었다. 앞으로 보겠지만, 리츨은 신비주의와 형이상학에 대한 두드러진 비판으로 자신의 구성신학의 틀을 만들었는데, 이 비판은 칭의 논쟁을 복잡하게 만들었다. 나에게 관심을 유발시킨 이 궤적의 끝에 서 있는 사람은 스위스의 개혁파 신학자 에밀 브룬너(1889-1966)로 변증법적 신학의 초기 주창자다. 브룬너는 슐라이어마허를 맹비난했는데, 이러한 비난의 틀은 모두 하나님 말씀의 측면에서 제기한 것이다. 브룬너는 하나님 말씀이 인간의 신비적 경험 및 독일 관념론의 형이상학과 배타적으로 극명하게 반대된다고 이해했다. 브룬너의 입장은 그가 리츨로부터 신학적으로 얼마만큼 나아갔는지를 보여 준다. 리츨의 신학에 영향을 미친 자연/영 관계는 브룬너가 하나님의 말씀을 자연과 대립시키면서 완전히 둘로 갈라졌다. 영은 말씀과 관계하게 되었는데, 이 말씀은 인간의 현실과 반대되는 신적 현실이다. 칭의와 심판은 말씀으로 매개되었다.

이 역사는 리츨이 신칸트주의적 측면에서 칭의 교리를 새롭게 이해한 방식, 말하자면 하나님의 말씀에 점점 관심이 쏠리도록 한 리츨의 기여에서 시작한다.

II. 리츨과 칭의 교리

리츨에 관한 학자들의 생각은 십 년 전 내가 그의 사상에 처음 관심을 갖게 된 이래로 중대한 변화가 있었다. 몇몇 예전의 연구들도 여전히 의미가 있지만, 그럼에도 리츨의 역사적이며 구성적인 업적에 관한 보다 최근의 논의들은 그의 사상이 지닌 심오한 혁신성을 새롭게 비춰 준다.[11] 이러한 재평가는 신학사를 다루는 학계가 19세기의 자유주의(그들은 이렇게 불리게 되었다) 독일 개신교 신학자들에게 취한 격론적인 자세를 재고하기 시작하면서 나왔다. 이 시기에 활동했던 신학자들이 거센 비난자들에게까지 강력하고 지속적인 영향력

11 지난 십 년 동안 리츨에 대해 기록된 가장 중요한 문헌 개관을 포함하여 리츨의 생애와 학문적 업적에 대한 소개는 Christophe Chalamet, "Reassessing Albrecht Ritschl's Theology: A Survey of Recent Literature," *Religion Compass* 2, no. 4 (2008): 620-41를 보라. 살라메는 리츨에 관한 현대 연구의 중요한 토대로 필립 헤프너(Philip Hefner)와 대럴 조독(Darrell Jodock)과 헬가 쿨만(Helga Kuhlmann)의 연구를 언급한다.

을 가하게 된 신학으로 나아가는 길을 창조함에 있어 비상한 재주를 지녔다는 점이 보다 분명해졌다. 특히 이 시기에는 두 개의 논의 영역을 신학적으로 풍부하게 각색하고 전유했다. 첫째는 역사로의 전환, 즉 그리스도교의 기원과 교의의 역사(리츨이 주도적으로 눈부시게 탐구했던 영역)로의 전환이다. 둘째는 (독일 루터교) 철학자 임마누엘 칸트(Immanuel Kant)로의 회귀를 둘러싼 일련의 문제들의 등장이다. 이 후자가 전개되면서 학문에서의 지식 주장들을 이해하는 데, 철학적 논의와 신학적 논의에서 문화 개념이 출현하는 데, 윤리와 종교에 대한 칸트의 생각을 개작하는 데 광범위한 영향력을 미쳤다. 신칸트주의는 과학과 인문학에 광범위한 충격을 가했다. 신칸트주의는 신학자들이 주제를 개념화하고 논하는 방법을 형성하는 데 깊이 개입되었다. 나는 신칸트주의를 이 특정한 논의의 맥락, 구체적으로는 리츨이 개신교 신학에 들여놓은 논의의 맥락에서 살펴보려 한다.

리츨이 글을 쓴 것은 제1차 세계대전이 있기 전이었다. 프러시아의 왕 빌헬름 1세의 오랜 군주제는 프러시아에서 독일인의 힘을 강화하자는 오토 폰 비스마르크의 캠페인을 위한 무대였다.[12] 리츨은 1864년 괴팅겐 대학에서 교의신학 교수가 되기 전에, 이렇게 격변하는 환경에서 신약성서 학자로 활동을 시작했다. 그의 사상은 계속 전개되면서, 신학적 자유주의자들과 정통적이고 고백적인 루터교

12 조너선 스테인버그(Jonathan Steinberg)가 쓴 최신 전기, *Bismarck: A Life* (New York: Oxford University Press, 2011)와 2011년 3월 19일자 *The Guardian*에서 데이비드 블랙번(David Blackbourn)의 서평을 보라(http://www.theguardian.com/books/2011/mar/19/bismarck-life-jonathan-steinberg-review).

인들과 경건주의자들 사이에서 벌어진 시간에 대한 지적이며 교회적인 논쟁에서 이러한 관점들의 중재를 추구하는 신학자들과 더불어 입장이 분명해졌다. 리츨은 루터 탄생 400주년 기념일인 1883년 11월 10일, 자신의 신학적 의제를 공개적으로 표명했다. 그런 특별한 날이면 으레 있을 법한 일처럼, 리츨은 꽤 야심차게 자신이 루터의 종교 개혁을 "완성"할 것이라고 발표하며, 종교 개혁자의 비전과 연관 지어서 자기 계획의 윤곽을 보여 주었다.[13] 리츨은 여러 글 중에서도 오랫동안 루터교 신학의 핵심으로 여겨졌던 교리, 즉 칭의에 대한 연구서를 쓰면서 이 약속을 이행하기 시작했다. 오늘날 학자들은 세 권으로 된 리츨의 『칭의와 화해에 관한 그리스도교 교리』[14]를 리츨의 신학적 유산을 정의하는 작품으로 여긴다.

그러나 리츨의 구성적 기여는 그 주변에서 소용돌이치는 다양한 신학적 논쟁들과 다투어야만 했다. 1880년 이후 종교 개혁을 '완성' 하려는 그의 노력은 경건주의자와 고백적 루터교인들과 격렬한 논쟁을 통해 계속되었다. 이 논쟁에서 리츨의 입장은, 신학에는 "형이

13 Albrecht Ritschl, "Festrede am vierten Seculartage der Geburt Martin Luthers," in *Kleine Schriften*, ed. Frank Hofmann, Theologische Studien-Texte 4 (Waltrop: Hartmut Spenner, 1999), 173.

14 Albrecht Ritschl, *Die christliche Lehre von der Rechtfertigung und Versöhnung* (1870-), 3rd ed., 3 vols. (Bonn: Adolph Marcus, 1889). 1권과 3권만 영어로 번역되었다. 1권은 *A Critical History of the Christian Doctrine of Justification and Reconciliation*, trans. J. S. Black (Edinburgh: Edmonston & Douglas, 1872). 3권은 *The Christian Doctrine of Justification and Reconciliation: The Positive Development of the Doctrine*, trans. H. R. Mackintosh and A. B. Macaulay (Edinburgh: T&T Clark, 1900).

상학도 신비주의도 없어야 한다"(No metaphysics, no mysticism)[15]라는 유명한 경구로 포착된다. 이러한 비판은 현대인들의 귀에 과장된 수사로 들릴 수도 있지만, 그래도 칭의 교리를 새로운 측면에서 설명한 리츨의 설명의 비판적인 차원, 심지어 형이상학적인 차원을 포착해 준다.

II.1. 의와 칭의

루터교의 핵심 교리인 칭의는 하나님의 의(롬 1:17)라는 하나님의 속성과 관련된다. 바울이 주장한 하나님의 의는 그리스도 안에서 믿는 자, 곧 믿음 안에서 이 새로운 현실을 수용해서 죄 사함과 마음의 변화를 받은 자에게 주어진 것이다(롬 4:5 참조). "그리스도의 의 또는 믿음의 의"는 일치 신조(Solid Declaration of the Formula of Concord) 3항의 주제로, 일치 신조는 1577년에 서명하고 1580년에 처음 출간된 루터교의 고백문이다.[16] '의'는 하나님이 죄인들에게 주시는 신적 속성이기 때문에 칭의 교리에서 중요하다. 이 선물은 죄인에게 용서

15 "'Keine Metaphysik in der Theologie!' und 'keine Mystik in der Theologie!'": 리츨의 표어를 막스 라이쉴레가 변형(paraphrase)한 것은 그의 책 *Ein Wort zur Controverse über die Mystik in der Theologie* (Freiburg im Breisgau: J. C. B. Mohr [Paul Siebeck], 1886), 5에 나온다. (이 장에 나오는 독일어 본문의 영역은 별다른 표기가 없는 한 모두 내가 한 것이다.)

16 "Formula of Concord, Solid Declaration, Art. III," in *BC* 562-573. 『信仰告白書』, 지원용 옮김(서울: 컨콜디아사, 1988), 473-475 참조.

를 가져오고, 죄인은 그리스도의 의를 통해서 의롭게 된다. 의는 하나님의 속성이고 그런 게 죄 사함의 원인이기 때문에 죄인의 '낯선' 의로 일컬어진다. 믿음으로 이 낯선 의는 신자의 의가 되지만, 그럼에도 그것은 여전히 하나님의 속성이다. 열린 채로 남아 있는 물음은 하나님의 의가 죄인에게 주어지는 방식에 관한 것이다. 일치 신조는 서로 긴장 상태에 있는 것으로 보이는 '의'라는 용어의 두 가지 의미를 언급한다. '법정적' 개념과 '본질적' 의 사이의 이 긴장은 리츨이 20세기로의 전환기에 칭의 교리를 수정하게 된 방식에 영향을 미치게 된다.

일치 신조는 의라는 말의 두 가지 의미를 간추렸다는 점에서 실제로 루터교 종교 개혁자들의 뒤를 이은 것이다. 첫 번째 의미, 곧 **법정적** 관점은 필립 멜란히톤(Philipp Melanchthon)의 칭의 신학과 연관된다. 이는 하나님 앞에서 죄인을 의롭게 만드시려고 하나님께서 믿음을 통해 의를 창조하시고 죄인에게 전가하신 것이다. 죄인을 "믿음으로 의롭게" 하는 이 의는 "복음을 통해 성례전 안에서 성령에 의해 우리에게 전달된"[17]것이다. 이러한 의미에서 의는 현대 신학자 오스왈드 베이어(Oswald Bayer)가 주장하듯이 **수행적**(performative)이다.[18] 저 말씀은 그것이 말한 바를 행한다. 그것은 복음의 선포를 통해 그리고 세례와 성찬이라는 성례전 안에서 매개된,

17 *BC* 564.12, 17.

18 Oswald Bayer, *Martin Luther's Theology: A Contemporary Interpretation*, trans. Thomas H. Trapp (Grand Rapids: Eerdmans, 2008), 102.

죄로부터의 자유 선언이다.

그러나 칭의 교리에는 두 번째 의미의 의(義)도 들어 있다. 테어도어 디터(Theodor Dieter)가 보여 준 이것은 루터의 견해의 일부다. 루터에게 칭의의 두 번째 측면은 성령의 선물로, "신자 안에 영혼의 새로운 활동과 새로운 욕망과 감정을 만들어 낸다." 이는 "신자의 의지·욕망·행동의 실체"[19]가 변화된다는 점을 칭의 개념에 추가한다. 일치 신조는 이를 "새로운 순종 내지 선행의 의"라고, 혹은 더 정확하게는 "본질적 의"라고 부른다.[20] 형이상학적인 용어(형용사 '본질적')의 출현은 법정적 의가 인간의 욕망과 행동의 변화를 함축하는 의 개념을 허용하지 않는다고 생각하도록 사회화된 현대 루터교인들에게 낯설어 보일 수도 있다. 그러나 루터와 초기 루터 해석가들이 칭의를 이해했던 바와 같이, 형이상학적 호칭은 새롭게 되는 과정의 시작을 지칭할 뿐이다. 성령의 선물로 여겨지는 의는 개인이 변화하는 일생의 과정과 사회가 변화하는 오랜 과정에 기여한다.

'의'의 두 가지 의미의 관계의 문제는 이미 일치 신조에서 그 둘을 구분하는 주장 속에 내재되어 있다. 오직 법정적 의미에서의 그리스도의 순종의 의가 죄인에게 전가될 때에만, 오직 "하나님의 심판대 앞에 설 수 있다."[21] 그럼에도 죄인을 하나님 앞에서 의롭다고 선포하는 의를 성령의 내주와 같은 본질적 의 개념과 혼동해서는 안 된

19 Dieter, "Luther's Doctrine of Justification," 199.

20 *BC* 567.32; 571.54.

21 *BC* 567.32.

다.[22] 이 시점에서 문제가 하나 제기된다: 의의 첫 번째 의미, 즉 법정적 의미가 죄인의 칭의에 중요하다면, 칭의에서 본질적 의의 역할은 무엇인가?

17세기 말에서 18세기에 루터교 정통 교의신학자들은 의를 두 가지 의미로 나눔으로써 이 딜레마를 해결했다. 이는 원래 본질적 의를 설명하기 위해 사용되었던 내주하심이라는 성서의 언어가 재부상한 지점에서 분명해졌다. 정통 신학자들은 본질적 의라는 의미를 나타내려고 신약성서의 여러 구절(예컨대, 요 14:23; 고전 6:15, 17; 갈 3:27; 2:19, 20; 엡 5:30; 벧후 1:4)로부터 삼위일체의 내주라는 용어를 가져왔다. 그런 다음 그들은 일치 신조에서 본질적 의 개념을 원래 자리했던 위치—칭의를 논하는 장—에서 '구원의 순서'(*ordo salutis*)라는 새로운 장으로 옮겼다. 삼위일체의 내주에 관한 구절들은 오르도 살루티스의 끝 부분에 신비적 연합에 대해 다룰 때 명확히 언급된다.[23] 루터교 정통 신학자들은 추가된 교리를 다루는 장 전체를 칭의와 더불어 시작되는 새롭게 되는 과정에 할애했다. 오르도 살루티스는 훨씬 나중에 성화 교리로 여겨지게 될 칭의의 효력들이 연쇄적으로 일어나는 순서를 규정한다.

수정된 순서는 하인리히 슈미트(Heinrich Schmid)가 편찬하여 재

22 *BC* 571-72.54.

23 이 구절들은 Heinrich Schmid, ed., *The Doctrinal Theology of the Evangelical Lutheran Church*, trans. Charles A. Hay and Henry E. Jacobs, 3rd ed. (Minneapolis: Augsburg, 1961), 480, §47(신비적 연합에 관하여)에서 발견된다.

구성한 루터교 정통 교의 체계에서 볼 수 있다. 슈미트는 다양한 집단의 17세기와 18세기 루터교 교의 체계를 통합했고, 교의학 강요의 순서를 재구성했다. 43장은 칭의에 관한 장(42장) 뒤에 이어지며, "의롭게하는 믿음이 수반하는 것들과 그 결과들"이라는 제목으로 오르도 살루티스를 소개한다. 그는 이어지는 장의 의도를 다음과 같은 말로 요약한다: "우리가 구원에 참여하는 수단으로서의 **믿음**과 믿음의 결과로서의 **칭의**에 대해 논할 때, 칭의와 함께 동시에 그리고 칭의에 뒤따라 사람 안에 일어나는 내적인 상태들과 도덕적 변화에 대해 설명해야 할 것이 남아 있다."[24] 다섯 단계로 된 구원의 순서는 의롭게 하는 믿음의 결과들로 이해되고, 43-48장에서 설명된다. 44-48장은 다음과 같다: 44장은 부르심(*vocatio*)에 대해 다루고, 45장은 조명하심(*illuminatio*), 46장은 중생과 회심(*regeneratio et conversio*), 47장은 신비적 연합(*unio mystica*), 48장은 갱신(*renovatio*)에 대해 다룬다.[25] 삼위일체의 내주는 신비적 연합 부분에 할당되었고, 갱신 바로 앞에 나온다. 신비적 연합은 "이 신적 은혜의 행위들[칭의와 중생] 모두의 직접적인 작용"을 이루는 "의롭게 된 자 또는 중생된 자"와 "하나님의 특이한 연합"으로

24 Schmid, *Doctrinal Theology*, 441(강조는 원문의 것). 칼 하인츠 라초브(Carl Heinz Ratschow)는 슈미트의 재구성을 비판했고, 교리 강요를 위한 또 다른 순서를 제안했다. 불행히도 라초브는 이 교의 체계에 대한 연구를 마치기 전에 죽어서, 그가 남긴 앞부분의 두 권의 작업만 볼 수 있다. 그의 책 *Lutherische Dogmatik zwischen Reformation und Aufklärung*, 2 vols. (Gütersloh: Gütersloher Verlagshaus Gerd Mohn, 1964, 1966)를 보라.

25 Schmid, *Doctrinal Theology*, 442-91.

구성된다.[26] 삼위일체의 내주는 칭의의 두 번째 측면으로 발견되지 않고, 칭의와의 관계에서 완전히 벗어나서, 이를테면 다음 장인 구원의 순서로 그 위치가 옮겨진다.

내주의 재배치와 그에 수반되는 칭의와의 관련성 상실은 리츨의 신학적 수정의 주요 대상으로 나타난다. 리츨이 루터의 종교 개혁을 완성한다는 자신의 목표를 발표했을 때, 칭의가 필연적으로 함축하는 것으로서 윤리적인 것을 특별히 염두에 두고 있었다. 신학이 루터교 정통을 넘어 새롭게 생명력 있는 토론의 시대로 들어가는 데 도움을 줄 인물은 루터교 철학자 임마누엘 칸트였다. 칭의와 화해를 연결시키는 것이 칭의 교리를 완성할 것이다.

II.2. 칭의에 대한 새로운 해석

이 이야기에서 중요한 다음 문제는 리츨이 최신화한 루터교 신학, 특히 20세기의 전환기의 지적·정치적 소요의 한복판에 놓인 칭의 교리에서 신비적 연합의 운명과 관련된다. 이것이 중요한 이유는 개신교 정통에 따른 오르도 살루티스가 의도하는 바 칭의를 그리스도인의 삶의 변화와 연결시키면서 동시에 신비적 연합에 관한 설명에 반대하는 논쟁적인 배경에 맞서 어떻게 리츨이 칭의를 변경하는지

26 Schmid, *Doctrinal Theology*, 480.

에 대한 문제가 제기되기 때문이다. 칭의는 의롭게 된 죄인의 삶에서 칭의가 촉진시키는 영향력과 계속 관련된다. 그러나 앞으로 보겠지만, 리츨이 그 영향력과 밀접하게 관련시켜서 칭의를 설명하려고 사용한 구체적인 개념적 틀은 칭의가 창조한 현실을 표현하는 새로운 길을 열기 시작했다. 나는 이 장에서 역사적 자취를 추적하면서 20세기 초 신칸트주의가 리츨에게 얼마나 중요했는지를 물을 것이다. 리츨은 여기에 뒤따라야 할 것이 무엇인지 예견하기 위해, 자연과 영을 나누는 신칸트주의의 구별을 칭의 교리의 틀을 구성하기 위한 핵심 범주로 전유한다. '자연'과 '영'은 리츨 이후의 신학자들이 칭의 사건에서 인간의 현실과 만나는 하나님의 현실을 이해하는 방식을 보이는 데 핵심 용어임이 입증될 것이다.

19세기 후반기에 학자들 사이에서는 **학문**(Wissenschaft)에 대한 새로운 이론을 표현해 내기 위한 목적으로 칸트의 비판 이론, 특히 그의 인식론과 논리학의 부흥에 큰 관심이 있었다. 이 시기에 계속 논쟁이 되었던 학문에 대한 문제는 어떻게 경험 과학이, 정합적인 메타 이론을 제공하면서 과학을 통합하는 초월론적(transcendental) 구조에 근거할 수 있는가 하는 점이었다. 또한 모든 지식이 자연과학으로 환원되는 일을 피하고자 인문 과학 내지 인문학에서 생산되는 지식의 독특한 근거를 식별하는 데에도 관심이 있었다. 신학자들은 학문들과의 관계 속에서 학문(Wissenschaft)으로서의 신학의 지위, 신학이 지식을 주장할 자격이 있는지에 관심을 갖게 되었다. 그럼에도 학문이 발전하면서 발생한 문제는 칸트가 종교를 윤

리학에서의 하나의 근거로 축소시킨 것이었다. 이것이 리츨이 작업했던 지적 맥락이다.[27]

리츨의 반응은 순서를 뒤집는 것이었다: 윤리는 그 근거로 칭의 교리를 필요로 한다. 현대 신학자 알렉산더 하이트(Alexander Heit)는 최근 윤리의 근거로서의 칭의 교리를 재구성함으로써 리츨이 칸트의 종교 사상에서 칭의가 중요했음을 보여 주었다고 주장한다.[28] 뿐만 아니라, 리츨이 칸트와 관계한 일은 윤리학이 칭의와의 조직-신학적인 관계에 들어서게 하는 데 아주 중요했다. 여기서 분석할 핵심 텍스트는 리츨의 『신학과 형이상학: 포괄과 저항을 향하여』(*Theology and Metaphysics: Towards Comprehension and Resistance*)로, 그가 생애 끝자락에 쓴 짧은 논문이다. 1881년에 처음 출간되었고, 비교적 변화되지 않은 형태로 1887년에 재출간되었다.[29] 이 책에서 리츨은 자신이

27 앤드류 치그넬(Andrew Chignell)은 독일 지성사에서 신칸트주의의 중요성에 대해 다음과 같이 썼다: "신칸트주의는 계속해서 [20]세기의 전환기까지 강력한 철학 운동이 되었고, [20세기] 초엽(early teens)까지 수많은 독일 학교에서 지배적인 철학 교과(Schulphilosophie)로 자리 잡고 있었다." ("Introduction: On Going Back to Kant," *The Philosophical Forum* 39, no. 2 [June 2008]: 118).

28 Alexander Heit, *Versöhnte Vernunft: Eine Studie zur systematischen Bedeutung des Rechtfertigungsgedankens für Kants Religionsphilosophie*, Forschungen zur systematischen und ökumenischen Theologie 115 (Göttingen: Vandenhoeck & Ruprecht, 2006)에서 칸트의 종교 이론을 조직화하는 원리로 다루는 뛰어난 칭의 연구를 보라.

29 Albrecht Ritschl, *Theologie und Metaphysik: Zur Verständigung und Abwehr*, 2nd ed. (Bonn: Adolph Marcus, 1887); repr., idem, *Kleine Schriften*, ed. Frank Hofmann, Theologische Studien-Texte 4 (Waltrop: Hartmut Spenner, 1999), 68-142; 이하 이 책의 인용문은 재판본을 사용하였다. 영어판의 경우는 Philip Hefner가 옮긴 Albrecht Ritschl, *Theology and Metaphysics, in Three Essays* (Philadelphia:

칭의 교리에서 진행하고 있는 개념적 전환에 대해 설명한다.

리츨은 여러 권으로 된 경건주의에 관한 연구서를 쓰고 있었다. 이는 다음 세기 동안에 경건주의에 접근하는 방식이 될, 대체로 경건주의에 동조적이지 않은 조건들을 설정한 십 년짜리 프로젝트였다. 리츨은 이 책들을 쓰는 중간에 휴식기를 갖는 동안 『신학과 형이상학』을 썼다. 이 두 가지 작업이 같은 시기에 이루어졌다는 사실은 루터교 정통과 경건주의 안에서 신비주의에 대한 리츨의 반박에 시선이 쏠리게 한다. 『신학과 형이상학』에서 리츨은 종교의 목표 내지 목적이라는 측면에서 자신의 논쟁을 펼치면서 구성적인 기여를 했다. 그는 목표의 문제를 "그리스도교의 과업"을 이해하는 것과 관련하여 규정했다. 칸트는 종교가 '최고선'의 지향이라는 일반적인 이해를 갖고 있었다. 만일 이것이 종교의 과업이라면, 그러니까 최고선을 정의하는 것이라면, 그리스도교는 다른 종교들과 달리 예수 그리스도 안에 있는 계시라는 관점으로부터 최고선을 결정하는 특수한 자리를 갖는다.[30] 그리스도 안에 계시된 최고선은 하나님이 세상을 창조하신 목적으로, 세계가 하나님 나라로 변형되는 것이다. 최고선의 계시에는 초자연적 차원이 있지만—최고선을 성립시키는 것은 궁극적으로 하나님의 행동이다—동시에 그리스도인이 세상의 변화를 지향하는 윤리적 행동에 참여하도록 초청한다. 리츨이 신학에 구성적

Fortress Press, 1972), 149-217을 보라.

30 Ritschl, *Theologie und Metaphysik*, 81-83; 또한 Heit, *Versöhnte Vernunft*, 244를 보라.

으로 기여한 점은 어떻게 칭의가 이 새로운 전망을 성립시키는지, 또한 그렇게 함으로써 "의롭게 된 죄인들이 하나님 나라의 구성원으로서 사랑의 의지의 주체"라는 방향을 향하게끔 하는지, 간단히 말해 어떻게 윤리적 행동에 참여하게 하는지를 설명한 것이다.

신비주의에 대한 리츨의 불만은 신비주의가 그리스도교의 목표에 대해 타협했다는 것이다. 리츨은 18기 개신교 신비주의자 고트프리드 아놀드(Gottfried Arnold)와 논쟁하면서, '윤리학'에서 '물리학'—아놀드가 하나님에 대한 지식으로 가는 신비적 길에 관하여 상정한 두 가지 국면—으로의 진행에 관한 아놀드의 이야기는 결국 "자연-너머의 그리고 세계-너머의" 하나님 나라에 대한 지향이 인간의 삶의 목표를 결정한다는 점을 부인한다고 설명한다.[31] 리츨의 해석에서, 아놀드는 세계 변화에 기여하는 윤리적 행동에 참여하는 것이 아니라 하나님에 대한 지식을 그리스도교의 목표로 삼고 있다. 이와 같이 아놀드는, 그리스도인이 하나님 나라를 지향하게 하는 것이 바로 인간의 삶에서 칭의가 갖는 역할이라는 리츨의 논증을 더 확연하게 만든다.[32]

리츨은 루터교 정통을 논하면서 왜 신비주의가 칭의 교리에 문제를 야기하는지에 관한 또 다른 이유를 덧붙인다. 그는 삼위일체의

31 Ritschl, *Theologie und Metaphysik*, 96-97.

32 리츨은 "자연적 도덕성" 내지 문화적으로 특수한 도덕규범과 윤리(Sittlichkeit)를 구분했다. 리츨이 윤리라는 말로 의미한 것은 인간의 생각과 행동을 설명할 수 있는 인간 인격체의 신학적-인류학적 결단이다.

내주 개념이 신비적 연합을 통한 선한 행위를 설명해 준다고 여기면서, 일치 신조가 칭의에 새로운 교리를 더하고 있다고 주장한다. 리츨은 윤리를 별개의 교리로 두지 말고 칭의 교리 자체에 윤리적 차원이 포함되어야 한다고 본다. 리츨은 그렇게 새로운 교리를 추가하면 선한 일의 기초로서 칭의의 적극적이고 실천적인 효력을 부인하게 된다고 생각한다.[33] 리츨은 칭의에 대한 자신의 작업이 그가 이해한 일치 신조의 원래 의도—윤리적 행동의 근거로서의 칭의—를 공정히 다룬다고 보았고, 따라서 루터교 신학이 칭의의 실천적 목적이라는 관점으로부터 판별된 목표를 향하도록 했다.

칭의 교리에 윤리적 지향을 담아내는 것에 대한 리츨의 관심은 그가 신칸트주의적 관점으로 옮겨갔음을 드러낸다. 여기서 그가 종교에 대한 관조적 목표의 측면에서 신비주의를 미심쩍게 보며 신비주의를 반대한 것은 형이상학을 반대한 것과 연관성이 있다. 신비주의와 형이상학 모두 **'물자체'**(Ding-an-sich)와 관련된, 칭의에 대한 미심쩍은 견해에 기대어 있다. 칸트의 물자체가 가진 문제는 신칸트주의의 핵심 관심사였다. 신칸트주의자들은 보통 마음과 독립된 사물들의 집합체인 물자체의 영역을 제거하고, 그 대신 우리의 '자연적' 범주와 '영적'인 범주를 우리에게 주어진 세계를 파악하고 자리매김시키는 다양한 방식으로 간주하고자 했다.[34] 이와 같이 실체가 인간 지

33 개신교 정통 지지자들에 대한 자세한 비판에 대해서는 Ritschl, *Theologie und Metaphysik*, 124-25을 보라.

34 나는 이 점에 대해서 앤드류 치그넬 교수에게 감사드린다(개인 서신, 2013년 5월 16일).

각에 나타나는 방식의 배후에 불가해한 현실을 지닌 실체인 **물자체**에 반대하는 리츨의 비판은 인간 지성에 주어진 만큼의 현실로부터 지식이 도출된다는 신칸트주의의 공통분모(consensus)와 일치한다.[35] 이런 식으로 경험 과학으로의 회귀는 하나님을 절대적 실체로 부른 헤겔의 용어에 반대하는 리츨의 노골적인 비판을 특징짓는다. 리츨이 헤겔을 읽는 방식은 헤겔의 하나님이 **물자체**라는 점을 내비치고 있는 듯하다. 하나님은 인간 존재에게 하나님의 속성이 주어지는 방식 외에, 특히 그리스도교에서 사랑으로 계시된 것 외에 형이상학적 속성의 담지자로 알려질 수 없다.[36] 이와 같이 리츨의 이해에 따르면, 하나님의 계시는 신적 속성들이 파악될 수 있는 유일한 길이다. 마찬가지로 리츨은 지각될 수 있는 능력들, 이를테면 생각하고, 느끼고, 의지를 발하는 것과 같은 능력들이라는 하나의 기능으로 영혼을 이해했다.[37] 영혼은 그 기능들과 별개로 알려질 수 없다.

리츨은 이렇게 실체에서 알 수 있도록 주어진 대상으로 전환하면서 신칸트주의에 충실한 원리체계형이상학(metaphysic)를 도입했다. 신칸트주의는 경험주의적 관점에 헌신한다. 형이상학에 대한 신칸트

35 리츨은 다음과 같이 썼다. "신비주의와 이 형이상학 사이의 밀접한 관계 같은 것이 있어서, 특정한 진술들을 신비주의의 탓으로 돌리든 잘못된 형이상학의 탓으로 돌리든 동일하다." (Ritschl, *Theologie und Metaphysik*, 94). 리츨의 비판은 다음과 같이 꽤 격렬했다. "신비주의는 신플라톤주의 형이상학의 실천 방식이다. 그것은 신 안에서의 신비적 환희라고 주장된 것의 이론적 규범이다. 따라서 신비주의자가 연합하기를 갈망하는 존재, 즉 신으로 간주된 보편적 존재는 속임수다." (95).

36 Ritschl, *Theologie und Metaphysik*, 85.

37 Ritschl, *Theologie und Metaphysik*, 118-119.

주의적 접근 방식은 인간의 앎(Erkenntnis)에서 근본적인 범주들에 관한 탐구와 관련된다. 이 범주들은 자기 자신, 하나님, 세계가 기능과 행동의 측면에서 인간의 앎에 주어지는 방식을 드러낸다. 이에 기초하여, 리츨은 칭의가 인간 행동이라는 목표를 지향한다는 자신의 이해와 더불어, 칭의가 생각하고 느끼고 의지하는 인간의 기능에 미치는 효력의 측면에서 칭의에 대한 자신의 신학적 접근의 틀을 형성했다. 신칸트주의적 형이상학은 칭의를 하나님 나라와 연결시키는 데 유용했다. 그리스도인들이 하나님의 의롭게 하시는 행위로 변화되었을 때, 그들의 기능들은 칭의가 효력을 갖는 경험의 장이 된다. 칭의를 통한 변화는 생각하고, 느끼고, 의지를 발함에 있어 경험적으로 주어진다. 그렇지만 변화는 뚜렷한 목표—하나님 나라—를 지향한다. 이와 같이 신칸트주의적 사유는 윤리적 목표와 밀접한 관계 속에서 칭의 교리를 재진술하는 데 도움이 되었다.

리츨이 하나님 나라라는 새로운 현실과 관련하여 칭의를 생각한 방식을 이해하는 데 중요한 또 다른 범주는 "세상에 대한 영적 지배"라는 범주, 즉 자연에 대한 영의 주권이다.[38] 이 범주는 이 장의 다음 단원에서 내가 추적하려는 자취에 핵심적인 것이다. '영'과 '자연'이라는 용어는 칭의 교리에서 구체적인 위계질서로 나타나지만, 이것들은 실제로 신칸트주의 형이상학의 구성 요소로 독일 남서부 학파와 관련된다.[39] 리츨은 『신학과 형이상학』의 시작부에서 '영'과

38 Ritschl, *Theologie und Metaphysik*, 98.

39 신칸트주의는 두 개의 구별되는 학파로 식별된다: 경험 과학과 자연 과학을 다루는 마

'자연'이라는 용어를 도입한다. 어떻게 이 범주들이 신칸트주의와 일치하는 방식으로 인간의 앎에 주어진 만큼 세계를 파악하는 인식론적 구조를 특징짓는지를 보이면서 말이다. 영과 자연은 하나의 세계 속 두 종류의 현실을 계통 짓는 선험적 개념이다.[40] **자연**(Natur)은 자연 과학이 다루는 대상과 관련된 것으로, 결과의 원인이 되는 것들이다. 그것은 원인과 결과라는 범주로 체계화되는 인간 경험의 영역이자 사회적 관계의 영역이다. 다른 한편 **영**(Geist)은 자아-성찰 능력과 같은 마음의 작용을 가리키는 것으로, 마음의 작용에는 경험적 지식의 가능성에 대한 탐구도 포함된다. 영은 자연과 그 자신을 구별하는 능력과, 자연의 "**목적성**"(Endzweck)이라는 범주를 통해서 자연을 하나의 전체로 파악하는 능력이 있다.[41] 이러한 영의 두 가지 기능은 리츨의 종교 개념에 본질적인 것이다. 그의 종교 개념은 영과 자연 사이의 특수한 위계적 배치와 관련된다. 이 배치 속에서 영은 자연으로부터 구별되면서 동시에 자연에 대해 주권적으로 관

부르크 학파와 인문학에 관심을 갖는 남서부의 바덴 학파. 두 번째 학파가 자연과 영이라는 범주를 사용하고, 문화, 종교, 철학에서 영의 기능에 대해 논한다. 신칸트주의에 대한 철학적 탐구는 아직도 해야 할 작업들이 많음에도 불구하고, 이제야 형태를 갖추기 시작하고 있다. 다음과 같은 최근의 두 가지 공헌을 보라. Andrew Chignell, Terence Irwin, and Thomas Teufel, eds., special edition on Neo-Kantianism, *Philosophical Forum* 39, no. 2 (June 2008); 그리고 Rudolf A. Makkreel and Sebastian Luft, eds., *Neo-Kantianism in Contemporary Philosophy*, Studies in Continental Thought (Bloomington, IN: Indiana University Press, 2009).

40 Ritschl, *Theologie und Metaphysik*, 73-74.

41 Ritschl, *Theologie und Metaphysik*, 73-74와 Ralf Geisler, *Kants moralischer Gottesbeweis im protestantischen Positivismus*, Göttinger theologische Arbeiten 51 (Göttingen: Vandenhoeck & Ruprecht, 1992), 126-27, 131, 134-37, 141을 보라.

여하며 자연과 관계된다. 종교는 영이 자연으로부터 자유롭다는 전제를 상정하고 있는 특수한 방식의 앎이다. 이것이 영이 자연의 목표에 관하여 "가치 판단"을 내릴 수 있게 하는 것이다. 영은 자연을 특징짓는 인과율과 의존성으로부터 자유롭고, 영은 자연이 궁극적인 목적—신학적인 용어로 표현하면, 리츨에게 이것은 하나님 나라다—에 의해 결정된다는 것을 안다.[42]

우리는 이제 리츨의 사상에서 칭의 교리를 이해하기에 더 좋은 위치에 들어 왔다. 리츨은 칭의의 두 국면—용서, 즉 칭의라는 새로운 현실의 시작, 그리고 새로운 현실의 목적, 즉 하나님 나라를 향한 공동체의 지향—을 이해하기 위해 종교라는 개념을 사용했다. 이 두 국면—용서와 응답—은 동시에 일어난다. 왜냐하면 리츨의 견해에서 하나님의 칭의는 "종합적인 심판판단의 형태로 되어" 있기 때문이다.[43] 하나님의 관점에서, 하나님은 죄인에 대해 신적 의로움을 죄인에게 귀속시키시는 주장을 하신다. 그럼에도 이 주장은 죄인의 지식과 참여 없이 일어나지 않는다. 하나님의 주장이라는 "종합적 심판"은 이 새로운 신자에게 전달된 의로움에 죄인이 참여하는 일과 더불어 의로움에 관한 주장을 취한다. 이와 같이 칭의라는 하나님의 종합적 심판은 영과 자연 사이의 변화된 위계를 낳는다. 영은

42 Ritschl, *Theologie und Metaphysik*, 75; Geisler, *Kants moralischer Gottesbeweis*, 144-49.

43 Heit, *Versöhnte Vernunft*, 139에 있는 칭의가 "종합적 심판"(synthetic judgment)이라는 인용구는 리츨의 책 *Rechtfertigung und Versöhnung*, 3rd ed. (Bonn: Adolph Marcus, 1889), 3:78에서 가져온 것이다.

자유롭게 자연의 목표를 하나님 나라로 본다.

요약: 칭의의 첫째 국면은 하나님의 의지가 인간의 의지에 전달되는 것이다. 의가 죄인의 속성일 때, 죄인의 영은 자연과의 얽힘으로부터 자유롭다. 칭의는 의지의 방향의 변화다: 신앙이라는 새로운 현실은 자연 너머의 영의 자유다. 리츨이 "화해"(reconciliation)라고 부른 칭의의 두 번째 국면은 하나님이 자연에 계시하신 목적 속에 개인의 의지를 편입시키기 위해 칭의를 개인의 의지 너머로 확장한다. 이 계시의 내용은 최고선인 하나님의 나라다. 리츨이 이를 초월론적 현실로 그리고 있지만, 칭의는 개인과 윤리적 활동을 통해 이 목적으로 나아갈 수 있는 사회 공동체를 연결시킨다. 영은 죄의 결과로서 자연이 지배받는 것과는 전적으로 다른 상호연결의 망 안에서 자연의 목표를 지각한다. 영은 하나님의 사랑으로 자유롭게 될 때 공동체와 협력하여 자신의 행동이 사랑이라는 최고선을 지향하게 한다.

그러나 리츨의 칭의관에는, 그의 추종자들이 칭의의 전달을 받아들이고 이를 역사적 매개의 방향으로 가져가는 길을 형성하는 데 중요한 역할로 등장하게 될 측면이 있다. 리츨에 따르면, 칭의에는 그리스도 안에서 하나님이 자신의 의지를 나타내신 계시가 포함된다. 하나님의 의로운 의지가 죄인의 의지에 전달되는 것은 "그리스도에 대한 특수한 기억을 통해" 일어난다. 리츨은 "하나님 혹은 그리스도와 우리의 인격적인 관계가 말씀, 곧 하나님의 율법과 하나님의 약속에 대한 특수한 기억을 통해 매개되며, 하나님은 이 계시들 중 어느 한쪽을 통해서 우리에게 역사하신다"[44]라고 썼다. 리츨은 신자와 그리스도의 관계가 칭의에 결정적이라고 언급한다. 그리스도와의 관계 속에서 죄인의 "말씀에 대한 기억"은 하나님께서 의로운 신적 의지를 죄인의 의지에 전달하시는 방식이다. 그리스도 안에서의 믿음에 의한 칭의는 하나님의 의로운 의지가 그리스도 안에서 죄인과 관계 맺는 역사적 매개에 대한 기억으로 여겨진다. 그리스도와의 관계 안에서 칭의의 역사적 매개에 대한 문제는 다음 단원에서 중요하게 등장한다. 이 문제는 "그리스도와의 역사적 관계"가 영/자연이라는 범주에 의해 자리매김되는 방식과 관련될 것이다. 영과 자연이 현실의 두 측면을 인식하는 두 가지 방식이라면, 역사적 매개는 둘 중 어떤 범주에 들어가는가?

루터교의 칭의 교리에 대한 리츨의 설명은 개신교 신학의 지적 유산에 강력한 전환을 가져왔다. 개인의 칭의와 하나님 나라의 수립이 여전히 하나님의 사역이지만, 이 둘 모두 인간의 지식 및 참여와 함께 일어난다. 리츨은 자연 너머의 영의 자유와 일단 자유로워지면 특수한 목표를 향해 자연을 형성할 수 있는 영의 능력을 통해 인간의 참여를 개인적인 참여(용서의 순간) 및 사회적인 참여(화해의 과정)로 개념화했다. 이러한 움직임과 함께, 신학은 현실을 개념화하는 과업을 안게 되었다. 리츨은 칭의 교리로 예시된 현실을 개념화하기 위해 마음과 실재의 구체적인 구조에 대한 신칸트주의적 이해 방식

44 Ritschl, *Theologie und Metaphysik*, 121.

을 취했다. 그는 혼 대신 의지라는 용어를, 신비적 연합 대신 관계라는 용어를, 본질적 의 대신 종합적 심판이라는 용어를 도입했다. 그 목표는 루터교 정통이 나누어 놓은 칭의의 두 가지 국면을 연결시키는 것이었다. 이 프로젝트로부터 리츨은, 죄인에 대한 하나님의 칭의를 통해 일어난 변화를 가져오는 조우에서 신적 현실과 인간의 현실이 만남을 이해하게 되었다.

리츨의 추종자들은 리츨이 사용한 용어들을 명확하게 하는 일에 착수했다—그리고 우리가 다음 장에서 보겠지만, 그러한 노력과 더불어 슐라이어마허 문제가 구체화되기 시작했다. 내가 추적하고 있는 이야기에서 이 문제의 영향력은 심오하고도 영속적이다.

II.3. 칭의와 슐라이어마허 문제

교리를 탐구하는 과업은 어떤 상보적인 형이상학과 어떤 인식론을 개신교 신학의 유산에 도입했다. 리츨은 신학이 칭의로 수렴되는 현실의 상이한 측면들—인간을 향한 하나님의 현실, 인간 죄인의 현실, 신앙 안에서 인간 현실에 변화를 가져오는 하나님의 행동의 영향력—을 기술할 수 있는 방식에 관한 토론이 가능하도록 칭의 교리의 문을 열었다. 이 전환의 구성적인 측면은 리츨이 사용한 자연/영 범주다. 이 범주는 리츨이 칭의의 우선적 단계와 그 다음 칭의가 가져온 새로운 현실 사이의 차이를 나타내면서, 특수한 위계 안에 있는 현실의 두 가지 차원을 묘사하기 위해 사용한 것이었다. 그러나 자연 위에 영을 두는 이 위계질서는 점점 지속 불가능해질 긴장을 전제로 하고 있다.

문제는 이 둘(자연과 영)이 어떻게 관계되는지에 관한 것이다. 칭의 속에서 신적 의지가 인간의 의지에 연결되는 방식에 대한 이 문제의 전조가 '매개'라는 리츨의 언어에 있다. 자연과 영이라는 범주가 현실을 자리매김시키는 데 사용된다면, 어떻게 이 두 범주가 칭의 교리와 관련된 현실의 상이한 측면의 위치를 정할 것인가? 매개라는 측면을 어떻게 범주화할 것인가—자연이라는 범주로, 아니면 영으로? 앞으로 살펴보겠지만, 이 난제에 대한 브룬너의 대답은 현실에 관한 담론과 칭의 담론의 관계를 끊는 것과 그 대신 하나님의 말씀이 자연을 넘어서고 자연과 대립하는, 말하자면 인간의 현실을 넘어서고 인간의 현실과 대립하는 현실이라는 제안이다. 이제 내가 추적하고 있는 이야기는 영이 자연으로부터 분리되는 방식 중 하나가 된다. 슐라이어마허의 신비주의 이해는 이 분리를 통해 '자연'이라는 범주로 신적 현실을 제한함으로써 신적 현실을 왜곡하는 역할을 한다. 리츨이 칭의 교리를 통해 신학에 도입한 자연과 영이라는 범주가 병치로 귀결될 때(영인 하나님의 현실이 자연인 인간 현실을 넘어서고 맞서는 위치에 있게 된다), 슐라이어마허 자체가 문제가 된다. 그것이 칭의 교리로부터 등장하면서, 매개에 관한 문제는 자연과 영의 분리가 인간의 현실과 신적 현실 사이의 이분법이 되는 데 일조한다. 그 과정에서 하나님의 말씀은 오로지 영으로 자리매김하게 된다.

형이상학과 신비주의에 반대하는 리츨의 비판은 칭의 교리에 대한 리츨 자신의 구성신학적 재진술을 돋보이게 한다. 이 비판이 리츨의 프로젝트가 남긴 유산을 약화시키지는 않지만, 브룬너는 슐라이어마허를 격하하기 위해 '형이상학'과 '신비주의'라는 용어를 취해서 사용할 것이다. 결국 두 용어 모두 리츨이 도입한 자연/영 이분법에서 '자연'이라는 측면으로 끝난다. 슐라이어마허의 형이상학과 신비주의는 오로지 자연이라는 범주로만 설명된다는 이유로 격하된다. 하나님의 현실은 인간의 현실과 대립하는, 곧 브룬너가 슐라이어마허의 형이상학과 신비주의에 귀속시킨 '자연'과 대립하는 심판의 자리에 서 있다. 그러나 리츨과 브룬너의 틈에는 상대적으로 알려지지 않은(적어도 오늘날에는 알려지지 않은) 두 신학자 막스 라이쉴레와 카유스 파브리치우스가 있다. 이들은 리츨의 비판자들에게 맞서 그를 옹호하기 위해 신비주의 문제에 가담했다. 칭의 논쟁의 용어들이 브룬너의 비판을 준비시키는 식으로 전환된 것은 이들의 작업과 더불어 일어난 일이다.

III. 신비주의에서 매개로

리츨은 형이상학과 신비주의에 반대하는 논증을 폈지만, 그의 작업을 보면 동시에 그는 칭의와 화해 교리에서 일종의 수정된 형이상학을 조장하고 있었다. 리츨은 칭의를 신비주의에 맞춰 조정한 유산과 씨름하면서, 신비주의에 반대하는 자신의 비판이 수정주의적 이해로 이어질 수도 있는 문제는 해결하지 않은 채 남겨 두었다. 그러나 그는 신비주의를 자신이 극복하고자 분투한 신플라톤주의 형이상학과 아주 철저하게 동일시해서, 다음 세대 신학자들에게 신비주의는 어떻게든 문제가 될 정도였다. 이내 신비주의에 대한 리츨의 거친 반대에 대한 논란이 일었다. 칭의 교리에서 신비주의를 위한 자리가 (다시) 발견될 수 있을까?

이 논란은 어떻게 칭의 교리를 설명하는 데 사용된 자연/영의 위계가 신비주의에 대한 논의에서 점점 더 문제가 되었는지에 관한 이야기의 핵심이다. 라이쉴레와 파브리치우스는 리츨의 신비주의 문제를 해결하려고 노력하면서 자연/영 범주에 호소했다. 자연과 영의 의미는 그들이 현실의 다른 두 측면—신적인 측면과 인간적인 측면—을 언급하면서 더 구체화되었다. 브룬너가 신학의 무대에 들어오면, 이 나뉨이 완성될 것이다. 영은 명확히 인간의 현실인 자연 위에 있으며 자연과 대립하는 신적 현실의 측면에서 이해될 것이다.

III.1. 관계의 매개: 영

전통 루터교 신학이 신비주의를 구원의 순서에서 핵심적인 차원으로 강조했던 점을 고려할 때, 예상했던 대로 리츨의 신비주의 비하를 둘러싼 논란은 그가 살아 있을 때 표면화되었다. 리츨이 칭의를 재고하면서 신비주의를 부정해야 했을까? 신비주의가 윤리적 행동으로부터 관심을 돌리게 한다고 가정한 결과 문제가 발생했던 것이다. 막스 라이쉴레는 괴팅겐에서 리츨과 함께 연구한 루터교 신학자로, 1886년 『신학에서 신비주의 논란과 관련된 한 단어』(*Ein Wort zur Controverse über die Mystik in der Theologie*)라는 중요한 책을 출간했다. 그는 이 책에서 어떻게 신비주의가 칭의에 대한 리츨의 윤리적 지향과 실제로 통합될 수 있는지를 보이기 위해, '신비주의'라는 말이 갖는 다양한 의미를 명확하게 하는 작업에 착수했다. 리츨의 비판을 포착해 주는, "신학에는 형이상학도 신비주의도 없어야 한다"[45]라는 모토도 이 책에서 만든 것이다. 라이쉴레는 신비주의가 칭의에서 핵심 국면이라는 명확한 의미로 신비주의를 옹호하려 했다.

그의 의도는 어떻게 리츨의 신학—주로 『칭의와 화해에 관한 그리스도교 교리』의 초판에 표명된—이 신비적 연합에 관한 루터교 신앙 조항을 충실하게 간직하고 있는지를 입증하려는 것이었다. 그 대답은 리츨-이후의 논쟁에 '매개'라는 용어가 도입되게 했다. 라이쉴레는 리츨의 비판이 사실, 인간의 의식과 신의 본성 사이의 차이를 없애는 것으로 이해된 신비주의를 겨냥한다는 주장으로 시작했다. 라이쉴레는 리츨이 신비주의를 정의하고 있는 『칭의와 화해에 관한 그리스도교 교리』에서 다음의 내용을 인용한다: "신비주의는 개인의 의식이 구별 없는(undifferentiated) 신의 본성에 용해되기까지 … 모든 매개를 초월하는 것이다. 이 목표는 현재 이 땅의 실존 속에서 실현 가능한 것으로 여겨진다."[46] 신비주의를 신의 본성에 용해됨으로 보는 이러한 이해는 그 시대 독일 신학자들에게 흔했던 것으로 보인다. 덴마크 신학자 엘스 마리 비베크 피더슨(Else Marie Wiberg Pedersen)은 최근 그것이 그리스도교 전통에서 신비주의에 대한 흔한 이해를 희화한 것이며, 이는 실상 창조주와 피조물의 존재론적 구별을 안전하게 지키는 것이라고 썼다.[47] 라이쉴레는 리츨의

45 위의 각주 15를 보라.

46 Reischle, *Ein Wort*, 6에 있는 인용문(Ritschl, *Die christliche Lehre*, 1st ed., 1:113에서 인용함).

47 Else Marie Wiberg Pedersen, "Mysticism in the Lutherrenaissance," in *Luther-Renaissance: Past and Present*, ed. Christine Helmer and Bo Kristian Holm, Forschungen zur Kirchen- und Dogmengeschichte (Göttingen: Vandenhoeck &

신비주의 격하에 내재된 오해를 분명하게 보고 있다. 신비주의에 대한 다양한 이해를 개관하는 구절에서 라이쉴레는, 신비주의적 길의 정점에서 하나님과의 연합으로 쉼을 누리는 고독한 영혼과 관련된 어떤 개념도 영혼이 세상으로 돌아와서 윤리적 활동을 하게끔 하는 동기를 제공하지 않을 것이라는 점에서 명시적으로 리츨에게 동의하고 있다.[48] 그러나 라이쉴레는 신비주의에 대한 다른 가능한 의미들이 윤리적 충동을 포함하고 있다고 주장한다.

라이쉴레의 논증의 성패가 달려 있는 구체적인 문제는 개인 신앙의 역사적 차원이다. 우리가 봐 왔듯이, 리츨은 그리스도교를 그리스도 안에서의 하나님의 계시가 그 기원에 자리하고 있는 역사적 종교로 이해했다. 그래서 라이쉴레는 신비주의에 그러한 역사적 요소가 포함되어 있음을 보이고 싶어 했다. 그럼에도 리츨의 칭의 이해에 문제(혼의 능력들의 통합에 윤리적 활동의 근거를 두는 개인적 경건의 결핍)가 있음을 인지했다. 만일 혼을 그 '영적' 능력들의 측면에서, 즉 의지, 생각, 느낌이라는 리츨의 의미에서 이해한다면, 라이쉴레가 주장하듯이 이 능력들은 함께 세상에서 윤리적 행위를 향하게 될

Ruprecht, 2015). 피더슨은 에른스트 트뢸치(Ernst Troeltsch, 1865-1923)를 언급함으로써 신비주의에 대한 이 시기의 부정적 견해를 복잡하게 만들었다. 트뢸치는 "사회학적으로 내장된 요소로—교회 형태와 교파 형태와 더불어 세 가지 사회적 형태 중 하나로—개신교에 신비주의를 남기려 했다"(Pedersen, "Mysticism"[2015]에 있는 인용문으로 Troeltsch, *Social Teaching of the Christian Churches* [1912]에서 인용함).

48 Reischle, *Ein Wort*, 8-12.

수 있도록 우선 한데 모여야(die innere Sammlung) 한다.[49] 혼의 기능들이 한데 모이는 것은 자기 자신의 활동 결과일 수 없다. 라이쉴레가 주장하듯이, 그것은 그리스도 안에서 하나님께서 하시는 일이다. 구체적으로 말하면, 칭의는 혼의 기능들을 하나의 대상 쪽으로 고정시키는 하나님의 사역이다. 그러나 이 대상은 세상 속에 있을 수 없다. 혼은 세상과 상호 의존하는 가운데 세상에 관련되면서 이미 세상의 한 부분이기 때문이다. 세상 너머로 혼의 기능들을 고양시키는—다시 말해, 세상에 대한 모든 의무 관계로부터 내적 인간을 해방시키는—어떤 대상을 혼이 지향하려면, 혼의 기능은 그리스도 안에 있는 하나님의 뜻(will)을 향해야 한다.[50] 라이쉴레에게 있어 그리스도인의 자유를 루터의 용어로 표현하면, 혼의 기능들이 그리스도 안에서 하나님의 뜻에 관한 계시를 신비적으로 지향하는 것이다. 이는 리츨의 칭의 논의에서 그가 강조한 특징인 윤리적 차원과 구별되지만 나눠지는 않는 종교적 양상이다.

그렇다면 문제는 그리스도 안에 있는 하나님의 뜻이 어떻게 죄인에게 매개되는가 하는 것이다. 칭의에 관한 이러한 기본적인 물음에 대한 라이쉴레의 대답은 교리에 새로운 요소를 도입한다. 하나님께서 그리스도 안에서 혼의 기능들이 지향하는 대상이 되시는 방식은 역사적 예수가 역사적 상황에 있는 인간에게 매개함(mediation)으로써 되는 것이다. 라이쉴레는 명시적으로 독일어 Vermittlung(매개)

49 Reischle, *Ein Wort*, 40.

50 Reischle, *Ein Wort*, 41.

을 사용한다. 역사적 예수에 대한 강조는 라이쉴레의 매개 개념 전개에 있어 핵심 국면이다. 그는 우선 승천하신 그리스도가 하나님의 뜻을 매개한다는 개념을 거부한다. 여기서 라이쉴레의 논증은 클레르보의 베르나르(Bernard of Clairvaux)를 자신이 읽은 대로 비판하며 진행된다. 라이쉴레는 승천하신 그리스도와의 신비적 연합이 역사적이지 않다고 비판했다. 승천하신 그리스도는 복음서의 역사적인 말씀 속에 있지 않다. 그러나 그는 여기에서 선포의 말씀 안에 있는 하나님의 뜻에 대한 매개를 논하는 것이 아니다—우리는 너무 앞서서 나가서 용어의 발전 단계 중 이 시점에서 말씀을 매개 개념으로 읽지 않도록 주의해야 한다. 이 시점에서는 라이쉴레가 죄인에 대한 역사적 예수—"우리를 위해 사셨고, 고난을 겪으셨고, 죽으셨던" 이—의 매개를 주장했다고 말하는 것으로 충분하다.[51]

이런 의미에서의 매개는 그리스도와의 개인적인 관계 속에서 가능하다. 라이쉴레는 주장하기를, 그러한 개인적 관계는 신비주의가 칭의의 핵심 측면으로 원복될 수 있는 방식이며 리츨의 윤리적 관점은 이를 놓치고 있다. 라이쉴레에게 있어 개인적인 사랑의 관계(Liebesgemeinschaft)는 어떻게 그리스도와의 신비적 연합이 영혼의 기능들로 하여금 하나님의 뜻을 지향하게 하는지를 이해하기 위한 주된 유비이다. 그는 어떻게 개인적인 관계가 인간의 영적인 차원과 관련되는지를 기술한다: "그것이 나 자신의 영적인 삶을 풍요롭게

51 Reischle, *Ein Wort*, 12-15. 클레르보의 베르나르에 대한 언급은 12페이지, 인용구는 14페이지.

할 수 있도록, 그것의 가치(특히 그것의 윤리적 가치)를 중시함으로써, 나는 내 사랑이 그 영적 내용을 자각하는 저 인격을 향하게 한다."[52] 라이쉴레는 하나님의 뜻이 전달되는 방식인 성서에 기록된 "그리스도의 이미지들"에 대한 선포를 환기시키면서, 그것들이 오직 목적을 위한 수단일 뿐이라고 주장한다. 그 목적은 그리스도의 현전(*Christus praesens*)과의 개인적인 관계다.[53]

우리의 목적에 중요한 것은 신비주의가 역사적 매개의 측면에서 개인적인 관계 안에 복원되었다는 사실이다. 리츨의 주장에서 개인적 경건이 빠져 있다는 점을 바로잡기 위한 노력은 어떤 특정한 종류의 신비주의에 호소한다. 이는 영혼의 토양(Seelengrund)에 내주한다는 루터교 정통 관념이 아니라, 인간 영혼의 기능이 어떤 대상, 곧 역사적 예수에 의해 매개된 신적 의지를 향하는 지향이다. 혼은 경건한 예배 가운데 자신의 기능이 하나님의 의지를 향하게 하는 것이지, 활동 가운데 하는 것이 아니다. 이러한 관계 안에서 영혼은 "자연적 세계의 조건들"을 초월한 뜻을 향하게 됨으로써 세계에 대한 자신의 의무로부터 자유롭게 된다.[54] 일단 자유롭게 되면, 영혼의 기능들은 윤리적 분투의 내세적 목적인 하나님의 뜻에 맞춰지면서, 자신의 윤리적 활동이 세상에서 하나님의 뜻의 실현을 향하게 한다.

그래서 근대 개신교 신학에 역사적 매개라는 말이 출현한 것은

52 Reischle, *Ein Wort*, 47.

53 Reischle, *Ein Wort*, 48.

54 Reischle, *Ein Wort*, 50.

신비주의의 원복 과정에서였다. 여기서 영이라는 신칸트주의의 범주를 수정한 개작물에 특별히 주목해야 한다. 이는 리츨에게 핵심적인 것으로, 그리스도와의 역사적 관계라는 개념에 대한 것이다. 라이쉴레가 주장한 것처럼 관계가 "한 영이 다른 영에게 말하는"[55] 측면에서 이해되는 한, 영은 혼이 그리스도의 역사적 매개를 향하게 하는 범주다. 영은 혼이 그리스도와 소통하는 매개이기 때문에, 매개에서 영이라는 범주는 핵심이다. 그것은 역사적 그리스도에 대한 역사적 혼의 관계의 현실이다.

영을 하나님의 말씀으로 식별한 브룬너에게로 넘어가기 전에 퍼즐 조각이 하나 더 맞춰져야 한다. 다음 단원에서 나는 리츨의 주요 해석자 중 두 번째 인물에게로 가서, 그가 자연이라는 범주를 논의에 가져옴으로써 어떻게 신비주의의 원복에 착수했는지를 보이고자 한다.

III.2. 관계 안에서의 신비주의: 자연

카유스 파브리치우스는 리츨 사상을 충실하게 드러낸 해설자로 여겨진다. 그는 1924년에 리츨의 신학 개론서인 『그리스도인의 완전』(*Die christliche Vollkommenheit*)의 비평본을 최초로 출간했는데, 이를 편집하면서 해설을 덧붙였다.[56] 파브리치우스는 1910년에 학술지

55 Reischle, *Ein Wort*, 47.

56 Albrecht Ritschl, *Die christliche Vollkommenheit: Ein Vortrag; Unterricht in*

에 논문을 실어서 문제가 되고 있는 신비주의에 대한 리츨의 관점에 관한 논의에 참여했다.[57] 파브리치우스는 라이쉴레처럼 신비주의를 루터파 그리스도교의 중심 자리로 복원시키길 원했다. 그러나 그는 그리스도교의 핵심 능력으로 이해된 신비주의가 그리스도교의 보편적 타당성을 마련하기 위한 토대였다고 주장함으로써 라이쉴레를 넘어섰다. 파브리치우스는 이 논증을 만들기 위해 신비주의에 대한 리츨의 입장을 재진술할 필요가 있었다. 그는 그렇게 하는 과정에서 자연/영 형이상학에 호소했다. 그러나 내가 논증하겠지만, 파브리치우스가 이 범주를 사용하는 방식은 나뉨으로 특징지어진다. 그의 설명에서 자연은 점점 영으로부터 분리되고, 영은 결국 자연 위에서 자연과 맞서는 명백한 형이상학적 지위를 갖게 된다.

여기서 더 나아가기 전에, 파브리치우스가 신비주의와 그리스도교 보편주의에 대한 자신의 논증을 소개하고 20년이 지난 후 그가 국가 사회주의 정치에 적극적으로 관여하게 되었다는 점을 분명히 인식해야 한다. 베를린에서 신학 교수로서 그는 1935년에 국가 사회주의 이데올로기와 조화되는 그리스도교를 옹호하는 책을 출간했다. 이 책은 영어(*Positive Christianity*라는 제목으로)와 일본어로도 일

der christlichen Religion, ed. Cajus Fabricius (Leipzig: J. C. Hinrichs'sche Buchhandlung, 1924).

57 D. Cajus Fabricius, "Albrecht Ritschl und die Theologie der Zukunft," *Preußische Jahrbücher* 140 (1910): 16-31.

제히 출간되었다.[58] 파브리치우스가 신비주의와 칭의를 다룬 1910년의 중요한 논문을 출간했을 때는 이러한 국가 사회주의 활동이 아직 전혀 일어나지 않은 미래의 일이었으나, 내가 말하고 있는 이야기에서는 이것이 결국 세상을 엄습할 어두움, 바르트가 자신의 신학에서 아주 용감하게 언급할 어두움에 관한 최초의 징조다.

1910년의 논문은 신자와 하나님의 신비적 관계 안에 그리스도교의 핵심적인 능력이 거한다는 파브리치우스의 확신을 보여 준다. 그의 말로 표현하자면, 이 관계는 "전인적 인간이 완전히 하나님을 지향하고 하나님께로 맞춰지는 방식"이다.[59] 이것이 모든 종교의 목표이며, 그래서 그리스도교는 인류 전체를 포괄할 잠재력을 지닌다고 그는 말한다.[60] 그리스도교는 역사에 새로운 원리를 도입했는데, 이는 파브리치우스가 '신비적인 것'으로 규명한 것이며, 또한 역사의 목표를 향해 돌진하는 것이다. 따라서 파브리치우스는 독일의 지성 전통에 있는 다른 신학자들과, 그리스도교의 역사적 발전의 목적인(telos)은 보편 종교가 되는 것이라는 생각을 공유한다.

파브리치우스는 그리스도인의 삶에서 두 측면—개인의 죄 사함

58 D. Cajus Fabricius, *Positives Christentum im neuen Staat* (Dresden: Hermann Püschel, 1935); 영역본 *Positive Christianity in the Third Reich*는 1937년판 (Dresden: Hermann Püschel, 1937)을 대본으로 사용함. 나치 독일에서 파브리치우스의 활동과 저술에 관한 자세한 사항은 이 주제에 관한 고전인 Kurt Meier, *Die theologischen Fakultäten im Dritten Reich*, De Gruyter Studienbuch (Berlin: de Gruyter, 1996)를 보라.

59 Fabricius, "Ritschl und die Theologie," 22.

60 Fabricius, "Ritschl und die Theologie," 22, 23.

(초기 리츨의 특징)과 그리스도인의 보편적 목적인(후기 리츨의 견해)— 모두를 염두에 두고 있다는 점에서 리츨의 신학 체계를 높이 평가했다. 그러나 파브리치우스는 이 두 가지 사이에 긴장이 있음을 인식했고, 그는 리츨이 자신의 초기 관심인 개인의 경험에 충실하지 않았고 그대신 하나님 나라라는 보편적 이념을 강조하기 위해서 개인에 대한 관심을 포기했다고 주장했다.[61] 파브리치우스의 목표는 신비주의에 관한 어떤 개념을 가지고 개인적 측면을 재구성함으로써 리츨의 초점이 점점 단일해지는 것을 바로잡는 것이었다.

이러한 프로젝트에서 무엇이 위험에 처하게 되었을까? 리츨과 파브리치우스 모두 그리스도교가 그리스도에 의해 세워졌다고 이해했고, 둘 모두 그리스도교의 기원에서 "그리스도가 하나님 나라의 공동체에 기초를 둠으로써 하나님을 드러낸다"고 주장했다.[62] 계시의 내용은 하나님의 사랑으로, 이는 죄인들을 자유롭게 하여 하나님 나라를 특징짓는 사랑을 촉진한다. 따라서 그리스도 안에 나타난 하나님의 사랑의 계시는 그리스도교의 역사적 기원들을 확립하고, 그리스도교의 역사적 발전에 계속 영감을 준다. "그리스도와의 직접적이고 개인적인 관계"[63]에 의해, 개인은 하나님 나라를 향한 윤리

61 파브리치우스는 다음과 같이 썼다. 리츨은 "그리스도교의 부요함을 고갈시킨 게 아니다. 그는 그리스도교 경건의 직관적이고, 합법적이며, 신비적인 형태들을 그것들의 의미에 따라 그저 과소평가했던 것이 아니라, 그리스도교 신학에서 그것들을 완전히 잘라 낸 것이다"("Ritschl und die Theologie," 22)

62 Fabricius, "Ritschl und die Theologie," 23.

63 Fabricius, "Ritschl und die Theologie," 20.

적 지향에 통합된다. 이와 같이 개인적 측면을 집단적이고 보편적인 데까지 확장시키는 매개인 신비주의는 특정한 그리스도교의 내용을 부여받는다. 파브리치우스는 하나님의 사랑이 그리스도인의 "신비적 의식"에 "하나님 자신을 영원한 분"으로 드러낸다고 쓴다. 하나님의 정체성에서 세 가지 추가적인 측면은 인간의 의식에 드러난다: "사랑하시는 아버지이신 하나님", "의로우신 분"이신 하나님, "전능하신 분"이신 하나님. 간단히 말해, 파브리치우스에 따르면 "그리스도 안에서 하나님의 계시"인 신비주의는 "인간의 구속"이다.[64] 그리스도와의 신비적 관계는 계시와 구속을 모두 수반한다. 그것은 역사를 추진하는 힘이자 이 보편성을 역사에 단단히 기반하게 하는 경건의 순간을 회복시시키면서 개인이 보편적인 신의 뜻을 향하게 한다. 신비주의는 "종교의 씨앗"이다.[65] 이 보화를 소유하고 있기에 그리스도교는 보편적 종교인 것이다.

개인에서 보편으로 옮겨진 방식으로 종교를 이렇게 재구성하는 것은 내가 전개하고 있는 역사에서 특히 중요하다. 파브리치우스는 리츨의 사상에서 그러한 경향을 보였던 것처럼 보편이 개인과의 관련성을 상실할 수 없다고 주장한다. 파브리치우스는 말하기를, 이것이 그러한 이유는 "인간의 자연본성 안에 있다. 감각과 영이 일제히 인간을 구성한다." 아이들은 "그들의 선조들처럼 자연의 피조물이며, 땅위의 한 몸에 단단히 묶여 있으며, 자신들의 자연본성에 대한 감

64 Fabricius, "Ritschl und die Theologie," 30.

65 Fabricius, "Ritschl und die Theologie," 29.

각적인 측면을 평생 동안 계속 지닌다."[66] 그래서 파브리치우스는 그가 몸을 없애려는 신비주의의 경향성으로 본 것을 수정하려 했다. 파브리치우스는 인간을 영과 몸으로 전제하고 그리스도와 개인의 직접적인 관계의 측면에서 신비주의를 정의함으로써 신비적인 것에 필수적인 개인적 요소를 확보하려 했다. 아무리 자유로운 개인이 영혼 안에 있더라도 인간 존재는 몸 때문에 필연적으로 세상에 단단하게 묶여 있다.

신비주의에 대한 리츨의 견해를 원복하려는 노력들은 영과 자연이 갈라지는 분기점의 역사에 두 가지 중요한 발전을 더했다. 라이쉴레와 파브리치우스 모두에게 신비주의는 건전한 의미의 그리스도교를 위한 리츨의 체계를 구해 내기 위해 풀어야 할 문제다. 그러나 두 사람이 제안한 서로 다른 해결책에서 기이한 것은 그리스도와 신자 사이의 매개를 표현한 방식이다. 역사적 매개에 관심을 둔 라이쉴레는 이 관계가 영의 지향성의 전환을 가져온다고 주장한다. 관계에 관심을 둔 파브리치우스는 자연이 그리스도와의 관계의 측면을 포착하여 몸을 통해 이를 개체성과 묶는다고 주장한다. 자연은 그리스도와의 관계를 이루는 부분이다. 이제 더 분명해지는 것은 영과 자연이—이 둘이 근대 독일 신학의 역사에서 서로 관계를 맺게 되는 바로 그 순간에—별개의 두 현실을 포착하기 위해 점점 나뉘는 방식이다. 인력과 척력의 희한한 역학이 개발된 것이다. 관계의

66 Fabricius, "Ritschl und die Theologie," 28.

신적 측면은 영과 관련되어 가고 있으며, 인간적 측면은 자연과 관련되고 있다.

한 걸음 더 나아가면 둘은 서로 떨어지게 된다. 이것이 바로 에밀 브룬너가 완수한 일이다. 그는 그렇게 함으로써 영을 자연과 **대조되는** 말씀에 연결시켰다.

IV. 브룬너, 그리고 슐라이어마허와 대립되는 말씀

1924년 스위스의 개혁파 목사 에밀 브룬너는 슐라이어마허를 시종일관 공격하는 『신비주의와 말씀』(*Die Mystik und das Wort*. 1928년에 개정판 출간)을 출간했다.[67] 이 책은 내가 지금 추적 중인 이야기가 막바지에 이르렀음을 잘 보여 주는 두 가지 영향을 지닌다. 첫째, 브룬너의 손에서 슐라이어마허는 수십 년간 신학에서 두루 회자되어 온 측면에서 신학적 문제들을 다시 논의하기 위한 구심점이 된다는 것이다. 특히, 낯선 토대에 신학이 헌신하는 문제 및 말씀과 대조되는 경험의 문제를 논하기 위한 구심점이 되었다. 슐라이어마허에 대한 비판은 브룬너가 영원한 현실인 하나님 말씀에 대한 헌신을 주장하기

67 Emil Brunner, *Die Mystik und das Wort: Der Gegensatz zwischen moderner Religionsauffassung und christlichem Glauben dargestellt an der Theologie Schleiermachers*, 2nd ed. (Tübingen: J. C. B. Mohr [Paul Siebeck], 1928). 브룬너에 대해서는 최근에 출간된 전기문인 Alister E. McGrath, *Emil Brunner: A Reappraisal* (West Sussex, UK: Wiley-Blackwell, 2014)을 보라.

위한 좋은 지점이 된다. 그러나 이 헌신은 느닷없이 나온 것이 아니다. 그것은 자연/영의 긴장에서 나온 결과였다. 이는 우리가 살펴본 것처럼, 리츨이 서로 관계하는 신적 현실과 인간의 현실을 칸트주의의 범주로 설명하기 위해 도입했던 용어이다. 브룬너의 책은 결국 이 둘을 갈라놓으며 막을 내렸고, 이런 의미에서 두 용어 사이의 긴장이 깊어지는 이야기의 종말을 가져온 것이다. 영은 하나님의 말씀과 관련 있게 되었고, 자연은 인간의 현실을 기술하는 말이 되었다.

브룬너는 인간의 현실과는 완전히 다른 현실인 하나님의 말씀에 초점을 맞춘다는 점에서 바르트와 함께했다(바르트는 다음 장의 주제다). 브룬너는 바르트가 슐라이어마허에게 비판적으로 관여했다는 점을 알고 있었다(바르트는 1924년에 독일의 괴팅겐 대학교에서 신학을 가르치고 있었다). 그러나 브룬너는 바르트가 『신비주의와 말씀』에 대해 논평하리라고는 생각지 못했다. 이 논평은 바르트와 브룬너가 나란히 함께 했던 변증법적 신학 운동과 관련된 잡지인 『시간의 사이』(*Zwischen den Zeiten*)에 실렸다.[68] 이 논평에서 바르트는 슐라이어마허에 관한 브룬너의 입장과 거리를 두었다. 이는 10년 뒤인 1934년에 다시 벌어질 논쟁의 1라운드였다. 같은 해에 바르트는 바르

68 Karl Barth, "Brunners Schleiermacherbuch," *Zwischen den Zeiten* 8 (1924): 49-64. 바르트는 말년에 슐라이어마허 작품 선집 간행물인 *Siebenstern* (1968) 후기(afterword)에서 마지못해 자신이 슐라이어마허를 깊이 존경하고 있다고 인정했다. 영역본으로는 다음을 보라. "Concluding Unscientific Postscript on Schleiermacher," in *The Theology of Schleiermacher: Lectures at Göttingen, Winter Semester of 1923/24*, ed. Dietrich Ritschl, trans. Geoffrey Bromiley (Grand Rapids: Eerdmans, 1982), 261-79.

멘 선언문 작성을 거든다. 은혜의 수용에 있어 "*imago dei*의 형식적(formal) 사용 또는 실질적(material) 사용"에 관한 문제를 두고 다툰 명성(악명)이 자자한 논쟁으로 인해 브룬너와 바르트의 관계는 더욱 망가진다.[69] 바르트가 하나님의 은혜를 받을 때 인간의 기여에 관한 문제에 아주 강하게 "아니요!"라고 말한 반면, 브룬너는 덜 부정적인 태도를 취했다. 그 십 년 사이에 브룬너는 종교 철학에 관한 1928년의 책에서 신앙-표현 진술의 기초로서 신-인간의 만남에 관한 자신의 입장을 만들어 냈다.[70] 브룬너는 곧 취리히 대학교의 조직신학 및 실천신학 교수로 임용되어, 1953년에 은퇴할 때까지 그곳에서 가르친다.

그러나 1924년에 브룬너는 내가 이 장에서 추적하고 있는 자연/영 범주를 들어서 슐라이어마허에 대해 극단적으로 반대하는 주장을 펼쳤다. 나는 이제 어떻게 브룬너가 하나님의 현실과 인간에 관한 문제

69 존 맥도웰(John McDowell)은 브룬너와 바르트 사이의 논쟁이 하나님에 대한 인간의 수용력에 관한 방법론적 문제로만 묘사되면서, 간단히 말해 자연 신학으로 묘사되면서 몹시 축소되었다고 설득력 있게 논증한다. 맥도웰은 브룬너에게 있어서는 문제의 쟁점이 *imago dei*에 관한 형식적 해석과 실질적 해석 사이의 신학적 차이임을 보인다. John C. McDowell, "Karl Barth, Emil Brunner and the Subjectivity of the Object of Christian Hope," *International Journal of Systematic Theology* 8, no. 1 (January 2006): 27-28을 보라. 이 논쟁(exchange)에 관한 책은 John W. Hart, *Karl Barth vs. Emil Brunner: The Formation and Dissolution of a Theological Alliance, 1916-1936*, Issues in Systematic Theology 6 (New York: Peter Lang, 2001)이다. 또한 영어로 번역된 바르트와 브룬너의 서신인 David Andrew Gilland, trans. and ed., *Karl Barth-Emil Brunner Correspondence* (Edinburgh: T&T Clark, 2013)를 보라.

70 "신앙 진술들의 기본적 정합성"(Begründungszusammenhang der Glaubensaussagen)과 관련된 종교 철학과 신학의 차이에 관하여는 Emil Brunner, *Religionsphilosophie evangelischer Theologie* (1927; repr., Munich: Leibniz, 1948), 7을 보라.

를 논하면서 자연과 영을 따로 분리했는지를 보이기 위해 저 책 『신비주의와 말씀』을 살펴볼 것이다. 하나님의 말씀은 신적 현실을 바라보는 핵심 범주로 나타나며, 브룬너는 결국 이 신적 현실을 '영'의 측면에서 묘사하는 것으로 맺는다.

IV.1. '근거'의 문제: 형이상학

브룬너의 가장 중요한 비판은 슐라이어마허가 18세기 독일 관념론 철학에 진 빚과 관련된다. 브룬너는 이 형이상학을 신비주의와 동일시했다.[71] 나는 다음 단원에서 이 쟁점으로 넘어갈 것이다. 당분간은 이 형이상학에 대한 브룬너의 비판을 슐라이어마허와 관련하여 근대 종교의 문제를 소개하는 것으로 다룬다. 브룬너는 슐라이어마허의 형이상학적 헌신을 어떻게 이해하고 있으며, 브룬너는 왜 그것이 문제라고 볼까?

브룬너는 슐라이어마허의 조직신학의 틀을 이후 사상을 해석하기 위한 해석학적 열쇠로 사용한다. 특히 슐라이어마허가 지식 개념과 관련하여 신학을 어떻게 구상했는지, 그리고 신학을 각기 다른 여러 학과목으로 구체화하면서 신학을 어떻게 구상했는지에 관한 문제를 검토하는 데 해석학적 열쇠로 사용한다. 브룬너는 슐라

71 Brunner, *Die Mystik*, 11: "Immanence philosophy(내재성 철학)"(즉, 신비주의).

이어마허의 『변증법 강의』(*Lectures on Dialectic*)에 초점을 맞춘다. 아마도 이 책은 슐라이어마허의 책 중 가장 덜 알려진 작품으로, 다른 작품들과 관련하여 읽는 경우가 거의 없는 책이다.[72] 그러나 브룬너는 슐라이어마허를 제대로 읽으려면 『변증법』을 알아야 한다고 주장한다.[73] 슐라이어마허는 베를린 대학에서 이 강의를 6번 했다(1811, 1814, 1818, 1822, 1828, 1831). 이 강의는 1809년 빌헬름 폰 훔볼트(Wilhelm von Humboldt)의 베를린 대학교 창설로 인해 시작되었는데, 19세기 초에 있었던 변증법 논의에서 슐라이어마허가 기여한 점을 보여 준다.[74] 브룬너가 정확히 지적한 것처럼, 『변증법』의 몇몇 핵심 통찰은 1830-31년부터의 슐라이어마허의 신학 체계, 즉 그의 『기독교 신앙』의 틀을 구성하는 데 사용되었다.[75] 『기독교 신앙』의 "서론"(§§1-31)은 슐라이어마허의 신학을 특징짓는 방법론적 절차들을 제시하고, 또한 신학이 그 주장들을 지식으로 만들기 위해 다른 학

72 슐라이어마허의 다른 작품들과의 관계 속에서 『변증법 강의』를 해석하는 새로운 동향에 대해서는 Christine Helmer, Christiane Kranich, and Birgit Rehme-Iffert, eds., *Schleiermachers Dialektik: Die Liebe zum Wissen in Philosophie und Theologie*, Religion in Philosophy and Theology 6 (Tübingen: Mohr Siebeck, 2003)을 보라.

73 Brunner, *Die Mystik*, 110: "모든 순진한 독자들—그리고 모든 이는 『변증법』을 모르는 슐라이어마허에 관한 순진한 독자다."

74 브룬너는 슐라이어마허가 죽은 지 5년 후인 1839년에 요나스(Jonas)가 편집하고 라이머(Reimer)가 출간한 판본을 사용할 수 있었다. 프리드리히 슐라이어마허의 *Sämmtliche Werke*, III/4.2 (Berlin: G. Reimer, 1839)를 보라. 안드레아스 아른트(Andreas Arndt)가 편집한 비평본은 2002년에 de Gruyter 출판사에서 *Vorlesungen über die Dialektik*라는 제목의 2권짜리 책(*KGA*, II/10.1-2)으로 출간되었다.

75 Brunner, *Die Mystik*, 111.

문 분야로부터 통찰들을 '빌려' 오는 방식을 보여 준다.

브룬너가 슐라이어마허를 신학의 문제점으로 묘사한 것은 그가 슐라이어마허의 철학적 틀의 내용을 기술하고자 할 때였다. 쟁점은 18세기 초 독일 관념론의 중심에 있는 형이상학적 문제였다. 브룬너는 이렇게 썼다: 슐라이어마허는 "정신[Geist]의 관념론 내지 '나'('the I')의 관념론이 칸트 철학의 비판적 경계선 너머로 벗어났음을 식별했다. 슐라이어마허는 비이성적 사실성으로서의 현실이 [사변적 관념론에] 너무 짧게 나온다는 점을 알았다." 그러나 브룬너에 따르면 슐라이어마허는 철학을 사변 지향성으로부터 자유롭게 할 만큼 충분히 더 나아가지 않았으며, 그래서 슐라이어마허는 그의 독일 관념론 동료들과 더불어 "동일성의 형이상학"을 공유하게 되었다. 이에 따라 '영'과 현실은 "(알려지지 않은) 단일체"의 두 가지 "모습"으로 결합된다.[76] 영(Geist)과 현실은 실재의 모습을 두 측면으로 판별하는 형이상학에서 두 측면으로서 연결되지만, 그럼에도 그 모습의 '근거'는 감춰져 있다. 관념론자들은 마음의 작용을 통해 그 근거에 다가갈 수 있다고 주장했지만, 슐라이어마허는 그 근거를 관념과 현실 사이에 감춰진 동일성으로 여김으로써 의견을 달리했다. 그러니까 브룬너가 엇나가기 시작한 곳은 슐라이어마허의 형이상학에서 의식 이론과 감춰진 근거의 관계를 논하는 지점이다.

브룬너에 따르면, 슐라이어마허의 체계에서 철학적 틀은 일종의

76 Brunner, *Die Mystik*, 171.

'반영론'(reflection theory)이다.[77] 브룬너가 이해한 슐라이어마허의 의식 이론에서 문제는 주관적 환원과 관련 있다. 슐라이어마허의 이론이 특수한 인식론적 관심을 가지고서 독특한 존재론적 주장을 한다는 점은 오늘날에 확실해졌다.[78] 그러나 브룬너는 슐라이어마허의 철학적 지향을 주관주의적 입장으로 환원하여, 슐라이어마허의 철학적 헌신이 성서적 기독교의 객관성에 반대되는 현대 종교를 떠받치는 주관주의를 반영하고 있다고 비난했다.[79] 이와 같이 형이상학에 대한 슐라이어마허의 입장을 논하는 브룬너의 설명에서 표면에 드러난 것은 주관성과 객관성의 이분법이다.

브룬너는 슐라이어마허의 '주관주의적' 입장을 어떻게 이해했을까? 여기서 영과 자연 사이의 구분이 명백히 전면에 등장한다. 브룬너는 그의 '영[Geist]' 개념을 '말씀' 개념과 관련시켜 도입하고 발전시킨다. 브룬너는 슐라이어마허의 주관주의라고들 말하는 것과 반대되는 것으로 말씀 개념을 정의한다. 브룬너는 말씀이 인간 실존에서 우선성을 갖기 때문에 말씀은 '영'과 관련된다고 주장한다. "이성

77 Brunner, *Die Mystik*, 109.

78 이 점에 대해서는 슐라이어마허의 『변증법』(*Dialektik*)에 관한 논문인 Manfred Frank, "Metaphysical Foundations: A Look at Schleiermacher's *Dialektik*," trans. Jacqueline Mariña and Christine Helmer, in *The Cambridge Companion to Schleiermacher*, ed. Jacqueline Mariña, Cambridge Companions to Religion (Cambridge: Cambridge University Press, 2005), 15-34를 보라. 슐라이어마허의 체계를 구성하는 그의 철학적 윤리에 대해서는 Eilert Herms, "Schleiermacher's Christian Ethics," trans. Jacqueline Mariña and Christine Helmer, also in *The Cambridge Companion to Schleiermacher*, 209-228을 보라.

79 Brunner, *Die Mystik*, 120-146.

이 아니라 … 말씀이 인간 실존의 토대다." 브룬너는 이 주장에 더하여, 18세기 독일 루터교 철학자 요한 게오르크 하만(Johann Georg Hamann)의 '말'(word)에 관한 철학을 직접적으로 언급하며 말을 인류의 기원으로 이해한다. 말은 "다양한 것의 상호 연결 내지 영적 일치"라는 의미(Sinn)를 창조한다.[80] 말은 다양한 것의 연관성을 하나의 미학적 전체로 묶어서, 논증 내지 논리적인 방식이 아니라 미학적으로, 다양한 것들로부터 의미가 성립한다. 이런 식으로 말은 미학적 가치를 포함하는 창조적인 활동으로 여겨지는데, 이는 브룬너가 '영'에 귀속시킨 것이다.

브룬너는 "영은 오직 말씀이 있는 곳에만 있다"라고 주장한다.[81] 전체를 아름답게 이해하는 말씀의 창조적인 능력은 영에서 기인한 자유를 나타낸다. 영은 자연 의존적으로 결정되지 않는다. 오히려 영은 자유로워서 자연의 다양성 속에서 능동적으로 의미를 창조한다.[82] 이런 의미에서 하나님과 인간들은 자유롭게 의미를 결정하는 말을 갖는다. 그러나 브룬너는 여기서 하나를 구별한다. 하나님의 말씀은 인간 실존에 대한 진리를 말함에 있어 우선성을 지니며, 그로써 죄라는 인간의 조건과 하나님의 말씀의 객관성으로부터 인간에게 온 은혜를 이해함에 있어 우선성을 지닌다. 브룬너는 다음과 같이 썼다. "하나님의 말씀은 하나님이 주셔서 인간이 받은 의미다.

80 Brunner, *Die Mystik,* 88, 89.

81 Brunner, *Die Mystik*, 89.

82 Brunner, *Die Mystik*, 88-92.

말씀은 인간이 발견한 것이 아니라 인간에게 나타난 것이다. 이것이 오직 하나님만이라는 의미이며, 하나님이 먼저 주도하심으로 인간에게 온다는 의미이다."[83] 다양한 것을 이해하는 인간의 모든 능력은 하나님으로부터 온 것이다. 더욱이 하나님의 현실은 인간 현실의 외부에 있다. 객관성이라는 가치는 하나님 안에서 우선성을 갖는 영과 말씀에 배정된다. "영은 객관적 타당성을 묻는 위치에 있다. … [영은] 객관적으로 필연적이다."[84] 말씀은 신적 객관성 안에 거하며, 인간이 이를 수용할 때조차도 객관성을 유지한다.

영과 자연의 대비는 신적 객관성과 인간 현실 사이의 대조를 거쳐 가장 강력한 주장이 된다. 만일 영이 자유로 특징지어진다면, 자연은 인과율에 따라 결정될 것이다.[85] 브룬너는 자연을 자유가 아닌, 자연법칙과 사회적 상호 종속이라는 인과적 측면에서 본다는 점에서 리츨을 따른다. 영은 또한 인간 실존의 한 측면이다. 브룬너는 영이 인간의 자연본성 안에 있는 하나님의 형상이라고 말한다.[86] 그럼에도 인간의 영적 자유는 파생된 것이다. 이 자유는 모든 의미의 창조자이신 하나님이 인간을 위해 만드신 조건에 입각한 것이다. 이런 식으로 인간 현실은 자연의 인과적 현실에 묶여 있다. 인간 주체는 객관적 진리에 도달할 수 없는데, 왜냐하면 그 주관성이 세계의 인

83 Brunner, *Die Mystik*, 95.

84 Brunner, *Die Mystik*, 92.

85 Brunner, *Die Mystik*, 85.

86 Brunner, *Die Mystik*, 92.

과 연쇄에 휘말려 있기 때문이다. 인간 주체는 하나님의 말씀을 실존의 원천이자 조건으로 인정할 때에 객관성에 도달한다. 인간은 하나님의 말씀을 "뒤따라가며 생각할"(nachdenken) 수도 있다.[87] 그럼에도 인간은 신적 객관성을 자기 자신의 것으로 주장할 수 없다. 객관성은 홀로 자유로운 하나님 말씀의 특권이다.

그렇다면 이 지점은 (한편으로는) 영의 의미들(valences of spirit)과 객관성이 있는 말씀과 (다른 한편으로는) 파생되고 창조된 인간 실존 사이의 분기점이다. 브룬너는 영 개념을 인간 현실의 한 측면으로, 정확히는 하나님의 형상으로 보존한다. 그러나 신적 객관성과 인간의 영 사이의 구분은 자연과 영을 떼어 놓는다.

브룬너의 이해에서, 슐라이어마허가 한 것은 객관성과 인간의 주관주의를 혼동시킨 것이다. 슐라이어마허는 자신이 신적 객관성의 관점으로부터 신학을 구성했다고 믿었지만, 실제로는 하나님을 이해함에 있어 인간의 '영'을 우선시한 주관주의적 패러다임에 자신의 체계를 근거시켰다. 브룬너가 봤듯이, 슐라이어마허의 기획은 신학이 아니라 철학이었다. 인간의 영이 인과 관계적 현실 안에 갇혀 있기에 그의 기획은 인간 영의 노력에 근거한 철학이었다. 인간의 영은 자유롭지 않다. 그 자유는 오직 하나님 말씀과의 만남 안에서만 말해질 수 있다. 인간의 영은 자유롭지 않기 때문에, 스스로 하나님에 관한 객관적 주장들을 하고 있다고 생각하며 자신을 기

87 Brunner, *Die Mystik*, 92-93: "인간의 영, 특히 독창적이고 기이한 생각은 이미 그려진 선을 따라 그리는 뒤따라가는-생각(after-thinking)이다.

만한다. 하지만 이러한 주장들은 인간이 사고한 노력으로부터 나온 결과일 뿐이다. 이러한 주장들은 하나님에 대한 주장들을 구성하면서 절대자(the Absolute)라는 19세기의 철학적 표현으로 하나님을 포착해 넣는다.[88]

IV.2. 직접적인 자기의식의 문제: 신비주의

브룬너는 슐라이어마허의 종교 이해에서도 어떤 문제를 발견한다. 브룬너에 따르면 슐라이어마허의 형이상학이 인간의 숙고를 객관적 진리로 착각한 것과 마찬가지로, 슐라이어마허의 종교관은 인간의 주관성—하나님이 인간의 의식에 놓이는 방식—과 관련한다.

슐라이어마허에게 윤리란 역사 속 인간 행위자에 관한 연구다. 인간의 영은 자연에 따라 자연과의 구체적인 관계 속에서 행동할 때 인간의 활동을 맥락화하는 문화적 제도를 생산한다.[89] 슐라이어마허는 활동을 네 가지 상이한 제도적 맥락(종교, 국가, 학계, 자유로운 친목) 안에서 벌어지는 것으로 구별한다. 브룬너가 슐라이어마허

88 Brunner, Die Mystik, 113.

89 슐라이어마허의 철학적 윤리에 관한 최고의 설명과 자연 속에서 네 가지 방식의 영의 활동을 표현하는 구조(grid)에 대해서는 1964년 한스-요아힘 비르크너(Hans-Joachim Birkner)의 교수자격취득논문(Habilitationsschrift)인 *Schleiermachers christliche Sittenlehre: Im Zusammenhang seines philosophisch-theologischen Systems*, Theologische Bibliothek Töpelmann 8 (1964; repr., Berlin: Alfred Töpelmann, 2012), 30-50을 보라.

의 『종교론』으로부터 주장한 것처럼, 종교는 그 고유의 '영역'을 갖는다.[90] 그럼에도 이 영역은 어떤 매개적 요인(parameter)에 의해 결정되기 때문에, 종교의 표현 방식은 그 요인의 표현 방식에 이미 내맡겨진 것이다. 브룬너는 이 문제를 또 다시 영과 관련하여 구성한다. 그는 슐라이어마허가 인간 활동의 네 가지 영역을 수립하기 위해 자신의 철학적 윤리학의 출발점으로 삼은 구체적인 범주가 '이성'[Vernunft]인데, 슐라이어마허의 윤리학의 철학적 도식이 (인간의) 영을 이 이성에 종속시킨다고 주장한다. 브룬너는 이것이 인간과 하나님을 혼동하는 종교관을 만들어 낸다고 말한다.

그 다음 브룬너는 슐라이어마허 사상에서 종교에 관한 자아의 능력 문제로 넘어간다. 브룬너는 『기독교 신앙』의 제4절의 유명한 명제로 가서 슐라이어마허를 읽어 낸다. 제4절은 심리학적 용어를 사용하여 종교를 "직접적인 자기의식" 속에 위치한 어떤 독특한 감정으로 정의한다. 이 명제는 세계 및 자아 외부의 원인과 자아의 관계를 "절대적으로 의존하는 의식"으로 표현한다. 슐라이어마허는 제2판(1830)에서 여기에 절 하나를 추가하여 보충한다: "같은 말인데, 하나님과의 관계 가운데 있다는 것이다."[91] 이는 절대 의존 감정이 외부적 원인으로 언급되는 초판(1820)의 표현에 대한 가능한 오해를 덜어 내고자 의도된 것이다. 그러나 이 말이 브룬너가 심리학적으로 표현된 슐라이어마허의 종교 개념을 내재적 주관성의 측면에서 해석

90 Brunner, *Die Mystik*, 181.

91 *CF* 12 (§4, 주제 명제).

하는 것을 방지하지는 못했다. 종교는 인간의 자기의식 속에서 독특한 자리에 배치된다. 직접적인 자기의식 속에서 종교적 감정은 자아와 종교적 감정의 관계를 사고(철학적 사고를 포함하여)와 그 감정 작용의 조건으로 나타낸다. 브룬너의 슐라이어마허 해석에서, 이렇게 자신을 기반으로 한 자기-관계(self-relation)는 영혼 안의 하나님의 내재성에 관한 것이며, "인간과 그 자신의 영혼의 토대[Seelengrund]와의 관계이다. … 그것은 결국 자기-관계"다.[92] 간단히 말해 슐라이어마허의 종교는 영혼을 기반으로 한 자기-관계의 신비주의다. 만일 영혼이 신성이 거하는 장소라면, 의식의 종교는 "영의 깊은 곳"에 있는 신적 내재성에 관한 것이다.[93] 직접적인 자기의식, 즉 인간 자연본성의 한 기능은 하나님을 그 내면(interiority)에 잡아 둔다.

슐라이어마허의 신비주의에 대한 브룬너의 비판은 신비주의와 말씀의 대립으로부터 나왔다. 그 방향은 명백하게 그려진다: "신비주의이거나 말씀이거나, 둘 중 하나."[94] 신비주의는 말씀의 객관적 지위와 대조를 이루는 그 내면성의 측면에서 현대 종교를 특징짓는다. 브룬너는 슐라이어마허가 『종교론』의 두 번째 담화에서 설명하는 신비주의에 대해, 비꼬는 어투로 이렇게 말한다: "말씀은 더 이상 진리라는 의미에서의 말씀이 아니라 내면을 자극하기 위한 형식이고 표현이다. 말씀은 표현주의적인 예술적 매개다. 말씀은 단지 표현이

92 Brunner, *Die Mystik*, 181.

93 Brunner, *Die Mystik*, 172.

94 Brunner, *Die Mystik*, 88.

고, 긴장의 완화이며, 싸지름(ejaculation)이고, 방언(glossolalia)이다."[95] 말씀은 인간 의식이라는 내면에 갇혔다. 말씀은 감정이 자극될 때 생성되는 저 의식의 내적 상태를 표현한 것이다.[96] 말씀은 인간의 자연본성으로부터 스스로 자유로울 수 없다. 인간의 말과 하나님의 말씀의 대조는 더 분명해질 수 없다. 브룬너는 요한복음 8:32를 언급하며 하나님의 말씀은 자유롭게 하는 말씀이라고 쓴다.[97] 하나님의 말씀은 인간 실재의 외부에 있기 때문에, 스스로 결정하는 실재라는 지위를 점한다. 자연에 어떤 의존이나 종속도 없는 것이 '영'이다. 말씀은 인간에게 맞설 수 있는 자유가 있고, 인간 외부의 위치에서 인간에게 말할 수 있는 자유가 있으며, 인간 자연본성의 현실에 굴하지 않으면서 인간을 자유롭게 하는 방식으로 말할 수 있는 자유가 있다.

브룬너가 구성한 반대는 사도 및 개혁자들의 신앙과 현대 종교세계 사이에 있다. 그는 "모든 형태의 신비적 내재성의 철학과 성서의 그리스도교 사이에는 서로 단결할 수 없는 내적 불가능성"이 있다고 주장한다.[98] 신비주의라는 현대 종교는 성서 및 개신교 종교개혁자들이 증언하는 그리스도교 신앙과 아무런 관련이 없다. 이러한 말씀과 자연, 객관성과 인간의 내면성의 대립은 영과 자연의 분리가 이루어졌음을 나타낸다. 슐라이어마허와 관련된 20세기의 문

95 Brunner, *Die Mystik*, 117.

96 또한 Brunner, *Die Mystik*, 30을 보라.

97 Brunner, *Die Mystik*, 96.

98 Brunner, *Die Mystik*, 10.

제는 하나님의 말씀과 인간의 자연[본성] 사이의 대립이라는 측면에서 시작되었다.

IV.3. 말씀의 신학

그러나 신적 말씀의 객관성을 떠받치기 위한 조건들은 개신교 종교개혁 이래로 변해 왔었다. 루터는 성서 속 하나님의 발화에 기초하여 영원한 말씀의 확실성을 주장했지만, 브룬너는 신칸트주의의 자연과 영의 구분을 가지고 말씀을 식별한다. 브룬너가 리츨이 착수한 이 궤도의 정점에서 이룬 것은 자연과 영의 대립이다. 사실 내가 주장해 왔던 것처럼, 브룬너는 슐라이어마허를 비판한 전형적인 인물인데, 왜냐하면 그가 하나님의 말씀이 인간의 자연[본성]에 대립한다는 표현 방식의 결정체이기 때문이다. 브룬너는 말씀을 지켜 내기 위해서 말씀이 영의 언어로 구성된 신적인 객관적 진리라고 주장하면서, 하나님의 말씀을 인간의 자연[본성]으로부터 분리한 것이다. 게다가 그는 인간의 자연[본성]이 하나님의 말씀에 의해 판별되지 않은 채 방치되면, 인간의 자연[본성]은 신학을 철학적 언어로 바꿔서, 신학을 포함하여 지적 활동을 위한 토대를 왜곡할 것이라고 말한다. 영의 진리는 자연과 별개다. 반면 자기의식에 관한 어떤 이론은 자연[본성]에 의해 결정되는 종교에 관한 신비적 설명을 함축하고 있다. 자연[본성]은 하나님과 인간의 의식을 혼동해 왔다. 브룬너가 슐라이어마허를 근대 신학의 필수 공격 대상이 되게 했을 즈음에 말씀과 자연의 존재론적 차이가 확보되었다.

브룬너의 격렬한 비판은 20세기에 슐라이어마허의 종교와 신학 이해를 바라보는 방식을 형성하는 데 결정적이었다. 어떤 다른 종류의 형이상학과 신비주의에 대한 리츨의 공공연한 비판이 그의 칭의 교리 구성에 동반되었지만, 브룬너는 이 비판을 명시적으로 슐라이어마허의 자리에 배치했다. 이러한 변화와 더불어 어떤 전형적인 담론이 등장하면서 20세기의 말씀의 신학을 강력하게 형성했다. 이제 말씀이 순종을 명령하는 것과 같은 식으로 오직 말씀만이 하나님과 인간을 매개한다.[99] 말씀이 인간과 만날 때, 주님이신 하나님이 인간과 만난다.

만남과 순종에 관한 담론은 영을 객관적인 말씀으로 구성한 브룬너의 틀에 특수한 측면을 더한다. 신적 발언은 신-인의 만남에 관한 주요한 수사적 표현이다. 하나님의 말씀은 인간 현실 바깥의 위치에서 인간에게 자유롭게 말을 건넨다. 말씀의 객관성은 그것이 인간 자연[본성]으로부터 자유롭기에 보장된다. 말씀은 그 철저한 '타자성' 속에서 인간을 자유롭게 만난다. 영과 자연의 근본적인 대립으로 20세기에 말씀의 신학이 일단 갱신된 다음 그에 대한 표현 방식들이 결정될 수 있다. 우리가 다음 장에서 다룰 내용이 이렇게 말씀을 발화이자 교리로 결정하는 것이다.

99 Brunner, *Die Mystik*, 158.

V. 슐라이어마허 문제

이와 같이 20세기의 여명에, 이후 한 세기 동안 지속된 슐라이어마허 문제의 씨앗이 심어졌다. 칭의 교리에 관한 루터교 내부의 논쟁으로 시작된 것이 개신교 내에서 말씀-지향적 신학의 구성으로 변했다. 이러한 신학은 말씀 안에서 오직 하나님의 현실에 의해서만 매개되는 것이며, 슐라이어마허를 인간의 현실을 넘어서고 인간의 현실에 반대되는 하나님을 생각할 수 없는 내재적이고 주관적인 자기의식의 신학자로 격하시키면서 그를 이 신학의 이면에 두었다. 이 신학에서 자연은 신비주의와 형이상학을 포괄하는 범주다. 신비주의와 형이상학은 자연이라는 범주를 통해 하나님과 인간이 명백히 다르다는 진리를 왜곡하는 것으로 묘사된다. 영은 신학의 진리를 떠받치는 범주가 되었다. 신학은 '말씀'과 더불어 인간의 현실과 완전히 다른 신적 현실을 가리킬 수 있는 용어를 하나 얻었다. 다음 장에서 우리는 말씀의 가치론(axiology)이 '영'이라는 용어에 부여한 신학적 과제에 대한 함의들을 더 조사할 것이다. 이 지점에서 우리는 슐라이어마허를 버림으로써 잃게 된 것에 대해 간단히 몇 가지를 언급하며 이 장을 마치려 한다.

신비주의는 내가 이 장에서 신학의 흐름을 다루는 동안 말씀과의 관련성을 상실하게 되었다. 이와 더불어 슐라이어마허가 교회의 선포 및 학문적 신학과 경험의 관계 사이에서 유지했던 생산적 긴장이 사라졌다. 브룬너도 그렇게 인정했다. 브룬너는 슐라이어마허에 대한 공격을 잠시 멈추면서, 자신이 분노를 퍼부은 상대가 "교조적이고 철학적인 교리의 껍질을 벗겨 종교의 본질을 해방시켰고, 그리스도교의 본질을 생명과 마음의 문제로 해석했다"고 마지못해 인정했다.[100]

우리는 슐라이어마허의 전기에 있는 증거를 여기에 추가할 수 있다. 슐라이어마허의 종교적 삶의 활력은 모라비아 경건주의로 형성되었다. 그가 1802년에 그의 책을 발행하는 게오르크 라이머(Georg Reimer)에게 썼듯이, 모라비아 경건주의는 슐라이어마허의 개인적 특성에 "핵심적인 부분이었던 신비적 경향을 길러 주었다." 슐라이어마허는 자신이 젊은 시절 믿고 있던 것들에 "회의주의의 폭풍"이 몰아쳤을 때, "이 신비주의가 자신을 지키고 구해 주었고…. 그때 신비주의의 씨앗이 싹텄고, 이제는 완전히 자랐으며, 나는 더 높은 수준의 모라비아인이 되어 왔음을 이제 인정할 수 있다"라고 덧붙였

100 Emil Brunner, *Erlebnis, Erkenntnis und Glaube*, 4th and 5th eds. (Zurich: Zwingli-Verlag, 1923), 12.

다.[101] 슐라이어마허가 나중에 『기독교 신앙』에서 그리스도교 공동체의 맥락에서 어떻게 그리스도께서 신자들을 구속하시는지를 기술하고 설명하기 위해 '신비주의'라는 용어를 사용했을 때, 그는 신비주의를 언급하면서도 조심스러워했음을 인정했다.[102] 우리가 브룬너를 읽으며 짐작할 수 있듯이, 이 용어는 『기독교 신앙』의 서문에 전혀 나타나지 않는다. 하지만 명확히 구원론적 관심을 두고 있는 신학 체계에서는 나타난다. 슐라이어마허에게 신비주의라는 주제는 특정한 종교적 문화 속에 있는 개인의 영적 형성 과정에 관한 문제와 그리스도교의 중심에 있는 어떤 교리를 설명하기 위한 특정한 신학적 담론을 한데 묶는 것이다. 신학은 결코 단순히 용어의 문제가 아니다. 신학은 우리를 변화시키는 그리스도의 현전을 마주하는 일과 관련된다. 슐라이어마허의 표현을 사용하려면, 이러한 관점에서 신비주의와 말씀의 관계가 재평가되어야 한다.

형이상학은 신비주의와 유사하게 신학에 대한 '철학적' 근거라는 방식으로 묘사되었고, 이는 말씀이 신학의 주된 현실이라고 호소하는 그리스도인에게 이질적인 것이다. 본래의 논쟁은 슐라이어마허

101 독일어로는 다음과 같다: "Hier entwickelte sich zuerst die mystische Anlage die mir so wesentlich ist, und mich unter allen Stürmen des Skepticismus erhalten und gerettet hat. Damals keimte sie auf, jetzt ist sie ausgebildet, und ich kann sagen, daß ich nach Allem wieder ein Herrnhuter geworden bin nur von einer höheren Ordnung" (Friedrich Schleiermacher, *Briefwechsel* (1801-1802), in *KGA* V/5:393.17-21.

102 *CF* 429 (§100.3): "이 표현은 너무나 심하게 애매해서 사용을 피하는 게 더 나아 보인다."

에 대한 보다 현대적인 관심으로 변했고, 이는 다음 두 장에서 다룰 것이다. 하지만 슐라이어마허를 형이상학과 그리스도교 신앙의 대립이라는 용어로 번역하며 잃은 것은 슐라이어마허가 고수하고자 했던 긴장, 즉 (한편으로) 지식 추구에 관여하는 학문 분야로서의 신학에도 해당되는 지식 관념에 대한 그의 이해와 (다른 한편으로) 신학의 주제 내지 그리스도교 신앙 진술을 해명하는 신학의 독특한 과업 사이의 긴장이다. 슐라이어마허는 신학의 지식 추구가 어떻게 다른 학문 분야들과 공유하는 대화 속에서 일어날 수 있는지와 어떻게 공통의 지적 관행으로 규제되는지를 설명하기 위한 목적으로, 그의 『기독교 신앙』 서론에서 이 둘을 한데 뭉쳐 두었다. 슐라이어마허는 학계에 몸담은 신학자로서 신학이 진리를 주장하는 것이 그리스도교의 변화에 영향을 미칠 것이란 점을 알았다. 신학은 '실정학문'이며, 그 유일한 과업은 그리스도교 교회를 풍요롭게 하는 데 적용될 수 있는 지식을 산출하는 것이다. 그러나 지식 추구에 헌신하는 신학자로서, 슐라이어마허는 다른 학문 분야들, 이를테면 심리학, 사회학, 역사학과 공유할 수 있는 대화에 참여할 것을 지지했다. 그 당시 형이상학은 인간이 별개의 인식론적 이해들을 가지고 지식 추구에 참여하게 될 수 있는 이유를 설명하기 위한 초월론적 구성물이었다. 신학에 있어 형이상학은 공동체 안에서의 그리스도에 대한 경험—간단히 말해, 그리스도와의 신비적 관계—에 기반을 둔 학문 분야에 이러한 인간의 사고 역량들을 전달하는 것 중 하나였다.

근대 신학의 역사에서 이 중요한 형성기를 지나서 100년이 지난 오늘날, '말씀'이라는 용어 및 이에 동반되는 영의 의미들(valences)과 객관적 진리는 말씀, 교리, 신학이 이해되는 방식으로 제시된다. 이 장은 루터교 정통에서 말씀을 개념화하기 위해 사용된 신비주의와 형이상학이라는 모체로부터 벗어나서, 말씀이 영적 현실로 자리매김하는 새로운 틀이 어떻게 착수되었는지를 보여 주었다. 다음 장에서 나는 이러한 말씀의 역사(biography)를 계속 이어갈 것이고, 거기서 말씀은 또 다른 변화를 겪게 된다. 신학은 인식론적 전환을 맞는다. 그 결과 교리 개념은 신비주의 및 형이상학과의 관계로부터 훨씬 더 멀어진다. 논쟁의 초점은 변함없이 슐라이어마허에게 맞춰질 것이다. 우리는 어떻게 말씀의 개념화 방식에서 발생한 변화가 교리의 이해와 교리를 설명하는 신학 과업의 변화를 함의하는지에 관한 논의를 이어가면서, 무엇이 진짜 문제가 되는지를 내다볼 것이다—진짜 문제가 되는 것은 신학이 어떻게 경험에 대해 이야기하는지, 그리고 그것이 어떻게 현실에 잇닿는지이다.

From Trinitarian Representation to the Epistemic-Advantage Model

Word, Doctrine, Theology

3

삼위일체적 표상으로부터 인식적-우위 모델까지

말씀, 교리, 신학

제1부

I. 말씀에서 교리까지

말씀은 신칸트주의 철학의 유산 속에서 점점 영과 연관 지어졌다. 이는 앞 장에서 논한 바이다. 이러한 철학적 틀에서 말씀은 자연 및 신비적 경험과 대립된다. 이는 슐라이어마허와 대립하는 흐름으로 이어졌다. 슐라이어마허의 주장으로 간주되는 형이상학 및 신비주의와 자연의 융합에 대한 반박이 브룬너의 독설적인 비판에 뚜렷하게 나타난다. 브룬너의 주장에서 핵심 쟁점은 말씀이 감각 경험 속에서 자연화되는 것을 반대하며 말씀을 영적인 것으로 만드는 데 있다. 브룬너는 하나님이 말씀의 발화자이시며, 하나님의 말씀이 인간에게 들려졌다고 주장한다. 브룬너의 주장은 말씀의 매개 문제를 중심으로 한다. 말씀이 인간에게 매개되는 수단은 무엇인가? 이 문제에 대한 신학적 대답은 영적인 매개라는 것이다. 그 결과 근대 개신교 사상에서 언어와 인간 현실의 관계가 빈약해졌다. 신학이 말씀에 귀속시킨 영의 의미들(valences)은 20세기에 교리를 이해하는 방식에 뚜렷한 영향을 미쳤다. 이는 교리의 언어적 정형문구들을 인간 현실의 한 차원으로 여겨야 할지 (말지) 여부를 묻는 문제에서 특히 그렇다.

이제 이번 장에서는 교리가 탐구의 핵심이 될 것이다. 나는 20세기 초에 그리고 20세기의 끝 무렵에 신학자들이 하나님의 말씀에 귀속시킨 특정한 의미들(valences)을 고찰할 것이다. 이는 하나님 말씀에 관한 이해가 변하면서 어떻게 교리의 의미도 더불어 달라졌는지를 보여 줄 것이다. 말씀이 인간의 현실을 넘어서고 인간의 현실과 맞서는 것으로 보이는 영의 측면에서 이해된다면, 어떻게 교리를 역사적 현실로 여길 수 있을까? 하나님 말씀에 관한 신학적 이해의 발전은 신학이 교리를 이해하고 분석하는 방식에 어떻게 영향을 미쳤을까? 이어질 내용을 예상할 수 있도록 미리 말하자면, 나는 교리의 초월적 지시 대상과 관련하여 중요한 방향 전환이 일어났다고 주장할 것이다. 구체적으로 말하면 나는, '말씀'이 하나님의 초월적 현실을 지시할 수 있다고 주장함으로써 시작하지만 바로 그러한 지시의 가능성을 약화시킴으로써 끝나는 신학적 자취를 추적할 것이다.

나는 교리 이해에 있어서의 이러한 상전벽해를 추적하기 위해, 기나긴 20세기의 양 끝에 있는 서로 다른 중요한 신학적 입장의 대표자인 두 명의 대화자를 선택했다. 이 장의 제1부는 첫 번째 대화자인 스위스 신학자 칼 바르트에게 말을 건넨다. 근대 개신교 신학의 핵심 문제는 바르트가 정립했듯이, 신학자들이 인간의 말로 하나님에 대해 말하면서 동시에 하나님을 하나님 말씀의 발화자로 주장하는 게 어떻게 가능한지에 대한 물음이다. 이 역설은 신학이 인간의 언어를 하나님께서 말씀하실 가능성에 열어 두기 위해 사용되어야 한다는 독특한 수사에 입각한 바르트의 초기 견해를 특징짓는다. 하나님에 대해 말하는 인간의 언어와 관련된 하나님 말씀의 문제는 또한 바르트가 자신의 『교회 교의학』(*Church Dogmatics*) 첫 두 권(I/1과 I/2)에서 다룬 하나님 말씀에 관한 교리를 삼위일체와 관련하여 고찰한 신학 사상으로 나아가게 했다. 우리는 하나님의 특권을 말씀 안에 두는 바르트의 관심이 새로운 사회적·종교적 환경에 응답하며 삼위일체 교리를 해석하고 표현해 내는 한 인간의 노력으로서의 그의 신학 이해와 관련된다는 점을 볼 것이다. 바르트는 그리스도교 신학의 가능성에 대해 설명하면서, 신학이 그 기준, 진리, 주제에 관하여 하나님의 말씀에 독특하게 의존하면서도 역사적인 위치를 갖는 학문일 수 있다고 말한다.

이 장의 제2부는 또 다른 신학적 입장, 곧 바르트처럼 하나님에 대해 말하는 '인간의 말'을 신학적 주장에서 특히 중요하게 여기며 그리스도교 신학의 주제를 식별하는 신학적 입장에 초점을 맞춘다. 신학적 주장들은 그리스도교 신념을 신앙 고백이라는 언어적 공식(formulas)으로 간결하게 압축한다. 이는 인간 집단들의 혼동과 혼란 가운데서 굳건하게 안정적으로 서 있다. 루터는 1540년의 그리스도의 신성과 인성에 관한 논쟁에서 "성령이 우리를 위해 신조를 정해 오셨다", "우리는 저 구름 속에서 걸어야 한다[출 13:21]"라고 썼다.[1]

1 WA 39/II:104.18-19 (위 내용은 다음 문구를 내가 영어로 옮긴 것이다): "Praescribuntur enim ibi nobis a Spiritu sancto formulae; in illa nube ambulemus."

그러나 바르트와 두 번째 입장 사이에는 신학적 주장의 본성을 이해함에 있어 중요한 변화가 있었다. 여기서 내 대화 상대는 미국 신학자 브루스 D. 마샬(Bruce D. Marshall)이다. 신학적 주장들은 마샬의 사상에서 어떤 자리를 갖지만, 그는 신학적 주장들이 인간의 서술을 초월하는 신적인 말씀을 가리킬 수 있다는 바르트의 주장을 공유하지는 않는다. 나는 마샬의 관점을 현대 신학의 '인식적 모델'(epistemic model)을 대표하는 것으로 여기는데, 이 관점에서 신학적 주장들은 그 지시적 지위를 잃는다. 그 대신 그리스도교 신앙을 언어로 축약한 신학적 주장들이 그리스도교에서 시간을 초월하는 규범이 된다. 바르트는 교리가 하나님의 심판 가능성에 항상 직면해 있는 역사적 정형문구들로 이루어져 있다고 생각했지만, 마샬은 신학적 주장을 역사로부터 끌어올려서 이전의 개신교 사상이 하나님의 것으로 남겨 두었던 초월적인 자리를 부여한다. 이러한 관점에서 교리는 그리스도교 세계관의 규범으로서 인식적 기능을 갖는다.

20세기에서 이러한 전환은 내가 "삼위일체적 표상"(Trinitarian representation)이라고 부르는 신학에서부터 "인식적 우위"(epistemic advantage)라고 부르는 신학에 이른 변천이다. 바르트와 마샬은 하나님 말씀에 대한 이해가 서로 매우 달랐다. 특히 교리의 본성과 관련하여 그렇다. 교리가—'인식 모델' 안에서 작업하는 신학자들에 의해서—세계관의 문법이 될 때, 교리는 생명을 부여하는 말씀과의 연관성을 잃는다. 신학과 교리적 표현들은 하나님을 규범으로 하여 서술하는 대신, 그 자체가 믿음과 실천의 규범이 **된다**. 교리는 신적 초월의 위치를 맡고, 그로써 불변하는 인식적 규범의 자리로 승격된다.

이와 관련하여 내가 곤란하게 여기는 것은 교리가 그 주제와의 연관성을 상실했다는 점이다. 내 결론을 미리 말하면, 내가 볼 때 언어로 정형화된 교리를 그리스도교 세계관에서 규범적 지위로 승격시키는 움직임은 교리와 하나님의 현실 사이의 생생한 연결을 끊어버리는 일이다. 만일 신학이 각자가 처한 세상의 상황 속에서 살아가고 있는 사람들과 관련하여 신적 현실을 기술하고 설명하는 것이라면(나는 그래야 한다고 믿는다), 신학은 현실의 이러한 측면이 인간의 지적이고 실존적인 실천에 가닿을 수 있게 하는 교리관을 지향해야 한다. 인간의 교리 공식들을 심판하실 수 있는 초월적인 하나님에 몰두한 바르트의 사상은 이러한 태도에 활력을 불어넣는다. 또한 교리가 인간 역사와 생생한 종교 체험에 깊이 박혀서 신학적으로 생산된다는 점을 진지하게 여긴다. 바르트의 신학은 독일이 두 번의 세계대전 및 파시즘 부상의 중심에 있었던 맥락에서, 인간이 만든 사회적이고 신학적인 구성물들에 대한 신적인 심판을 지적하고 있다. 그러나 만일 심판하시는 하나님의 손에 놓인 신학의 위험성을 지적한 바르트의 주장을 넘어서면서도 동시에 교리가 살아 계신 하나님의 현실을 가리킨다고 한 바르트의 주장을 현대 신학에 복원해야 한다면, 어떻게 신학이 우리 자신, 세계, 하나님에 관한 지식 및 경험을 통해 교리를 깊어지게 하는 살아 있는 지적 실천이 될 수 있는지를 고찰해야 할 것이다.

교리는 정적인 규범일까, 아니면 인간 존재들이 신학적 발견을 더하도록 방향을 잡아 주고 영향을 미치는 것일까? 나는 독자들이 이 장을 읽으면서 다음과 같은 질문을 고찰해 보기를 청한다. 나는 20세기의 궤적을 약술할 것인데, 이 궤적은 인식적 규범으로 이해되는 교리의 종말을 나타내는가? 아니면 이것은 교리를 말씀과 역사, 경험과 실재와 다시 연결시킬 수 있는가? 4장에서 나는 교리를 정적인 규범으로 주장하는 인식적 모델로부터 시선을 돌려서, 역사 속에서 생성되는 측면에서 교리를 다루는 신학적 인식론을 제안할 것이다. 그러나 그 지점에 이르기 전에 아직 가야할 길이 있다. 그 첫 걸음은 자신의 신학 체계 제1부에서 오로지 하나님 말씀에 관한 교리에만 집중하는 신학자를 다시 찾아가는 것이다.

II. 신학과 삼위일체적 표상

20세기 그리스도교 신학의 전망과 발전의 많은 부분은 개신교 신학자 칼 바르트에 의해 형성된 것이다. 그는 삼위일체 교리에 현저한 지위를 부여했고, 신학자들이 그리스도교 교리에서 삼위일체를 핵심적인 것으로 여기게끔 영감을 준 것으로 인정받는다. 바르트는 자신의 신학 체계를 담은 여러 권으로 된 책 『교회 교의학』에서 제1부인 '프롤레고메나'(prolegomena)에 삼위일체를 배치한다. 18세기 개신교 정통 신학 체계에서는 이 첫 부분을, 성서에 있는 하나님의 말씀이 이어지는 장에서 다루는 신학적 진리 주장의 토대가 되는 방식을 설명하는 데 할애했다. 바르트는 성서를 다루는 전형적인 프롤레고메나 작업을 삼위일체 교리에 관한 해설로 바꿈으로써, 신학의 새로운 토대 역할을 삼위일체론에 부여했다.

삼위일체에 대한 바르트의 접근 방식은 삼위일체와 하나님의 말씀의 관계가 걸린 특수한 문제에 관심을 갖게 만든다. 우리가 봐 왔듯이, 말씀은 20세기의 전환기에 브룬너의 영/자연 이분법에 따라 이해되면서 신학적으로 현저히 부각되었다. 말씀이 자연과 대립되며 영을 지향하는 성향은 1920년쯤의 바르트의 초기 신학에 특별한 영향을 주었다. 전쟁이 벌어졌던 독일의 정치적 맥락에서, 1919년 『로마서』(1918년에 씀)와 더 중요하게는 개정된 제2판(1921년에 썼고 1922년에 출간되었다)의 출간은 신학에서 분수령을 이루는 것으로 여겨진다. 바르트는 이 작품에서 하나님의 말씀이 인간의 현실과 철저히 다르다고 주장한다. 브룬너가 이해한 것처럼 자연과 다를 뿐만 아니라 인간의 역사, 문화, 정치와도 다르다. 하나님의 말씀—인간의 현실과 대비되고 인간의 현실을 넘어서는 하나님의 현실로서의 말씀—은 급진적인 비판의 잠재력이 있다. 하나님의 말씀은 인간의 현실에 대해 신적인 심판을 선고한다. 이 지점에서 바르트는 자신의 신학적 사색 과정을 결정지을 핵심 문제를 제기한다. 성서, 교리, 선포 안에 있는 인간의 말이 어떻게 인간의 말을 심판하는 하나님의 말씀에 관한 표현일 수 있을까?

나는 『로마서』의 초기 바르트를 다루고, 그 다음 단원에서 바르트가 하나님의 말씀에 대한 이해를 발전시킨 것을 탐구할 것이다. 나의 주된 관심은 바르트가 인간의 말과 하나님의 현실의 관계를 어떻게 구체화했는지, 어떻게 그 현실을 신학에서 다룰 수 있는지이다. 나는 바르트가 말씀에 하나님의 현실이 계시된다는 점에 신학적으로 천착한 것에 초점을 맞출 것이다. 또한 신적 현실을 인간의 통제하에 두지 않으면서 신학이 신적 현실과 접할 수 있는 방식에 대해 이 주장이 갖는 함의에 초점을 맞출 것이다. 바르트의 초기 신학을 특징짓는 하나님의 말씀과 인간의 말 사이의 변증법은 이러한 관심에서 중요하다. 그런 다음 후기 작업은 삼위일체 교리에 대한 조직신학적 성찰에 상정된 하나님 말씀에 관한 신학적 전제를 펼쳐 보인다.

나의 목표는 그의 전집을 다루며 바르트의 사상을 포괄적으로 설명하는 것이 아니다.[2] 보다 정확히 말해, 나는 어떻게 말씀과 교리를 하나님의 현실과 관련시켜 이해하는지에 관한 문제에 초점을 맞춰 바르트의 신학을 살펴볼 것이다. 나는 마르틴 루터와 프리드리히 슐라이어마허에 주로 관심을 갖는 학자로서 바르트가 그의 신학 선배들에게 동의하지 않은 점에 대해 전전긍긍하며 바르트에게 접근했었다. 그러나 나는 바르트를 '현대 신학'에 대한 비판적 도전으로 읽어야 한다는 확신에 이르게 되었다. 아이러니하게도 현대 신학은 가장 중요한 동맹인 것처럼 바르트의 작품에 호소한다. 내가 볼 때 바르트는, 예측할 수 없고 놀라우며 살아 있고 실존적으로 중요한 신적 현실에 대한 교리의 관계를 대변하는 강력한 증인이다. 어떻게

2 보다 전체적인 바르트의 사상에 대해서는 다음의 학술 연구서를 보라. George Hunsinger, *How to Read Karl Barth: The Shape of His Theology* (New York: Oxford University Press, 1991); Eberhard Jüngel, *God's Being Is in Becoming: The Trinitarian Being of God in the Theology of Karl Barth*, trans. and intro. John Webster (Edinburgh: T&T Clark, 2001). 『하나님의 존재는 되어감 속에 있다: 칼 바르트에게 있어서 하나님의 존재에 대해 책임적으로 말한다는 것』, 백철현 옮김 (서울: 그리스도교신학연구소, 1988); Bruce L. McCormack, *Karl Barth's Critically Realistic Dialectical Theology: Its Genesis and Development, 1909-1936* (New York: Clarendon Press, 1995).

바르트는 하나님의 말씀의 이러한 측면을 자신의 삼위일체 신학에 담아내면서, 동시에 말씀이 인간의 통제 너머에 있는 타자라고 주장하는지—이 점이 내가 이제 들어서려고 하는 주제다.

II.1. 전쟁 직후의 말씀

20세기 그리스도교 신학은—그 강조점, 관심, 문제의식을 포함하여—대부분 독일 지적 전통의 유산이다. 현재 영어권 세계에서 신학의 전개가 영미 분석 철학과의 협력이 점차 늘어나서 반세기 전보다 독일과 덜 연결되어 있다 하더라도(성서학은 다소 다른 상황), 독일 신학으로부터 강력한 유산을 물려받았다는 점은 인정해야 한다. 20세기 독일 사상은 정치사와 불가분하게 함께 묶여 있다. 개념들은 항상 역사 속에서 표현되며, 역사에 의해 형성된다. 독일의 경우 이러한 역사가 세계대전과 홀로코스트(또는 쇼아)로 이루어져 있다. 독일 신학자들은 대체로 이 국가의 시민이기에, 선동자로서든 저항자로서든 독일의 정치적 결정과 운명에 참여했다. 1차 대전 직후에 구축된 비판적인 신학적 입장은 유럽에 일어난 참상을 심각하게 여길 수밖에 없었다. 바르트는 그렇게 함으로써 전례 없는 방향으로 신학을 구축했다. 칼 바르트의 『로마서』(*Römerbrief*) 내지 영역본 제목으로는 『로마인들에게 보낸 편지』(*The Epistle to the Romans*)는 신학의 새로운 방향을 주장했다. 즉, 인간이 아닌 하나님이 신학의 유일한 주체라는 것이다.

베르사유에서 독일의 굴욕(1919)이 바이마르 공화국의 연약한 민주주의의 와해를 낳고, 초기 인종주의적 파시즘을 부채질한 통제 불능의 인플레이션으로 이어질 때, 바르트는 때마침 바울에게서 동류를 보았다.[3] 인간의 현실과 완전히 다른 하나님의 의로움, 인간 실존 전체를 심판하는 하나님의 의로움을 외친 이 사도의 주장은 바르트에게 자기 "시대의 표지"[4]를 분별할 수 있는 안경이 되었다. 바르트의 신학은 그의 선배들, 이를테면 빌헬름 헤르만(Wilhelm Hermann. 알프레히트 리츨의 제자다)의 레파토리에는 책임 있게 호소할 수 없었다. 헤르만은 루터파의 율법-복음 구조를 복음으로 이어질 진정성(authenticity)을 종교적으로 탐구한 것으로 해석했다. 바르트는 이러한 해석이 계시의 우선성을 약화시키기 때문에 문제라고 생각했다. 헤르만은 종교적 결핍인 '율법'이라는 선행 조건을 삽입함으로써 계시를 손상시켰고, 그러고 나서 '복음'을 인간의 종교적 현실을 장악할 수 있는 신적 현실로 이해했다.[5] 바르트에 따르면, 종교적 경건

3 『로마서』 제2판에서 바르트가 신학적 인간학을 표현해 내기 위한 수사적 자료로 전쟁 이미지를 사용한 것에 대해서는 폴 대피드 존슨(Paul Dafydd Jones)의 논문 "The Rhetoric of War in Karl Barth's *Epistle to the Romans*: A Theological Analysis," *Journal for the History of Modern Theology/Zeitschrift für neuere Theologiegeschichte* 17 (2010): 90-111을 보라.

4 이는 "하늘로부터 오는 표적(sign) 보이기를"(마 16:1하) 요구한 바리새인들과 사두개인들에게 예수께서 대답하신 말씀에 들어 있는 문구다. "너희가 날씨는 분별할(interpret) 줄 알면서 시대의 징조(sign)는 분별할 수 없느냐"(16:3하). 예수님의 주장은 모든 세대의 신학이 자기 시대의 중요한 일과 문제들을 책임 있게 다룰 것을 촉구한다.

5 바르트의 헤르만과의 "신학적 작별 인사"(theological farewell)에 대해서는 Christophe Chalamet, *Dialectical Theologians: Wilhelm Herrmann, Karl Barth and Rudolf*

을 하나님과 밀접하게 연결시킨 헤르만의 견해는 전쟁 및 대량 학살과 뚜렷하게 대립되는 곳에 하나님의 현실을 위치시키기에 알맞지 않았다. 바르트는 책임 있는 신학이라면 그 시대의 투쟁에 합류할 의무가 있다고 말했다. 신학은, 학문적 성격의 신학이더라도 "무언가 몹시 잘못되었음"을 나타내는 "[위급 상황의] 표지"가 되어야 한다.[6] 그 표지는 전쟁의 맥락에서 하나님의 의로움에 관하여 묻는 "진정한 물음"이다. 바르트는 1916년의 강연에서 이렇게 물었다. "만일 하나님이 의로우시다면, 지금 세계에서 일어나고 있는 모든 일들을 단순히 '허용'하실 수 있을까?"[7] 그럼에도 "인간의 의로움"(Gerechtigkeiten, 독일어 원문에서는 복수형)의 모든 단면을 문제 삼는 것이 하나님의 의로움이 아닌가?[8]

신학자의 일(métier)은 "하나님의 말씀"[λόγος Θεοῦ]이라는 그리스

Bultmann (Zurich: Theologischer Verlag Zurich [TVZ], 2005), 106-10, esp. 177을 보라.

6 이 문장(Theology, even academic theology, must become an "[emergency] sign" that "something is terribly wrong.")은 내가 바르트의 독일어 원문을 영역한 것이다. 마르가(Marga)의 영역은 다음과 같다: "Theology is a sign of need in the university, a sign that all is not well, even in the *universitas literarum*." Karl Barth, "The Word of God as the Task of Theology (1922)," in *The Word of God and Theology*, trans. Amy Marga (London: T&T Clark, 2011), 180. 원문은 다음과 같다: "Das Wort Gottes als Aufgabe der Theologie (Elgersburg, October 1922)," in *Das Wort Gottes und die Theologie: Gesammelte Vorträge* [Munich: Chr. Kaiser, 1925], 162).

7 Karl Barth, "The Righteousness of God (Lecture in the City Church of Aarau, January 16, 1916)," in *The Word of God and Theology*, trans. Amy Marga (London: T&T Clark, 2011), 10.

8 Karl Barth, "The Righteousness of God," 6-7: "우리는 우리 인간의 의, 우리 인간의 자존심(self-importance), 우리 인간의 열심이라는 바벨에 가련한 탑을 건설합니다!"

어 원문에 나타나 있는 것처럼 하나님에 대해 말하는 것이다.[9] 문화적으로 정치적으로 위급한 시기에 이 과업을 인정해야 하는 불가피성이 신학자를 강권해야 한다.[10] 그러한 시기에 인간의 말과 인간의 현실에 대한 심판을 말하시는 하나님의 말씀에 순종할 것이 신학자에게 요구된다. 그러나 신학자들은 자신들의 과업에 충실하려고 노력하면서 불가피하게 인간의 말을 구사한다. 하나님의 말씀을 붙잡으려고 하면서도 인간의 말이라는 그물에 걸리는 것은 신학자의 과업에 내재한 근본적인 역설이다.

바르트에게 인간이 하는 신학은 불가능한 과업으로 하나님의 심판 아래 있다.[11] 바울이 말한 "모든"(cf. 롬 1:18)에 포착되는 상황에서, 신학자라고 해서 유일한 예외일 수는 없다. 그럼에도 신학자의 독특하고 고유한 소명은 바로 그 이름에 나타나 있듯이 하나님의 실재를 가리켜야 하는 것이다. 신학은 하나님의 말씀을 인간의 말과 접하게 할 수 없더라도, 그 유일한 과업으로서 하나님께서 말씀하시는 때를 열어야 한다. 바르트는 성서가 신학의 과업을 수행하기에 아주 적절한 도구라고 했다. 성서는 하나님의 말씀이 현재의 상황 속에 말씀의 현실을 말할 가능성을 제공하는 하나님의 말씀이다. 바르트는 자신의 저작 행위(authorship)를 바울의 저작 행위와 융합시키

9 "우리는 하나님에 대해 말해야 한다"라는 하나님의 말씀에 관한 바르트의 강의에서 세 개의 유명한 논제 중 첫 번째 것이다. "The Word of God (1922)," 177.

10 Cf. Karl Barth, "The Word of God (1922)," 194.

11 바르트의 "The Word of God (1922)"의 세 논제 중 두 번째 것은 "그러나 우리는 인간이어서 하나님에 대해 말할 수 없다"(184)이다.

며 바울이 로마인들에게 쓴 편지를 읽는다. 바르트가 쓴 책의 제목, 곧 『로마서』(영역본 제목은 『로마인들에게 보낸 편지』)는 인간의 저작 행위를 무색케 한다. 『로마서』는 바울의 것도 바르트의 것도 아니며, 하나님의 심판 아래 서 있는 인간의 말이 하나님의 발언으로 나아가야 한다는 신학적 요지를 말하고 있다.

그러나 하나님이 말씀하실 때, 하나님의 발언은 위기를 촉발한다. 바르트의 『로마서』 본문에서 핵심 용어는 '위기'이다.[12] 바르트는 제3판(1922) 서문에서 "오히려, 전체가 그리스도의 영이라는 위기 아래 놓여 있음을 인식하고 분명히 하는 것이 우리의 주제다"라고 쓴다.[13] 바르트는 로마서 1-3장의 관점에서 하나님의 의라는 주제를 인류에 대한 위기로 설명한다. 베를린 신학자 칼 홀(Karl Holl)이 1910년 보여 준 것처럼, 이 동일한 바울의 구절은 루터의 양심을 두렵게 한 원인이었다.[14] 그럼에도 홀이 이해한 로마서 1-3장에 대

12 신약성서에서 κρίσις는 '판결', '심판'을 의미한다. 성서 외부의 자료에서 κρίσις는 영어에서와 같이 "가르다(parting), 불화(estrangement), 갈등(conflict), 선택(selection), 심판·판단·평결·선고의 결정(decision)" 및 "고발(accusation)"까지도 포괄하는 의미로 사용될 수 있다. Friedrich Büchsel, "*Krisis*," *TDNT* 3 (1965): 941-42를 보라.

13 Barth, *Epistle*, preface to 3rd ed. (1922), 17[한국어판(2017)의 페이지는 115. 이하 한국어판의 페이지는 괄호[ ]로 묶어 병기한다—옮긴이 주].

14 루터의 1517년 『로마서 강해』(*Lectures on Romans*)에 대한 칼 홀의 연구는 '루터 르네상스'(Lutherrenaissance) 내지 역사적, 전기적 관점에서의 루터에 대한 새로운 관심을 촉발시켰다. 홀은 두려운 양심에서부터 종교 개혁의 돌파구에 이르는 루터의 '종교' 전개 과정을 도표화하는 데 루터의 강의를 사용했다. 루터에 대한 그의 분석에서 홀이 초점을 둔 주된 신학적 개념은 구원의 확실성에 대한 문제와 관련된 칭의 교리였다. Karl Holl, "Die Rechtfertigungslehre in Luthers Vorlesung über

한 루터의 해석과 대조적으로, 바르트는 이 구절에서 각기 다른 용어들—진노, 심판, 복음—에 보다 뚜렷한 통일성을 부여한다.

세 경우 모두 하나님의 의를 드러낸다. 바르트는 로마서 1:18에서 하나님의 진노를 "그리스도 밖에서, 그리스도 없이"라고 해석하는데, 그러한 하나님의 진노는 인간과 하나님의 관계가 경건과 감정으로 혹은 적절한 행동에 대한 보상으로 보장될 수 있다는 추정을 경건치 않은 것으로 심판판단한다.[15] 로마서 2:14-15에 언급된 신적인 심판은 "이방인들"에 대한 발언이다. 바르트는 "자연에 의한, 자연적 질서 안에 있는" 법을 따르는 동시대인들을 이방인으로 보았다. 바르트는 슐라이어마허의 윤리적·종교적 감정 개념이 바로 연상되도록 그러한 자연적인 사람을 묘사한다. 그들은 인간의 의로움에 대한 요구가 충족되었다는 자기만족을 보이는 '종교적 감정'을 가지고 있다. 바르트는 바울이 이방인에 대해 언급한 심판을 '서구 유럽 문화'에 대한 심판으로 해석한다. "윤리적·종교적 환상"은 하나님의 의로움 아래에서 아무것도 아닌 것으로 표현되며 "이런 이유로 율법 없는 사람들이

den Römerbrief mit besonderer Rücksicht auf die Frage der Heilsgewißheit," *Zeitschrift für Theologie und Kirche* 20 (1910): 245-91을 보라. 1910년부터 1926년까지의 홀의 루터 해석에 대해서는 하인리히 아셀(Heinrich Assel)의 학술 논문 *Der andere Aufbruch: Die Lutherrenaissance—Ursprünge, Aporien und Wege: Karl Holl, Emanuel Hirsch, Rudolf Hermann (1910-1935)*, Forschungen zur systematischen und ökumenischen Theologie 72 (Göttingen: Vandenhoeck & Ruprecht, 1994), 특히 89-100을 보라. 루터의 『로마서 강해』는 바울의 『로마서』를 읽게 하거나 1920년대 내내 있었던 루터의 글에 대한 활발한 논쟁에 참여하도록 신학자들을 고무시켰다. 바르트가 자신의 『로마서』에서 루터를 명백히 참고했다는 점은 바르트가 이 공통의 논쟁에 참여했음을 시사한다.

15 참조. Barth, *Epistle*, 43, 44[173, 174].

심판에 들어오는 불가해한 가능성이 나타난다."[16] 이와 유사하게 바르트는 바울이 로마서 3:1-4에서 언급하고 있는 유대인들과 자기 시대의 문화를 동일시한다. 유대인들은 이방인들과는 대조적으로 율법을 받은 백성이다. 그럼에도 바르트는 자기 시대의 사람들의 특징을 묘사하기 위해 바울의 글에 있는 저 두 용어(이방인과 유대인)를 사용하고, 리츨의 역사신학에 대한 반향으로 "유대인"이라는 호칭을 사용한다. "왜냐하면 특정한 역사—종교사나 구원사—발전에서 신적인 것이 사물화구체화되고 인간화된다면 하나님이 하나님이기를 그친다는 점을 우리가 분명히 인식하기 때문이다." 바르트는 하나님 나라라는 리츨의 핵심 용어에 대한 비난을 계속해서 표현한다: "인간의 삶의 한복판에 위치한 의로운 사람은 하나님을 의존하고 하나님 나라의 도래를 증거한다." 그러나 종교, 문화, 역사는 신적 심판 아래 부정된다.[17] "참 하나님, 즉 모든 구체성으로부터 벗어난 하나님은 모든 구체적인 사물의 위기의 근원이시며, 심판자이시며, 인간의 논리로 파악되는 그런 하나님(god)까지 포함하여 이 세상의 부정비존재(negation)이시다. 하나님은 말씀하신다. 심판은 완전한 부정비존재으로 시작된다.[18]

16 Barth, *Epistle*, 66, 68, 69[214, 217, 218].

17 Barth, *Epistle*, 79[237].

18 Barth, *Epistle*, 82[243-244](롬 3:5-6을 다루는 부분). 또한 다음을 보라: "우리는 여기서 시간 · 사물 · 인간의 세계가 불가항력적으로 모든 것을 아우르며 붕괴되는 현실 앞에 서 있다. 속속들이 꿰뚫는 궁극의 위기 앞에 서 있다. 모든 것이 그로 인해 드러나는(rolled up; Aufrollung) 지극히 높은 비존재(negation) 앞에 서 있다."(롬 3:21-22a를 다루는 p. 91).

로마서 3:21-22a는 바르트의 『로마서』에서 핵심적 전환을 보여준다.[19] 이 지점까지 바르트는 유대인 및 이방인을 자기 시대의 문화적, 종교적, 역사적 경향—이 모든 것은 하나님의 심판 아래 있다—과 동일시하는 해석을 내놓는다. 그러나 바르트는 로마서 3:21부터 바울의 본문을 따라 예수 그리스도께로 초점을 전환하면서, 율법과 상관없이 나타나는 하나님의 의를 다룬다. 바르트는 "율법 외에"(롬 3:21)라는 구절로 특징지어지는 대안적 관점을 제시함으로써 그리스도라는 주제에 접근한다. 여기서 바르트는 하나님께서 신적인 의를 계시하시는 특정한 방식을 숙고하는 가운데 "하나님의 말씀"이라는 자신의 용어를 명시적으로 사용한다. 이는 성서 구절에는 없는 말이다. 하나님의 말씀하심은 신적인 의의 계시와 관련된다. 로마서 3:21의 시작 구문("그러나 이제는")을 **위기**의 기원에 관한 일련의 물음들로 해석하며 출발하는 장황한 문단의 마지막 부분에서, 바르트는 곧바로 "시간 너머"의 장소로부터 오는 하나님의 말씀하심으로, "위치를 점하지 않는 공간으로", 요한계시록 21장을 암시하는 "**새 하늘과 새 땅**"으로 주의를 돌린다. 바르트는 이렇게 주장한다: "이것이 하나님의 말씀이다."[20] 말씀은 하나님의 것이므로 인

19 Barth, Epistle, 91[257](롬 3:21-22a를 인용함): "이제는 율법 외에 하나님의 한 의가 나타났으니 율법과 예언자들에게 증거를 받은 것이라. 곧 예수 그리스도 안에서 그분의 신실하심을 통하여 모든 믿는 자들에게 향하는 하나님의 의니." [바르트는 διὰ πίστεως Ἰησοῦ Χριστου를 "예수 그리스도를 믿는 믿음을 통하여"라는 전통적인 해석이 아닌 "예수 그리스도 안에 있는 신실하심을 통하여"로 번역한다 — 옮긴이 주.]

20 Barth, Epistle, 91-92[258-259](롬 3:21을 다루는 부분. 강조는 영역본에 추가된 것).

간의 문화적, 종교적, 역사적 결정들로부터 완전히 자율적이다. 하나님은 하나님이 하고자 하실 때 말씀하신다.

하나님께서 발하신 말씀은 인간을 불안정한 위치에 몰아넣는다. 하지만 불안정하다는 말에 무질서하다는 의미가 내포되어 있지는 않다. 오히려 인간의 불안정함에는 말씀을 통한 분명한 판별이 주어진다. 바르트는 심판과 은혜가 오직 예수 그리스도 안에서 하나로 통합됨으로써만 판별됨을 보이기 위해, 하나님의 한 말씀(the one word of God)을 예수 그리스도와 동일시하는 쪽으로 나아간다. 부정과 긍정은 인간 실재 외부에 있는 하나님의 한 말씀으로부터 분명한 영향을 받은 결과인데, 예수 그리스도의 실재 안에서 통합된다. 바르트는 예수 그리스도가 인간을 불안정한 상황에 치닫게 하는 하나님의 의라고 주장한다. 바르트는 이렇게 쓴다. "율법과 상관없이" "하나님의 의는 '그럼에도 불구하고'이다. 하나님은 이로써 우리를 자신의 것으로 삼으시고, 자신을 우리의 하나님으로 선언하신다." 하나님의 의는 두 가지 순간을 모두 포괄한다. 즉 인간의 문화를 부정하는 심판의 순간과 "자신의 대적자인 우리에게 친구라고 선언하시는" 긍정의 순간이다. "하나님과 인간 사이의 긍정의 관계"라는 "창조적인(creative〔말씀하신 대로 이루어지는〕) 판결"은 하나님과 인간 사이의 어떤 관계도 저절로 이루어진 당연한 것이 아니라는 부정과 더불어 유효하다.[21]

21 Barth, Epistle, 93-94[260-263](롬 3:21을 다루는 부분). 〔"율법과 상관없이"는 영역본 92쪽에 나오는 문구이다—옮긴이 주.〕

이와 같이 바르트에게 **위기**는 분명한 내용을 담고 있다. 하나님의 한 말씀은 하나님의 심판 아래 있는 인간의 현실을 에워싼다. 그리고 저 심판이 선포됨과 동시에 인간의 현실은 "하나님의 용서라는 더 깊은 음성으로 역전된다."[22] 복음에는 부정과 긍정이 모두 계시된다. 복음은 심판과 은혜의 이중성으로 구성된다.

바르트는 하나님의 말씀이 인간의 통제 아래 있다는 암시가 들어가지 않게 하려고 글쓰기에 엄청난 노력을 기울였다. 하나님의 말씀은 언제나 인간의 현실 바깥에 있다. 바르트는 이렇게 표현하기 위해 하나님의 말씀이 인간에게 전달되는 역설적인 장소를 나타내는 공간적인 언어를 사용하였다. "하나님의 의는 허공중에 있는 우리의 설 자리다—다시 말해, 인간이 설 수 있는 가능성이 전혀 없는 곳이다. 그곳의 토대는 하나님 자신이 놓으신 것이며, 하나님에 의해서만 지탱된다. 은혜든 은혜가 아니든, 우리가 전적으로 그분의 손 안에 있는 장소이다."[23] "원과 접하지 않으면서 접하는" 접선이라는 유명한 기하학 은유는 바르트가 계시의 순간을 묘사하는 또 다른 방식이다. 즉, 선에 포섭될 수 없는 단일한 점으로 계시의 순간을 묘사한 것이다.[24] 계시는 오직 한 순간을 취한다. 예수 그리스

22 Barth, *Epistle*, 95[264](롬 3:21을 다루는 부분). 바르트는 『로마서』의 앞부분에서 위기를 그리스도와 동일시했다. 그럼에도 로마서 3장의 구절은 바르트가 용서라는 주제를 명백히 언급할 기회를 제공한다. "**예수 그리스도를 통해** 인간은 하나님께 심판받는다. 이것이 인간의 **위기**다. 하지만 이것은 부정이자 긍정이며, 죽음이자 생명이다"(Barth, *Epistle*, 69[219][롬 2:15-16]).

23 Barth, *Epistle*, 94[262](롬 3:21을 다루는 부분).

도는 영원과 시간이 교차하는 지점을 창조하시되, 영원성을 시간성(temporality)에 양도하지 않는 방식으로 창조하신다.

남아 있는 물음은 어떻게 신학자들이 성서를 사용하여 신적 발화의 순간을 예시할 수 있는지에 관한 것이다. 『로마서』는 신학자의 역설을 구현하는 하나의 방법인 바르트의 주해 방식에 대한 통찰을 보여 준다. 바르트는 주해 작업이란 본문의 사태에 다다르는 것, "본문이 실제 의미하는 바가 드러날 때까지" 본문을 뒤쫓는 것이라고 주장한다. 바르트에게 성서의 실제 의미는 예수 그리스도와 동일시되는 하나님의 말씀이다.[25] 성서에 있는 하나님의 말씀을 해석하는 일은 그리스도를 듣기 위한 뒤쫓음이다. 그리스도는 "하나님의 음성"이다.[26] 이는 로마서에 대한 역사-비평적 해석 작업이 아니다. 바르트는 그것이 만일 역사-비평적 해석 작업이라면, 바울의 텍스트에 대한 분석은 "바울의 말을 헬라어로든 독일어로든 그저 반복하는 것"에 지나지 않는다고 썼다.[27] 바르트가 염두에 두고 있는 것은 "바울이 로마에 보낸 편지**에 대한** 주석"이 아니라, "할 수 있는 데까지—마지막 한 마디까지—그[바울]와 **함께하는**" 주석이다.[28]

24 Barth, *Epistle*, 30[147](롬 1:4를 다루는 부분).

25 Barth, *Epistle*, preface to 2nd ed. (1921), 7, 10[95, 102-103].

26 Barth, *Epistle*, 104[280](롬 3:24를 다루는 부분).

27 바르트는 바울 텍스트에 대한 역사적 읽기로부터 거리를 두고 자신의 해석 방식을 전개했다. Barth, *Epistle*, preface to 2nd ed. (1921), 6-7[94-95]을 보라.

28 Barth, Epistle, *preface* to 3rd ed. (1922), 17[116]. 강조는 영역본에 추가된 것.

바르트의 해석 방법은 텍스트의 사안을 알아보려고 노력하는 가운데 바울과 함께 연구하는 것이다. 바르트는 텍스트의 내용을 예수 그리스도 내지 "그리스도의 영"의 삼위일체적 측면에서 기술한다. 해석자의 과업은 바울에게 "순전히 충실한 태도"를 취함으로써, "저자의 문학적 공감대"를 넘어서서 "바울을 읽는 가운데 그리스도의 영을 드러내는 것"이다. 바울이 "자신의 핵심 주제에 사로잡혀" 있는 구절이 무엇인지는 바울 해석자가 식별해야 한다. 바르트는 바울과 함께 이러한 태도를 취하기 위해 어떤 만남에 대한 기대를 나타내는 특정한 구절들을 찾아야 한다. 이러한 태도를 취하는 것은 바울의 말이 그리스도와의 접촉 수단이 될 수도 있는 기회인 것이다. 이러한 "파편들"은 "전체"를 가리킨다. 바르트가 이로써 의미하는 바는 그러한 파편들이 주제를 가리킨다는 점이다.[29] 주해 과정의 목표는 "바울 너머를 보는 것"이어야 하며 그로써 성서가 "예수 그리스도라는 인물을 … 바라보는" 위기의 순간에 이른다.[30] 본문 의미는 성서가 가리키는 성서 바깥의 지시 대상과 해석자 사이의 만남에서 드러난다.

이 신학자의 딜레마는 하나님의 말씀이 하나님의 특권임을 항상 인식하는 것과 동시에 그 말씀에 맞춰지는 것에 대한 곤란함에 나타난다. 말씀이 시간에 닿을 때, 신학자는 인간의 종교, 문화, 역사에 대한 심판의 말씀이 나오는 운명을 공유한다. 신학이 확답할 수 없

29 Barth, *Epistle*, preface to 3rd ed. (1922), 17[116].

30 Barth, *Epistle*, preface to 3rd ed. (1922), 19[119]; preface to 2nd ed. (1921), 10[102].

는 가능성을 고려할 때 신학적 과업이 생산할 수 없는 말이 있다. 신학자의 구체적인 과업은 청자들이 이 말을 향하게 하는 것이다. 신학의 과업에 대한 이러한 설명을 고려해 볼 때, 신학은 흔히 말하듯 신학적 주장과 탐구 중인 주제 사이에 거리를 두는 제3자의 객관적인 연구로 여겨질 수 없다. 오히려 신학은 하나님이 말씀하실 때 하나님을 들을 수 있는 가능성을 열어 주는 독특한 역할을 한다.

『로마서』에서 초기 바르트는 문학적 텍스트의 수사적인 힘으로 이러한 목표를 달성한다. 바르트의 『로마서』는 눈을 뗄 수 없는 수사법으로 1920년대 신학자들의 상상력을 사로잡았다. 초기 바르트는 그가 나중에 『교회 교의학』에서 한 것처럼 신적 계시의 '내용'에 관한 명제들로 그의 신학적 주장들을 표현하기보다는, 말씀하시는 하나님의 특권을 지켜 냄과 동시에 자신의 청중들이 하나님의 말씀의 사건을 기대하도록 준비시키기 위해서 독특한 시학을 펼쳤다. 바르트는 자신의 신학적 주장이 실존적인 영향을 주게 하려고 어떤 성서 본문을 선택했다. 성서는 하나님의 말씀과의 만남을 경험한 저자가 그 본문을 썼기 때문에 기대의 장소로 역할 했다. 바르트는 하나님의 발화를 기다리기 위해 사도 바울 옆이라는 해석학적으로 유리한 지점을 택했지만, 기다림을 위해서 그 주제를 분석 대상으로 취급하는 신학에 저항할 독특한 수사법을 배치해야 했다. 바르트에게 신학은 도발이어야 했다.

무엇이 들리는가? 하나님의 말씀이 들린다. 그러나 하나님의 말씀은 예수 그리스도와 동일시된다. 그리스도는 하나님의 말씀이다.

바르트 신학에서 말씀과 그리스도 사이의 동일시는 신적인 주제를 지속적으로 언급하기 위한 준비이다. 하나님의 말씀은 그리스도이다. 이와 같이 말씀, 발언은 발화자이다. 말씀의 발화자로서 하나님은 말씀이 그리스도 안에서 하나님이 누구신지를 드러내는 동안 발언의 주제이다. 바르트는 말씀이 구속자이자 창조자라는 하나님의 정체성을 드러낸다고 설명한다. "그러나 그리스도 안에서 하나님은 계신 그대로 말씀하신다. … 그리스도 안에서 하나님은 우리 죄의 저편에서, 시간과 사물과 인간의 저편에서 자신이 하나님이심을 알도록 자신을 제시하신다. 자신이 갇힌 자들의 구속자이시므로 모든 것의 의미이심을—창조자이심을—알도록 제시하신다."[31] 그리스도와 동일시되는 말씀은 그리스도를 하나님으로 가리키는 말씀이다. 끊임없이 말씀 안에서 하나님으로 남아 계신 분이 하나님이시다. 그리스도는 하나님의 말씀이시며, 또한 창조주이자 모든 현실의 구속자이신 하나님의 정체성을 드러내는 말씀이기 때문에, 하나님을 비침에 있어 완전히 투명하다.

초기 바르트에 따르면, 신학자는 신학이 확정 지을 수 없는 어떤 사건을 기대하며 글을 쓴다. 그럼에도 신학자는 하나님의 말씀과 예수 그리스도 사이의 결정적인 동일시에 대해 최소한이긴 하지만 어떤 주장을 할 수도 있다. 바르트는 1924-1925년 괴팅겐 강의에서 언어적 서술을 초월하는 주제를 언급하기 위해 "*Deus dixit*"데우스 딕시트

31 Barth, *Epistle*, 40, 40-41[165](롬 1:17을 다루는 부분).

(하나님이 말씀하셨다)라는 라틴어 문구를 만들어 명시했다. 말씀과 그리스도를 동일시한 바르트의 신학이 농축된 문구인 이 주장은 명확한 언어적 형태를 취하고 있다. 바르트는 자신이 라틴어 완료 시제를 선택한 이유를 설명한다:

> 내가 라틴어인 *Deus dixit*를 선택한 이유는 특히 라틴어 완료 시제(*dixit*)가 번역어에는 없는 무언가를 표현하기 때문이다. 분명 우리는 여기서 비범하고도 유일한 완료형을 갖는다. 여기에 나타난 의미는 영원한 완료형이다. 그러나 우선 그것은 평범한 완료형의 형태를 취하고 있고 그 의미는 이런 형태와 분리될 수 없다. 교회가 이러한 구체적인 글에서 계시의 증언을 발견하고 이 증언 속에서 계시를 발견한 우연적 사실은 어쩌다 일어난 일이 아니다. 우연성(contingency)은 계시의 본질에 놓여 있다. *Deus dixit*는 증언 가능성이 있는 아무런 글이 아니라 이 특정한 글들이 증언하는 특별하고, 단 한 번뿐이고, 우연한 사건을 나타낸다.[32]

동사 시제의 선택은 성서에서 하나님의 말씀을 기대하는 이유를 강조한다. 그리스도 안에 있는 하나님의 말씀에 관한 과거의 사건들은 성서의 나사렛 예수 이야기 속에서 들려지며, 하나님께서 또 다

32 Karl Barth, *The Göttingen Dogmatics (1924-25): Instruction in the Christian Religion*, ed. Hannelore Reiffer, trans. Geoffrey W. Bromiley, vol. 1 (Grand Rapids: Eerdmans, 1991), 59.

시 말씀하실 미래의 가능성의 근거로 남아 있다. 그리스도가 시간성에 포착되지 않은 영원과 시간이 이미 잇닿아 온 '순간'을 기반으로, 그리스도는 다시 시간에 닿을 수 있고 하나님의 말씀을 전달할 수 있다. 신적 시간의 '영원한 완료형'은 과거의 사건과 미래의 가능성을 모두 아우른다. 그리스도는 영원과 시간이 잇닿아 온 교점이다. 미래의 가능성은 그리스도를 지속적으로 언급함으로써 그 근거를 포착한다. 하나님은 하나님의 말씀에 대해 특권을 가지시는데, 왜냐하면 하나님께서 '영원한 완료'의 견지에서 말씀을 발하시기 때문이다. 인간의 견지에서 영원한 완료형은 하나님께서 현재 말씀하실 수 있는 가능성을 열어 둔다. *Deus dixit*라는 문구 자체는 이후 바르트의 작품에서 "삼위일체론의 뿌리"(『교회 교의학』 I/1)라는 용어로 점차 대체되며 덜 빈번하게 나타나지만, 저 말의 의도는 이후에도 일관되게 나타난다.[33] 그리스도 안에 있는 하나님의 말씀은 성서에서 들려진다. 만일 하나님께서 오늘날 말씀하신다면, 신학은 이러한 우연성^의외성^이 들어설 공간을 만들기 위한 과제를 안는다. 여기서 강조되어야 하는 것은 바로 이러한 우연성의 위치인데, 이는 이 장의 제2부에서 논할 인식적-우위 모델과 경합할 것이기 때문이다.

바르트는 1924년에 *Deus dixit*라는 문구를 명시했다. 이후 이 문구는 성서, 교회의 선포, 교의신학에서 인간의 말이 어떻게 하나님의 말씀을 나타내는지에 관한 바르트의 이해를 보여 주는 신학적 기

33 *CD* I/1:304-333[395-432] (§8.2).

반의 역할을 했다. 이후 바르트의 신학은 하나님의 말씀이 들려질 가능성을 기대하고 있지만, 인간의 말 바깥에 있는 하나님의 한 말씀과 관련된 세 종류의 신학적 말 사이의 변증법적 관계를 중심으로 전개된다. 초기의 *Deus dixit*와 그리스도 사이의 동질성을 "삼위일체론의 뿌리"와 연결시킴으로써 말씀의 예견적 측면을 발전시켰다. 이후 신학은 수사법을 넘어서, *Deus dixit*에 의해 식별되는 삼위일체론의 구체적인 내용에 대한 분석으로 옮겨갔다. 그리스도이신 하나님의 말씀은 삼위일체적인 구조를 갖는다. 따라서 하나님이 말씀하실 가능성을 예상하려면 삼위일체를 프롤레고메나로 설명해야 하고, 삼위일체를 하나님의 말씀에 대한 주장을 펼 때 관련된 전제들을 취하기 위해 바쳐진 교의의 중심지로 설명해야 한다. 말씀은 "삼위일체론의 뿌리"가 될 것인데, 왜냐하면 그리스도이신 말씀이 하나님을 말씀의 주제로 가리키기 때문이다. 말씀과 그리스도, 형식과 내용은 삼위 하나님의 계시 안에서 결합된다. 그렇다면 삼위일체적인 계시 개념에 따라 이 "뿌리"를 설명하기 위해서 신학이 필요하다. 이런 이유로 바르트는 자신의 논문 "하나님의 말씀"의 마지막 문장에서 이를 숙고한다. "이제 문제는 신학이 프롤레고메나를 넘어 그리스도론으로 갈 수 있는지 그리고 가야 하는지이다. 사실 **모든 것**이 이미 프롤레고메나와 함께 언급되었다는 것도 맞는 말일 수 있다."[34]

두 권(I/1과 I/2)으로 된 『교회 교의학』의 프롤레고메나는 바르트

34 Barth, "The Word of God (1922)," 197-98. 강조는 마르가의 영역본에서 추가된 것.

가 하나님의 말씀의 내용을 삼위일체 교리로 설명하는 데 전념하고 있음을 보여 준다. 우리 이야기의 앞부분인 이 지점까지의 바르트는 신학에 대한 그의 이해로 안내하기 위해 어떤 독특한 수사법과 *Deus dixit*라는 문구에 대해서만 논했다. 그는 어떻게 *Deus dixit*라는 문구가 전체 신학 체계를 충분히 뒷받침할 수 있는지를 알아내기 위한 추가적인 자원을 필요로 할 것이다. 나는 다음 부분에서 바르트의 신학적 발전의 다음 단계를 고찰할 것이다. 그것은 1934년 바르멘 선언(Barmen Declaration)에서 바르트가 기여한 부분이다. 신학자들, 즉 고백교회(Confessing Church)의 신학대학생, 목사, 신학자, 평신도는 다함께 나치즘과 독일 그리스도인들(Deutsche Christen)의 동맹으로 이루어진 그리스도교와 정치 체제에 대해 단호하고 분명한 신학적 반대를 표명했다. 문화와 정치 사이의 어떤 연계에 대해서든 단호한 반대가 가능하게 한 핵심 개념은 하나님의 말씀으로서의 그리스도의 우선성이었다.

II.2. 국가 사회주의라는 위기 속에서의 말씀

1934년의 바르멘 선언은 지난 세기의 가장 중요한 신학 문서 가운데 하나이다. 이는 6개의 조항으로 이루어져 있으며, 3개의 독일 개신교 전통, 즉 루터교, 개혁파, 연합교회를 대표하는 고백교회의 구성원들이 모여서 작성한 것이다. 신학자들과 목사들은 독일개신교회협회(German Evangelical Church)가 정치-교회의 통합을 이루기 위해 강요하고 있었던 '거짓 교리', 강제적인 정책, '기만적 관행'에 대한 신학적 반박문에 서명하였다.[35] 바르멘 선언은 정치적, 교회적 압박하에 공통의 저항 자세를 지키기 위한 권한을 부여받아 신학적 합의를 표현했는데, 이는 후대의 해석자들이 보기에 바르트의 신학과 밀접한 유사성이 있다.

최근의 연구들은 바르멘 선언의 첫째 조항에 초점을 모으고 있다. 첫째 조항은 예수 그리스도를 이데올로기적 헌신의 죄를 판단하기 위한 결정적 기준으로 선언한다.[36] 그리스도론은 국가 사회주의 및 그것이 지지하는 거짓 그리스도교에 대한 분명한 정죄의 근거로 제시된다. 첫째 조항에는 이런 문구가 있다. "성서가 우리에게 증언하는 대로 예수 그리스도는 하나님의 한 말씀이며, 우리는 이 말씀을 들어야 하고, 사나 죽으나 이 말씀을 신뢰하고 이 말씀에 복종해야 한다." 그리스도론적인 초점은 이후 5개의 조항에까지 확장되어, 문화 및 정치와 타협한 모든 종교적 절충안 위에 그리스도의 통치를 격상시키는 데 이바지한다. 그리스도는 "말씀과 성사 속에서" 그

35 영어 번역문: https://www.ekd.de/en/The-Barmen-Declaration-303.htm. [최종 접속: 2020. 4. 12. 원서의 주소를 수정함. 한글 번역문은 다음을 참조하라. 『기독교 신앙고백: 사도신경에서 로잔협약까지』, 김영재 엮음(수원: 영음사, 2011), 811-813—옮긴이 주.]

36 Bayer, *Theologie*, 336-379; Martin Heimburger, ed., *Begründete Freiheit: Die Aktualität der Barmer Theologischen Erklärung; Vortragsreihe zum 75. Jahrestag im Berliner Dom*, Evangelische Impulse 1 (Neukirchen/Vluyn: Neukirchener Verlag, 2009).

리스도를 "죄악된 세상"에 전달하는 교회에서 자신의 주되심을 행사하신다.[37] 그리스도는 교회와 세상의 통치자이시지만, 그리스도께서는 "우리의 삶 전체에 대해" 그리스도만이 갖는 소유권과 "하나님의 강력한 요청"을 특별히 증언하도록 교회를 세우셨다.[38]

첫 번째 조항에서 "하나님의 한 말씀"이라는 주장은 바르트가 그리스도에 관한 신학을 인간 현실과 관련하여 전개하도록 고무하는 데 핵심적인 역할을 한다. 바르트는 『로마서』에서 하나님의 말씀이 인간의 현실을 가로막는다고 주장한 반면, 여기 바르멘 선언에서는 예수 그리스도 안에서 말씀이 하나임과 "사나 죽으나" 말씀이 으뜸임을 확고히 하기 위해 그리스도론적 주장을 첫째 조항으로 사용한다. 그리스도는 하나님의 단 하나의 말씀과 동일시되며 인간의 말로 성서에 언급된 대상과 동일시된다. 바르멘은 (우리가 이미 초기 바르트에 대해 본 것처럼) 하나님의 말씀에 가로막힐 가능성을 내재한 인간의 말이라는 지위를 갖는 성서 외에도, 그리스도를 전달하는 또 다른

37 바르멘 선언의 제3항과 제2항(각주 35 참조). 바르멘 선언의 제3항과 아우크스부르크 고백문(Augsburg Confession)의 제7항은 '말씀과 성사'에 대한 유사성이 있다. 바르멘 제3항은 "그리스도교 교회는 예수 그리스도께서 성령을 통해 말씀과 성사 가운데 주님으로서 현재 활동하시는 형제들의 회합이다"이라고 말하고, 아우크스부르크 고백문 제7항(*BC* 42; 『信仰告白書』, 27)은 "순전한 이해를 따라 조화롭게 복음이 가르쳐지고 성사가 하나님의 말씀에 부합하게 집행되는 것이 그리스도교 교회의 참된 일치에 있어 충분한 것이기 때문이다"라고 말한다.

38 Michael Welker, "Rethinking Christocentric Theology," in *Transformations in Luther's Theology: Historical and Contemporary Reflections*, ed. Christine Helmer and Bo Kristian Holm, Arbeiten zur Kirchenund Theologiegeschichte 32 (Leipzig: EVA-Verlag, 2011), 183-84를 보라.

신학적 형식(genre)인 말씀과 성사를 통한 교회의 선포를 덧붙인다. 하지만 바르멘은 그 상황에 의거하여, 듣는 자들에게 그리스도의 완전한 '소유권'을 요구하는 특정한 하나님의 말씀을 명시한다. 이 조항은 교회 안에서와 세상 속에서 그리스도의 우선성을 선언하고, 믿음의 순종을 요구한다. 동일한 1934년에, 바르트가 은혜를 받아들임에 있어 하나님의 형상(*imago Dei*)의 형식적 사용 문제를 놓고 에밀 브룬너와 벌인 논쟁에서, 그리스도의 우선성에 대해 이와 유사한 강조가 분명히 나타난다. 바르트의 생각에 이 문제는 그리스도론과 교회 정치 사이의 그 어떤 뒤섞임도 거부함으로써, 그리고 '자연'과 그리스도를 동일시하는 모든 것에 단호히 "아니요"를 주장함으로써 해결된다.[39] 바르트는 자연이란 말로 문화, 종교, 정치를 의미했다. 그리스도는 교회와 세상을 다스리시는 주권자이지만, 듣는 인간과 그 인간에게 말해진 성서 말씀 사이의 관계에서 신적인 주제로 발견될 수 있다. 이는 듣는 자들이 듣고 순종해야 할 의무를 수반한다.

바르트는 바르멘 선언의 첫째 항목에 있는 그리스도론적 주장을 사용하여 조직-신학을 생산하는 데로 나아가려 한다. 인간의 현실에 대한 그리스도의 우선성으로 어떤 체계가 세워질 수 있는데, 이는 체계**의** 정합성을 제공하는 외부의 지시 대상을 갖는 동시에 체계 **내에서** 만들어진 모든 신학적 진술을 판가름하고 진리인지를 알려주는 공리를 갖게 된다. 다른 한편, 독일 루터교인들은—에를랑겐의

39 베이어는 바르트와 브룬너 사이의 역사적 관계를 밝힌다(*Theologie*, 345).

신학자 베르너 엘러트(Werner Elert)의 작품을 따라 그리스도를 하나님의 이중적 말씀으로, 즉 율법과 복음으로 강조했던 그들은—신학 체계의 통일성을 위한 지점을 설정할 수 없었다. 그 대신 그들은 율법과 복음의 이원론을 명확히 표현해 내는 신학적 형식들을 의지했다(예를 들어, 양식 비평과 주제별 연구).[40] 그러나 바르트에게 예수 그리스도는 하나님의 한 말씀이며 심판과 은혜의 일치이다. 바르트는 그리스도를 핵심으로 삼아 이 점에 신학 체계 전체의 기초를 두었다.

바르트의 조직신학 작업에서 바르멘 선언의 중요성은 성서와 그리스도를 증언하는 선포를 굳건하게 연결한 데 있다. 비평의 규준과 내용은 이 증언이 제공하는 것이지만, 이 증언과 동일시되지는 않는다. 인간의 말과 순종으로 한 증언에 관한 언급들—이 언급들은 인간의 말 외부에 있는 어떤 실재에 주권을 양도한다. 바르멘 선언은 초기 바르트가 관심을 둔 인간의 삶을 가로막는 하나님의 말씀의 예측 불가능성을 덜 강조하면서, 오로지 하나님의 말씀을 모든 인간 현실의 주님이신 그리스도와만 동일시한다. 그리스도의 주되심은 인간의 현실을 그리스도와 관련하여 결정한다. 교회는 이 말씀을 증언하는 특별한 역할을 담당한다. 바르트의 체계가 성립되기 위한 기본 요소가 여기에 있다: 그리스도의 우선성을 증언하는 인간의 말, 예수 그리스도를 수많은 말을 통해 언급되는 한 말씀으로 주장함, 체계

40 Christine Helmer, "United and Divided: Luther and Calvin in Modern Protestant Theology," in *Calvin and Luther: The Unfinished Conversation*, ed. R. Ward Holder, Refo500 Academic Studies 12 (Göttingen: Vandenhoeck & Ruprecht, 2013), 195-211을 보라.

에 정합성을 부여하는 항(term)으로서의 그리스도에 대한 강조. 바르트는 이 지점에서부터 앞으로 교리를 구성할 때 신학적 중요성이 '말씀'에 있다고 생각한다. 신학의 과업은 하나님의 말씀과 조우할 계기를 수사법을 통해 제공하는 것을 넘어서, 하나님 말씀의 교리에 대한 명백한 신학적 해명으로 나아간다. 바르트의 신학에서 다음 단계는 하나님 말씀의 방향을 삼위일체에 맞추는 것이고, 그렇게 함으로써 자신의 신학 체계의 토대로서 프롤레고메나를 세우는 것이다.

II.3. 신학 체계를 위한 프롤레고메나에서의 말씀

바르트의 신학적 비전이 여러 권으로 된 그의 『교회 교의학』의 틀을 두드러지게 형성하였다. 첫 두 권(I/1과 I/2)은 하나님 말씀에 대한 문제에 비추어 고려하고, 하나님 말씀과 성서, 교회의 선포, 교의신학에서의 인간의 말의 관련성에 비추어 고려한다는 점에서, 단연히 하나님 말씀에 관련된다. '프롤레고메나'—동사 프롤레게인(προλέγειν)의 중성 복수 현재 수동태 분사형인 프롤레고메나를 문자 그대로 번역하면 '앞서 말해진 것들'이다—의 관심사는 하나님의 말씀, 즉 인간의 말보다 선행하며 또한 인간의 말이 책임 있는 방식으로 '하나님의 말씀'이 되는 신학의 과업을 수행할 수 있도록 인간의 말을 근거 짓는 하나님 말씀이다.

신학 체계의 프롤레고메나는 전형적으로 신학의 과업, 주제, 방법에서 문제가 되는 사안들에 대한 예비적 고찰로 여겨졌다. 예를 들어 18세기 개신교 정통에서 교의신학들은 뒤에 나올 신학적 주장들의 진리를 정당화하는 것으로서 성서에 관한 교리를 표현한 프롤레고메나로 시작했다. 성서의 하나님 말씀은 신학을 성서의 진리에 기초하게 하였다. 이 진리는 성서의 신적 저자인 성령께서 성서의 저자들에게 드러낸 것이다. 바르트는 자신의 프롤레고메나에서 그 제목이 말해 주듯 "하나님 말씀에 관한 교리"에 전념함으로써 앞서 신학의 선배들이 정립한 형태를 따랐다. 하지만 그는 신학적 진리의 원천이나 규준으로 성서의 신학을 설명하지 않았다. 오히려 그는 다음과 같은 신학적 핵심 문제에서 식별되는 복잡한 쟁점에 따라 하나님 말씀이라는 주제의 방향을 정했다: 어떻게 신학은 (1) 그 개념적이고 교리적인 전제들을 해명하고 (2) 하나님 말씀이 인간의 말로 가시화되는 실존적 상황을 식별하고 (3) 교의학에 대한 물음을 가능하게 하는 변증법의 요건들을 정의하면서, 동시에 하나님 말씀의 신적 주권을 보존할 수 있는가?

이 원대한 물음을 다루기 위해서는 방법론적이고 실질적인 교의-신학의 여러 주요 쟁점들에 대한 논의가 요구된다. 그 결과가 "하나님의 말씀에 관한 교리"라는 광범위하고 압축적인 조망이다. 바르트는 여기서 말씀을 삼위일체 교리와 밀접하게 연관시킨다.

II.3.1. 말씀 그리고 장르의 변증법

바르트의 프롤레고메나는 신학에 새로운 방향을 제시했다. 바르트는 "프롤레고메나에서 접두사 프로(πρό)는 교의학의 시작에 앞서 있는 것이라기보다 교의학 제1부를 나타내는 것으로 느슨하게 이해되어야 한다"[41]라고 썼다. 결정적인 신학적 변화는 신학 체계를 교리의 인식론적 근거에서 시작하는 대신 교리의 내용에 대한 실질적인 고찰로 시작하는 것이다.

이러한 변화는 또한 슐라이어마허의 신학 체계와 직접적으로 대립한다. 슐라이어마허는 실질적인 체계를 담은 1부와 2부 앞에 서론을 두고 『기독교 신앙』을 시작했다. 슐라이어마허는 서론에서 교의신학의 주제인 역사적 그리스도교 공동체들이 표명한 신앙 진술을 고려하여 교의학의 과업과 방법을 정의하였다. 인간의 말은 슐라이어마허가 서론에서 다루는 대상이다. 그의 분석은 이러한 인간의 말로 된 표현을 형성해 온 종교적, 문화적, 역사적 요소들을 설명한다. 바르트가 자신의 프롤레고메나를 "교의학 제1부"라고 명명한 것은 슐라이어마허와의 대조를 가장 첨예하게 드러낸다. 바르트에 따르면 신학은, 신학이 적어도 하나님에 대해 말할 수 있는 "전제"에 대한 해명으로 시작해야 한다.[42] 신학을 가능하게 하는 것은 "교의학의 기준으로서의 하나님 말씀"[43]이다. 바르트의 관점에서 신학의 근거는 삼위 하나님의 계시밖에 없다. 이런 이유로 프롤

41 *CD* I/1:42[72] (§2.2, 강조는 영역본에 추가된 것).

42 *CD* I/1:89[127] (§4.1).

43 *CD* I/1:43[73] (§2.2): "따라서 우리는 교의학의 프롤레고메나에서 교의학의 기준으로서의 하나님 말씀에 관하여 묻는다."

레고메나는 삼위일체 교리를 광범위하게 다루게 된다. "이런 식에서 가장 현저하게 예상되는 바는 이와 관련된 삼위일체 교리 전체와 그리스도론의 정수들을 다루어야 한다는 사실, 즉 하나님 말씀에 관한 질문에서 우리의 대답을 구성하는 부분들을 다루어야 한다는 사실에 있다."[44]

그럼에도 신학은 바르트가 인정하듯이 인간의 과업이다. 바르트의 프롤레고메나는 그가 하나님에 대한 신학의 언어에 부여한 한계 아래에서 펼쳐지는, 하나님에 대한 그 자신의 너무나도 인간적인 말이다. 바르트의 신학이 하나님 말씀이라는 개념을 분석하는 것을 목표로 하는 동시에, 그 개념은 인간의 기획이라는 지위를 갖기에 하나님의 말씀이 인간의 신학적인 말 바깥에 있다는 근본적인 가정을 중시해야 한다. 말씀은 주격 속격(하나님의 말씀)으로 하나님께 속하며, 인간의 모든 말들 위에 으뜸이다. 신학적 프롤레고메나에서 바르트의 생각을 뒷받침하는 말들도 그 말씀 아래 있다. 바르트는 하나님 말씀의 타자성(alterity)을 주장했다: "그것[교의학]은 그 탐구에 있어서나 결론에 있어서나 하나님은 하늘에 계시며 교의학은 땅에 있다는 관점을 유지해야 한다. 또한 교의학은 하나님과 그의 계시 그리고 신앙이 언제나, 최상의 교의학을 포함하여 모든 인간의 담화와는 달리 그 고유의 방식대로 자유롭게 존재한다는 관점을 유지해야 한다."[45] 그러나 "하늘에 계신" 하나님의 말씀은 땅에 있는 신

44 *CD* I/1:44[74] (§2.2).

45 CD I/1: 85-86[124] (§3.2).

학의 "전제"이다. 바르트는 '전제'라는 용어로 자신의 프롤레고메나를 포함하여 인간의 말이 하나님의 말씀에 전적으로 의존한다는 자신의 신학적 핵심을 강조한다. 바르트의 '전제'는 인간이 말하는 시간에 하나님이 들어오실 가능성, 모든 지식의 근원으로서 하나님이 말씀하시는 저 순간과 관련된다. 이러한 순간이 일어난다면, 그것은 "인격적인 말 건넴의 사건인 은혜"의 순간이며, "예수 그리스도 자신에 대해 말씀하고 들으며 우리의 마음에 신적으로 빛이 창조되는 현재의 순간이다."[46] 신학의 전제는 신학의 개념으로 담아낼 수 없는 하나님의 현실과 관련된다. 프롤레고메나는 그 전제가 되는 초월적 실재를 언급하는 과업을 수행한다.

바르트에게 프롤레고메나는 그 안에서만 신학이 수행될 수 있는 유일한 장르가 아니다. 바르트에 따르면 서로 구별되나 상보적이며 서로를 수정하는 방식으로 하나님의 실재를 언급할 수 있는 세 가지 인간의 "말"이 있다. 앞서 봤듯이 이는 (1) 성서 (2) 선포 (3) 교의신학이라는 장르다. 바르트는 이 특정한 장르들을 식별하기 위한 역사적 근거를 제시한다. 성서, 선포, 교의학은 역사를 통틀어 그리스도교 공동체가 하나님의 말씀에 신적 주권이 있다는 신실한 신뢰 속에서 하나님의 말씀을 향해 공동체의 방향을 형성해 온 방법이었다.[47] 바르트는 세 장르가 과거에 근거한 기대를 토대로 하나님의 말씀을 가리킴을 설명하기 위해—"전제"라는 말 대신—반복(repetition)이

46 *CD* I/1:41[71] (§2.2).

47 이것이 *CD* I/1:88-124[126-170] (§4)의 요점이다.

라는 시간성을 띤 언어를 사용한다. 이 말들은 과거에 참이었던 것을 반복할 수 있지만, 현재 그 말들을 늘어놓는다고 해서 그 말들이 참이라는 보장은 없다. 하나님께서 반복에 덧붙은 형태로 인간의 말에 진리를 부여하셨을 것이라고 생각하는 것은 기대다. 바르트는 하나님께서 은혜와 현전의 언어를 사용하셔서 말씀하실 때 하나님 말씀이 이렇게 활동함을 언급한다. "따라서 하나님의 현전은 하나님의 은혜요, … 이와 더불어 이중적 의미의 약속이 성취된다. 즉 인간이 수행한 반복을 참된 것으로 만드심으로써, 자신의 말씀이 실제 새롭게 도래하여 선포된 약속에 부합함으로써"[48]성취된다. 과거의 하나님 말씀을 인간의 말로 반복하는 것은 하나님 말씀이 현재를 다시 은혜롭게 하시리라는 미래적 기대의 지평을 연다.

신학의 목표는 증언이다. 바르트는 자신의 신학에서 이 핵심 용어를 이렇게 정의한다: "증언한다는 것은 자신 너머의 어떤 특정한 방향으로, 다른 무언가를 가리킨다는 의미다."[49] 신학의 이 세 장르는 모두 초월적인 신적 실재를 증언하는 과업에 참여한다.[50] 그럼에도 세 장르 각각은 그것들 사이의 변증법적 관계, 즉 각 장르가 증언에 핵심 차원으로 기여하지만 다른 두 장르로는 환원될 수 없는 관계를 통해 이 활동에 참여한다. 과거의 하나님 말씀은 성서에 기록되어 있

48 *CD* I/1:67[103] (§3.1).

49 *CD* I/1:111[154] (§4.3).

50 *CD* I/2:814[981-982] (§23.2): "교의학은 이 초월적 관점에 대한 증언 외에 다른 어떤 것이 되기를 바랄 수 없다. 설교 자체와 성서, 그리고 심지어 예수 그리스도 안의 하나님의 계시조차 그것의 인간적 측면에서는 그것에 대한 증언일 수밖에 없다."

고, 미래를 선취하는 선포의 주제가 될 수 있다. "우리에게 말하고 우리가 듣는 하나님 말씀으로서의 성서는 과거의 계시를 증언한다. 우리에게 말하고 우리가 듣는 하나님 말씀으로서의 선포는 미래의 계시를 약속한다."[51] 과거와 미래 사이, 성서와 선포 사이에는 "내적 연관"이 있고, 여기에는 이 연관이 참인지를 판별하기 위한 어떤 기준의 적용이 요구된다. 종래의 교의신학은 신학의 진리를 분별하는 작업을 맡았다. 하지만 이 구절에서(CD I/1, §4) 바르트는, 그 기준은 "우리 마음대로 할 수 없고…. 이 기준은 그 자체만을 좌우하고 다른 무엇이 좌우할 수 없는 것이다"[52]라고 분명히 강조한다. 교의학의 과업은 비판적이고 구성적이며, 성서 및 선포와의 상호 관계 안에서 수행된다. "교회를 위한 또 다른 과업, 즉 교의학의 과업이 이렇게 '무언가로 되어' 가면서 선포의 과업과 나란히 발전하는 것이다. 즉, 교의학은 주어진 순간에 현실 교회의 선포를 평가, 비판, 수정하는 과업이다."[53] 성서의 반복 및 말씀의 선포와 같이, 기준의 적용은 이 시제가 과거를 언급하고 미래의 사건을 예상함에 따라 현재의 움직이는 공간에서 발생한다. 증언하는 활동은 인간의 발화로 된 세 가지 장르의 하나님의 말씀의 작용과 결합하면서 역사 속에 위치하게 된다. "이 내용은 전체 성서의 맥락 안에 있는 특정한 본문과 변화하는 시간 속 특정한 상황 사이의 중간 지대에서 그때그때 발견되어야 한

51 *CD* I/1:111[154] (§4.3).

52 *CD* I/1:92-93[132] (§4.1).

53 *CD* I/1:288[374] (§7.3).

다."[54] 과거에 정립된 것들을 시간을 초월하는 규범으로 의존하지 않는, 다만 신적 도래의 새로움을 기대하는, 그런 신학을 위한 계기를 제공하기 위해 이 세 가지는 함께 일한다.

성서, 선포, 교의신학이라는 세 장르 속 인간의 말에 관하여 바르트가 주장하는 바의 핵심은 이것들이 인간/신의 나뉨의 앞쪽에 있다는 것이다. 이것들은 각각의 독특한 관점으로 초월적인 하나님 말씀을 언급하는 데 기여한다. 그럼에도 어떤 단 하나의 장르가 말씀을 독점하지 않는다. 하나님 말씀과 만나는 사건은 성서 구절이나 정립된 교리의 반복에 기초하여 어떤 확실성을 가지고 예측할 수 있는 것이 아니다. 오히려 과거는 기억을 통해 현재 살아 있는 전통의 일부로서 미래에 하나님 말씀의 현실을 향한 기회를 제공하는 것을 목표로 한다. 바르트에게 말씀의 외재성은 증언의 대상으로 계속 남아 있다. 증언의 세 가지 형태는 그 과업을 책임 있게 수행하기 위해 서로 변증법적 관계로 모인다. 하지만 이 활동은 변증법적 과정이라는 형식적인 설명 이상을 요구한다. 신학은 내용, 즉 하나님 말씀의 내용에 주목해야 한다. 나는 이제 바르트가 교의신학의 기준을 밝히며 소개한, 이러한 내용으로 넘어가려 한다. 우리는 바르트가 삼위일체 교리에 대한 자신의 표현의 우연성을 유지하면서 동시에 어떻게 그 교리의 진리에 대한 주장을 펴는지 살펴볼 것이다.

54 CD I/1:79[117] (§3.2). 바르트는 이렇게 이어간다: "교의학은 다만 이 공간이 발견되어야 하는 주어진 순간에 올바른 장악과 올바른 순응, 올바른 대담성과 올바른 조심성에 대한 지침일 뿐이다."

II.3.2. 말씀과 교의학

교의신학의 과업은 두 반복관계항(*relata*) 내지 두 이야기 방식(narrations) 간의 특수한 관계에 하나님 말씀의 기준을 적용하는 것이다. 둘 모두 하나님 말씀과 독특한 방식으로 관련된다. 성서는 과거에 일어난 하나님 말씀의 계시를 증언한다. 반면 선포는 미래의 사건으로서의 하나님 말씀을 기대한다. 교의학에는 또 다른 측면이 더해진다. 즉, 선포와 성서가 증언한 계시 사이의 일치를 평가하기 위해 이러한 기준을 적용하는 과업을 수행하며 하나님 말씀을 언급하는 것이다.[55] 교의학이 기준을 소유할 수는 없는데, 왜냐하면 하나님 말씀인 기준은 하나님의 담화라는 초월적 현실이기 때문이다. 그러나 교의학은 성서의 하나님 말씀과 선포 사이의 관계를 평가하는 과업을 수행할 때 기준을 기대할 수 있다. 교의학의 과업은 계시와 선포의 관계의 적절성에 대한 판단을 제공하는 것뿐만 아니라 과거의 계시와 선포 모두에 대한 역동적인 평가이다.

교리의 책무를 성서와 그리스도교 선포 사이의 관계에 대한 평가로 정의하는 것은 바르트에 대한 현대의 독해 방식에 익숙한 사람들을 놀라게 할 수도 있는 어떤 특성을 교리라는 장르에 부여하는 것이다. 바르트는 교의신학이 물음을 던진다고 주장했다. 교의신학은 성서와 선포의 관계를 정확히 정립하는 것이라기보다는 그 관계에 대한 열린 탐구이다. 교의신학은 시종일관 열린 탐구로 남아 있

55 *CD* I/1:265[346-347] (§7.1).

다. 바르트는 교의신학이 성서와 선포의 관계에서 하나님 말씀을 가능할 때 수행하는 물음 던지기의 세 가지 측면을 보여 준다.

> 따라서 교의학의 실제 결과들은, 설령 그 결과들이 가장 적극적인 진술의 형태를 갖더라도, 그 자체가 새로운 물음들이 될 수 있을 뿐이다. 즉, 교회가 선포하는 것으로 보이는 것과 성서가 선포되기를 바라는 듯한 것 사이를 오가는 물음들이 될 수 있을 뿐이며, 그것들이 심각하고 중요한 물음이라면 최대의 겸손과 극도로 취약한 심정으로만 제기할 수 있는 물음들이 될 수 있을 뿐이다.[56]

하나님 말씀에 대해 인간이 정립한 어떤 것도—성서든 선포든 교의신학이든—확실한 것으로 여겨질 수 없고 하나님 말씀이라고 추측될 수도 없다. 이것들은 인간의 말이자 인간의 판단으로, 하나님 말씀의 현실에 개방되어 있고, 그 개방성 속에서 물음으로 특징지어지는 것이지 답으로 특징지어지지 않는다.[57] 바르트는 애씀의 언어와 진리 탐구를 결합시킨다. 교의신학은 그 탐구의 결과를 형성해 내기 위해 인간의 언어를 사용해야 한다. 그러나 언어로 진리에 대해 주장하더라도, 언어적 형식 바깥에 있는 진리를 언급하고 있다는 의미로 이해해야 한다. "이것들은 계시의 진리를 좇으려 애쓰는 한에서

56 *CD* I/1:268-69[351] (§7.1).

57 *CD* I/1:266[348] (§7.1): "그럼에도 그것은 여전히 인간의 말이다. 하늘이 땅 위에 있듯이 하나님의 말씀은 교의 위에 있다."

만 계시의 진리를 파악하고 재현하는 명제들이다."[58] 초월적인 하나님 말씀을 완벽하게 재현하는 인간의 언어, 판단, 교의적 명제는 없다. 다만 하나님 말씀에 대한 순종으로 수행하는 열린 탐구라는 특성을 늘 유지하는 인간의 과업인 교의신학만 있을 뿐이다.[59]

인간의 말로는 하나님 말씀의 진리를 재현할 수 없는 탐구로서의 교의신학을 이야기한 바르트의 이해에서 흥미로운 결론이 도출될 수 있다. 교의신학은 새로움에 열려 있다! 바르트는 새로움이 교의신학의 비판적 과업의 일부라고 주장한다. "그것[교의학]의 학문적 특성은, 그것이 이전에 구체화된 것들과 특히 오늘날 구체화된 것 속에서 스스로를 마주하면서, 교회의 선포를 확고히 하는 것보다 뒤흔드는 것에 있다."[60] 교리의 '학문적' 또는 학술적 과업은 역사적 평가의 차원과 구성적 차원을 포함하며, 교회의 선포가 하나님 말씀의 사건을 보다 잘 예비할 수 있도록 학술적 신학 방법을 사용한다. 비판적 탐구의 방법은 신학자를 그가 속한 시간과 장소, 그리고 자기 시대의 방법, 언어, 학계의 세론(consensus)이 역사적으로 맥락화된 학계의 맥락에 결속시킨다.[61] 바르트는 과거에 정립된 어구에 의

58 *CD* I/1:267[349] (§7.1).

59 *CD* I/1:274[358] (§7.1): "그것[교회의 선포]의 순종에 관한 물음은 그것[교회의 선포]의 진리에 관한 물음을 포함한다."

60 *CD* I/1:281[366] (§7.2).

61 *CD* I/1:283[369] (§7.2): "교의학자는 또한 특정한 시대 속에서 생각하고 말해야 하며, 따라서 자기 시대의 사람이 되어야 한다. 이는 자기 시대를 구성한 과거의 사람, 즉 교양 있는(educated) 사람이라는 의미이기도 하다.

지하는 것은 모두 교리를 메마르게 한다는 점을 분명히 했다. 학문적인 비판적 탐구 없는 과거의 역사적 반복은 "안일한 현실 안주이며", "그 비판적 용기가 죽은 것이고", "그 의미는 한낱 모든 것이 괜찮고 이제껏 그래 왔던 대로 이어질 수 있다는 기분 좋게 하는 보증의 반복일 뿐이다."[62] 교의신학에서 열린 탐구는 그 목표로서 하나님 말씀에 봉사해야 한다. 여기에는 『로마서』부터 어이지는 바르트의 사상에서 봐 왔듯이 인간의 문화에 대한 심판, 심지어 교의신학자의 말에 대한 심판이라는 뒤흔듦의 차원이 있다. 비판적 탐구는 하나님의 진리를 발하는 교회의 선포를 예비하기 위해 애쓰는 것이기에 새로움의 생산이다. 비판적 탐구는 바로 그 역사적 자리에서 적절한 비판적 날카로움으로, 하나님과의 만남이라는 새로움에 열려 있는 표현들을 생산해 낼 수도 있다.

II.3.3. 말씀, 삼위일체, 교의학

하나님 말씀과의 만남에 열려 있는 교의신학에는 역사적, 비평적, 학술적, 구성적 차원이 요구된다. 이는 바르트의 주장이다. 그러나 교의신학 작업의 형식에 대한 고찰에는 아직 교의신학이 적용하는 기준의 내용이 고려되어 있지 않다. 바르트는 교의신학에서 내용에 관한 문제가 필수적이라고 생각했다. 그 내용을 어느 정도 결정하지 않으면 기준이 적용될 수 없다. 이러한 기준은 말하시는 이의 정체

62 *CD* I/1:281-82[367] (§7.2).

성을, 더 나아가 하나님이 누구이신지에 대한 내용을 직접적으로 가리킨다.[63] 여기서 우리는 하나님 말씀이라는 교리로서의 삼위일체의 핵심에 다가갈 것이다.

내용을 표현해 내는 문제는 그것이 불가피하게 인간의 발화로 나타내는 것과 관련된다. 우리는 신학자 초기 시절부터 바르트를 괴롭힌 문제, 즉 신학 과업의 "불가능한 가능성"을 고찰하는 문제로 되돌아간다. 말씀의 심판이 인간의 정형문구들을 판단할 수 있는 것으로 인정된다면, 심지어 삼위일체에 관한 신학자들의 표현을 판단할 수 있는 것으로 인정된다면, 그는 어떤 절차를 통해 하나님 말씀의 삼위일체적 내용에 대한 교리적 주장을 할 수 있는 것인가? 그 대답은 독특한 신학적 사고 양상들을 통한 아주 흥미로운 움직임이었다. 여기서 바르트 자신도 인간의 활동에 참여하고 있다는 사실을 인정한다는 점이 강조된다.

*Deus dixit*는 내용에 관한 바르트의 논의의 시작점으로 나타난다. 바르트는『교회 교의학』섹션 8에서 이 문구를 격상시킨다. 바르멘 이후 *Deus dixit*는 예수 그리스도가 하나님의 한 말씀이자 문화, 종교, 정치에 대해 주권을 갖는다는 의미를 지니게 되었다. 바르트는 신적 발화자와 발언을 동일시함으로써 이 주장을 반복했다. "하나님 자신의 직접적인 발언(direct speech)은 … 말씀하시는 행위와 구분되지 않으며, 따라서 하나님 자신과 구별되지 않는다."[64] *Deus dixit*는

63 *CD* I/1:297-301[385-391] (§8.1) 참고.

64 *CD* I/1:304[395] (§8.2).

"말해진" 내용의 측면에서 받아들여져야 한다. 바르멘은 "주되심"이 이 내용에 필수적이라고 명시하고 명문화한다. 바르트는 신적 정체성을 계시하는 신적 발화에 관한 주장에서 이 점을 반복한다. 하나님이 말씀하실 때 "하나님은 스스로를 주님으로 계시하신다."[65] 하나님의 발화의 초월적 현실을 가장 짧게 언급하는 문구(*Deus dixit*)로 시작된 것이 이제 『교회 교의학』에서는 계시의 내용에 대한 주장이다.

만일 여기서 '계시'라는 수사적 문구만 살핀다면, 바르트가 계시를 삼위일체에 대한 접근 방식을 선사하는 인식론적 원리로 삼아 삼위일체에 대한 자신의 접근 방식을 인식론적 측면에서 표현하고 있다고 추정하는 이도 있을 것이다. 그러나 바르트는 그리스도의 주되심에 관한 주장을 거친 삼위일체에 대한 자신의 접근 방식이 다른 목적을 지니고 있음을 우리에게 알려 준다. "하나님께서 스스로를 주님으로 계시하신다"라는 주장은 성서나 교회의 신조에서 문자 그대로 나타나지 않는다. 이는 "성서가 증언한 계시 자체"[66]에 대한 바르트의 축약된 정리이다. 그러니까 계시 자체는 현실의 계시와 동일시되는 것이 아니다. 계시의 사실은 성서에 있는 인간의 말로 포착될 수는 없으나 다만 증언될 수 있는 현실이다. 성서가 직접적인 증언이라면, 이 주장은 "개념 너머, 정확히 말해 성서와 선포에서 비롯된 개념 너머에 서 있는 계시의 현실"[67]과 관련된 계시 개념이다.

65 *CD* I/1:306[397] (§8.2).

66 *CD* I/1:307[399] (§8.2).

67 *CD* I/1:291[377] (§7.3).

그것은 계시의 사실을 간접적으로 언급한 것이다. 그러니까 계시는 "삼위일체 교리의 뿌리"[68]로서의 신학적 기능을 갖는다.

계시에 대한 "간접적인" 언급으로 요약되는 간략한 공식은 바르트가 삼위일체 교리를 풀어내는 신학적 과업에 부여한 위치, 곧 인간의 기획이라는 위치를 이해하는 데 핵심적으로 기능한다.[69] 바르트는 초판의 프롤레고메나에 남아 있는 오해를 불식한다. "그 단어들 자체를 증거로 의도한 것이 전혀 아니다. 단지, 이미 갖춰진 증거를 가능한 명료하게 적절한 공식으로 줄여 놓기 위한 잠정적인 표현이었다."[70] 바르트 자신의 표현을 사용한 공식으로서 그 주장은 삼위일체 교리를 표현함에 있어 특수한 역할을 갖는다. 그것은 성서 속 계시 사실에 대한 요약이다. 계시 사실에 기초하여 그 가능성에 관한 물음이 제기될 수 있다. "여기서 스스로를 계시하시는 하나님은 자신을 계시하실 수 있다."[71] 문제는 가능성의 양상이다. 여기에 "이러한 [계시] 사실의 내적 가능성"[72]으로서의 삼위일체 교리가 있다. 삼위일체는 "내적 조건"이다. "성서의 증언을 따라서 스스로를

68 *CD* I/1:307[399] (§8.2).

69 *CD* I/1:308[400] (§8.2): "삼위일체 교리는 교회(the Church)의 업적이고, 이 교리의 진술 또는 이 교리의 대상에 대한 교회의 이해를 담은 기록이며, 하나님에 대한 교회의 인식을 담은 기록 또는 오류에 맞서 싸운 교회 선포의 객관성을 대표하는 기록이고, 교회의 신학의 기록이며, 그리고 이렇게 교회의 신앙이라는 점에서, 이러한 한계 안에서만, 오직 **간접적으로만**, 계시의 기록이다"(강조 추가함).

70 *CD* I/1:296[384], 작은 활자 (§8.1).

71 *CD* I/1:316[410] (§8.2).

72 *CD* I/1:291[378] (§7.3).

계시해 오신 하나님은 손상되지 않은 통일성 속에서 동일한 분이시나 또한 손상되지 않은 차이 속에서 세 번 상이한 방식으로 동일한 분이시기도 하다"는 사실을 가능하게 하시는 하나님 안에서, 삼위일체는 "내적 조건"이다. 가능성의 양상에서 삼위일체는 하나님의 삼위일체적 정체성에 대한 고찰을 제시하신다. 바르트가 썼듯이, "삼위일체 교리는 이러한 진술, 즉 그것이 나타내는 바에 대한 하나의 분석이다."[73] 확언과 삼위일체의 관계는 연역적이지 않고, 개념적 가능성의 수준에서의 지시(denotation)이다.

삼위일체 교리는 가능성의 양상에서 고려될 때, 삼위일체적 계시의 가능성에 대한 "내적 조건"을 명백하게 한다. 이 가능성의 상태는 교리의 진리 주장에 대한 바르트의 이해를 특징짓는다. 바르트가 쓴 것처럼, 그것은 하나의 **해석**이다.[74] 바르트는 성서의 진술과 4세기의 신조들의 삼위일체 문구들 사이의 간격에 대한 역사적 주장 이상의 것을 의미하고 있다. 바르트는 여기서 "해석"이란 말을 사용함으로써, 성서와 선포가 증언하는 계시의 가능성에 대한 개념적인 주장을 하고 있다. 삼위일체 교리는 계시의 "내적 조건"에 대한 해석, 명확한 표현이다. 이 교리에 대한 텍스트는 계시의 증거들과 관련된다. 아마도 성서의 용어와 개념을 사용하면서, 또한 "본문을 번

73 *CD* I/1:307-8[399-400] (§8.2).

74 *CD* I/1:312[405] (§8.2): "사실상 우리가 삼위일체 교리로부터 축적하는 것은 스스로를 계시하시는 하나님이 누구신가 하는 것이며, 이는 우리가 여기서 계시에 대한 하나의 **해석**으로 이 교리를 제시하는 이유다"(강조 추가함).

역하고 해석한다. 이는 예를 들어, 원전의 개념들 외에도 다른 개념들을 사용한다는 의미이다." 해석은 과거에 정립된 문구들을 문자 그대로 반복하는 것이 아니라, "거기에 있었던 것과 대조해서 새로운 무언가를 수립하는" 설명이다.[75] 이런 의미에서 삼위일체의 뿌리를 분석하는 신학적 작업은 삼위일체 교리를 생산하는 하나의 해석이다. 해석으로서의 교리는 하나님의 계시의 내적 가능성을 탐구하는 인간의 노력이다. 따라서 삼위일체 교리는 신학에 대한 물음으로 남아 있지 대답으로 남아 있는 것이 아니다.

II.4. 교리와 체계의 근거?

삼위일체론의 '뿌리'에 대한 또 다른 물음이 여기서 제기 되어야 한다. 삼위일체 교리에 대한 언어-문헌적 표현이 바르트의 신학 체계의 근거로 기능하는 정도와 관련하여 말이다. 근거의 문제는 슐라이어마허에 대한 브룬너의 반론에서와 같이 프롤레고메나의 조직-신학적 문제다. 앞선 요지를 되짚어 보면, 개신교 정통의 체계들은 프롤레고메나 이후에 나오는 내용에 표현되어 있는 교의신학적 명제들의 진리 주장을 뒷받침할 근거를 마련하기 위해 성서에 관한 교리에 호소했다. 인간의 신학적 표현들과 신적 현실 사이의 차이에

75 *CD* I/1:308[400] (§8.2).

관한 바르트의 주장 때문에 그에게 근거의 문제가 특히 중요하다. 바르트는 자신의 신학 체계에 대한 프롤레고메나에서, 삼위일체 교리에 관한 자신의 신학적 주장과 하나님 말씀이라는 외재적 실재의 관계를 어떻게 성립시켰을까?

다시 말하자면, 바르트가 표현한 것처럼 교의신학에는 하나님 말씀이라는 기준을 적용하여 성서와 선포 사이의 일치를 평가하는 과업이 있다. 가늠 기준의 발동은 성서 안에서 하나님 말씀이라는 사건의 현실성과 이러한 현실성에 대한 미래의 예견을 전제로 한다. 현실성의 양상은 교의신학의 과업을 개념화하기 위한 진입 지점의 역할을 한다. 그럼에도 교의신학에서 성서와 선포 사이의 관계에 적용하기 위한 기준을 표현해 내는 일은 다른 양상의 활동이다. 즉 현실성이 아니라 가능성에 속한 활동이다. 성서가 과거의 계시를 증언하는 반면, 선포는 미래의 계시에 대한 기대이고, 과거와 미래의 일치를 가늠하는 교리는 하나님의 계시의 내적 가능성에 관한 것이다. 바르트는 삼위일체론의 뿌리에 관한 교의-신학적 기술을 가능성의 양상에서 특징짓는다. 하지만 그 가능성은 과거 하나님의 계시의 현실성과 그에 대한 미래의 예견을 통해 접근할 수 있는 것이다. 삼위일체론의 뿌리는 하나님 자신에 대한 하나님의 계시의 가능성 내지 "내적 조건"이다. 그러나 바르트는 신학적 진리를 묻는 측면에서 또 다른 양상을 강조한다. 바르트는 프롤레고메나의 이 지점에서 삼위일체 교리가 어떻게 필연적인지를 묻는다. 바르트는 모든 언어가, 심지어 삼위일체 교리의 언어조차도 인간적 측면에 놓여 있음을 인정하지만, 그럼에도 어떤 특정한 언어-문헌적 표현으로 삼위일체와 관련된 필연성의 주장을, 그리고 그에 따른 진리 주장을 할 수 있는가?

'필연성'에 대한 물음으로의 개념적 이동은 『교회 교의학』의 프롤레고메나에서 예수 그리스도와 성령의 위격을 조직적으로 다루는 첫머리 부분에 위치한다. 바르트는 제1권(*CD* I/1)에서 해석으로서의 삼위일체 교리에 대해 주장하고, 제2권(*CD* I/2)에서는 예수 그리스도의 현실성을 살펴보며 다음과 같은 물음을 던진다. "하나님은 자신의 계시에서 우리에 대해 얼마만큼 자유로우신가?" 바르트는 가능성의 양상으로부터 계시의 현실성으로 다가감으로써 진행해 나간다. 인간의 개념적 관점에서 제기되는 가능성의 문제는 왜 사건으로서의 하나님 말씀의 실재성이 가능한지에 대한 어떤 이유도 인간이 제시할 수 없다는 것이다. "다름 아닌 모든 것이, 즉 인간의 체계(cosmos) 전체가 이 가능성의 일어남에 반대하여 말하는 것으로 보인다."[76] 가능성의 길은 막혀 있다. 인간의 언어로 표현될 수 있는 그 어떤 개념도 하나님의 실재를 설명할 수 없다.

바르트는 또 다른 접근을 시도하는데, 이번에는 설명을 제시하기 위해 신적 본성을 탐구한다. 그 대답은 하나님의 자유라는 본성에 근거하고 있다. "그래서 그분이 자신의 자유 안에서 우리의 하나님이 되시는 것이 가능해진다."[77] 하나님께서 예수의 성육신 안에서 "땅으로 낮아지신" 현실은 하나님 말씀의 신적 실재가 인간에게로

76 *CD* I/2:30[50-51] (§13.2).

77 *CD* I/2:31[53] (§13.2).

오면서 어떻게 우리의 생각 속에 재현될 수 있는지에 관한 실마리를 신학자에게 제공한다. 인간의 개념적 사고는 신적 자유에 상응하는 어떤 양상 속에서 이러한 오심을 재현할 수 있을지 모른다. 바르트는 가능성의 양상에서—"그가 우리에게 자신을 전해 주고자 하셨다면"—필연성의 양상으로 옮겨간다—"그렇게 하셔야 했다."[78] 하나님의 현실의 진리와 인간의 말의 관계에 대한 그의 규정들을 고려할 때, 필연성의 양상에서 말해지는 이 특별한 부분에서조차도, 바르트가 "-야 한다"(should)나 "-야 했다"(had to)[79]와 같은 정형문구로 배치한 필연성에 관한 어휘는 뜻밖이다.[80] 이러한 필연성의 양상은 신적 본성에 상응하는 신학적 진리들을 정립해 내는 인간의 능력에 관한 바르트 자신의 규칙에서 예외를 보여 주는 것인가? 바르트는 인간의 발언/신적 말씀의 구별의 이런 측면에서 자신의 신학적 체계의 근거를 정립해 내고 있으며, 그렇게 함으로써 삼위일체 교리에 관한 자신의 언어-문헌적 정형문구에 대해 규범적 진리 주장을 하는 것인가?

이러한 문제들은 바르트가 성육신의 이유를 신적 본성으로 언급할 때 우리가 필연성의 양상에 대한 그의 말을 어떻게 생각해야 할지와 관련된다. 우리는 바르트가 삼위일체에 대한 특수한 내용을 논

78 *CD* I/2:32[53] (§13.2).

79 *CD* I/2:31-32[52-54] (§13.2).

80 *CD* I/2:31[53] 작은 활자 (§13.2): "하지만 하나님께서 자신의 본성에 매이거나 제한받지 않으신다는 사실은 하나님의 위대함에 상응하는 것이다."

하는 이 항목에서 이 특정한 양상을 언급하고 있음에 주의해야 한다. 필연성에 대한 그의 주장은 인간들과 관계 맺는 말씀이신 분의 능력에 대해 그가 내세운 특정한 주장들을 넘어서려는 것이 아니다. 바르트는 이러한 능력을 영원 안에 있는 삼위일체에 대한 사변적(speculative) 주장과 연관 짓는다: "왜냐하면 하나님은 이미 영원으로부터, 이미 자신 안에서, 우리와 세계가 존재하기 전에, 우리를 위해 준비하셨고 우리를 향해 개방하셨으며, 그분의 말씀 내지 아들 안에서 우리와 연맹하셨기 때문이다."[81] 바르트는 성육신 안의 현실성의 양상에서 하나님의 삼위일체적 본성 안에 있는 그것의 근거로 나아갔다. 인간의 사고가 현실에서 신적 필연성으로 나아가는 것은 독특한 논리를 따른다. 바르트는 이렇게 설명한다.

> 혹은 (해석이 사실의 문제와 관련되고 사실만이 이해의 문제와 관련되기 때문에) 우리는 먼저 그러한 예수 그리스도의 실재를 이해해야 하며, 그 다음에 이 실재의 서판(tablet)을 통해 읽음으로써 이 실재와 관련된 가능성을 이해해야 한다. 이 실재는 바로 이 실재 안에서 자신을 계시하며 다른 식으로는 계시하지 않기 위해 그 안에 확립되고 보존된 하나님의 자유이며, 그러므로 우리가 신적 필연성으로 존경해야 하는 유일무이한 가능성이다.[82]

81 *CD* I/2:34-35[57] (§13.2).

82 *CD* I/2:7-8[23] (§13.1).

바르트는 필연성을 특별한 방식으로 이해하고 있다. 바르트는 먼저 가능성을 자유라는 신적 본성에 배치하고, 필연성을 삼위일체의 신적 본성에 위치시키는 데로 나아간다. 이 지점에서 필연성에 대한 바르트의 모델로 드러나는 것이 캔터베리의 안셀무스(Anselm of Canterbury)의 『왜 하나님은 사람이 되셨는가?』(*Cur Deus homo?*)이다.[83] '왜' 하나님은 사람이 되셨는가라는 물음은 신적 본성을 탐구하는 물음이다. 이러한 탐구는 성육신의 가능성에 대한 물음으로 시작되며, 이는 신적 자유를 다루는 부분에 위치한다. 바르트의 개념에서 모든 인간의 가능성 바깥에 있는 이러한 가능성에 기초하여, "우리는 우리의 위치를 계시의 현실성의 위가 아니라 밑에 두어야 하며, 필연성을 우리의 근거, 우리의 삼위일체 신학적 근거가 아니라 계시의 현실성에 두어야 한다."[84] "계시의 현실성 밑"에서 바라보며 필연성을 성육신에 두는 사고의 변화조차도 하나님 말씀의 자리를 찬탈할 수 없다. 신적 필연성에 대한 교리적 주장은 하나님의 현실과 같지 않다.

완전히 필연성의 양상에서 고찰된 삼위 하나님에 대한 내용의 언어-문헌적 표현에 어떤 진리가 배치될 수 있는가? 바르트는 이 물음에 두 가지 답을 제시한다. 내가 자세히 다루고 있는 13항에서 바르

83 위에서 인용한 내용에 바로 이어서 작은 활자로 된 부분에 안셀무스에 대한 명시적인 언급이 있다(한들출판사에서 출간한 우리말 번역본의 제목은 『인간이 되신 하나님』이다—옮긴이 주).

84 *CD* I/2:35[58] (§13.2).

트는 반복이라는 언어를 제시한다. 필연성의 양상은 "앞서 우리에게 말한 것을 반복하고 있다. 그러한 반복을 통해 우리는 실제로 나타난 그분의 뜻의 필연성, 그분의 *potentia ordinata*[질서를 통한 권능]를 인정할 것이고, 인정해야 한다."[85] 바르트는 하나님 말씀에 순종하는 신학자의 마음가짐이 현실성에서 필연성으로 생각이 변하도록 영향을 미친다고 주장하는 듯하다. 교리를 담아내는 신학자의 과업은 이렇게 하나님 말씀에 순종하는 자세를 전제로 한다. 신학자는 삼위일체에 대한 교리적 주장을 펼 때 과거에 발화된 하나님 말씀에 순종함으로써 과거의 계시와 연결되어 있다. 그럼에도 그리스도이신 "나타난 뜻"의 내용을 고려하면, 바르멘에서도 그러했듯이 이러한 조건이 담겨 있다. 하나님 말씀의 구체적인 내용, 곧 예수 그리스도를 고려하면, 필연성이 떠오른다. 오직 이 특정한 그리스도론적 내용의 관점에서만 필연성(그리고 인간의 말로 반복되는 필연성)을 신학적 주장으로 품어 낼 수 있다. 필연성에 대한 바르트의 담론은 신속히 사라진다. 필연성은 신적 자유 안에 있는 다른 가능성들에 의해 자격을 얻는다.[86] 바르트는 *Deus dixit*라는 공리의 제약하에서만 필연성의 양상을 품고 있다. 하지만 바르멘 선언이 담아내고 있는 것처럼, 그는 이 공리에 대한 그리스도론의 내용에 삼위일체론적 결정을 추가한다. 그렇

85 *CD* I/2:37[60] (§13.2).

86 *CD* I/2:39[63] (§13.2): "우리는 이 현실성이 필연적임을 인정한다. 그러나 우리는 또 다른 방식으로 하나님을 계시하는 것도 하나님을 기쁘시게 할 수 있음을 부인할 수 없다."

다면 삼위일체 교리가 그의 체계에서 근거로 기능하는가?

삼위일체론적 주장의 필연성에 관한 물음에 대한 두 번째 대답은 보다 광범위한 바르트의 프롤레고메나의 조직-신학적 주장들과 관련된다. 삼위일체론 신학의 측면에서 하나님 말씀의 교리에 대한 주장을 펴기 위해 그가 택해 온 양상들이 어떤 규범적 진리에 대한 확언들을 세워 왔다고 생각하는 사람들도 있을 것이다. 하지만 우리는 바르트에게 규범은 언제나 하나님의 현실이었지 인간의 공식이 아니었다는 점을 기억해야 한다. 바르트는 자신의 체계를 알려 주는 원리에 대해 쓸 때 규범 문제를 꺼낸다. 특히 신학 체계에 대한 문제는 슐라이어마허 문제에 뒤이어 언급된다. 『교회교의학』 I/2의 마지막 항(§24.2)에서, 바르트는 교의신학 체계를 구성하는 일을 정당화하는 이러한 기초 원리에 대한 문제를 언급한다. 바르트는 어떤 교의학 체계가 그 신학 체계를 뒷받침하는 근거, 또는 공리, 또는 정합성의 원리로 역할 하는 "실질적인 원리"를 가질 수 있는지 여부에 대한 물음을 제기한다. 하지만 이러한 생각은 『로마서』에 나타난 초기 바르트의 특성의 측면에서 보면, 후기 바르트는 이러한 생각을 잠재운다. "올바르게 이해된 교의학 자체의 내용적 원리가 교의학 체계라는 바로 그 개념을 뿌리에서부터 파괴한다. 생각과 발화를 위한 안전한 기반이 더 이상 존재하지 않는 곳에는 체계 또한 존재하지 않는다." 여기서 바르트가 학문적 사고를 체계화하지 못하게 하려는 것은 아니다. 사실 바르트는 체계화하는 것이, 학문적인 발견 과정과 발견 결과를 정합적 도식에 통합하는 일에 참여하는 학문(신학을 포함하여)적 사고의 특징이라고 생각했다. 바르트에게 있어, 신학 체계를 특징지을 수 없는 것이 신학 체계의 독특한 핵심이다. **하나님**은 신학이 증언하는 초월적 실재이시다. 이 점에서, 신학의 언어적 공식들은 이 실재에 부합한다고 말해질 수 없다. 또는 이 실재에 부합하지 못한다. 이 초월적 실재는 전체 신학 체계를 판단할 태세를 취하고 있는 것으로 이해되어야 한다. 만일 하나님 말씀을 "교의학과 교회 선포의 중심과 기반으로 이해한다면" 우리는 "하나님 말씀의 내용을 펼쳐내고 서술"하면서 하나님 말씀의 사건이 안정을 깨부술 수 있음을 의식해야 한다.[87] 하나님 말씀의 외재성을 충실히 언급하는 신학 체계는 어떤 핵심을 정합적으로 해명한다는 의미에서 하나의 체계일 수 있다. 그러나 이 체계는 그 중심이 하나님의 실재에 상응할 만큼 부동의 확실함을 지니지 않기 때문에(또는 상응하지 못하기 때문에), 반드시 하나님 말씀으로 인해 무너질 준비가 되어 있어야 한다.

이런 의미에서, 바르트가 신학은 끊임없이 다시 시작하는 상태에 있다고 말할 수 있었던 것이다. "교의학 작업의 행위에서는 탐구와 학설만 벌어진다. 그리고 이것들은 엄밀히 말해 각 지점의 첫 부분에서 다시 시작해야 한다." 학문 분야로서의 신학은 체계적인 정합성을 추구해야 한다. 그러나 신학은 "새로운 진리를 받아들이며" 끊임없이 적응하기 때문에, 하나님께 근거를 둔 신학 체계는 또한 하나님께 심판받을 수 있다.[88] 신학은 그 과업, 즉 자기 방식대로의 특

87 *CD* I/2:868, 869[1042, 1043] (§24.2).

88 *CD* I/2:867-68[1041-1043] (§24.2).

권을 지닌 어떤 실재를 인간의 언어로 표현해 내는 일에 내재한 근본적인 역설을 인식하고 있다.

바르트는 『로마서』에서부터 『교회 교의학』의 프롤레고메나에 이르기까지 한결같이 하나님 말씀의 급진적 외재성을 고수했다. 신학은 신학의 일차적인 현실이 하나님이라고 주장한다. 하나님의 말씀은 인간의 말을 심판하는 신적 특권을 계속 지닌다. 신학은 심판 아래 서 있는 인간의 활동이나, 하나님 말씀에 대한 신학의 지시적 관계에 관한 특수한 이해는 성서, 선포, 교의학이라는 세 가지 장르 사이의 독특한 변증법적 관계 가운데서 신학적 주장들을 담아내는 활동에 긴급한 신호로서 열려 있다. 바르트의 구성적 작업—그가 현실성, 가능성, 필연성이라는 세 양상에 따라 삼위일체 교리를 나타낸 것처럼—을 고려하더라도 그는 신학자의 말, 신학이 처한 역사적 사회적 상황, 외부 실재로서의 하나님 말씀을 가리키는 신학의 기능에 관한 자신의 헌신에 계속 충실했다. 신학자는 자신이 이해하고, 해석하고, 설명하고자 하는 실재로 인해 자신의 말을 낸다. 하지만 신학자의 말은 인간의 말로서 불가피하게 역사적으로, 사회적으로 조건 지어진 자리에 있으며, 그 말이 가리키는 현실에 예속된다. 하나님 말씀에 대한 신실한 순종은 책임 있는 신학자의 성향에 나타나는 특징이다. 그럼에도 신학자는 하나님 말씀이 자신의 말을 중단시킬 때 놀라서는 안 된다. 하나님이 말씀하실 때, 하나님 말씀은 위기를 촉발한다. 이 사건의 길을 열어 줘야 하는 인간의 말에 대해서조차 하나님의 말씀은 위기이다.

제2부

I. 교리에 대한 인식적-우위 모델

바르트는 삼위일체 교리를 말씀의 발화자이신 하나님에 대한 신학적 표현으로 여기면서, 신학자들이 신학 체계의 프롤레고메나를 기술할 때 교리의 실질적 내용에 주목하도록 고무했다. 하나님 말씀에 관한 교리를 해명하는 일은 인식론적 문제나 방법론적 문제에 국한되지 않는다. 바르트가 프롤레고메나에 대해 새로운 방향을 제시한 결과로 근거의 문제가 대두되었다. 그리스도교 믿음의 실질적 내용과 관련된 어떤 교리가 신학 체계의 근거로 기능한다면, 그러한 교리는 여러 교리들 간의 유사점과 연관성을 도출하기 위한 실질적-신학적 원천으로 사용될 수 있다. 바르트는 삼위일체론을 핵심 교리로 제안했는데, 이는 신학자들이 삼위일체 교리에 주목하도록, 자신들의 신학 체계에서 삼위일체에 새로운 중요성을 부여하도록 고취시켰다.[89] 어떻게 근거가 연관된 교리들에 대한 실질적-신학적 주장

89 Kathryn Tanner의 *Jesus, Humanity and the Trinity: A Brief Systematic Theology*

을 해석하는 데 필요한 교리적 내용을 제시했는지를 새롭게 인식하는 과정 속에서, 교리 개념은 변천을 겪게 되었다.

바르트는 근거가 하나님의 현실을 향하게 했는데, 이제 이 장의 두 번째 부분에서는 그러한 근거라는 쟁점이 어떻게 삼위일체 교리와 밀접하게 되었는지를 살펴볼 것이다. 우리는 어떻게 바르트가 하나님의 현실과 교리를 구분해야 한다고 고집했는지 살펴보았다. 하지만 바르트에게 영감받은 현대 신학자들에게로 고개를 돌려 보면, 삼위일체 교리가 다른 어떤 신학적 목적과 밀접해졌다는 점이 보인다. 나는 21세기의 시작점에 서 있는 어떤 신학자를 살펴볼 것이다. 나는 그가 꽤 폭넓게 공유되고 있는 교리에 대한 현대적 이해, 곧 내가 인식적-우위 모델이라고 부르는 이해 방식을 대표한다고 생각한다. 그는 브루스 D. 마샬이다. 마샬은 그리스도교 신앙을 언어-문헌적으로 표현해 내야 함을 전제로 하는 교리관을 다듬어 왔다. 그의 신학은 교리에 인식적 기능을 부여한다. 즉, 특정한 '범주들'에 따라 그리스도인의 세계관을 구성하는 인식적 기능을 교리가 담당하는 것이다. 나는 마샬이 사용한 '인식적'이라는 표현이 담고 있는 의미를 전달하기 위해, 칸트의 용어를 가지고 설명할 것이다. 나는 마

(Minneapolis: Fortress Press, 2001)를 보라. 이 책은 그리스도교의 핵심 교리들을 조직신학적으로 응축하여 다룬다. 선물-수여 개념이 내재적 삼위일체의 핵심으로 나타나서, 다른 교리들, 이를테면 성육신, 구속, 윤리적 반응과 같은 교리에 정합성을 부여하는 원리로 확장된다. 이 책의 논의를 확장하여 검토한 나의 서평을 보라. "A Systematic Theological Theory of Truth in Kathryn Tanner's *Jesus, Humanity and the Trinity: A Brief Systematic Theology*," Scottish Journal of Systematic Theology 57, no. 2 (May 2004): 203-20.

샬의 작업에 교리에 대한 어떤 접근 방식이 잘 나타나 있다고 본다. 바로 교리는 언어-문헌적 정형문구로 표현되어야 하며, 또한 세계를 인식하는 범주로 기능한다고 보는 방식이다. 교리는 칸트의 지성(understanding)의 범주처럼 신자들이 세계를 지각하는 방식에 영향을 미치며, 그래서 신자들이 인식하는 세계의 모습은 특정 교리들을 따라 형성된다. 이러한 접근 방식의 논리는 교리의 규범적 기능을 수많은 차원에서 그리스도교 세계관 전체로 확장시킬 수 있다. 그러나 내가 나중에 논하겠지만, 교리를 이런 식으로 개념화하면, 교리에 인식적 지위를 부여하는 과정에서 결국 초월적 실재를 지시하는 기능이 사라져 버린다. 교리가 그 지시 대상을 잃으면 무슨 일이 일어나는가? 제2부에서는 이 입장이 함의하는 바를 검토함으로써 결론에 이를 것이다. 내가 보기에 이러한 입장은 그리스도교의 진리를 사회적으로 구성된 규범으로 보는 관점을 낳는다.

나는 교리가 만들어지는 방식에서 출발할 것이다. 우리는 이미 바르트가 도입했었던 문제, 즉 교리를 구성할 때 특정 문구(바르트의 경우 *Deus dixit*)가 하는 신학적 역할의 문제를 다룰 것이다. 바르트는 그리스도교 교리들을 농축해 내기 위해 이 용어를 만들었다. 즉, 하나의 근본 문구로 압축한 다음 각 교리의 측면에서 풀어낼 수 있도록 말이다. 이러한 근본 문구 또는 근본 확언은 또한 현대 신학의 특징으로 나타난다. 내가 제기하는 첫 번째 물음은 교리를 근본 확언으로 압축하는 것이 인식적-우위 모델에서 어떻게 활용되는가이다. 두 번째 물음은 그러고 나서 그것이 그리스도교 세계관에 어떻게 적용되는가이다.

I.1. 근본 확언으로서의 교리

확언(assertion)은 그리스도교 신학자들의 관심을 담아내는 두드러진 발화 방식이다. 신앙 명제의 직설적인 힘과 문자적 의미를 담아냄에 있어, 어떤 언어적 형태가 확언보다 더 좋을까? 루터는 에라스무스에게 쓴 『노예 의지에 관하여』(*Bondage of the Will*, 1525)의 서두에서 "성령은 회의론자가 아니다. 그분이 우리 마음에 새기신 것은 불확실한 것이 아니며 단순한 의견도 아니고 생명 자체보다, 모든 경험보다 확실한 확언들이다"[90]라고 썼다. 이 구절에서 루터가 확언을 예찬하고 있긴 하지만, 그는 특히 신앙 고백이라는 문학 장르로 그리스도교 교리를 담아내는 일을 언급하는 중이었다. 루터에게 교리적 진리와 확실성은 초월적 원천에 근거한 것이다. 성령은 하나님이 누구신지를 계시하시고, 교리는 이 계시를 언어로 재현한다. 이는 논쟁의 맥락에서는 단정적인 형태라는 느낌이 든다. 루터는 이렇게 썼다. "확언들을 기뻐하지 않는 것은 그리스도인의 마음을 나타내는 표시가 아니기 때문이다. 도리어 그리스도인은 확언들을 기뻐해야 하는데, 기뻐하지 않으면 그리스도인이 아닐 것이다."[91] 그리스도인은 마귀에게 유혹받을 때, 믿음의 확신이 공격당할 때, "…을 내가 믿사오니"라는 신앙 고백 가운데 떠오르는 하나님께 자신의 신뢰를 둘 수 있다. 확

90 *LW* 33:24. 『루터와 에라스무스: 자유의지와 구원』, 이성덕·김주한 옮김(서울: 두란노아카데미, 2011), 157.

91 *LW* 33:20-21. 『루터와 에라스무스』, 152.

언의 특징은 신앙 고백을 발화할 때 나오는 힘이다. 입으로 신앙의 내용을 고백할 때의 확실성은 고백의 대상이신 하나님의 진리에 근거한 것이다.[92] 확언을 기뻐하는 모습에는 교리가 우리의 신뢰를 둘 수 있는 하나님을 가리키고 있다는 확신이 반영되어 있다.

루터의 신학은 확언, 교리, 하나님 사이의 연관성을 함의하고 있다. 현대 신학에서 이러한 연관성의 운명이 이번 단락에서 문제가 되는 지점이다. 나는, 복음을 신학의 대상으로 보기 위해 외적 언어(*verbum externum*)를 활용하는 현대 루터교 신학자 로버트 W. 젠슨(Robert W. Jenson)에게 의존함으로써 내가 여기서 의도하는 바를 기술해 보려 한다. 언어-문헌적 대상으로서의 복음은 "근본 확언" 속에 제시될 수 있다. 젠슨에게 근본 확언은 그의 삼위일체 교리 연구의 근거를 놓는 첫 단계이다. 교리에 대한 저술은 그 내용을 식별하는 것으로 시작한다. 젠슨에게 핵심적인 것은 신학이 구체적인 대상, 곧 복음과 관련된다는 점이다. 이 복음은 외적 언어라는 루터교적 측면에서 보자면 귀에 들려진 복음을 의미한다.[93] 복음은 언어로

92 헤이키 키랴바이넨(Heikki Kirjavainen)은 어떻게 루터에게 있어 교리가 그 대상과 관련되는지를 논한다. ""Die Spezifizierung der Glaubensgegenstände bei Luther im Licht der Spätmittel- alterlichen Semantik," in *Thesaurus Lutheri: Auf der Suche nach neuen Paradigmen der Luther-Forschung*, ed. Tuomo Mannermaa, Anja Ghiselli, and Simo Peura, Veröffentlichungen der Finnischen Theologischen Literaturgesellschaft 153, in Zusammenarbeit mit der Luther-Agricola-Gesellschaft A24 (Helsinki: Finnische Theologische Literaturgesellschaft, 1987), 237-57.

93 Robert W. Jenson, *Systematic Theology*, vol. 1, *The Triune God* (New York: Oxford University Press, 1997), 11: "신학에 가장 먼저 주어지는 것은 실제로 인간 역사에서 일어난 하나의 소식-전달(communication)로서 복음 그 자체이다."

전달되는 소식이다. 그리고 언어로 정립된 소식 전달로서 복음은 신학이 숙고하는 대상으로 묘사된다. 젠슨은 복음이 신학적 숙고의 대상이라면 어떤 구체적인 논리 형식이 있어야 한다고 주장한다. 그는 이렇게 썼다. "따라서 각각의 신학적 진술은 암묵적인 형식을 지닌다. '복음(gospel)을 전하기 위해 (G가 아니라) F라고 말해 보자.' F는 올바른 복음에 대한 하나의 **표본**(sample)이거나 복음에 대한 **메타언어적 규정**(metalinguistic stipulation)일 수 있다."[94] 젠슨은 이 '메타언어적 규정'에 대한 구체적인 예를 제시하기도 했지만, 그럼에도 고린도후서 4:14에서 가져온 보다 성서 지향적인 복음의 '표본'을 선호했다. 즉, 복음이 전달하는 핵심 사건인 부활은 "'주 예수를 다시 살리신 이'로 자신을 규정하시는 하나님"[95]에 관한 것이고, 이는 복음에 대한 하나의 표본이다. 일단 복음의 핵심 '논리 형태'가 식별되면, 이러한 근본 확언을 상세히 풀어내어 더 많은 그리스도교 교리를 산출할 수 있다. 신학은 복음의 논리적 형태와 관련된 구체적인 교리들을 기술함으로써 그렇게 근본 확언을 풀어놓는 것이다. 젠슨의 특정한 표본이 다시 언급되면서 근본 확언은 삼위일체 교리와 관련된다. 그는 이렇게 쓴다. "현재 여기서 매우 불명확한 요지는 이렇다. 예수의 부활에 신학적으로 주의를 기울이는 것은 삼위 하나님

94 Jenson, *The Triune God*, 16-17. 강조는 원저자의 것. 젠슨은 토마스 아퀴나스를 예로 든다: "복음을 말하기 위해, 하나님 안에 있는 잠재력을 암시하는 말을 해서는 안 된다"(17).

95 Jenson, *The Triune God*, 12(또한 42-25).

께 주의를 기울이는 것이다"[96]

젠슨의 접근 방식이 지닌 두 가지 측면은 마샬의 작업의 맥락을 이해하는 데 도움이 된다. 첫 번째 측면은 근본 확언의 선택에 관한 것이다. 젠슨은 복음의 논리적 형태인 언어적 정형문구가 '표본'(원래의 성서 용어에 가까운 말로 복음을 달리 표현한 것을 의미한다)이나 '메타언어적 정형문구'(신학적 진리 주장을 펴기 위한 규칙에 대한 것이다)로 제시될 수 있다고 주장한다. 젠슨 자신이 선호하는 것은 성서의 내용을 다른 말로 표현하는 것이다(고후 4:14). 이러한 선택은 마샬의 것과 비슷하다. 하지만 내가 아래에서 논하겠지만, 마샬은 근본 확언이 그리스도교 신앙의 핵심 내용에 대한 루터와 토마스 아퀴나스의 일치를 담고 있다고 주장한다. 젠슨의 접근 방식에서 중요한 두 번째 문제는 어떻게 근본 확언이 아직 펼쳐 내지 않은 다른 교리들을 함축하는지에 대한 것이다. 이는 성서의 내용과 교리적 정형문구의 관계, 즉 그리스도교 교회가 생겨난 후 첫 4세기 동안 교리의 발전 과정을 역사적으로 나타내는 관계에 대한 것이다. 젠슨과 마샬에게 있어, 근본 확언과 교리의 관계는 초기 그리스도교의 역사적 발전 과정의 일부가 아니라, 오히려 사회학적인 의도를 지닌 것이다. 성서와 삼위일체의 관계는 교회의 정체성이 달린 중요한 문제다. 마샬은 이 특정한 문제를 분명하게 강조하여 교리를 규범적인 방향으로 몰고 갈 것이다.

1970년대 예일 대학교에서 조지 A. 린드벡과 함께 연구한 브루스

96 Jenson, *The Triune God*, 13. 또한 17을 보라: "신학의 논리적 형태에 대한 진술들은 우리가 '교리'와 '교의'라는 없어서는 안 될 교회적 개념들을 명시할 수 있게 해 준다."

마샬은, 자신의 작품에서 근본 확언과 교리의 관계를 고찰하는 데 젠슨의 통찰을 끌어온다. 마샬은 1999년에 "다시 생각해 본 신앙과 이성: 무엇이 참인지를 결정하는 일에 관한 아퀴나스와 루터 연구"라는 논문을 썼다. 이 논문은 근본 확언을 찾으려는 시도로 시작한다. 그의 목표는 로마 가톨릭교도와 루터교도 간의 에큐메니컬적 일치의 가능성을 찾는 것이다. 마샬은 "아퀴나스와 루터는 신앙과 이성에 대해 기본적으로 같은 관점을 고수한다"[97]라는 주장으로 시작한다. 마샬은 이를 뒷받침하기 위해 '신앙'(faith)과 '그리스도인의 믿음'(Christian belief)이라는 말을 사용한다. 그는 이 둘을 동의어로 간주한다. 마샬이 볼 때, 이 두 용어에 부여된 특정한 정의에 에큐미니컬적 일치의 성공 여부가 달려 있다. 마샬은 "전(前)언어적인 그리스도에 대한 신뢰(*Vertrauen auf Christus*)" 경험으로서의 신앙 개념을 거부하면서(여기서 '전언어적인'은 신뢰[*fiducia*]로서의 신앙 개념 또는 마음으로부터의 신뢰를 의미한다), 루터를 자신의 견해와 같은 선상에 확고히 두는 것을 목표로 한다. 마샬의 견해에서는 신앙이 반드시 언어적 명제로 표현되는 것으로, 진리로 확신하는 확언으로 정의된다.[98] 마샬은 신앙이라는 주제를 다루는 루터를 일단 언어적 무대로 옮

97 Bruce D. Marshall, "Faith and Reason Reconsidered: Aquinas and Luther on Deciding What Is True," *The Thomist* 63, no. 1 (1999): 2.

98 Marshall, "Faith and Reason Reconsidered", 30(원문은 독일어이다). 마샬은 명백히 역사적 루터를 염두에 두고 있지 않고, 오히려 20세기 초 독일 신학계의 루터를 염두에 두고 있다: "우리는 루터 해석의 오랜 전통(알프레히트 리츨과 빌헬름 헤르만을 이러한 해석 전통의 원조로 볼 수 있다)이 루터에게 있어 '신앙'이란 실제로는 명제를 참으로 만드는 문제가 전혀 아니라는 점을 고수해 왔음을 관찰하기 위해 잠시 멈추어야 한다"(28).

겨 놓은 다음, 루터와 토마스 아퀴나스가 같은 것을 말한다고 주장할 것이다. 즉, 이를 통해 마샬은 결국 루터와 토마스가 동일하다고 볼 수 있게 된다. 이는 "무엇이 참인지를 결정하는 방식에서" 그들이 "기본적으로 일치"[99]한다는 말이지, 담는 의미라든지 내용이 같아서 일치한다는 말은 아니다. 다시 말해, 일치는 언어적, 논증적 동치를 수립하는 것으로 이루어진다.

마샬은 더 나아가 "그리스도교 신앙 가르침에 관한 가장 중요한 문제"[100]를 담아내는 근본 확언을 마련하는 데 관심을 갖는다. 근본 확언은 수많은 신념들이 압축된 간결한 문장이어야 하므로, 수많은 신념들의 정수를 뽑아내야 한다. 이렇게 정수를 뽑아내는 과정이 다양한 장소와 세월 속에서 간결한 신념으로 압축된 의미들을 솎아내는 결과를 낳는다고 생각할 수도 있다. 하지만 마샬은 루터와 아퀴나스가 모두 참이라고 주장했을 법한 하나의 근본 문구를 고안해내는 데 더 관심이 있었다. 마샬은 아퀴나스의 후기 고린도전서 주석에서 "구원은 그리스도의 십자가로 말미암아 성취되었다"라는 말이 아퀴나스에게 필수적인 진술이라고 생각한다. 마샬은 여기에 초점을 맞추는데, 왜냐하면 아퀴나스가 "그리스도교 신앙 가르침에 관한 가장 중요한 문제"[101]라는 말로 그 중요성을 나타내며 말문을

99 Marshall, "Faith and Reason Reconsidered", 3.

100 마샬은 이 인용구가 아퀴나스의 것이라고 말한다(Marshall, "Faith and Reason Reconsidered", 4).

101 Marshall, "Faith and Reason Reconsidered", 4.

열기 때문이다. 나는 이 쟁점이 아퀴나스에게 가장 중요한 문제인지를 상당히 다르게 볼 수 있다고 생각한다. 특히 십자가라는 주제가 겨우 3부에서 다루어지고 있는 『신학 대전』(*Summa theologicae*)의 순서를 고려한다면 말이다. 마샬이 아퀴나스에게서 이 문장을 고른 까닭은 루터에 대한 그의 생각에 비추어 볼 때 보다 분명해진다.

이전의 학자들이 루터를 읽을 때 그랬던 것처럼, 마샬도 루터의 작품에서 틀림없다 할 만한 한결같은 근본 문구를 발견하기가 어렵다고 생각한다. 왜냐하면 루터는 설교자적 열정이 넘쳐서 교회력에 따라 설교하는 교리마다 매번 "가장 중요한 조항과 교리"라는 수식어를 붙였기 때문이다. 예를 들어 그는 삼위일체 주일에는 삼위일체 교리가 가장 중요한 교리라고 말했고, 성금요일에는 십자가에 못 박히심이 가장 중요한 교리라고 말했다. 그래서 마샬은 자기가 기대했던 증거—루터는 고린도전서 15장에 대한 설교에서 그리스도의 부활의 복음을 강력히 주장했다[102]—를 발견할 수 있었다. 그런 다음 마샬은 그리스도교의 핵심 주장이 그리스도의 십자가와 부활로 성취된 구원의 복음이라는 점에서 루터와 아퀴나스가 일치한다는 결론으로 넘어갔다. 아퀴나스와 루터가 비슷한 문장으로 실제 같은 것을 의미했는지 여부는 쟁론의 여지가 있다. 하지만 교리에 대한 마샬의 입장에서 중요한 것은 교회의 단일한 정체성이란 목적을 위해 역사적 차이들이 지워져야 했다는 점이다. 교회는 하나의 정체성을

102 Marshall, "Faith and Reason Reconsidered", 23.

갖는다. 이 단일한 정체성은 동일한 믿음의 내용을 하나의 근본 문구로 담아낸 언어-문헌적 정형문구가 같은지 여부에 따라 좌우된다. 그런 다음 이 근본 문구는 여타의 그리스도교 교리들, 특히 삼위일체 교리 및 그리스도론과 직접적으로 연관될 것이다. 인식의 측면에서 교리 신학의 틀을 만드는 것이, 마샬이 그리스도교 신념들 사이의 관계를 이해하는 방식이다.

I.2. 그리스도교의 신념들, 공동체의 정체성, 하나님

만일 그리스도의 십자가와 부활을 통한 구원에 관한 근본 확언이 그리스도교 신앙을 요약하는 기능을 한다면, 이 제1주장과 연결된 신념에 대한 여러 다른 진술들이 있을 것이다. 마샬은 이 근본 확언을 풀어내면서, 신념들 사이의 다양한 관계에 대한 상세한 해설을 제시한다. 이 단원에서, 나는 그리스도교 믿음의 정합성에 관한 마샬의 논증 중 내가 중요하다고 여기는 세 가지 측면을 분석할 것이다. 첫째 측면은 성서와 교리의 관계에 대한 것이다. 둘째는 교회의 정체성과 교리의 관계에 대한 것이다. 셋째는 하나님의 자기-이해에 호소하는 것와 관련된다. 인식적 교리 모델을 다루는 마샬의 논증은 믿음을 교리, 교회, 하나님과 연결시키는 분명한 변화를 수반한다.

I.2.1. 그리스도교의 신념들과 조화의 해석학

그리스도교의 신념을 담아내기 위해서 그리스도교의 유산 안에 있는 여러 진술들을 취할 수 있을 것이다. 마샬은 아퀴나스에 대한 논의에서, 사도 신조의 14개 항목이 "이 복잡한 신념의 가장 중요한 요소들을 열거하는" 진술이라고 주장한다. 이 진술은 "하나님의 숨겨진 위엄에 관한" 명확한 표현을 소재로 하고, "숨겨진 하나님의 위엄을 보도록 우리를 인도하는 그리스도의 특수한 인성에 대한 … 이야기와 관련된 것들—또는 토마스가 다른 곳에서 말했듯이, 삼위일체에 속하는 것들과 성육신에 속하는 것들—을" 소재로 한다. 그리스도의 십자가를 통한 구원, 삼위일체, 성육신이라는 용어들은 모두 '이 복잡한 신념'을 명확히 표현하는 데 기여하는 것들이다.[103]

하지만 진술들에 대해 마샬이 열거한 목록은 몇 가지 문제를 일으킨다. 사도 신조의 14개 항목은 니케아 신조와 비교해 볼 때, 삼위일체를 명시적으로 언급하지 않는다. 그리고 하나님의 숨겨진 위엄, 삼위일체, 성육신에 대한 진술들을 모으는 단계가 무엇을 함축하는지에 관한 문제가 있다. 이러한 움직임은 사도 신조에 문자 그대로 표현된 내용을 넘어선다. 사도 신조에 언급되지 않은 교리들까지도 사도 신조가 폭넓게 망라하고 있다는 마샬의 주장은 무엇에 근거한 것인가? 젠슨의 목록도 같은 종류의 문제를 제기한다.

이 두 번째 문제에 답변하는 방식이 교리에 대한 마샬의 인식적

103 Marshall, "Faith and Reason Reconsidered", 7과 7n16. Aquinas, *Summa theologicae* II-II, q. 1, a. 8을 언급하고 있다.

모델에서 핵심이다. 마샬의 논문의 도입 문단에서 어느 간결한 문구가 실마리를 제공한다. "그리스도교의 가장 핵심적인 신념들"이 이렇게 모아질 수 있는 이유는 이것들이 성서 본문에 대한 공동체의 독해를 구성하려고 성서에서 도출한 것이기 때문이다.[104] 이 주장은 "교회"(또는 "그리스도인 공동체")에 기인하는 해석 방식과 관련된다—마샬은 대문자 C를 사용해서 '교회'(Church)를 단수형으로 썼다. 성서를 읽어 내는 해석 방식은 십자가, 삼위일체, 성육신에 대해 기술한 진술들에 영향을 받는다. 이는 성서와 신조 또는 성서와 교의 사이의 역사적 거리와 관련된 문제를 말하는 것이 아니다. 적어도 17세기 이후에 나타난, 성서에 명시적인 삼위일체론적-교의적 내용이 없다는 데 관심을 둔 신학자들을 사로잡은 문제를 말하는 것이 아니다. 오히려 마샬은 "공동체의 독해"에 호소함으로써 역사적인 문제를 처리한다.

여기서 마샬이 특정하게 선택된 교리들을 성서에 가깝게 여긴 이유가 분명해진다. 마샬이 괄호로 보충하여 설명했듯이 신념 목록과 같은 "특정한 내용들"은 "시간이 지남에 따라 어느 정도 자연스럽게 변한다." 성서와 신조들이 담아낸 "신념의 뭉치"(body of beliefs)는 "성서에 의해 생성된 것"인 동시에 "그리스도 공동체 안에서 공유된 신조의 규칙에 따라 해석된 것이다."[105] 성서와 신조가 교회 안에 자리할 때, 이 둘은 서로 영향을 미친다. 이렇게 교회 안에 위

104 Marshall, "Faith and Reason Reconsidered", 2, 7.

105 Marshall, "Faith and Reason Reconsidered", 8.

치하는 까닭은 신앙의 표준(*regula fidei*)의 역사적 적용 때문이다. 신앙의 표준은 성서 읽기를 지도하는 것이다. '신앙의 표준'이라는 용어는 2세기의 교부인 리옹의 이레나이우스(Irenaeus of Lyons)에게까지 거슬러 올라간다. 그것은 구두 전승으로, 나중에 에큐메니컬 신조들 안에 언어로 안착된다. 비록 그가 해석 방식을 문헌으로 담아내려고 생각했을는지 몰라도 후대인들에게 명시적인 내용을 남기지는 않았다. 마샬은 신앙의 표준에 호소하는데, 이는 신조의 진술을 언어-문헌적 형태로 나타난 해석 방식으로 여김으로써 이레나이우스를 넘어서는 것이다. 마샬은 이 신조의 진술들이 성서에 대한 공동체의 '그' 독해(단수)를 특징짓는다고 주장한다. 이와 같이 신앙의 표준에 대한 이러한 견해는 마샬이 사도 신조라는 지시문 아래에 교리들을 통합하는 근거가 되고, 이 교리들을 교회의 유일한 성서 해석 방식으로 확정한다.

여기서 사도 신조를 유일한 해석 방식으로 여기며 성서 해석 기술을 제약하면서 문제가 발생한다. 마샬은 문제를 부정하며 이러한 한계를 설정한다. 마샬은 "교회의 삼위일체론적이고 그리스도론적인 고백은 성서에 없는 것을 추가한 게 아니다"라고 말한다. 성서에 '추가'하는 일은 주어에 포함되지 않은 내용을 술어가 추가한다는 의미에서 일종의 종합 판단으로 알려져 있다. 지금 고려 중인 구체적인 예를 보면, 신조는 원래는 성서에 포함되지 않았던 삼위일체론적인 어떤 결정을 성서에 추가하고 있다. 그렇기에 성서와 신조 간의 역사적 불일치를 주장하는 신학자들에 따르면 종합 판단인 것이다. 즉, 성서에 있는 원-삼위일체적 설명과 아버지-아들 간의 동등함을 주장하는 후대의 삼위일체 교리 진술 사이에는 차이가 있다는 것이다. 하지만 마샬은 종합 판단이라는 주장을 거부하고, 그 대신 "교회의 삼위일체론적이고 그리스도론적인 고백은 … 성서 본문에 대한 공동체의 독해를 체계화하기 위해 성서에서 끌어온 것이다"라는 생각을 고수한다.[106]

이러한 단언은 성서와 교리 사이의 비역사적 관계를 함의한다. 신조는 성서에서 "얻은" 것이다. 혹은 마샬 식으로 말하자면, 신조는 "신조의 규칙을 따른 공동의 성서 해석에 의해"[107] 생성된 것이다. 마샬이 단언한 성서와 신조의 관계는 교리적인 하나의 성서 독해 방식을 교회의 표준으로 도입함으로써 성서 안의 차이들을 최소화하는 것이다. 성서와 해석 방식의 관계를 이해하는 여타의 신학적 가능성 내지 역사적 가능성은 고려되지 않았다. 이러한 해석학적 관계를 상정하면 교회가 성서를 해석할 때 교리와 관련하여 규범적 주장을 하기에 충분하다. 이러한 관점에서는 신약성서가 증언하는 신념과 수 세기 후 다듬어진 삼위일체론적 신념 사이의 차이가 없다. 마샬은 성서와 신조가 같은 것을 의미한다고 여기게끔 조화롭게 맞추는 해석 방식을 전개한 것이다.

106 Marshall, "Faith and Reason Reconsidered", 7.

107 Marshall, "Faith and Reason Reconsidered", 2.

I.2.2. 그리스도교의 신념들과 공동의 정체성

성서/신조를 조화시키는 해석 방식과는 별개로 그 이상의 문제가 있다. 바로 신념 진술들 사이의 관계에 관한 문제이다. 사도 신조에는 신념에 대한 다양한 진술이 있다. 그리고 마샬은 신념의 범위에 삼위일체와 같은 더 많은 진술을 추가한다. 삼위일체에 대한 항목은 하나님의 존재 방식이 필연적으로 삼위일체적임을 기술하는 반면, 성육신과 구원에 관한 항목은 동일한 수준의 필연성을 지니지 않는다. 오히려 성육신과 구원은 신적인 방안으로 우연적이다. 따라서 삼위일체론은 그리스도의 십자가 구원과 연관된 우연적인 교리들에 그 진리성이 좌우되지 않는 교리에 해당한다. 그럼에도 마샬이 신적인 숨겨진 위엄과 삼위일체에 대한 진술이 그리스도교의 신념 진술에 포함된다고 주장할 때 그가 전제하는 바는 이 상이한 신념들이 그리스도교 신념의 진수에 포함된다는 것이다. 마샬은 이 특정한 신념의 진수를 지지하기 위하여 어떤 주장을 하는가?

마샬은 『삼위일체와 진리』에서 신념을 그리스도인의 정체성과 관련시키는 논증을 펼친다. "핵심 신념들은 공동체의 정체성에 필수적인 것들이며, 공동체 정체성의 존망이 이 신념들에 달려 있고 … 따라서 신념들은 진리 주장이다."[108] 교리는 공동체의 정체성과 연관된다. 이는 신념들 간의 연관성이 사회학적인 것이지 논리적 관계의 연관성이 아님을 함축한다. 교회는 어떤 신념들이 교회의 정체

108 Marshall, *Trinity and Truth*, 44, 45.

성에 핵심적인지를 결정한다. 마샬은 정체성 조건들이—적어도 삼위일체와 교회에 관한 자신의 논거에서는—참이라고 상정하고 있기 때문에, 이러한 주장들이 왜 참인지, 어떤 조건들하에서 정체성 조건이 참 또는 거짓이라고 말해질 수 있는지, 참 신념이 정체성 조건으로서의 신화와 어떻게 구분될 수 있는지를 고려해 보라고 요구하지 않는다. 오히려 진리 여부는 어떤 신념들이 교회 정체성에 본질적인지에 관하여 교회가 확언하는 방식과 관련된다고 주장한다. "이는 당연히, '하나님은 사람이시다'(*Deus est homo*)가 참인지를 결정할 기준이 없다는 의미이고, 이와 꼭 맞는 신념의 둥지가 없다는 뜻이며, 다시 말해, 우리가 신념들의 진리 여부를 시험할 수 있는 더 상위 신념 내지 핵심 신념이 없다는 의미다."[109] "교회는 여타 신념들의 진리 여부를 결정할 정합성에 따라 저 신념들의 진수를 기준으로 취함으로써 하나님을 삼위일체로 식별하는 것이 참임을 확정한다."[110] 여기에 언급된 진리 개념은 그리스도교 공동체 내에서 발생한 확언의 관습과 관련된다. 교회는 관습의 일부로서 확언들을 펼쳐 내고, 교회가 특정한 신념들이 교회의 정체성에 본질적이라고 주장하기 때문에 이 신념들이 진리인 것이다.

여기가 교리에 대한 인식적 이해가 전면에 등장하게 되는 지점이다. 정체성 문제를 고려할 때, 정합성은 확언이라는 공동체의 관습에서 중요한 기준으로 부상한다. 정합성은 신념들 간의 관계를 지시한

109 Marshall, "Faith and Reason Reconsidered", 45.

110 Marshall, *Trinity and Truth*, 47.

다. 하지만 신념들끼리의 정합성에 따라 참인지 여부를 확인한다면, 신념들의 진리치는 상호 간의 관계의 함수로 평가된 것이지 신념들과 초월적 실재의 관계의 측면에서 혹은 신념의 내용에 따라서 평가된 것이 아니다. 그런데 정합성은 공동체의 정체성에 필수적이지 않은 신념들은 배제될 수 있도록 또 다른 측면을 요구한다. 무엇이 신념의 정합성을 설명해 주는가? 마샬의 대답은 교회의 정체성이 어떤 특정한 "일괄 묶음 처리"(package deal)하는 방식에 의해 정의된다는 것이다. "인식적으로, 그리스도교 신앙의 조항들은 토마스에게 단연코 묶음 취급 대상이었다. 그리스도교 가르침의 핵심체는 여러 신념들로 구성되지만, 그 신념들이 전부 동시에 참인지에 따라 '신적인 진리에 대한 이해'가 결정되는 것과 같은 식으로, 그 신념들은 서로 잘 들어맞는다." '일괄 묶음' 같은 것으로 구체적인 신념들을 일관성 있게 뭉쳐 놓는 것은 하나님에 대한 적절한 그림을 형성하는 데 필수적이다. 신념의 묶음은 하나님이 누구신지에 대한 공통의 의미를 정의하는 데 필수적이며, 신념들 사이의 관계는 정합적이다. 강한 관계가 논리적 관계 내지 상호 함축을 의미한다면, 정합성이라는 약한 개념은 마샬이 말한 "서로 잘 어울리는"[111] 심미적인 측면에서 설명된다. 이와 같이 약한 관계에 의하여 확언들을 모아 내는 진릿값(a truth-value)이 우리에게 맡겨진다. 그렇지만, 마샬은 정합성에 더 큰 규범성을 부여하는 또 다른 값을 추가한다. 그는 하나님을 언급한다.

111 Marshall, "Faith and Reason," 9.

I.2.3. 그리스도교 신념들과 하나님

지금까지는 인간의 말에 신적 진리성을 부여할 "초월적 실재"에 대해 언급하지 않았다. 하지만 마샬은 그리스도교 신앙에 대한 인간의 확언들이 정합성을 지닐 방도를 궁리했고, 정합성을 신적 단순성과 연관시키는 논증을 펴 나가면서 하나님을 요청한다. 마샬은 토마스가 "아리스토텔레스에게서 가져온 기술적 장치"에 호소한다. 이는 "단순한 또는 복합체가 아닌 실체가 알려질 수 있는 방식에 관한" 것이다. 마샬은 자신의 대화 상대인 토마스를 끌어와서, 신적 단순성이 사물들을 하나로 일관되게 하는 방식이라고 주장한다. 뿐만 아니라 하나님은 "제1진리"이므로 하나님 "자신의 자기-이해"는 참이라고 주장한다. 반면 인간의 마음은 감각적 인식을 통해 복합적 실체들을 알 수 있지만, "'단순한 사물들' 안에는 … 그것들과 관련된 진리 문장들 사이의 차이에 상응하는 실제적 차이가 없다"[112]라고 주장한다. 단순성 논증은 신념들 간의 정합성을 강화한다. 하지만 마샬이 생각하는 식으로 단순성을 식별하는 데는 문제가 있다. 예컨대 마샬은 그로써 모든 것을 아시는 하나님의 정신 작용의 단순성이나, 하나님이 생각하시는 대상들의 단순성 사이의 상대적인 차이를 구별하지 않는다. 설령 하나님이 생각하시는 대상들이 서로 수반 관계로 연결되어 있다 하더라도 차이가 있을 텐데 말이다.

112 Marshall, "Faith and Reason," 9-10. 이는 그리스도교 신앙에 대한 인간의 확언의 정합성을 제시하는 마샬의 논증을 내가 재구성한 것으로, 마샬의 압축적인 난해한 글을 최대한 이해될 수 있게 만든 것이다.

마샬이 더 진행해 나가려면 하나님의 자기-이해와, 신적 진리를 지각한 것으로 여겨질 수 있는 인간의 신념들을 연결시킬 방식을 찾아야 한다. 이렇게 언어적으로 표현된—인간의 마음속에 존재하는 것을 "… 실재에 동화시킨"—진술들을 단순한 실재에 동화시킬 때, 진술들 간의 차이가 허용되지 않는다. 이 실재는 하나님이며, 하나님께서 하나님 자신의 앎을 인간에게 나타내실 때 이 실재의 단순성은 보존된다. 설령 이러한 확언들이 인간의 지성 속에서는 "가지각색"일지라도, 이것들은 하나님이 아시는 단순한 현실에 동화되기 때문에 "신적 진리에 대한 인식"[113]을 산출하는 것이다. 마샬의 논증은 다음과 같이 진행된다. "달리 말하면, 신앙은 성서를 기준으로 하는 그리스도교 공동체의 담론을 통해 자신을 우리에게 제1진리로 나타내시는, 성육신하신 그리고 삼위일체이신 하나님께 밀착된 것이다. 교회의 가르침과 설교는 하나님에 대한 이 공동체의 담론이기만 한 것이 아니며, 하나님에 대한 하나님의 담론이기만 한 것도 아니다. 다만 하나님께서 자신의 지식을 이 세상에 공유해 주시는 하나님의 방법이다."[114] 성육신 안의 계시에 관한 이 진술은 하나님의 단순성에 관한 앞선 주장과 아주 일관적이지는 않지만—왜냐하면 성육신이 하나님의 단순성을 흩트리기 때문이다—그럼에도 계시를 신념의 원천으로 여기고 그것의 진리를 신앙의 조목들 사이의 정합성으로 여긴다. 단순성 논증에 더하여, 계시도 신념들

113 Marshall, "Faith and Reason," 9-10. 특히 9n23.

114 Marshall, "Faith and Reason," 8-9.

사이의 정합성에 대한 또 다른 설명으로 부상한다. 하나님이 하나님 자신에 대해 아시는 바 중 일부를 우리에게 계시하실 때, 이 신념들의 진수를 다 같이 계시하시는 하나님의 행위가 신념들의 정합성을 구성하는 것이다. 인간적인 신앙의 조건들하에서, 계시된 '일괄 묶음 처리' 내용이 참되게 규범적으로 정형화된다. 하나님의 계시로 인해 다양한 확언들이 일관성 있게 주장된다.

I.3. 루터의 기여

마샬은 루터의 신학에서 신념의 정합성 문제로 가서 요한복음 1:14, "말씀이 육신이 되셨다"(*Verbum caro factum est*)에 대한 1539년의 논쟁을 살핀다.[115] 루터의 후기 작품들 중에서도 이 작품은 루터 연구가들 사이에서 루터가 신학과 철학의 분리를 지지했음을 보여 주는 증거로 간주되고 있다. 루터는 철학과 신학이라는 각각의 영역에서 지배적인 언어 사용 방식을 고려하여 "새로운 언어로 말하기"(*novis linguis loqui*)라는 개념을 정립했다. 루터는 철학에서 어떤 용어가 사용될 때 그 용어의 의미는 신학에서 동일한 용어가 사용되는 방식과 철저히 다르다고 주장한다. 마샬은 루터가 제시한 두 가지 예를 구체적으로 언급한다. 그것은 '어머니'라는 말이 마리아에게 적용될

115 Marshall, "Faith and Reason," 32-46.

때 얻는 새로운 의미와 '피조물'이라는 말이 그리스도께 적용되었을 때 얻는 새로운 의미이다. "그래서 루터가 든 두 가지 예를 사용해 보면, '어머니'라는 말이 신학에서 마리아에게 적용될 때 여전히 아이를 낳은 여인을 의미하지만, 새로운 방식의 의미(즉, 동정녀)도 나타낸다. '피조물'이라는 말이 그리스도께 적용될 때 하나님께서 의지의 행위로써 만드신다는 의미지만, 피조물을 자기 자신과 한없이 분리함으로써가 아니라, 이제 자기 자신과 절대적으로 연합시킴으로써 만드심을 의미한다."[116]

신학에서 사용하는 말이 새로운 의미를 얻는 유일한 이유는, 루터의 주장으로 돌아가면, 그리스도의 성육신이라는 새로운 현실 때문이다. 그리스도께서 인간의 본성을 취하심으로써 가져오신 새로움 때문에, 신학 영역에서는 그리스도께서 개시한 새로운 현실을 반영하도록 언어를 재설정해야 한다. 하지만 마샬은 루터의 글을 어떤 새로운 진리 참여에 맞추면서, 루터의 논증을 약간 다르게 이해하고 있다. 마샬은 이렇게 말한다. "신학은 주로 신학이 말에 부여하는 의미의 측면에서 새로운 게 아니라, 말을 결합하는 방식에서 새롭다. 즉 원래는 타당하다고 생각하지 못한 문장들을 타당하게 한다는 측면에서 새롭다."[117] 새롭게 말하는 방식은 신념을 진술할 때 말을 배치하는 방식과 관련된다. 언급하고 있는 대상이나 내용이 아니라

116 Marshall, "Faith and Reason," 44. 또한 마샬이 WA 39/2:19.33-34; and 39/2:105.4-7를 번역해 놓은 44n93도 보라.

117 Marshall, "Faith and Reason," 44.

배치가 문제인 것이다.

여기서 마샬의 해석은, 중세적인 논리에 보다 충실하게 입각하여 루터의 입장을 이해하고 있는 중세철학 교수 시모 크누틸라(Simo Knuuttila)의 해석과 중대한 차이가 있다. 크누틸라가 보기에, 루터의 논의는 철학에서 신학으로 논리적 추론을 끌어올 가능성을 고려한 것이다. 이는 신학이 그 고유의 주제와 관련된 추론을 통제해야 하기 때문에 루터가 쟁론한 것이다.[118] 하지만 마샬은 루터가, 말이 명제 형성에 사용되는 방식을 주제와 무관하게 고찰하는 입장을 대표한다고 여긴다. "루터가 이해한 것과 같이, 성서적으로, 신조적으로 형성된 그리스도교 공동체의 담론은 우리의 언어를 사용하여 이야기하시는 하나님 고유의 방식이다. 다른 담론에서 우리가 말을 결합하는 방식과 비교해 볼 때, 그리스도교 공동체 담론이 우리를 가르칠 때 사용하는 문장은 충격적일 만큼 새롭고 낯설다."[119] 진리 여부가 중요한 문제다. 구체적으로 말하면, 특수한 방식으로 배치된 말들로 구성된 명제의 진리 여부가 중요한 문제다. 다른 명제에서 다른 방식으로 결합될 때는 거짓으로 판단될 말들이지만, 신학에서는 이 동일한 말들이 결합될 때 명제가 참이다.

마샬에게 "새로운 신학적 언어"의 문제는 "인식의" 문제이다. 다시 한번 말하자면, 내가 마샬을 다루면서 '인식'이라는 말을 쓸 때는,

118 Simo Knuuttila, "Luther's View of Logic and Revelation," *Medioevo: Rivista di storia della filosofia medievale* 24 (1998): 219-234.

119 Marshall, "Faith and Reason," 45.

언어적으로 이해된 믿음이라는 의미로 사용하는 것이다. 이는 우리가 세계에 대한 판단을 내리는 방식과 또한 우리가 세계를 바라보고 파악하는 방식에 영향을 미치는 칸트의 범주와 같이 기능한다. 교리에 대한 인식적 이해는 교리를 세계관의 측면에서 이해한다. 마샬의 말을 빌리자면, 교리는 "가능한 믿음의 범위 전체에 걸쳐 … 인식적 수위(首位, primacy)"를 갖는다. 교리는 "가능한 믿음의 범위" 안에, 심지어 "그 밖의 담론들" 안에 정합성을 구축하는 데 기여한다.[120] 교리는 우리의 세계 이해에 영향을 미치면서, 세계의 여러 상이한 측면을 하나의 세계로 통합하는 기능을 한다.

I.4. 세계관으로서의 그리스도교

교리의 규범적인 인식 기능과 관련하여 언급되어야 하는 최종적인 물음은 그 범위의 문제이다. '복음과 신앙 조항의 인식적 우위'가 어느 범위까지 포괄하는가? 만일 인식적 수위가 어떤 세계관의 규범적 렌즈의 자격이 있다면, 그것은 다른 어떤 신념들에까지 영향력을 갖는가? 다른 종교의 신념에까지 영향력을 갖는가? 여타 인간의 사고와 행동의 영역까지? 예컨대 음악 이론이라든지, 혹은 자연 과학에까지? 이 물음들은 한 세계관과 관련된 인식적 수위의 문제이다.

120 Marshall, "Faith and Reason," 35, 44.

마샬은 루터의 새로운 언어에 관한 자신의 논의를 이어가면서 범위 확장의 문제를 다룬다. "이러한 고려 사항[명제에서 말 배치]은 복음과 신앙의 조항이 그 '자연적 힘' 또는 순수한 의미를 유지할 수 있는 이유, **그리고** 이것들이 가능한 믿음의 전 분야에 걸쳐 무제한적 인식적 수위로 기능할 때에만 유효할 수 있는 이유를 설명하는 데도 도움이 된다."[121] 사도 신조는 삼위 하나님에 대한 명확한 조항들로 그 범위가 한정되지만, 그럼에도 마샬은 신념 진술이 세계관의 모든 차원과 양립할 수 있는지 여부를 보는 데 관심을 기울인다. 쟁점은 또 다시 진리 여부이다.

어떤 의미에서 교리가 인간의 신념, 활동, 과학을 포함하는 폭넓은 범위에서 인식적인 기능을 한다는 것인가? 마샬은 『삼위일체와 진리』에서, 골로새서 1:17 하반절에 있는 "만물은 그분[그리스도] 안에서 존속합니다"라는 그리스도론적인 찬송을 언급하며 이 문제를 고민한다. 그는 이 구절의 그리스도론적 초점을 삼위일체의 사역이라는 측면에서 해석한다. 그는 "아버지의 형상이신 분 안에서 만물을 존속시키시는 삼위일체의 사역에는 특정한 인식적 의미가 있는 두 가지 측면이 있다"라고 쓴다. 그리고 그는 이어서 '인식적 의미'의 '두 가지 측면'에 대해 설명한다. 첫 번째 측면은 저 구절의 동사인 '존속하다'와 관련된다. 마샬은 '존속하다'를 인식적 측면에서 이해한다. 그는 인식적 측면을 언어로 표현된 신념들 간의 관계로 발전시켜 왔다. 그

121 Marshall, "Faith and Reason," 43. 강조는 원저자의 것.

의 말을 빌리자면, "모든 참 믿음은 그분을 발견하는 이야기, 삼위 하나님을 그분으로 확인하는 이야기들 안에 존속(hold together)해야 한다—이 이야기들과 논리적으로 일관되어야(consistent) 한다.● 그분은 진리에 대한 결정을 포함하여 반드시 '만물 안에서 수위'를 갖는다."[122] 이와 같이 그리스도는 그에 대한 복음의 이야기들, 그의 정체성과 관련된 신념들, 삼위일체에 관한 신념들을 모으는 인식 원리로 나타난다. 그리스도 안에서의 일치로 인해 정합적인 이러한 신념들은 교리의 인식적 기능에 영향을 미친다. 그리스도는 그리스도교 신념으로 형성된 세계관의 인식적 범위를 결정한다. 논리적 일관성을 이유로, 과학적 주장과 같은 여타의 신념들이 그리스도교 세계관의 인식적 조건들에 의해 지배된다고 말해질 수 있다.

인식적 의미의 두 번째 측면은 세계관에 대한 문제와 관련된다. "복음(즉, 예수와 삼위 하나님을 확인하게 하는 이야기들)을 믿는다는 것은 필연적으로 그 믿는 자들이 복음 이야기 자체가 인식의 중심에 있는 세계에 대한 포괄적인 관점에 헌신한다는 것이다."[123] 여기서 우리는 이 세계관에 포함된 포괄성의 정도에 대해 주목하게 된다. 마샬은 과학적이든 실천적이든 혹은 그렇지 않든 모든 주장이 복음 이야기에 어떻게든 인식적으로 지배되고 있다고 생각하는 것인가?

● 'hold together'에는 '존속하다', '일관되다'는 의미가 내포되어 있다—옮긴이 주.

122 Marshall, *Trinity and Truth*, 112, 117. "정당화(Justification)는 믿음들과 세계 사이의 관계가 아니라, 믿음과 믿음들 사이의 관계이다"(88).

123 Marshall, *Trinity and Truth*, 118.

세계관 개념에 호소하는 것은 그리스도교 신념이 저 특정한 세계관 안에서 가능한 모든 지식에 영향을 미친다는 해석에 신빙성을 부여할 것이다. 마샬은 복음이 과학적 지식 및 실천적 지식과 얼마나 관련되는지 그 정도에 대해서는 상세히 설명하지 않는다. 그러나 이 문제는 쉽게 사라지지 않을 것이다. 위의 증거들을 고려해 볼 때, 그리스도 교리와 삼위일체 교리는 세계를 받아들이는 믿음들의 정합체에 대한 인식적 조건에 이 교리들이 영향을 미치는 만큼 이해된다고 말하는 정도로 충분할 것이다.[124]

그래서 무슨 일이 생겼는가? 마샬의 논증 단계들을 검토해 보자. 그는 아퀴나스와 루터가 일치할 수 있는 그리스도교 믿음에 대한 요약인 적절한 확언을 찾는 것으로 시작했다. 그가 제시한 확언은 영어로 되어 있는데, 이 점이 아퀴나스와 루터 사이의 역사적 또는 언어적 차이를 간과하게 했다. 그런 다음 이 확언은 이와 정합적인 것으로 간주되는 다른 믿음들 중에 인식적 수위를 부여받는다. 성육신, 삼위일체, 신적 위엄과 관련된 믿음의 확언들 사이의 정합성은 확언들이 진리일 수 있는 조건이다. 그리고 성서와 신조, 믿음과 그리스도인의 정체성을 조화시키는 해석학으로 가기 위해서, 확언

124 조지 린드벡은 문화인류학자 클리퍼드 기어츠의 문화 개념을 전유하여 어떤 세계관 개념을 도입했다. 린드벡은 "보다 기술적으로 진술된" 종교는 "삶 전체와 사상 전체를 형성하는 문화적 그리고/또는 언어적 얼개 내지 매개로 간주될 수 있다"는 개념을 기어츠에게 빌려왔다(Lindbeck, *Nature of Doctrine*, 33). 린드벡에게 있어 성서는 세계관을 형성하는 기능을 한다. 성서와 세계 모두에 대한 해석이 성서가 형성해 놓은 세계관 안에서 일어난다. "따라서 성서의 세계가 온 세계를 받아들일 수 있다"(117).

에서 그리스도교 신념들의 "일괄 묶음 처리"라는 개념으로의 전환이 있었다. 이는 하나님에 대한 호소로 마무리된다. 마샬은 루터의 새로운 언어 개념을 채택하여 세계관의 관점에서 그리스도교 신념에 대한 인식적인 측면을 고려하는 데 사용한다. 하지만 마샬은 왜 이 확언들이 역사적으로 관련이 있게 되었는지 그 이유를 탐구하지 않는다—사실, 그의 방법론은 이를 탐구해야 할 필요성을 아예 제거한다. 오히려 그는 하나님께서 이 확언들을 사도 신조 속에 통일체로 계시하셨고, 그것이 교회의 정체성을 정의한다고 주장한다. 교회와 신조 간의 분석적 관계는 성서 내지 신조를 달리 읽을 수 있는 방식을 배제한다.

마샬은 줄곧, 다른 모든 신념들과 함께 확언을 신앙의 표준을 수용한 산물로 이해했다. 그는 확언이 진리임을 정당화하는 것으로 하나님의 계시를 든다. 교회와 신조 간의 분석적 관계는 전해 받은 신념의 전통이 다른 방식으로는 이해될 수 없을 만큼 신앙의 표준을 교회와 너무 밀접하게 묶어 두는 듯해 보인다. 마샬은 신앙의 표준을 구성하는 신념들은 성육신, 삼위일체, 신적인 숨은 위엄들 사이의 정합성의 측면에서 교회가 수용해 온 신념들과 같다고 주장하면서, 신앙의 표준을 언어-문헌적 표현으로 규정한다. 마샬은 신적 단순성에 호소하면서, 인간에게 복잡한 신념들이 하나님의 자기-이해 속에서 단순하게 존재한다고 주장한다. 그는 하나님의 자기-이해가 복잡한 신념들을 일관성 있게 존속시키고, 하나님은 복잡한 신념들을 하나의 통일체로 계시하신다고 주장한다. 따라서 하나님은 언어적으로 정의된 공동체의 제1원인이라는 의미에서 제1원인이다.

일단 하나님이 공동체의 정체성을 구성하는 방식으로 이러한 신념들을 계시하시면, 공동체는 언어적으로 표현된 명제의 형태로 규범을 갖게 된다. 그렇다면 교회는 더 이상 하나님이 필요하지 않다. 신앙의 표준을 교회가 소유하고 있기 때문이며, 또한 신앙의 표준에 그리스도교 세계관이라는 인식적 기능이 부여되었기 때문이다. 마샬에게는 하나님의 자기-이해가 단순한 것이기 때문에, 하나의 계시로도 교회의 정체성을 영구히 정의하는 데 충분하다. 하나님께서 이미 계시된 것에 더하시거나 그것을 도전하기 위해, 어느 순간에 하나님께서 다른 신념의 조합을 계시하실 수 있는 가능성이란 없다.

그렇다면 교리는 무엇인가? 신앙의 표준으로 대표되는 그리스도교의 핵심을 형성하는 일련의 신념들에 대한 마샬의 정리는 구체적인 문헌-언어적 정형문구를 가지고 교리를 규범적으로 이해하기 위한 하나의 방안이다. 규범성은, 모든 신적인 초월적 현실과 단절된 교회-신조에 대한 분석에 규범성을 부여함으로써 담보된다. 교리는 교리 자체에 문제를 제기하실지도 모르는 하나님에 대한 증언 능력을 상실했다. 따라서 교리는 또한 어느 때나 변치 않는 고정된 규범성을 부여받음으로써 그 역사성을 상실했다.

I.5. 하나의 세계관으로의 회심

우리는 바르트에게서 시작하여 먼 길을 걸어왔다. 바르트에게 성서, 선포, 교리에서 인간의 언어는 심판의 가능성이신 신적 실재를 가리키는 것이었다. 마샬에게 인간의 언어는 사회적인 구성물로 신적 실재와 단절되어 있고 과거의 용어들을 거쳐 나온 문헌-언어적 표현에 고정되어 있다. 바르트는 신학을 사건으로서의 하나님 말씀을 기대하는 동안 새로움을 불러오는 해석으로 보지만, 마샬은 교리를 하나의 세계관 안에서 인식적-우위를 갖는 규범적 측면에서 본다. 교리의 인식적-우위 모델에 대해 제기될 마지막 문제는 어떻게 그 세계관에 접근하는지와 관련된다. 다른 가능한 후보들에 대해 인식적 모델이 갖는 우위를 어떻게 알아볼 수 있을까? 혹은 다른 식으로 말하자면, 그리스도교 세계관이 그 신념들의 정합성으로 인해 참이라면, 사람들이 이것이 참임을 볼 수 있는 자리에 어떻게 이를 수 있을까?

여기가 마샬이 외부의 하나님의 실재에 호소하는 지점이다. 회심은 그리스도교 세계관에 극적으로 입장하는 데 필요한 원인이다. 회심은 하나님께, 정확히 말하자면 삼위일체의 세 번째 위격에 기인한 것이라고 여겨야 할 만큼 극적인 것이다. 성령은 어떤 세계관, 즉 세속 세계관으로부터 다른 세계관으로의 회심에 수반되는 인식적 전환을 이루어 주시는 신의 위격이다. 마샬은 "수반되는 인식적 결실은 오직 성령께서 결정하실 일이다"[125]라고 말한다. 한 사람을 어떤 세계관으로부터 그리스도교 세계관으로 회심시키는 인식적 역할은 성령께 맡겨져 있다. 회심은 그리스도인인 주체로 하여금 교회-신조에 대한 분석이 참임을, 그것이 다른 담론들보다 더 포괄적임을 볼 수 있게 한다. 그러나 마샬이 성령이라는 외부 실재에 호소하는 것은 이미 상정해 놓은 특정 세계관의 일부이다. 성령은 마샬의 인식적-우위 모델에서 문지기 역할을 한다. 선택적으로 계시하는 활동은 이 신적 위격에게 할당된 일이다. 일단 성령께서 누군가를 회심시키기로 결정하시면, 그 사람은 이 세계관을 공유하는 다른 사람들처럼 일련의 동일한 신념을 갖게 될 것이다.[126] 이 사람이 일단 회심자들 사이에 들어오면, 그들과 이 세계관의 인식적 우위를 공유하게 될 것이다. 그리고 성령은 "특정한 일련의 신념에 맞춰 인식의 장 전체의 질서를 정리하고자 하는 의지를 창조"함으로써 "설득"(persuasion)이라는 인식적 역할을 계속해서 행사한다.[127] 성령은 제일 처음 표현된 신념들에 잘 부합하는 행위자가 되도록 신자들을 달래심(coaxing)으로써 신자들의 행동에 계속해서 영향력을 행사한다. 따라서 이 외부 실재에 호소하는 것은 교리 체계가 타당한 진리임을 정당화하기 위해 호소하는 것이 아니라, 이 세계관으로의 회심-생산자이자 이 세계관을 존속시키는 자로서의 외부 실재에게 호소하는 것이다. 비록

125 Marshall, *Trinity and Truth*, 124.

126 Marshall, *Trinity and Truth*, 157: "이와 같이 그리스도교의 핵심 신념들의 무제한적인 인식적 수위는 그럴듯한 일련의 인식적 수위들이 포괄적인 능력을 나타내야 한다는 요구사항과 상당히 양립 가능한 것으로 보인다."

127 Marshall, *Trinity and Truth*, 204, 212.

성령이 누구에게 신념을 계시할지, 그 신념들에 부합하게 행동하도록 누구를 설득할지를 결정하는 초월적 실재이더라도, 그럼에도 하나님은 세계관이라는 개념의 범위 안에 들어간다. 이와 같이 성령의 초월은 인식적 근거들을 기초로 하여 세워진다.

인식적-우위 모델 안에서 교리는 성서 및 선포와의 변증법적 관계를 상실했다. 그 대신, 인식적-우위 모델은 교회와 신조 간의 분석적 관계 속에서 교리가 생산됨을 주장함으로써 교조주의가 되었다. 여기에 다른 교회, 다른 해석의 여지는 없다. 교회가 생산해 온 신앙의 표준을 통해 읽어 낸 단 하나의 성서만 있을 뿐이다. 이는 어떤 뚜렷한 교리적 해석 방식으로 성서를 읽는 공동체로 교회의 정체성을 근거 짓는 것이다. 일단 교회가 한 세계관의 진리에 대한 특권을 얻으면, 하나님 말씀에 개방되어 있음이라는 살아 있는 가능성으로부터 단절된다. 하나님 말씀은 과거에 사용되었던 인간의 언어—확언과 교리—로 번역된다. 그래서 이러한 확언과 교리는 미래에 나올 어떤 신학적 표현에 대해서든 예측 가능한 규범으로 기능한다. *Deus dixit*는 스스로 권위를 부여하는 그리스도교 세계관을 구성하는 교리의 틀에 맞춰진다. 이제 성령이 하는 일은 사람들을 이 세계관으로 회심시키는 것(혹은 회심시키지 않는 것)이 전부일 것이다. 하나님의 현실에 근거한 체계로서의 신학은 세계관으로서의 그리스도교로 대체되며, 따라서 신학의 기능은 이 세계관 내에서 인식적 기능을 하는 교리에 이르게 하는 것으로 제한된다.

II. 교리의 종말

신자들은 무엇에 근거하여 자신들의 신학 체계를 정당화하는가? 이는 내가 추적해 온 신학적 자취가 남긴 문제로, 나의 관심사이다. 바르트의 뒤를 이은 신학자들은 하나님 말씀이 신학의 근거라고 주장했다. 하지만 바르트에게는 하나님이 초월적 실재로서 근거이시다. 바르트는 인간의 말과 하나님의 초월적 현실 사이의 변증법적 관계를 수립했다. 이 변증법 안에서 교리 신학의 과업은 하나님 말씀을 그 내용의 측면에서 설명하는 것이다. 그러나 신학은 항상 하나님의 심판 가능성 아래 서 있다. 그런데 우리가 인식적-우위 모델에 이르렀을 즈음에는 더 이상 내용이나 지시 대상에 대해서는 관심을 두지 않는다. 교회 안에서 신학의 지위는 분석적이며, 성서에 대한 규범적 해석 방식으로서의 신조를 포함한다. 진리의 구체적인 근거는 교회-신조의 분석에 있다. 교회의 정체성은 교회가 성서를 읽을 때 사용하는 특정한 교리에 의해 결정된다. 과거는 교리를 형성하고,

과거를 상기하는 것은 현재 교리를 설명하는 신학적 과업에서 독점권을 갖는다. 교리의 유일한 과업은 과거의 구체적인 표현들을 규명하고, 표현해 내고, 연결시켜서 현재의 상황에 적용하는 것이다. 과거에 기초한 규범으로 이해된 확언, 교회-신조를 분석하여 얻은 확언을 넘어설 길이 없는 것 같아 보인다. 이 체계에서는 내용이 중요하지 않기 때문에, 신학을 전개할 때 새로움이 있을 자리가 없다. 가지각색의 그리스도교 저자들이 언어와 시대를 가로지르는 동일한 것을 말하도록 강요하는 것으로 충분하다. 교회-신조 분석은 그리스도교 세계관의 정합성을 확립하는데, 그렇다면 이 정합성은 교회에서 규범으로 여겨지는 것에 근거한 것이다.

이 지점에서 교리는 종말에 이르렀다. 대화[변증법] 없는 교리, 발견 없는 신학, 역사 없는 교회, 의미 없는 언어—이것이, 교리가 그 초월적 실재를 상실하고 교리 자체가 진리의 규준이 되고 외부의 다른 것들과 소통할 수 없는 스스로-닫힌 체계가 될 때, 남아 있는 것이다. 하나님으로부터 단절된(성령은 예외적으로 사람들을 회심시키는 사역에 한하여 관련된다) 닫힌 세계관 속에서 그리스도교 담론을 전체주의화하는 것—이것이 교리의 종말이 의미하는 바이다. 어떤 관점에서 볼 때는 그러한 당당한 고립이 장점으로 보일 수도 있다. 신학자들이 이해를 추구하고 있는 타자들의 비판적인 물음을 언급할 필요를 느끼지 못하면서 그저 자기 과업을 계속 진행할 수 있는 상황이 허락된다면 말이다. 단점은 신학자들이 신앙의 내용을 상실한다는 것이다. 내용과 실재가 없다면, 신학은 과거의 골동품을 담아 놓는 장

식장이 된다. 교리가 신념에 대한 확언들로 굳게 고정된다면, 가르치거나 배우고, 토론하고, 심지어 다투기까지 할 이유가 있을까?

신학을 개념화하는 방법 중 내가 상상할 수 있는 가장 뚜렷한 대비는 다음과 같다. 살아 있는 실천으로서의 신학 vs. 제한하는 노력으로서의 신학. 변증법과 해석으로서의 신학 vs. 이미 받아들여진 것으로서의 신학. 선한 신앙으로 자기 시대를 살아 내고 있는 남성 및 여성과의 대화에 열려 있는, 대화로 가득한 신학 vs. 그리스도교 세계관을 이미 공유하고 있는 이들에게 한정되어 있는 신학. 한편으로 신학은 대학의 다른 학문 분야들과 이야기를 나눈다. 이러한 다른 노력들처럼 신학도 인간의 기획이기 때문이다. 다른 한편으로 신학은 다른 학문 분야들로부터 의도적으로 고립되는데, 바로 그래서 정당화 내지 근거 없이도 확언을 펼쳐 낼 수 있는 것이다. 하지만 이 대비 목록에서 가장 거슬리는 문제는 살아 계신 하나님과 신학의 관계의 운명이다. 하나님이 교리로부터 단절될 때, 교리는 길을 잃는다.

총체적인 핵심 문제는 신학이 과거에 고정된 언어의 관점에서가 아니라 하나님의 현실의 관점에서 하나님에 대한 교리적 주장을 할 수 있는지 여부다. 나는 이에 대해 고민하면서 신학의 위기에 대한 바르트의 명료한 생각에서 영감을 얻었다. 신학은 비상 신호를 곤두세우고 신적 현실을 증언하는 학문이면서, 동시에 인간의 언어와 개념이라는 렌즈를 통해 자신과 세계와 하나님을 바라본다. 신학을 이런 것으로 생각할 때, 신학의 언어가 역사와 의미론에 영향을 받으면서 하나님의 현실에 관해 주장하는 방식에 대해 정직하게 평가할 수 있다. 그래서 그리스도교가 시작될 때부터 신학자들 사이에는 이러한 생각이 있었다. 그러나 어떻게 언어로 하나님에 대한 주장을 펴는지, 유비적인 방식으로 펴는지, 부정의 길(*via negationis*)인지, 탁월의 길(*via eminentiae*)인지, 아니면 또 다른 방식으로 하나님에 대한 주장을 펴는지, 그 방식을 밝혀내기 위한 작업을 하려면 최소한 여기에는 신학 담론이 언급하는 대상의 회복이 요구된다. 또한 신학 활동이 새롭게 창조적으로 표현을 정립하는 일에 어떻게 개방되어 있을 수 있는지를 잘 살펴볼 필요가 있다. 바르트가 초창기에 말했듯이, 신학을 한다는 게 흥미로운 이유는 신학이 세상에서 무언가 잘못되었을 때의 신호라는 점이다. 이 작업 속으로 하나님의 말씀이 들어온다. 우리가 예측할 수 없지만 신실하며, 새로움에 열려 있지만 우리가 알아볼 수 있는 말씀이 들어온다.

하나님의 진리는 하나님의 현실에 관한 것이며, 신학의 과업은 신학의 주제인 하나님의 현실을 회복하는 것이다. 인간은 살아 있는 말씀이신 하나님의 현실을 언급하는 동안 하나님에 대해 말할 수 있을 것이다. 나는 교리에 매이지 않고 때로는 교리와 상반되게 말씀하시는 하나님에 대한 감각을 회복해야 한다고 제안하고 있는 중이다. 우리는 이러한 정신에 입각하여, 성령이 그리스도의 어머니라고 한 니콜라우스 폰 친첸도르프 백작(Count Nikolaus von Zinzendorf, 1700–1760)의 주장이나 하나님과 세상의 관계에 대한 미완의 역사로서 삼위일체를 강조한 슐라이어마허의 주장을 살펴볼 수 있다. 이런 주장들이 부요하며 설득력 있는 가능성이 아니라고 누가 말하겠는가? 교리는 새로움과 상호주관성 속에서 정립된다. 언어가 고정된 것처럼 보일 때조차도, 언어가 의미하는 바를 탐구하면 차이가 발생할 수도 있다. 교회가 오래전에 이미 의미를 상실한 언어로 고백하는지도 모르지만, 그럼에도 다시금 언어에 새로운 내용이 채워질 수도 있다. 왜냐하면 그 언어가 지시하는 대상이 여전히 살아 계시기 때문이다. 또한 교리도 살아 있을 수 있다. 오직 살아 계신 하나님과 연관될 때에만 말이다. 하나님의 말씀은 우리가 자기 자신의 언어로 표현하고, 찬양하며, 증언하고, 설명하고, 이야기하도록 우리를 초대하신다.

Language and Reality

A Theological Epistemology with Some Help from Schleiermacher

4

언어와 실재

슐라이어마허에게 약간 도움받은 신학적 인식론

I. 종말의 자리에서, (잠정적인) 시작

이 시점에 우리는 어디에 서 있는가? 나는 20세기 신학의 중요한 가닥들을 역사적으로 추적하며 검토했고, 교리의 죽음이 두 번 선고된 지점에 이르렀다. 첫 번째 교리의 종말은 1장에서 살펴본 바와 같이 슐라이어마허의 문 앞에 놓여 있다. 슐라이어마허가 성서 본문보다 오히려 전(前)언어적인 심중에 기초한 경험을 교리적 규범성의 근원으로 이해했으며 그로써 낯선 인류학적 범주를 가지고 하나님의 진리를 절충시켰다고 회자되었다. 또한 3장에서도 교리의 종말이 선고되었다. 거기서 교리는 그리스도교 세계관을 형성하면서 인식적 기능으로 통합되었다. 그리스도교 신앙은 언어로 표현된 신앙의 조목들에만 일편단심 맞춰진다. 그 신념은 오로지 추론적이고 정합적이며, 인식적으로 포괄하는 범위가 경계 없이 막연히 뻗어 있다. 그러나 교리는 세계관이라는 문법적 구조로 축소되었다. 결국 교리는, 그 정체성이 교리의 경계와 접한다고 여겨졌던 초월적 실재와의 연관성을 상실했다. 문자에 부여된 규범성은 신앙 조항에 담긴 정신을 대체했다. 교리의 언어는 살아 계신 하나님과의 연관성을 상실했다.

하나의 종말과 함께 하나의 시작이 도래한다. 나는 적어도 이 책의 앞부분에서 기술한 계보가 현대의 신학적 상황을 주도하는 핵심 쟁점 중 몇몇을 수면 위로 드러냈기를 바란다. 그리고 이제 우리는 종말을 시작으로 바꾸는 일을 착수할 수 있을 만큼 이 쟁점들에 대한 충분한 정보를 가지고 있다. 이 장에서 나는 슐라이어마허의 문제로 돌아가서 완전히 새로운 것이라기보다 '잠정적인' 첫 단추를 꿰는 일을 착수할 것이다. 우리가 살펴본 것처럼, 슐라이어마허는 말씀과 교리에 관한 핵심 단어들에 부정적인 발자국을 남김으로써 20세기 신학에 자취를 남겼다. 역사 기술학적으로 시대를 구분하면, 슐라이어마허 문제에서 중요한 핵심 쟁점은 근대성(modernity)이며, 이는 성서 및 개신교 종교 개혁자들의 '신앙의 세계'와 대척점에 있다고 여겨진다. 그럼에도 슐라이어마허가 근대[현대] 신학의 아버지로 간주되듯이, 근대성과 관련하여 그가 제시한 도전들은 사라지지 않을 것이다. 비평-이후의 시기에 비평-이전의 가치들을 향수하며 전유함으로써 그러한 도전들을 극복하려 하더라도 말이다.

I.1. 성서와 교리

두 가지 유형의 성서 해석 사이의 대조는 말씀이 근대성과 함께 불편하게 남아 있음을 그려 준다. 만일 성서를 "책 중의 책"[1]으로 본다면, 성서 해석에 적용되는 방법들은 성서 내적인 관행과 의미에서 도출한 원리들을 지침으로 삼은 것이어야 한다. 그리스도교 교회는 애초에 성서에서 취한 신앙에 대한 해석 규칙을 적용하면서, 정경을 권위 있는 것으로 간주하며 읽는다. 교회는 성서를 하나의 통일된 문서로 읽으면서, 상이한 부분들에 대한 신학적인 연관성을 창조하도록 성서 안에 배치된 방법들에 특권을 부여한다. 그리스도론이나 삼위일체론 같은 교리는 성서의 의미를 순전히 역사적으로 해석한 것 이상이다. 이 교리들은 성서에 계시된 하나님에 대한 참된 재현이기도 하다. 이와 상반되는 입장에서는, 만일 성서를 '여러 다른 책들과 같이' 읽는다면 인간 저자들이 구성한 이 텍스트를 이해하기 위한 해석 방법들—역사적, 문학적, 문법적 방법에서 심리학적, 철학적, 종교적 방법으로 나아가는 해석 방법들—이 타당하게 적용될 것이라고 주장한다. 인간 독자들은 하나님과 세계의 관계의 복잡성을 인간의 언어로 전달하는 텍스트로서의 성서를 이해할 수 있다. 이 두 번째 선택지는 성서의 의미를 성서 바깥의 표현 양식으로 바꾸면서 성서 해석학에 대한 유럽 계몽주의의 유산에 논란을 일으켜

1 벤자민 조위트(Benjamin Jowett)는 성서를 '여러 다른 책들'과 같이 해석하는 것과 유일한 진리를 주장하는 책으로 해석하는 것 사이의 균형, 즉 "그리스도와 그의 사도들의 생각"을 사려 깊게 설명하였다. Benjamin Jowett, "On the Interpretation of Scripture," in *The Interpretation of Scripture and Other Essays* (London: G. Routledge & Sons, 1907), 35, 72; repr. from *Essays and Reviews*, ed. F. Temple et al. (London: Parker, 1860), 330-433.

야 하는 것인가? 이러한 이것이냐/저것이냐의 대립은 오늘날 신학자들이 직면하고 있는 해석학적 딜레마이다.[2]

근대성과 비판-이전의 시대에 대한 두 번째 대조는 교리와 관련된다. 우리는 슐라이어마허에 대한 브룬너의 비판과 함께, 진리에 대한 관여가 하나님 말씀의 영적 의미들(valences)에만 결부됨을 보았다. 브룬너의 용어에서 자연과 신비주의의 연관은 말씀이 인간의 의식으로 번역될 때 말씀이 왜곡된다는 결론으로 이어진다. 내면성에 관한 슐라이어마허의 관점을 이런 식으로 이해하는 방식은 20세기가 끝날 때까지 변하지 않고 그대로였다. 용어가 약간 다르기는 하지만—전언어적 경험이 자연 신비주의로 대체되었다—교리에 미치는 파급 효과는 동일하다. 슐라이어마허는 언어적으로 표현된 교리와 전언어적인 종교 경험 사이의 우연적 관계를 주장했다고 비난받는다. 교리적 기표와 경험적 기의 사이에는 필연적 관계가 없다. 기표는 기표가 진리임을 증명해 줄 수 있는 외부의 실증을 가지고 있지 않다. 인간의 경험이라는 기준이 교리의 진리성을 판단하는 것이지, 그 반대는 아니다. 슐라이어마허에 대한 이러한 비판이 함축하는 바는 교리의 진리가 근대성의 가치들과 양립할 수 없다는 것이다.

2 린드벡(*Nature of Doctrine*, 118)은 이것이냐/저것이냐 중에서 한쪽 측면을 다음과 같이 요약한다. "텍스트 내재적 신학은 성서를 성서 바깥의 범주로 번역하기보다 성서적 틀 안에서 현실을 재기술한다. 이를테면, 텍스트[를 흡수하는 것이] 세계라기보다 세계를 흡수하는 것이 텍스트다."

I.2. 수용과 생산

말씀과 교리의 관계—내가 브룬너가 도입한 이항 대립적 측면에서 분석했던 것과 같이 다른 말로 하면 성서와 전통의 관계—는 이 장에서 내가 전념할 더 깊은 물음을 안고 있다. 초기에는 언어적 측면에, 언어적으로 작성된 성서 본문의 측면에, 그리스도교 세계관이라는 깊은 차원에 새겨진 신앙이 언어적으로 표현된 조목들의 측면에, 쟁점을 국한했다. 그러나 슐라이어마허 문제는 인간의 자연[본성]과 하나님 말씀의 진리 간의 경합 개념에 자리한 또 다른 반대의 사례를 확인시켜 주었다. 인간의 의식과 경험은, 또는 브룬너에게 "자연 신비주의"는 언어적으로 사용 가능한 성서 텍스트 및 교리와 상반되는 원리를 설정하여 서로 경합하는 것으로 판단된다. 슐라이어마허와 계속 함께 가는 쟁점은 종교적 의식으로 경계 지어진 어떤 현실과 관련된 그의 언어 이해 방식이다. 그의 신학의 측면에서 이 현실은 그리스도교 공동체 안에서 가능한 신자와 그리스도의 신비적 관계이다. 언어와 실재의 문제가 궁극적으로 전면에 오게 된다.

나는 당면한 문제를 선명하게 보이기 위해 이항 대립을 하나 더 도입함으로써 언어/실재 문제를 시작할 작정이다. 나는 언어와 실재 문제를 다루기 위해, 생산/수용의 구분이라는 렌즈를 통해 슐라이어마허에게 무엇이 문제되는지를 더 확실히 다루어 보려 한다.

저 문제를 수용의 측면에서 보면, 슐라이어마허가 실패한 것으로 판단된다. 수용은 이후 세대가 전유하도록 주어진 종교적 전통에 특권을 부여한다. 전통이 주어진 것이며 전달 가능한 것이라는 측면을 받아들임으로써, 이후 세대에게 진리들, 신념들, 의식들을 전달하는 전통에 특권을 부여하는 것이다. 이러한 맥락에서 린드벡은 성서를 언급한다: "어떤 의미에서는 모든 종교가 그렇듯 한 종교가 과거와 현재에 수많은 형태가 있다면, 어떻게 그 종교는 '성도들이 단번에 받은 그 믿음을'(유다서 3) 보존한다고 주장할 수 있을까?"[3] 이렇게 문제를 제기하면, 수용의 문제는 예전 및 경건의 실천과의 광범위한 관계뿐만 아니라 말씀, 교리, 신앙 조항과 같은 종교 전통의 광범위한 측면에 주어진 것들이 시대를 관통하는 공동체의 정체성과 상관관계가 있다고 기술하고 분석하는 데 도움이 된다. 신념의 전유에 대한 문제는, 계속 이어지는 실천을 형성하고 알려 주는 말씀과 교리에서 답을 찾는 것에 집중한다. 린드벡을 다시 인용하면, "그리스도인이 된다는 것에는 이스라엘과 예수 이야기의 측면에서 자기 자신과 자신이 몸담고 있는 세계를 해석하고 경험하기에 충분할 만큼 그 이야기를 배우는 것이 포함된다. 무엇보다도 종교는 선재하는 자아나 선개념적 경험에 대한 표현 내지 이를 논의화하는 것이라기보다 자기 자신과 자신의 세계를 주조하고 형성하는 외적 언어(*verbum externum*)이다."[4] 이야기가 들려지기 위해서 먼저 이야기가 전해져야 하고 그러고 나서 자기 자신의 이야기로 만들어진다. 수용의 관점에서 종교 전통을 검토하면 형성과 알림을 함축

3 Lindbeck, *Nature of Doctrine*, 78.

4 Lindbeck, *Nature of Doctrine*, 34.

하는 어휘가 가능해지고, 특정 전통에 주어진 것을 나중에 오는 것에 중요한 것으로 따로 떼어 내고 그 전통의 특수한 요소들을 시대를 관통하는 전통의 정체성에 중요한 것으로 식별하는 개념성이 가능해진다.

그러나 일반적으로는 종교 전통에 대해, 특수하게는 그리스도교라는 종교의 권위 있는 문서들에 대해 제기될 법한 또 다른 문제들도 있다. 정체성을 구성하는 문헌적 산물은 처음에 어떻게 만들어진 것인가? 특정한 말과 텍스트가 먼저 표현된 다음 특정 무리의 사람들에게 중요한 것으로 여겨진 이유를 확인하기 위해, 이미 문헌으로 주어진 말씀과 교리에 초점을 두는 것보다 이것들이 만들어진 **생성 과정**을 살펴볼 수도 있다. 정경 텍스트는 어떻게 나왔고, 어떤 조건하에서 나왔는가?

성서적이고 고백적인 정경 생성에 대한 문제는 역사적인 쟁점이다. 브레바드 차일즈(Brevard Childs)가 보여 주었듯이, 그리스도교 성서가 '최종 형태'로 발달된 과정은 주석적으로나 역사적으로 추적할 수 있다. 정경 성서의 생산 과정은 자료, 양식, 전승, 편집 비평으로 확인할 수 있는 여러 가지 압력들과 관련된다.[5] 마찬가지로 교리의 생성 과정도 역사 연구를 통해 다루어질 수 있다. 근래의 새로운 역사 기록학들은 예컨대 삼위일체 교리가 니케아 공의회(325)와 콘스탄티노플 공의회(381) 중에 어떻게 생성되었는지를 더

5 Brevard S. Childs, *Biblical Theology of the Old and New Testaments: Theological Reflection on the Christian Bible* (Minneapolis: Fortress Press, 1992)을 보라.

깊이 이해하는 데 기여한다.[6] 정통적인 정형문구들에 나타난 삼위일체라는 표현을 성서 안에서 발견할 수 없다는 주장은 사실이지만, 4세기에 등장한 이 표현은 초기 기독교의 확실한 선례를 가지고 있다. 삼위일체는 요한복음의 고별강화와 바울 서신의 안부 인사 및 축도에서와 같이 성서 안에 있는 원형-삼위일체적 암시들로부터 4세기의 고백적이고 신조적인 분명한 표현으로 발전된 것이라고 추적될 수 있다.

그러나 정경 텍스트 생성 문제를 다른 각도에서, 엄밀한 역사적 쟁점이 아니라 인식론적인 틀로 보면 어떨까? 나는 특정한 현실의 압박하에서 어떤 단어나 말이 표현되는 방식을 포착하는 용어라는 넓은 의미에서 인식론적이라는 말을 사용한다. 인식론이라는 말은 여기서 내가 의도하지 않은 의미로 잘못 이해될 수 있다. 신학을 인간의 심리 작용과 이성에 근거 지어서, 계시를 그 원천으로 갖는 사실대로의 신학을 왜곡할 것이라고 말이다. 오히려 나는 인식론을 신학적 진술, 교리, 심지어 신학 체계들이 어떻게 현실과 관련하여 생성되는지에 관한 것으로 여긴다. 인식론에 대한 이런 시각은 확실히 신학적이다. 즉 이러한 인식론은, 신학이 하나님의 현실과 관련하여 주장을 펴 내는 특정한 방식과 관련된 물음이 제기될 때, 칸트가 착수한 이성과 이성의 한계에 대한 철학적 분석에 중요한 신학적 차

6 예를 들어, 현대 신학자들, 그중에서도 루이스 아이레스(Lewis Ayres)와 크리스토퍼 빌리(Christopher Beeley)가 새로운 역사 기록학을 소개하는 다음의 책을 보라. Sarah Coakley, ed., special edition on "The God of Nicaea: Disputed Questions in Patristic Trinitarianism," *Harvard Theological Review* 100, no. 2 (2007).

원을 추가한다.

나의 목표는 실재와 관련된 언어에 대한 독특한 이해가 어떻게 신약성서 생성의 뿌리를 이루는지와, 또한 어떻게 이러한 이해가 교리의 역사를 형성하는 한결같은 요인인지를 보여 줄 신학적 인식론을 슐라이어마허의 도움을 받아 재구성하는 것이다. 이 장의 목적을 위해 내가 정의한 신학적 인식론에는 사변적인 재구성의 측면이 있다. 신학적 인식론은 말하지 않고는 배길 수 없을 만큼 자신들을 굉장히 바꾸어 놓은 무언가를 경험한 저자들이 어떻게 독특한 텍스트들을 생성했는지를 설명하는 것이다. 원래의 발언은 이후의 교리적 정형문구와 신학적 성찰의 토대를 놓는다. 신학적 인식론은 발전적 차원과 새로움의 가능성을 포함하기 위해 재구성될 수 있다. 하나님, 자아, 세계에 대한 개념들의 발전은 신학적 핵심 개념 형성 과정에 대한 하나의 초역사적인 역사이다. 나는 개념 형성에 관한 슐라이어마허의 설명에 기대어, 신학적 개념들이 일단 확립된 후 새로운 통찰의 가능성을 열어 두면서도 일관성을 유지하는 방식을 설명할 것이다. 세상 속에 계신 하나님이라는 그리스도교의 현실, 즉 현전하시는 그리스도(*Christus praesens*)는 과거에 양도된 것이 아니라 현재와 미래의 가능성일 정도로 슐라이어마허에게 있어 그리스도교는 살아 있는 전통이었다.

나는 이 장에서 신학적 인식론의 두 부분을 탐구할 것이다. 첫 번째 부분은 신약성서의 생성 과정과 관련된다. 슐라이어마허에 따르면 신약성서는 그리스도교의 정경 텍스트이고, 나사렛 예수와 구속 사역 사이의 그리스도론적 연관성이 확립되어 있는 텍스트적 기초이다. 두 번째 부분은 중요한 신학적 개념들이 그리스도교 역사 속에서 어떻게 생성되는지에 대해 탐구한다. 이 후자의 경우, 나의 목표는 신약성서에 기초하여 설정한 언어-실재 관계의 관점에서 교리가 발생하고 개발되는 방식을 보이고, 개념 형성에서 새로움의 가능성에 대해 설명하는 것이다. 두 부분 모두 초점은 성서와 교리 속의 언어가 생성되는 방식을 설명하는 인식론을 구성하는 것에 있다. 그리스도교에서 언어와 실재에 대한 특정한 쟁점이 계속 진행 중인 신학 작업에 영향을 미치는 방식을 보이기 위해 그러한 인식론은 신학에서 필수적이다. 몇 가지 주요 문제는 이렇다: 새로운 경험의 압박 속에서 언어는 어떻게 변화하는가? 의식과 지향성(자기 바깥의 실재를 가리킨다는 의미)은 언어적인 틀을 구성함에 있어 어떻게 핵심인가? 어떻게 신학의 언어가 그리스도의 구원하시는 행위들을 가리키는가? 언어-실재의 관계는 그 주제의 관점에서 신학적으로 해석되며, 이러한 관점에서 언어-실재 관계는 그리스도교의 생생함을 그리스도교의 하나님과 관련하여 설명해 준다.

I.3. 슐라이어마허의 도움이 적절한 이유

슐라이어마허의 신학은 대개 오로지 의식에 관한 철학과 관련하여서만 언급되긴 하지만, 그는 언어 문제, 특히 교회 안에서 그리스도를 전하는 수단으로서의 언어 문제도 다루었다.[7] 그는 자신의 책 『기독교 신앙』의 프롤레고메나의 중요한 섹션에서 그리스도교 담론의 여러 장르들에 대해 논한다. 예를 들어 그리스도인의 자기의식 상태와 신앙 진술의 관계를 다룬다(*CF* §§15–19). 학문적 지식의 생산에 대한 슐라이어마허의 철학 강연집인 『변증법』에서도 언어는 중요한 주제로 나타난다. 슐라이어마허에 따르면, 지식은 다른 이들과의 의사소통에서 언어적으로 표현되는 범위까지만 가능하다. 이는 그가 『변증법』과 나란히 짝을 이루는 해석학에 대한 철학적 강의를 작성한 이유를 설명해 준다. 『변증법』은 언어적으로 표현된 주장들과 이러한 주장들에 대한 논의를 통해 지식이 생성되는 방식을 고찰하고 있어서, 학자들에게 서로의 지식 주장들을 이해시키기 위해서 해석학이 필요한 것이다. 슐라이어마허는 해석학이라는 분야의 창시자로 인정되는데, 그가 정의한 것처럼 해석학은 "특히 글로 기록된 다른 사람의 담화를 정확히 이해하는 기술"[8]이다. 변증법과 해석학 모두 언어와 실재 사이의 관계가 밀접함을 전제하고 있다.

7 *CF* 77 (§15.2): "구속자 자신의 전체 사역은 발화를 통한 그의 자기의식의 전달 가능성을 조건으로 하며, 이와 유사하게 그리스도교는 언제 어디서나 오직 설파(preaching)로 그리스도교를 전파해 왔다."

8 Friedrich Schleiermacher, *Hermeneutics and Criticism and Other Writings*, trans. Andrew Bowie, Cambridge Texts in the History of Philosophy (Cambridge: Cambridge University Press, 1998), 3. *Hermeneutics*에 실린 강의들이 처음 출간된 것이 슐라이어마허 작품의 전집판(*Sämmtliche Werke*)인데, 신학 섹션이 아니라 철학 섹션에 위치하고 있다.

슐라이어마허의 글에 나타난 언어와 실재의 관계라는 주제는 수많은 다양한 텍스트를 통해서 분석해 볼 수 있지만, 나의 관심사는 슐라이어마허가 신약성서의 토대층으로 여긴 그리스도에 관한 경험을 언어와 관련시킨 그의 설명 방식이다. 이는 현대 신학에서 슐라이어마허의 문제와 특히 관련된다. 신약성서가 텍스트로 처음 발생한 방식에 관한 문제를 슐라이어마허가 어떻게 다루었는지를 연구함으로써 성서 해석(성서의 진리를 문화적으로 적절한 표현 양식으로 번역하는 것)의 문제와 내면성(언어로 표현되기 이전의, 언어와 구별되는 경험)의 문제가 모두 함께 해결될 수 있을 것이다. 슐라이어마허의 이야기는, 신약성서의 생성을 촉발시키고 또한 그리스도교가 생생히 살아 있기 위해 그 모든 〔발전〕 단계에서 요구되는 새로움을 설명해 주는 구원론의 어떤 핵심을 전제로 한다.

신약성서 연구에 대한 슐라이어마허의 기여는 성서학에서 중요하게 다루어졌다. 실제로 그의 누가복음 강의(1817)는 1828년 『기독교 신앙』이 번역되기 전인 1825년에 영어로 번역되었는데,[9] 그래서 영어권에서는 조직신학자가 아니라 신약학 학자로 슐라이어마허를 수용했었다. 그는 공관복음서 문제[10] 논의에서 열정과 활력을 주는

9 Friedrich Schleiermacher, *Critical Essay on the Gospel of St. Luke*, trans. and intro. Connop Thirlwall (London: John Taylor, 1825); repr. with further essays, emendations, and other apparatus by Terrence N. Tice, *Schleiermacher: Studies and Translations 13* (Lewiston, NY: Edwin Mellen, 1993).

10 19세기의 신약성서학계의 논의에 대해서는 다음을 보라. John S. Kloppenborg, *Excavating Q: The History and Setting of the Sayings Gospel* (Minneapolis: Fortress Press, 2000), 275-328.

대화 상대였다. 그는 요한복음을 가장 (나중이 아닌) 이른 시기의 복음서로 연대를 잘못 추정하기도 했지만, 그럼에도 그는 예수와의 근접성을 고려하여 신약성서의 생성을 탐구하는 문제를 개척하였다. 그의 디모데전서 해석(1807)과 골로새서 해석(1832)은 신약성서학 분야, 특히 제2바울서신 연구 방식들을 마련했고, 이는 오늘날에도 여전히 신약성서학에서 중요한 요소이다.[11] 슐라이어마허는 베를린 대학교에서 신약성서 각 권들에 대해 강의했을 뿐만 아니라(이 강의 중 아직 출간되지 않은 것들이 많이 있다)[12] "신약성서 개론"(1845년 출간)도 강의했고, 1831/32년 강좌에서는 "예수의 생애"를 강의했다. 이 강의를 기록한 학생들의 노트는 그가 죽은 지 30년이 지난 1864년에 출간되었다.[13]

11 이 책들과 다른 성서에 대한 슐라이어마허의 해석에 대해서는 다음을 보라. Hermann Patsch and Dirk Schmid, "[슐라이어마허의 주석 작품들에 대한] Einleitung," in *KGA* I/8, ed. Hermann Patsch and Dirk Schmid (2001), vii-lvii; my "Schleiermacher's Exegetical Theology and the New Testament," in *The Cambridge Companion to Friedrich Schleiermacher*, ed. Jacqueline Mariña, Cambridge Companions to Religion (Cambridge: Cambridge University Press, 2005), 229-48. 또한 나의 글 "The Consummation of Reality: Soteriological Metaphysics in Schleiermacher's Interpretation of Colossians 1:15-20," in *Biblical Interpretation: History, Context, and Reality*, ed. Christine Helmer, Society of Biblical Literature Symposium Series 26 (Atlanta: Society of Biblical Literature Press, 2005), 113-32를 보라.

12 1804년부터 1834년에 슐라이어마허는 신약성서의 각 권들을 정기적으로 강의했다. 그가 강의한 신약성서 강의 목록에 대해서는 다음을 보라. Andreas Arndt and Wolfgang Virmond, *Schleiermachers Briefwechsel (Verzeichnis) nebst einer Liste seiner Vorlesungen*, Schleiermacher-Archiv 11 (Berlin: de Gruyter, 1992), 300-330.

13 Friedrich Schleiermacher, *Einleitung ins neue Testament*, in *SW* I/8, ed. G. Wolde (1845); idem, *Das Leben Jesu*, SW I/6, ed. K. A. Rütenick (1864); ET as *The Life of*

슐라이어마허가 신약성서의 생성에 대한 이론적인 작품을 쓰지 않았기 때문에, 이에 대한 여러 통찰들 상호 간의 관점의 간극을 매우기 위해서는 서로 조직적으로 관련된 수많은 글들을 재구성해야 한다. 슐라이어마허 전집에서 성서적인 글과 신학적인 글이 이 연구의 자료임은 분명하지만, 변증법과 해석학도 재구성 작업에 사용된다. 나는 상호주관적인 지식 추구에 대한 슐라이어마허의 방법론을 개괄하는 글들에 호소하면서, 언어-실재 관계에 영향을 미치는 중요한 전제들(이라고 내가 여기는 것들)로 그의 신약성서 연구의 간극을 메우려 한다. 신약성서가 나사렛 예수에 관한 경험을 문서화하는 방식에 대한 슐라이어마허의 이해는 의식, 경험, 실재, 그리고 언어적 맥락이라는 개념을 전제하고 있다. 따라서 언어와 의식의 교차점을 면밀히 관찰하면, 어떻게 슐라이어마허가 신약성서 구성의 배후에 있는 인식론을 구상했는지가 드러날 것이다. 그는 역사적 예수에 대한 경험에 가능한 근접해 있는 인식론을 염두에 두고 있었다.

그리스도교 정경에 대한 슐라이어마허의 이해를 다루는 일은 논란이 있을 수밖에 없다. 나는 (앞서 기술했듯이) 슐라이어마허에게는 구약성서보다 신약성서가 그리스도교 신앙에 대한 정경적 텍스트

Jesus, trans. S. MacLean Gilmour, ed. and intro. Jack C. Verheyden, Lives of Jesus Series (Philadelphia: Augsburg Fortress, 1975; repr., Mifflintown, PA: Sigler Press, 1997); Catherine L. Kelsey, "A Reading of Schleiermacher's *Life of Jesus* Lectures: An Historian at Work," in *Schleiermacher, Romanticism, and the Critical Arts: A Festschrift in Honor of Hermann Patsch*, ed. Hans Dierkes, Terrence N. Tice, and Wolfgang Virmond (Lewiston, NY: Edwin Mellen, 2007), 209-226.

라는 점을 의식하고 있다.[14] 이러한 주장은 1811년 『신학 연구 개요』(*Brief Outline*)가 처음 출간되면서부터 비판을 받았고, 지금도 그리스도교 정경에 대한 그의 이해에 공감하면서 읽기는 매우 어렵다.[15] 그러나 이러한 '정경' 이해에도 마찬가지로 몇 가지 단서가 있어야 한다. 슐라이어마허에게 구약과 신약은 모두 그리스도교 성서를 이루는 것이다. 그는 이러한 성서를 교회의 일치를 나타내는 텍스트이자 가장 이른 시기의 전통부터 교회가 하나의 통일체로 읽어 온 텍스트로 여겼다. 그리스도교는 초기부터 신구약 모두를 전례에서 중요한 것으로 여기며 신구약 모두에 의존해 왔다.[16] 그럼에도 슐라이어마허는 나사렛 예수라는 역사적 인물의 중압감하에서 생성된 특수한 텍스트이자 그리스도교 신앙과 도덕에 권위를 갖는다는 의미에서 '정경'을 '성서'와 구별한다. 슐라이어마허는 그리스도교적 경험을

14 슐라이어마허에게 '정경'이라는 말은 개별적인 책들에 대한 굳어진 목록이라기보다는 하나의 개념(an idea)인 것처럼 보인다. 그는 *Brief Outline* (1811)의 초판에서 '정경 개념'(idea of the canon)이라는 말을 사용한다. Friedrich Schleiermacher, *Kurze Darstellung des theologischen Studiums zum Behuf einleitender Vorlesungen (1810/30)*, ed. Heinrich Scholz, 3rd ed. (Leipzig: A. Deichert, 1910); repr. in the series Bibliothek klassischer Texte (Darmstadt: Wissenschaftliche Buchgesellschaft, 1993), I, §§1-2 (이하 *KD*로 표기)를 보라. 이는 무한히 근접한 대상이라는 칸트적 의미에서 규범성을 지닌 개념이다. *KD* I, §10 참조. *KD*, 제2판(1830)에서 슐라이어마허는 정경을 "기독교에 대한 규범적인 표현이 들어 있는 글들의 모음"으로 지칭한다(*BO* §104).

15 처음 출간된 *Brief Outline*에 대한 서평은 구약성서에 대한 슐라이어마허의 견해를 명백히 거부한다. F. H. Chr. Schwarz, "Review of Schleiermacher's *Brief Outline*," *Heidelberger Jahrbücher der Litteratur* 5, no. 33 (1812): 526-527을 보라.

16 *BO* §115.

신약성서에서 목격자들이 이야기한 예수라는 인물로 한정했기 때문에, 그리스도교의 신학적 주장을 폄에 있어 이 인물의 경험과 직접 연관되지 않은 모든 텍스트를 배제했다. 이렇게 한정한 이유는 언어, 그리스도, 경험 간의 관계에 대한 슐라이어마허의 이해와 관련되는데, 뒤에서 더 자세히 논할 것이다. 슐라이어마허가 그리스도교 신학의 관점에서 경험에 가한 역사적 한정에 대해서는 보다 비평적인 작업 수행이 요구된다. 그러나 나는 이 지점에서 언어와 실재의 관계를 발굴해 내기 위해서 슐라이어마허를 활용하고 있다. 이것이 현대 신학의 주제에 보다 비판적이고 건설적으로 참여할 길을 열 것이라고 기대하면서 말이다.

II. 신약성서에서 언어와 실재

나는 오직 나사렛 예수에만 집중한 문헌적 기록이라는 슐라이어마허의 신약성서 이해에서 시작하고 있다. 이는 왜 예수와 밀접했던 인물들과 예수의 관계가 신약성서에서 그에 대해 말하는 이야기의 구성에 중요한지를 면밀히 살펴봄으로써, 언어와 경험 사이의 문제를 명확히 엿볼 수 있게 해 준다. 슐라이어마허는 역사적 예수와 그리스도교 담화의 원래 관계를 살핀다. 나는 슐라이어마허가 그리스도와 그리스도의 사역에 대한 구체적인 담론이 예수에 대한 개인적인 경험의 영향 아래서 생산된 것으로 이해한 방식을 보이려 한다. 하지만 나는 먼저, 슐라이어마허가 이 관계에 집착하도록 부추긴 역사적 문제에서 시작할 것이다.

II.1. 예수와 신약성서

19세기의 전환기에 쏟아진 수많은 신약성서 학술 작업은 슐라이어마허의 시대보다 반세기 앞선 헤르만 자무엘 라이마루스(Hermann Samuel Reimarus, 1694-1768)가 표명한 쟁점에서 야기되었다. 1750년, 함부르크 대학교의 동양어 교수인 라이마루스는 『하나님을 이성적으로 예배하는 자들을 변호하기 위한 변증 또는 몇 마디 말』(*An Apology for, or, Some Words in Defense of Reasoning Worshipers of God*)이라는 제목의 글을 써서, 예수에 대한 신약성서의 증언이 신뢰할 만한 것인지에 대한 의문을 제기하였다. 라이마루스에 따르면, 예수의 제자들은 자기 선생의 메시지를 고의로 왜곡하여 기만적인 토대 위에 그리스도교를 세웠다. 그의 관점에서 볼 때, 역사 비평 작업은 역사적 예수와 그의 진짜 메시지로 돌아가기 위한 것이다. 라이마루스가 죽은 뒤인 1769/70년쯤 그의 딸 엘리제(Elise)와 아들 요한 알베르트 하인리히 라이마루스(Johann Albert Heinrich Reimarus)는 아버지가 1750년대에 쓴 초고를 고트프리트 레싱(Gottfried Lessing, 1729-81)에게 주었다. 레싱은 여기서 발췌한 내용을 1774-1778년 사이에 『역사와 문학에 대하여』(*Zur Geschichte und Literatur: Aus den Schätzen der Herzoglichen Bibliothek zu Wolfenbüttel*)라는 학술지에 출간했다. 브라운슈바이크 공작(the duke of Braunschweig)은 레싱의 학술지의 검열 요건을 폐지했고, 그래서 이 논쟁적인 유고의 출간이 가능해졌다. 레싱은 자신이 볼펜뷔텔 도서관(Wolfenbüttel library)에서 원고를 발견했다고 주장하면서, 『익명의 단편들』(*Fragmente eines Ungenannten*)이라는 제목을 붙여서 저자가 베일에 싸이게 했다.[17] 논란의 단편은 알려진 바와 같이 신약 복음서 연구의 핵심 문제, 특히 공관복음의 자료 문제, 공관복음의 상호 의존성 문제, 공관복음과 요한복음의 관계 문제를 신속히 확립했다. 슐라이어마허의 목소리는 이 논의에서 중요했다. 그의 기여는 예수의 삶과 말씀에 대한 내용으로 구성된 텍스트와 예수 사이의 역사적 관계가 깨지지 않았음을, 사실상 신약성서가 깨지지 않았음을 입증하는 것으로 이루어져 있었다. 슐라이어마허에 따르면, 신약성서의 생성 과정을 역사적으로 설명함으로써 라이마루스가 벌려 놓은 그리스도와 신약성서 사이의 간극이 좁아지게 되었다.

슐라이어마허의 역사적 작업이 예수와 신약성서 간의 보이지 않는 연결을 입증하는 데는 또 다른 동기가 있다. 구속이라는 쟁점은 이 연결을 좌우하는 요체다. 구속을 성취하신 이가 나사렛의 역사적 예수였다.[18] 그런 까닭에 슐라이어마허는 구원론적 측면에서의 예수와 신약성서의 근접성에 가치를 두었다. 나사렛 예수에 대한 성공적인 초

17 Ernst-Peter Wieckenberg, *Johan Melchior Goeze*, Hamburger Köpfe (Hamburg: Ellert & Richter Verlag, 2007), 186-90; Volker Leppin, "Fragment-Controversy," *EBR*, vol. 9 (forthcoming)를 보라. 라이마루스가 쓴 글의 독일어 제목은 *Apologie oder Schutzschrift für die vernünftigen Verehrer Gottes*(이성적으로 하나님을 예배하는 자들을 위한 변증 또는 변론의 글)이다. 알베르트 슈바이처(Albert Schweitzer)는 역사적 예수 탐구의 기원을 라이마루스에게 돌린다.

18 슐라이어마허는 *CF* 52 (§11)의 명제에서 그리스도교의 본질을 정의한다. "그리스도교는 유일신 신앙이다. … 그 안의 모든 것이 나사렛 예수께서 성취한 구속과 관련된다."

상은 역사적으로 신뢰할 만한 문서 그 이상이다. 그것은 예수가 구속한 공동체의 기원들을 확립하는 방식으로 주제를 전달할 것이며, 따라서 그리스도교 공동체 안에서 대대로 지속되고 있는 그리스도의 지속적인 구속 행위도 설명해 줄 것이다. 그리스도와의 물리적인 근접성은—생전의 몸과 제자들의 근접성이든 부활 후 사후의 그리스도의 현전이든[19]—구속이 전달되는 수단이다. 만일 신약성서가 그리스도에 대한 신뢰할 만한 증언으로 여겨져야 했다면, 신약성서는 나사렛 예수를 통한 신적 지혜를 따라서 퍼진 신적 사랑의 복음을 유효하고도 지속적으로 전달한 원문으로 보일 필요가 있다.[20] 이 텍스트들에 의해서, 예수의 인격은 하나님의 구속 사역과 예수의 정체성 안에 현전하여 구원론적으로 전달되는 것으로 계속해서 표현된다.

슐라이어마허의 문제 제기 방식에 영향을 미친 몇 가지 가정들은 논란이 된다. 그는 자신의 예수 이해에서 그리스도에 대한 기존의 생각들을 모두 배제하면서, 구속의 정의에서 그 행위자를 역사적 예수로 한정한다. 그리고 그렇게 함으로써 삼위일체 교리의 아타나시오스식(Athanasian) 형태의 규범성에 의문을 제기한다.[21] 요한복음

19 슐라이어마허는 부활 전과 후 예수의 현전 방식에 차이가 있음을 인정한다. 그럼에도 이런 차이는 어떤 식으로도 예수의 현전과 밀접하게 연결된 구원론적 효력을 떨어뜨리지 않는다. 구속은 예수를 통해 제자들에게 현전하시고 또한 이후 세대의 그리스도인들에게 현전하심으로 성취된다.

20 슐라이어마허는 *CF* §§170-72에서 사랑과 지혜라는 상호 연결된 두 가지 신적 속성을 세상 속에서 하나님의 구속 행위의 원인으로 기술한다.

21 날카로운 통찰력으로 삼위일체 교리에 관한 슐라이어마허의 혁신들을 삼위일체적 성찰의 규범적인 전통과 연속선상에 위치시킨 다음의 논문을 보라. Francis Schüssler

을 그 문헌적 정합성을 근거로 예수와 역사적으로 가장 근접하다고 보는 그의 평가는 이미 1820년에 일축되었다. 그때 요한복음은 마지막에 기록된 복음서로 여겨졌고, 마가복음이 최초의 복음서로 여겨졌다.[22] 이러한 오류들은, 특히 다비드 프리드리히 슈트라우스(David Friedrich Strauss)가 1831/32년 겨울학기에 베를린에서 예수의 생애에 대한 슐라이어마허의 강연을 듣고 이 강연을 가차 없이 공격한 책을 출간한 이후에 결국 신약성서에 관한 슐라이어마허의 역사적 주장들을 일축하는 것으로 이어졌다. 슐라이어마허의 『예수의 생애』 강연이 유작으로 출간된 지 바로 1년 후에 이어서 출간된 슈트라우스의 1865년 비판적 서평은 신약성서 복음서에 대한 슐라이어마허의 연구를 부정적으로 수용한 역사의 중요한 이정표가 되었다.[23]

예수와 삼위일체에 대해 슐라이어마허가 취한 논란적인 입장을 다루는 것에 대해 많은 것들이 말해질 수 있겠지만, 내 연구에 도움이 되는 문제는 슐라이어마허가 라이마루스가 낸 사기라는 소문을 일축하려고 하면서 언어-실재 관계에 관여한 부분이다. 슐라이어마허의 관심은 다음과 같은 신학적 관심사를 고무한다: 텍스트-실재

Fiorenza, "Schleiermacher's understanding of God as Triune," in Mariña, *The Cambridge Companion to Friedrich Schleiermacher*, 171-88.

22 1820년, 칼 브레트슈나이더(Karl Bretschneider)는 요한복음의 기록 연대를 후기로 잡은 *Probabilia*를 출간하였다. Verheyden, "Introduction" to Schleiermacher, *Life of Jesus*, xxxi를 보라.

23 David Friedrich Strauss, *The Christ of Faith and the Jesus of History: A Critique of Schleiermacher's "The Life of Jesus" (1865)*, trans., ed., and intro. Leander E. Keck, Lives of Jesus Series (Philadelphia: Fortress Press, 1977).

의 관계는 그리스도교가 그 역사에서 만든 특유의 기여를, 즉 구원론적으로 중요한 그리스도교와 그리스도의 관계를 설명할 수 있어야 한다. 신약성서는 단순히 1세기 갈릴리에 살았던 어떤 사람에 대한 목격담이 아니다. 신약성서는 어떤 인물, 즉 그에 대한 기억들이 이후 세대들에게도 그의 인격적 현전을 나타내는 매개로 계속 사용되도록 문서화했을 만큼, 그와 마주한 사람들을 극적으로 변화시킨 인물에 대한 초상이다. 예수의 변화시키는 사역은 초기 그리스도교에 국한되지 않았고, 그리스도교 역사 전체를 활기 있게 하는 원천이기도 했다. 슐라이어마허가 신약성서의 생성을 설명함에 있어 신학적으로 중요한 요소는 역사가 아니라 구원론이다.

II.2. 다시 신비주의

이 지점에서 2장을 다시 상기하면서 슐라이어마허에 대한 브룬너의 분노를 유발한 신비주의 논의를 간략히 요약해 보겠다.[24] 브룬너의 비판은 '신비주의'라는 말이 슐라이어마허의 언어 사용에 만연해 있는 것처럼 보이게 만들었지만, 사실은 그 반대다. 특히 슐라이어마허가 후기에 쓴 『기독교 신앙』을 고려해 본다면 말이다. 『기독교 신앙』에서 '신비적'이라는 말은 어떤 특정한 문단에서 나타난다(*CF* §

24 2장의 IV.2를 보라.

100). 이는 슐라이어마허가 '그리스도'와 '선포를 통해 그리스도의 임재를 떠올리는 공동체'를 신학적으로 구별하기도 연결하기도 어려움을 논하는 맥락이다. 슐라이어마허는 그저 부득이 '신비적'이라는 말에 호소하고 있는 것이다. 그 시절 이 말을 둘러싸고 소용돌이친 논란을 내비치면서 말이다.[25] 슐라이어마허의 경우에는, 그리스도-공동체 관계를 논하기 위해 이 용어를 사용하는 것이 특히 중요한데, 왜냐하면 이 말이 그리스도교의 기원에서부터 오늘날에 이르기까지 구원론을 중심으로 하는 그리스도교를 특징짓는 그리스도에 대한 구체적인 경험을 가리키기 때문이다.

그리스도와의 신비적 관계에 대한 슐라이어마허의 이해는 이 경험이 일어나는 교회적 맥락을 중요하게 여긴다. **교회**는 신자들이 그리스도의 현전을 물려받을 수 있는 공동체적 맥락이라는 슐라이어마허의 주장이 바로 중요한 신학적 쟁점이다. 구원론은 그리스도를 '유포하는' 공동체를 요구한다. 슐라이어마허의 이해에서, 그리스도의 구속적 영향력은 교회의 발생과 닿아 있다. 어떻게 그리스도가 공동체와 동일시되지 않으면서 공동체에 현전할 수 있는지를 개념화하는 일이 신학적으로 어려운 이유는 바로 이렇게 닿아 있는 그리스도와 교회의 관계 때문이다. 다른 말로 하자면, 구속의 작용이 문제인 것이다. 만일 (슐라이어마허가 『기독교 신앙』 §11에서 주장하듯이[26])

25 슐라이어마허는 이렇게 썼다. 이 말은 "안 쓰는 게 좋아 보일 정도로 너무나 모호하다"(*CF* 429 [§100.3]). 이 논란에 참여한 사람으로는 셸링(Schelling), 피히테(Fichte), 야코비(Jacobi) 등이 있다.

그리스도교가 나사렛 예수를 구속을 성취해 온 사람으로 모호함 없이 명확히 가리키는 종교라면, 그리스도와 교회를 혼동할 수 없다.

슐라이어마허의 해결책은 그리스도와 신자 개인 간의 특수한 관계를 공동체가 예식과 선포 가운데 그리스도를 전파하는 것과 구별하기 위해 '신비적'이라는 말을 끼워 넣는 것이다. 그리스도와의 개인적인 관계를 의미하는 '신비적 요소'는 신자의 공동생활인 '교회적 요소'와 구별된다.[27] 그러나 두 요소는 반드시 한데 모여야 한다. 왜냐하면 그리스도는 자신이 창조하시고 자신의 영으로 계속 생기를 주시는 공동체와 나뉠 수 없기 때문이다. 따라서 슐라이어마허는 그리스도-교회 관계에서 지속적인 것들 중 하나를 이론적으로 강조하며 나머지 하나를 손상시키는 다음과 같은 두 가지 다른 입장 사이의 중도로서 '신비적'이라는 표현을 고수한다. (1) 그리스도와 신자의 관계를 공동체와 별개로 보는 '마술적인' 관점. (2) 그리스도의 영향력을 공동체가 규정한 도덕적 완전함으로 축소시키는 '실증적' 관점. 따라서 '신비적'이라는 말은 교회의 선포와 그리스도의 구속적 작용을 구별하나 분리시키지 않는 엄밀한 그리스도론적 용어를 의미한다.

슐라이어마허는 '신비주의'를 이렇게 정의하여, 그리스도-신자의 관계에서 두 가지 중요한 주장을 동시에 고수한다. 첫째 주장은 경

26 *CF* 52 (§11, 명제): "그[그리스도교] 안의 모든 것은 나사렛 예수가 성취한 구속과 관련된다."

27 *CF* 428-31 (§100.3).

험이 언어를 초월한다는 것이다. 그리스도와의 신비적 만남은 신학이라는 3인칭 시점의 객관적인 담론에 포착될 수 없다. 오히려 그리스도와의 특수한 관계가 단연 비길 데 없이 독특하여 언어적 결정을 초월한다는 의미에서, 그리스도와의 만남은 '신비적'이다. 두 번째 주장은 슐라이어마허가 '신비적'이라는 말에 그리스도론적 엄밀함을 부여하고 있다는 것이다. 이는 그리스도교의 담론과는 별개로 기술될 수 있는 일반적인 종교적 경험을 의미하지 않는다. 슐라이어마허의 구속 신학(theology of redemption)에서 신비적 요소에 대한 설명은, 애초에 그리스도가 선포된 그리스도교 공동체와는 별개로 그 자체만으로는 고려될 수 없는 그리스도-신자 관계에 초점을 맞춘다. 그리스도가 공동체 안에서 설교될 때, 이 선포는 그리스도와 개인적으로 만날 계기를 제공한다. 신자의 구속을 구성하는 것이 궁극적으로는 그리스도를 경험하는 것이더라도, 공동체의 의식과 선포가 이 경험에 선행한다.

II.3. 총체적 인상

신비적이라는 말은 다른 쟁점과 비교했을 때도 명확해진다. 우리가 2장에서 본 것처럼, 브룬너는 슐라이어마허의 신비주의가 자연과 영을 혼동한 것이라고 혹평했다. 신비주의는 하나님과 인간의 의식을 혼동하는 미끄러운 경험의 경사로(의 오류)를 나타낸다.

슐라이어마허와 그가 칸트에게 물려받은 유산의 관계를 고려하지 않고는 경험의 문제에 대한 그의 견해가 정확하게 해석될 수 없다. 칸트에게나 슐라이어마허에게나 외부 세계에 대한 경험은 감각 지각을 통해 이루어진다. 슐라이어마허에게 감각하는 자기의식(또는 시간 속[temporal] 자기의식)은 감각을 통해 지각된 외부 사물을 이해하는 인간 의식의 측면이다. 시공간 안의 대상은 먼저 지각되고, 그런 다음 지성이 그러한 대상을 지시하는 개념을 보다 쉽게 다룰 수 있게끔 대상은 여러 가지 구별되는 범주를 따라 도식화된다. 슐라이어마허가 칸트의 인과적 지시 이론(causal reference theory)을 물려받았다는 점은 그의 의식에 관한 이론에서 중요하다. 지성이 만들어 낸 개념은 능동적으로 개념에 범주화하기 전에 원래 수동적으로 지각에 감지되었던 외부 대상을 지시한다. 감각하는 자기의식 안에서 일어나는 사고의 과정은 외부의 대상을 그 원인으로 직접 지시한다.

감각 지각과 같이 종교적 경험도 외부 요소와의 만남으로 이루어진다. 그럼에도 종교적 경험의 특성과 이를 파악하는 의식 사이에는 중대한 차이가 있다. 감각 지각은 모든 경험에서 어떤 역할을 한다. 그럼에도 외부 대상이 그 부분들의 작용으로가 아니라 그 총체로 지각될 때 감각 지각은 압도된다. 이렇게 총체를 지각하는 일은 개별 대상을 부분의 총합으로 지각하고 개념화하는 감각 의식의 가용성(availability)을 요구한다. 대상이 부분의 총합 이상인 총체로 지각되기 위해서는 직접적 자기의식이 경험에 통합적으로 참여해야 한다. 슐라이어마허에 따르면, 직접적 자기의식은 자아가 세계와의 어떤 통일성 속에서 근원(Whence)에 절대적으로 의존하고 있다는 느낌으로 감각적 자기의식의 개별 순간들을 통합하는 심리 상태다. 이는 종교에서 특별한 영역으로, 『기독교 신앙』의 유명한 섹션 4에 다음과 같이 요약되어 있다. 인간이 지닌 종교적인 독특한 능력은 별개의 대상을 그 상태에 따라 지각할 것을 요구하고, 그런 다음 인간은 직접적 자기의식의 능력을 통합하여 자아-세계 관계의 총체성 속에서 그 대상에 접근한다. 슐라이어마허에게 시간 속 자기의식과 직접적 자기의식은 한 의식의 불가분한 두 부분이다. 이 두 부분은 두 가지 별개의 인식 대상을 산출하기 위해 서로 나뉠 수 없다. 오히려 감각 지각은 직접적 자기의식이라는 상태 아래에서 '총체적 인상'으로 경험된 어떤 대상을 의식에 가져다준다. 슐라이어마허는 예수가 개인적으로 현전하시는 경험을 지시하기 위해 "총체적 인상"[28]이라는 말을 사용했다. 예수는 직접적 자기의식을 통해 총체적으로 파악되는 어떤 특정한 지각의 원인이다.

총체적 인상은 어떻게 절대 의존 감정과 연관되는가? 위의 내용에 비추어 이 중요한 물음에 간략히 답하려 한다. 감각적 의식으로부터 직접적 자기의식을 추상화한 것(결코 현실이 아닌 추상적 관념)으로서의 절대 의존 감정은 하나의 총체로서 자신과 세계가 어떤 근원에 의존하고 있다는 감정이다. 슐라이어마허는 『기독교 신앙』 §4에서 이 감정을 설명하는데, 여기서 그는 단지 이 감정을 실정 종교

28 *CF* 76 (§14, 추기).

(positive religion)의 내용으로부터 추상화하여 있는 그대로 확인하려 하고 있다. 인간의 의식이 시간 속 자기의식과 직접적 자기의식의 통합체라는 그의 이해를 고려하면, 절대 의존 감정이 실정 종교의 내용과 별개로 하나님에 대해 판별한다는 말은 틀린 것이다. 오히려, 슐라이어마허의 개념에서 절대 의존 감정은 자아의 토대가 없다는 느낌이다. 이런 느낌으로 말미암아 자기의식 안의 직접적인 반응은 토대의 결여 원인을 자아-세계의 총체 바깥의 외부적 원인에 돌린다. 이러한 절대 의존 감정이 그리스도교의 실정성에 따라 이해될 때(슐라이어마허에게 이러한 이해는 불가피한 것이다), 절대 의존 감정은 예수라는 역사적 인물을 통해 매개된 자아-세계 총체에 대한 구속의 원인이 그리스도교의 하나님 안에 있다는 느낌이다. 일반적 의미에서의 종교 감정이란 없다. 오히려 종교적 감정들은 항상 실정 종교를 통해 경험에 주어진 내용과 결합되어 있다.

그럼에도 외부의 타자와의 만남으로 야기된 총체에 대한 순전한 인상만으로는 그리스도교 종교가 예수께 돌리는 구원론적 관대함을 설명하기에 충분하지 않다. 이 지점에서 슐라이어마허는 그리스도교 역사의 흐름에 영향을 미쳐 온 어떤 그리스도론이 요구하는 구원론의 본질에 대한 설명을 덧붙인다. 시간 속 자기의식과 직접적인 자기의식의 통합을 통해 지각된 총체적 인상은 자기의식 안에 내재하는 원인에 귀속시킬 수 없는 감화(effect)와 일치한다. 슐라이어마허는 예수의 총체적 인상이 주는 감화가 지각의 주체 안의 원인성을 예수께 귀속시키는 게 분명할 만큼 변화시키는 힘이 있다고 주장한다.

예수의 현전은 자기 인격의 현실과 마주한 사람을 변화시킨다. 이 변화는 인격-형성적이다(슐라이어마허가 개신교 정통에 속한 선배들의 언어를 내비치는 듯하다). 예수에 대한 총체적 인상은 개인의 사람됨의 중심에서 변화를 일으키는 감화이다. 직접적인 자기의식은 자신을 근거 짓는 것이 자기에게 없음을 깨닫는 심리적 장소이며, 그리스도가 인격적 존재를 근거 짓는다는 의미에서 예수의 현전이 초래하는 인격-형성적 영향력을 받아들인다. 슐라이어마허는 사도 바울이 한 말, "그런즉 누구든지 그리스도 안에 있으면 새로운 피조물이라"(고후 5:17a)에 동의할 수 있을 것이다. 그리스도의 현전은 그의 인격적인 현전이 영혼의 토대가 됨으로써 영혼의 변화에 영향을 미친다. 그리스도의 변화시키는 현전에 대한 슐라이어마허의 설명에서 중요한 것은 다름 아닌 세상을 구속하는 원인인 예수의 외재성이다.

II.4. 환호

가장 이른 시기의 나사렛 예수와의 만남에 대한 슐라이어마허의 설명에서 언어의 문제가 언급되는 것은 바로 이 지점이다. 슐라이어하머의 관심은 신약성서의 가장 원래적인 역사적 층위에 접근함으로써 경험과 언어의 연결이 왜곡과 단절의 가능성을 차단함을 보이는 것이다. 제자들이 자신들의 선생인 예수의 인격, 가르침, 행동을 고의로 조작하여 언어로 표현했다는 라이마루스의 도전에 대처하려면, 언어는 경험 위에 덧붙여진 2차적 층위여서는 안 된다. 슐라이어마허의 응답은 언어가 경험과 동일할 수는 없더라도 예수에 대한 원경험과 분리될 수 없을 만큼 매우 밀접할 수 있음을 예리하게 보이는 데 전념하고 있다.

슐라이어마허가 신약성서의 가장 이른 시기의 층위에 언어와 경험의 밀접성이 있음을 주장한 데는 신학적인 이유가 또 있다. 사람이 그리스도를 만나고 그를 총체적 인상 속에서 받아들일 때, 그리스도로부터 나온 이 인상은 특수한 방식으로 의식을 변화시킨다. 그리스도에 의해 새롭고 전례 없는 의식의 상태가 시작된 것이다. 이러한 의식의 상태는 전례 없는 것으로 느껴지는데, 왜냐하면 이 사람이 이제껏 존재하는 동안 의식 속에서 이룬 적 없었던 선(善)을 향한 변화를 나타내기 때문이다. 슐라이어마허는 그리스도를 만난 결과 경험되는 변화에 대한 이러한 설명에 어떤 요소를 추가한다. 변화는 자아에게 기인한 것이 아니라, 그 원인으로 외부의 주체, 즉 나사렛 예수를 직접적으로, 필연적으로 지시하게 된다는 것이다. 외부의 원인에 대한 분명한 언급은 나사렛 예수와의 만남과 관련된 변화를 수용한 영혼 안에 있는 본래적인 반사적 행동이다. 이러한 반사 행위는 언어적으로 표현된다. 1인칭에서 2인칭으로 옮겨 가는 발화 속에서 언어적 표현이 그리스도를 변화의 주체로 식별한다. 그런 까닭에 가장 이른 시기의 신약성서에는 환호(acclamation)[●]라는

● acclamation에는 '인정', '찬성'의 의미도 내포되어 있다—옮긴이 주.

장르가 있다: "[나는 말합니다.] 당신은 메시야[그리스도]요 살아 계신 하나님의 아들이라고."(마 16:15-16).

1인칭이 2인칭을 향하는 물음과 대답의 교환으로 기록되어 있는 개인적인 만남은 그리스도교가 기원할 때 있었다. 그 대답이 식별한 것에 대한 주장을 표현한 것이든 본 것[29]에 대한 주장을 표현한 것이든, 그리스도와의 경험적 만남은 그리스도에 관한 독특한 감탄사를 외치게 만든다. 게다가 이러한 표현은 그리스도가 전에 없던 일, 종종 무력하게 만드는 일의 원천이라는 측면에서 나타난다. 그리스도와의 관계는 이를 통해 그리스도만이 그 원천으로 식별될 수 있을 만큼 굉장히 극적이고 또한 변화시키는 힘이 있는 무언가를 그리스도께서 하시는 관계이다. 다메섹으로 가는 길에서의 사울의 회심(행 9:3-8)은 변화시키는 경험들 중에서도 전형적인 예다. 이러한 만남은 개인의 정체성이 회심된 원인을 그리스도께만 돌릴 만큼 굉장히 극적이다.[30]

환호의 문법적 구조는 실재를 드러낸다. 의식의 메커니즘은 그 변화를 외부의 원인에 돌린다. 언어가 발생하는 곳이 이 지점이다. 1인칭이 2인칭을 향하는 직접적인 발화는 그리스도의 인격의 총체

29 누가복음 24:13-35의 부활절 이야기는 엠마오로 가는 길에서 예수와 동행하되 예수를 알아보지 못한 두 제자에 대해 말한다. 그들이 예수를 저녁 식사에 초대한 이후에야, 예수께서 떡을 떼시고 축사하신 이후에야 "그들의 눈이 열려서 예수를 알아보게"(눅 24:31) 되었다.

30 사도행전 9:5에서 사울은 "주님, 당신은 누구십니까?"라고 물었고, "나는 네가 핍박하는 예수다"라는 대답이 나왔다.

적 인상으로 인해 유발되어 저절로 나온다: 가이사랴 빌립보에서 예수께서 제자들에게 하신 질문, "그러나 너희는 나를 누구라 말하느냐?"(마 16:15)에 대한 응답으로 베드로는 "당신은 그리스도시요 살아 계신 하나님의 아들입니다"라고 칭송했다. 베드로의 대답의 장르는 상대방에게 직접 발화하는 환호이다: "당신은…." 십자가 위의 예수의 죽은 몸도 비슷한 반응을 이끌어 낸다. 예수께서 죽으실 때 예수를 마주 보고 있는 로마 백부장은 "참으로 이분은 하나님의 아들이셨다!"라고 소리쳤다(막 15:39). 환호는 정체성에 대한 주장이 절로 나올 정도로 수용자의 예수에 대한 경험과 밀접하게 뒤얽혀 있다. 변화의 원인, 즉 예수의 인격은 경험의 본질을 드러내는 어떤 특수한 언어적 정형문구를 이끌어 낸다. 환호는 경험의 원인을 예수께 돌리며, 예수의 정체성에 대한 주장을 펴는 방식으로 그렇게 한다. 예수의 인격이 예수에 대한 총체적 인상을 통해 전달한 이 특정한 종류의 변화시키는 경험은 정체성에 대한 진술에서 외부적 원인을 나타내는 언어적 환호와 구별될 수 없다. 예수는 평범한 인간 존재가 아니다. 그는 세상의 구속자이다. 경험과 언어는 하나다. 변화된 의식과 이 변화를 기록한 언어 안에서, 둘 다 외부의 원인을 지시하는 지향성이 있으며, 둘 다 주관적인 차원이 있다. 따라서 언어로 된 반사적 행위가 지향하는 바는 애초에 변화를 일으킨 것으로 정체성을 귀속시키는 것이다.

환호의 특수한 문법적 구조는 서술이다. "당신은"은 주체이신 예수를 가리킨다. 술어는 외부 주체에 의해 유발된 변화의 경험을 나타내며 문장을 완성한다. 신학적 인식론은 어떤 개인에 대한 서술이 일어나는 방식을 설명하는 철학적 논의로부터 발전될 수 있다. 이 개인의 사례, 곧 그리스도의 사례는 이 개인 주체 때문에 지식의 증가가 일어나게 되는 서술 구조의 구체적인 원리를 결정한다. 그리스도께서 가이사랴 빌립보에서 제자들에게 "너희는 나를 누구라 하느냐?"라고 물으실 때, 그의 인격에 대한 구체적인 용어(예언자인지, 메시야인지, 하나님의 아들인지)를 서술하는 판단을 요구하고 계신 것이다. 술어는 예수와의 관계 속에서 떠오른다. 각각의 판단 행위는 각 사람이 그리스도와 맺는 이러한 구체적인 관계에 술어를 귀속시킨다. 그리스도의 질문에 대한 대답으로 외쳐진 서술은 예수에 대한 어떤 판단을 이미 형성한 개인이 예수가 누구인지를 나타내는 언어적인 표현이다—개인적 경험으로부터, 친구들로부터, 맥락으로부터 모은 술어들에 의거한 표현이다.

II.4.1. 서술과 내포 논리

이 주제에 대한 슐라이어마허의 생각을 특징짓는 서술의 특수한 논리는 주목할 만하다. 슐라이어마허가 자신의 신학 저술에서 서술의 메커니즘을 설명하지는 않았지만, 그럼에도 그의 『변증법』에서의 논리가 도움을 준다. 이 책에서 그는 개념 형성의 과정이 어떤 주어에 대해 서술하는 말들에 관한 지적인 작업이라고 논한다. 어떤 개념은 별개의 술어들로 특징지어진 어떤 주어를 지시한다. 그래서 개념들은 그 개념들을 특징짓는 별개의 술어들을 통해 다른 개념들과 구별되고 식별될 수 있다. 주어와 술어의 이러한 특수한 논리적 관계를 내포 논리(intensional logic)라고 일컫는다. 이는 슐라이어마허가 18세기 철학자 고트프리트 빌헬름 프라이헤어 폰 라이프니츠(Gottfried Wilhelm Freiherr von Leibniz, 1646-1716)와 공유하는 부분이다.[31]

내포 논리가 다루는 철학적 문제는 개체에 관한 지식에 대한 인식론적 문제이다.[32] 라이프니츠가 제기한 한 개체에 대한 명석판명한 지식에 관한 문제는 하나의 모나드(또는 개별 실체)가 다른 모나드와 구별될 수 있는지와 관련된다. 각각의 모나드는 다른 모나드와 구별되기 위해서 하나 이상의 술어를 지녀야 한다. 술어들은 담아냄(containment)의 논리에 의해 주어와 연관된다. 하나의 술어는 주어가 이 특정한 술어를 가짐으로써 식별될 수 있을 때 주어에 포함된다.[33] 슐라이어마허에게 있어 어떤 주어에 관한 지식이 발생하는 방식은 새로운 술어들이 주어에 추가될 때이다. 이 술어들은 주어에

31 슐라이어마허가 칸트와 라이프니츠에게 의존한 것과 마찬가지로 칸트 이후의 맥락에서 이들의 사상을 생산적으로 수용한 것의 복잡한 관계에 대해서는 자클린 마리나의 다음 글이 멋지게 정리하고 있다. Jacqueline Mariña, "Schleiermacher between Kant and Leibniz: Predication and Ontology," in *Schleiermacher and Whitehead: Open Systems in Dialogue*, ed. Christine Helmer with Marjorie Suchocki, John Quiring, and Katie Goetz, 73-92, Theologische Bibliothek Töpelmann 125 (Berlin: de Gruyter, 2004). 또한 같은 책에 실린 만프레드 프랑크의 기여도 참고하라. Manfred Frank, "Metaphysical Foundations," 15-34.

32 철학적 관점에서 서술의 문제에 대한 자세한 논의는 도널드 데이비슨의 다음 책을 참고하라. Donald Davidson, *Truth and Predication* (Cambridge, MA: Belknap Press of Harvard University Press, 2005), 특히 120-63(6-7장).

33 나는 서술이라는 주제에 대해 라이프니츠와 칸트의 차이를 명확하게 해 준 자클린 마리나 교수에게 감사드린다.

관한 경험을 가질 때 파악된다. 경험으로부터 얻은 술어는 판단 행위를 통해 주어를 서술한다. 주어가 새로운 술어를 획득했을 때는 말하자면 주어가 새로운 술어를 담아냄으로써 포함한 것이다. 이후에 다른 누군가가 이 주어를 경험할 때, 그 사람은 이미 이 주어에 포함된 술어들뿐만 아니라 또 다른 새로운 술어를 경험할 수도 있다. 새로운 술어를 경험한다면, 이 새로운 술어는 주어에 추가될 수 있다. 주어가 현존하는 동안에는 주어에 대한 새로운 경험들이 가능하고, 판단 행위를 통해 새로운 술어들이 주어에 적용될 수 있다. 이와 같이 주어는 주어에 기인한 술어들의 역사를 나타낸다.

서술에 대한 슐라이어마허의 이해를 "예수는 그리스도시다"라는 형태의 신약성서의 환호들에 적용해 본다면, 이러한 담아냄의 논리가 적어도 하나의 술어(예컨대 그리스도)에 의거하여 예수라는 개인을 가려낸다는 것을 보게 된다. 술어는, 주어에 술어를 담아냄으로써 개인을 식별하는 판단을 통해 주어에 귀속된다. 거기에 단 한 명의 개인이 있다: 이 한 명은 예수 곧 그리스도시다.

슐라이어마허에 의해 적용된 내포 논리에 따른 서술로서 환호라는 특수한 장르는 바로 그리스도교의 중심에 있는 신학적 화행(speech-act)이다. 그리스도의 정체성을 개인적이면서 집단적인 구속을 성취한 자로 표현하는 서술 행위로 예수의 인격과 사역의 현실이 환호된다. 이러한 화행들이 이야기와 텍스트로 수집될 때, 이것들은 원래의 1인칭이 2인칭을 향한 환호("당신은 그리스도시요 살아 계신 하나님의 아들입니다")에서 3인칭 진술(사람 *x*가 "예수는 나를 치유하신 분"이라고 전했다)로 번역된다. 다양한 칭호들, 은유들, 행동에 대한 서술들, 간단히 말해 사람들이 경험한 다양성을 통해 표현된 예수에 대한 다양한 묘사들은 서술에 의해 개념 형성의 사슬과 밀접하게 결합된다. 그리스도론적 칭호들은 그의 인격과 사역에 대한 주장들에 의한 이 다양성, 즉 주어(예수)를 식별하는 정형문구들로부터 알려진다. 우리가 앞으로 보겠지만, 이 언어적 서술이란 씨앗들은 교리로 수확된다.

II.4.2. 어떤 언어적 환경에서의 서술

서술에 대한 마지막 문제는 술어들의 기원과 관련된다. 만일 술어들이 예수를 경험한 현실을 나타내는 것으로 여겨진다면, 그 술어들은 저 현실을 경험한 언어적 환경에서 비롯된 것이다. 슐라이어마허에게 있어, 예수의 정체성에 대한 주장을 펴는 술어들은 이미-존재하는 언어 용어들과 표현들의 가능성으로부터 취해진 것이다. 신약성서의 저자들은 헬라어를 사용하는데, 그들의 헬라어 표현 구조에는 히브리어의 요소들이 반영되어 있다. 코이네 헬라어 문법을 해석할 때는 이들의 특수한 이중 언어 구사가 고려되어야 한다.[34] 이러한 추정은 신약성서 저자들을 1세기의 그리스-헬레니즘적 환경에 속한 헬라어 원어민으로 본 당시 신약성서 학계의 일치된 의견을 반영하고 있는 것이긴 하지만, 그럼에도 자신이 연구한 저자들의 언어적 환경의 독특성에 대한 슐라이어마허의 예민한 감수성을 보여 준다.

34 Schleiermacher, *Hermeneutics*, 42: "신약성서의 언어를 이해하려면, 이중 언어 구사 문제를 고려해야 한다."

술어들이 한 주어와 관계하는 상황은 현대 신학의 논의에서도 적절한 관련성이 있는 물음이다. 이 쟁점은 주어를 특징짓는 술어가 사실상 주어를 그 술어가 통용되는 문화적 언어로 번역한 것인지, 아니면 이런 식에 대한 판단이 주어에 대한 새로운 지식 습득을 드러내는지를 중심으로 한다. 성서 해석의 과업에서도 마찬가지로 이 문제가 중요하다. 성서 이후 시기의 맥락에서 성서가 해석될 때, 해석자가 성서 개념을 거기에 **부여한** 문화적 관용어로 번역함으로써 해석된 지식이 습득되는가, 아니면 성서 구절의 가능한 의미 범위에 **이미 들어 있는** 술어를 나타냄으로써 해석된 지식이 습득되는가? 간단히 말해, 이 문제는 그리스도교 담론의 '새로운 언어'에 관한 것이다.

슐라이어마허에 따르면, 신약성서는 예수께 귀속되는 특정 술어들을 통해 예수의 인격의 새로움을 나타내는 데 성공한다. 그리스도, 예언자, 생수와 같은 술어들은 모두 1세기 팔레스타인의 문화-언어적 환경에서 사용 가능한 말들이다. 그럼에도 예수께 귀속시킬 때 이 술어들은 예수의 독특한 인격의 새로움을 드러내는 어떤 판단을 표현한다. 내포 논리의 구조를 통해 서술 행위는 그가 누구신지에 대한 새로움을 나타내는 예수에 대한 주장을 표현한다. 예를 하나 들어 슐라이어마허의 요지를 설명해 보자. 예수께서 "나는 참 포도나무요"(요 15:1)라고 말씀하셨다고 요한이 기록했을 때, 이 복음서 저자는 '포도나무'가 주어(예수)에 포함된 어떤 현실을 표현한 판단에 따라 술어가 주어를 표현한다고 주장하는 것이다. 이 술어는 예수 시대의 배경인 농경 사회적 맥락에서 취해진 것이므로, 주어와 동일시되면서 새로운 의미를 갖게 된다. 예수께서 자신이 포도나무라고 주장하신 것은 그가 곧 포도가 자라나는 평범한 나무라는 말이 아니다. 그가 모두에게 풍성한 생명의 근원이시라는 의미다. '예수가 포도나무다'라는 판단에서는 주어의 특수성을 문화적 술어로 번역하는 것에 관한 문제가 없다. 오히려 이 판단은 예수의 인격의 특수한 측면, 이 경우에는 예수의 현전이 발하는 생명을 주는 힘을 표현한다.

문화-언어적 환경에서 어떤 술어를 취할지는 개인이 환호를 발화하기 나름이다. 예수의 인격적인 현전은 개인이 그를 만나는 독특한 방식으로 경험된다. 개인의 존재 안에서 예수가 일으키는 변화는 개인의 시각에서 변화를 식별하는 환호를 이끌어낼 정도로 극적이다. 우물가에 있던 사마리아 여인은 예수가 자신의 사생활을 알고 있어서 놀라며 말했다. "선생님, 내가 보니 당신은 예언자이십니다"(요 4:19). 나인성에서 예수께서 과부의 아들을 죽음에서 일으키신 것을 목격한 군중은 3인칭 어법으로 "우리 중에 큰 예언자가 일어나셨다!" 하고 또 "하나님께서 자기 백성을 돌보아 주셨다!"(눅 7:16)라고 외쳤다. 예수가 때때로 자기 자신에 대해 서술하시는 분으로 묘사되긴 하지만, 신약의 복음서에서는 개개인들의 표현, 즉 예수를 삶을 변화시키는 원인이라고 환호하며 외친 개인들의 표현을 전하는 것이 지배적 방식이다. 예수의 현전은 환호를 이끌어 낸다. 환호들의 특수성은 예수에 대한 개인의 독특한 경험 및 개인이 언어 목록(repertoire)에서 어느 한 술어를 선택해 내는 능력과 관련된다.

어떤 독특한 신학적 인식론이 신약성서 구성의 기저를 이루고 있다. 이 인식론은 그 신학적 독특성이 특정한 주어와 어울리는 한—예수의 인격이 개개인에게 가한 충격이 개개인의 표현을 만들어 내는 한—서술 구조가 전제하고 있는 특정한 논리를 식별함으로써 재구성될 수 있다. 이러한 표현 방식을 이끌어 낸 분이 그리스도 자신이시다. 언어는 모든 것을 새롭게 하시는 그리스도 덕분에 새로운 현실을 가리키게 된다.

II.5. 의식과 언어, 그리고 교리

제자들이 예수의 메시지를 조작했다는 라이마루스의 비난은 신약성서 학자들이 신약성서의 기원을 가장 이른 시기의 층위 수준에서 구성하는 논증을 개발하도록 도전했다. 슐라이어마허의 반응은 두 가지 측면으로 이해될 수 있다. 내가 슐라이어마허의 철학 및 신학 전집에 있는 텍스트를 가지고 신학적 인식론을 재구성한 두 번째 측면은 언어와 경험이 직접적인 접점에서 연결될 수 있는 방식에 대한 설명을 제시한다. 나는 이로써 라이마루스의 비난을 다루는 하나의 모델을 제시하려 했다. 이러한 관심은 경험과 언어의 거리에 관한 의혹 및 이 문제의 주창자인 슐라이어마허를 통해 현대 신학에까지 이어졌다. 그러나 이 쟁점에 대한 슐라이어마허의 생각을 보다 정확하게 해석하면 정반대의 결론에 도달한다: 그리스도께 그 원인을 귀속시키는 언어적 표현의 가장 이른 시기의 층위는 이 독특한 인물에 대한 새로운 칭호들에 기초한 서술이다. 이 초창기 신자들에게 예수는 그리스도셨고, 이는 그리스도론의 기원에 위치한 신앙 진술이다.

신학적 인식론을 재구성하는 단계들을 거치고 있는 나의 주된 관심은, 경험을 언어와 관련시킨 슐라이어마허의 특수한 쟁점을 주의 깊게 해석한다면 우리가 그에게 배울 수 있다는 점을 보이는 것이다. 슐라이어마허에게 쟁점은 이것이냐 저것이냐가 아니라, 심리적, 인과-지시적(causal-referential), 종교적, 언어적 요소들의 복잡한 조합을 수반하는 관계이다. 살아 있는 종교 전통으로서의 그리스도교는 모든 세대의 사람들이 예수의 개인적인 현전을 경험할 가능성을 열어 둔다. 그리스도인의 증언은 반드시 경험과 관련된다. 두 요소—경험과 증언—는 모두 '변화', '변화의 원인을 외부의 행위 주체에 돌림', '이렇게 예수께로 돌리는 언어적 환호'라는 뚜렷한 신학적 설명으로 이해된다. 경험과 언어의 새로움은 새로운 그리스도교의 기폭제이고, 동시에 이 메커니즘의 연속성은 "어제나 오늘이나 영원토록 동일하신" 분인 "예수 그리스도"(히 13:8)께 있다. 신약성서에서의 환호, 부활절 예식에서의 환호, 오순절 찬미에서의 환호—이 모두가 그리스도인들이 그리스도 안에서 하나님을 생생히 찬양하는 데 관여하고 기여한다.

이와 같이 경험-언어의 관계는 상호주관적 현실 안에서(어떤 구체적인 공동체 안에서든 그리스도교 공동체의 초역사적 흐름 안에서든) 맥락화된다. 세대-내 상호주관성으로 주어진, 또한 초역사적 상호주관성으로 주어진 그리스도교 담론은 개념들, 예식들, 실천들의 순환 속에서 이용 가능하다. 종교적 개념들과 실천들은 인간의 의식을 형성하고(form), 영향을 미치고(inform), 재형성한다(re-form). 인간의 의식은 또한 특히 극적인 방식으로 언어와 몸짓이 그리스도의 인격적인 현전을 전달할 때, 때때로 신비적인 방식으로 영향을 받는다. 언어를 통해서 주어에 귀속되는 경험들과 경험의 가능성을 열어 주는 언어들—양자 모두 종교적 삶에 주어진 요소들이다. 예수 그리스도에 대한 경험은 교리의 기원이다.

III. 신학적 인식론과 교리

내가 여기서 개발하고 있는 신학적 인식론은 담론이 먼저 생산된 다음 교리가 이후의 선포 및 신학의 언어 목록으로 역할 할 수 있는 방식을 설명한다. 일단 담론이 생산되면 수용 가능한 상태가 된다. 그 다음 수용은 경험에 대한 열린 초대이자 그 새로움에 대한 표현이다. 이 논의는 슐라이어마허의 제안에 초점을 맞추고 있다. 그의 조직적 사고가, 언어가 의식 및 실재와 연관되는 방식을 설명할 수 있는 신학적 인식론을 위한 변증법적, 해석학적, 종교적, 신학적 도구이기 때문이다. 담론과 실재의 연결을 설명해 주는 메커니즘을 구성하는 다른 방식도 있을 수 있다. 이를테면, 종교 내 실상의 복원과 관련하여 종교 연구에서 떠오르고 있는 논의와 같은 것들이다.[35] 나

35 다음을 보라. Robert A. Orsi, "The Problem of the Holy," in *The Cambridge Companion to Religious Studies*, ed. Robert A. Orsi, Cambridge Companions to Religion (New York: Cambridge University Press, 2012), 84-105; Christine Helmer, "Recovering the Real in the New Testament: A Case Study of Schleiermacher's

의 목적은 슐라이어마허를 간단하게 복원하는 것이 아니라, 실재가 (생산된 것이자 수용된 것인) 교리와 관련될 수 있는 방식을 인식하고 설명하기 위한 자원들에 관한 신학에서의 논의를 시작하는 것이다. 문제는 '살아 있는 종교'를 마음에 새겨 준 상호주관적 환경 속에서의 교리적 표현을 설명하는 동안 교리가 그 주제를 지시하는 방식에 관한 것이다. 인식론은 내용과 긴요하게 관련된다.

이제 교리가 계속 수용되고 있음을 가정하고, 살아 있는 그리스도교 전통의 촉매인 교리의 생성 방식에 대해 신학적 인식론이 어떻게 설명해 줄 수 있는지에 관한 문제로 돌아간다. 나는 어떻게 교리가 계속해서 교회사에서 중요한 지적 관행으로 유지되고 있는지에 대한 문제를 강조하면서, 슐라이어마허의 모델을—다른 가능성들이 있음을 인정하면서—계속 탐구할 것이다. 논의는 교리 발전의 신학적 인식론적 측면에 초점을 맞춘다. 특히 교리가 성서로부터 나와서 뚜렷하게 고정된 매개 변수들을 지니면서 동시에 또한 새로움에 열려 있다는 점에 초점을 맞춘다. 핵심 물음은 나중의 역사적 시기에 표현된 교리의 생산 방식이 어떻게 원래 성서가 문서화 될 때의 언어-실재의 연결점을 담고 있는가 하는 것이다. 이 문제에서 가

Theology," in *The Multivalence of Biblical Texts and Theological Meanings*, ed. Christine Helmer with Charlene T. Higbe, Symposium Series 37 (Atlanta: Society of Biblical Literature, 2006), 161-176. 또한 2013년 3월 헬싱키 고등연구소(Helsinki Collegium for Advanced Studies)에서 열린 워크숍에 관한 다음의 웹사이트를 보라. "Beyond Deconstruction: New Engagements in Religious Studies," http://www.helsinki.fi/collegium/events/beyond-deconstruction.html.

장 중요한 것은 그리스도교의 생생함이다. 실재와 연결되어 있지 않은 그저 말만으로가 아니라, 실재와 언어의 연결이라는 측면에서 교리적 신실함이 확립될 수 있다면, 교리의 초역사적 연속성은 그리스도교가 살아 있는 종교가 되게 하는 새로움에 열려 있을 수 있다. 그리스도교 교리는 기원후 초기 몇 세기부터 전달되어 온 것과 다르게 보일 수도 있다. 우리가 살고 있는 현대의 세계화적 맥락에서 상당히 그럴 수 있다. 이어질 신학적 인식론은 신실함과 새로움을 어떻게 두려움 없이 결합할 수 있는지를 설명하는 데 도움을 주기 위한 것이다. 이 논증이 주장하는 바는 이러한 신실함과 새로움의 결합이 그리스도인들이 경험한 실재를 가리켜야 한다는 것이다.

III.1. 교리의 기원

예수의 인격적인 현전은 감화를 주는 현전이다. 이 현전은 어떤 사역을 굉장히 극적으로 성취한다. 그래서 행위자 덕분에 사역이 일어났다고 자발적으로 발설하게 된다. 원래의 환호 속에 깊이 간직된 이러한 사역과 인격의 관계는 예수의 독특성을 기술하는 이후의 교리 발전에서 규범적인 힘을 갖는다. 극적인 사역이 예수의 행위 능력에만 귀속되더라도 예수의 인격의 독특성은 사역과 상호 관련된다. 슐라이어마허는 인격과 사역의 상호성에 대한 판단 행위가 그리스도교의 중심에 있다고 생각했다. 가장 이른 시기의 신약성서의 층위에서 확립된 그리스도론의 원칙이 이후의 교리적 정형문구들을 통제하고 있지만, 동시에 이 종교의 새로움은 구속자가 구속을 완전히 성취했다는 그리스도론적 주장에 의존하고 있다(*CF* §11 명제). 예수의 인격은 그가 사람들의 삶에 미친 변화와 밀접하며, 그의 인격-형성적 영향력은 그의 인격에 기인한 것이다. 예수의 경우 인격이 사역을 함축하고 사역은 인격을 직접적으로 가리킨다.

그리스도론의 근원은 원래의 술어를 가지고 주어를 확립하는 데 있다. 그리스도나 포도나무나 그 밖에 성서에서 발견되는 예수에 관한 모든 속성들이 원래의 술어다. 어떤 이들에게는 '생명의 떡'(요 6:35)이 예수와 잘 어울리는 술어라는 생각이 성향상 잘 맞지 않을 수도 있다. 또 다른 이들은 포도나무(요 15:1)라는 은유가 더 적절하다고 생각할지도 모른다. 그럼에도 적절함과 부적절함은 예수의 사역의 측면에서 예수의 인격의 의미에 관한 원래의 일치에 기초하여서만 가능한 것이다. 판단 행위들을 표현한 원래의 환호들은 인격을 사역과 연결한 그리스도론의 근본 원칙을 형성한다. 예수의 인격이 생명을 주는 성격의 사역들에 영향을 미치기 때문에 그리스도는 '생명의 떡'이며 '참 포도나무'다. 서술의 근본 문법은 그리스도론에서 공리로 묘사된 인격-사역의 상호성의 기반이다. 교리적 문법은 일단 확립된 다음 서술의 역사에 열려 있다. 개개인은 서로 상이한 언어적 환경, 문화, 상호주관적 모임들에 처하면서, 예수의 현전을 다양한 방식으로 경험한다. 그럼에도 이러한 다양한 방식들은 모두 원래의 교리적 문법에 대한 일치 속에서 서로 관련된다. 일단 예수의 독특한 인간됨에 관한 근본적인 판단 행위가 확립된 다음에 다양한 서술들이 생겨난다.

서술의 근본 구조는 그리스도론의 기원들을 모두 교회적 요소로 식별한다. 슐라이어마허에게 그리스도에 대한 환호들은 언어적으로 표현된 것이다. 언어는 판단 행위들을 다른 이들에게 실제적으로 나타낼 수 있는 상호주관적 매개이다. 언어적으로 전달된 환호는 그 표현의 본래적인 측면으로서, 상호주관성을 창조한다. 베드로가 "당신은 메시야요 살아 계신 하나님의 아들입니다"(마 16:16)라고 선언할 때, 그의 환호는 원래 제자들의 맥락에서 특정한 술어들을 예수께 귀속시킨다. 이러한 상호주관적 상황에서 제자들은 베드로의 '신앙 고백'과 관련시키는 역학으로 끌려들어간다. 베드로의 판단 행위는 상호주관적으로 예수와 관련시키는 일과 거의 동일하다. 달리 말하면, 교리는 교회와 관련된다. 슐라이어마허는 자신의 조직신학에서 교회론과 밀접하게 관련시켜 그리스도론을 구성한다. 그리스도와 그의 사역은 함께 있으며, 상호주관적 공동체의 창조를 필연적으로 향하게 된다. 예배 속에서 환호함으로써, 언어와 물리적 현실을 통해 그리스도의 실제적 현전[임재]을 나타냄으로써, 교리의 생산으로 새로운 서술들을 고안하는 데 참여함으로써, 그리스도를 전하는 것을 임무로 하는 상호주관적 공동체 말이다.

그럼에도 상호주관적이든 초역사적이든 전달 과정에서 어떤 본질적 요소, 즉 그리스도교의 살아 있는 본질, 핵심, 중심을 상실할 수는 없다. 살아 있는 종교적 현실로서 그리스도인의 경험은 정확히 포착될 수는 없지만 전달될 수 있으며, 이렇듯 생생한 물줄기에 신선한 물을 지속적으로 공급해야 한다. 여기서 개괄한 신학적 인식론은 언어적 환호들, 그리스도에 관한 3인칭 신앙 진술들, 교리적 정형문구 안의 정교한 차이들의 배후에 있는 언어-실재의 관계로 이러한 본질을 고려해 왔다. 환호가 1인칭의 예배 또는 이야기로든, 3인칭의 신학으로든, 다른 문학적 장르로 전달될 때, 이러한 담론적 행위는 일별 내지 파편이나 새 생명의 약속으로 경험되어 왔을 총체에 대한 어떤 인상과의 연결(밀접한 연결이든 거리가 있든 연결이든)을 통해 촉진된다. 그리스도교 담론의 전달은 기쁜 소식에 대한 명쾌한 가르침과 같이 담대한 듯한 방식으로, 혹은 교리적 사고로 추정되는 습관을 도전하는 일에서와 같이 신학적으로 위험할지도 모르는 방식으로, 그 종교적 핵심을 전하는 일이 계속되고 있다. 전자는 그리스도의 현전에 당면할 수 있는 기회를 담대하게 창조한다. 후자는 그 개별 특성을 그리스도교의 일치된 내용으로 도입하기에는 위험하다. 그리스도교 담론은 주된 것이든 부차적인 것이든 궁극적으로 그 핵심이 구원론적이다. 당면한 형태의 담론이 지적 반성의 대상이 되고 그럼으로써 신학을 생산하는 일인 개념 형성에 관여할 때, 그리스도교 담론은 세상 속의 그리스도 안에서 하나님의 현실을 가리키는 손가락이 되고, 때로는 심지어 명확하게 가리키기도 한다. 슐라이어마허 식으로 표현하자면 그리스도교는 실정 종교다. 이 실정 종교에서 실제적인 것이 창조된다. 성서에 확립된 원래의 요소들에 의존하면서도 새로움을 향한 가능성들을 창조하여 결국 새로운 환호를 촉발시키는 그리스도교 담론의 발전으로 실제적인 것이 창조된다.

성서의 증언들은 교리와 직접 관련된다. 슐라이어마허의 신학적 인식론은 성서와 교리 간의 역사적 불일치에 대한 문제를 다룬다. 가장 이른 시기의 문헌적 담론, 환호, 이 환호를 뒷받침하는 서술 구조 사이의 개념적 관계에서 해결책을 찾으면서 말이다. 이와 같이 예수의 인격과 사역의 상호 관계는 성서의 담론뿐만 아니라 교리의 근거이다. 마찬가지로 슐라이어마허의 설명은 그리스도교를 새로운 생명의 가능성이 있는 종교로 특징짓는 데 반드시 필요한 요소를 보존한다. 예수의 실재는 그의 현전으로 유발된 담론과 한결같이 연결된다. 이와 같이, 이 담론은 그의 인격과 사역에 관한 교리의 '내적 본질'을 전한다. 그리스도교 담론의 구원론적 차원은 교리에 의해 생산되지(produced) 않았더라도 교리 안에 재현된다(reproduced). 교리가 신자(또는 환호자)와 그리스도 사이의 언어-실재적 만남에 개념적으로 근거하고 있기 때문이다. 교리의 생산은 이어질 단원들에서 다룰 주제다. 원래의 술어라는 요인들에 익숙해져 있는데, 어떻게 교리가 그리스도의 현전과의 새로운 만남들을 고려한 새로운 서술에 개방되는가? 이는 그리스도교 전통이 살아 숨쉬기 위해 필요한 교리의 발전에 관한 것이고, 현재 세계화의 맥락에서 교리에 대한 신학적 관심과 관련된다.

III.2. 상호주관적 환경에서 교리의 발전

그리스도론의 근본 명제들을 작성하는 일은 새로움과 연속성의 요소들을 도입한다. 중요한 논의는 모두 인간종을 식별해 주는 아름답고 비교적 고유한 요소—언어—로 진행된다. 바벨 사건에서도 오순절 사건에서도, 공동체를 파괴할 때도 세울 때도 중요한 논의는 언어로 진행되었다. 그런데 언어는 개념과 동사에 의해, 또는 개념들을 서로 다른 구성으로 잇는 논리 연결어에 의해 문법적으로 구성된다. 언어의 문법적 구조를 고려해 볼 때, 문제는 언어 배열이 실재를 가리킬 때 이 배열을 규명해 내는 것과 같은 방식으로 어떻게 문법적 요소들을 구조화하는지가 된다. 삶에서 그리스도의 영향력에 대해 어떤 감탄사가 터져 나올 때마다, 어떤 술어를 '그리스도'라는 주어에 귀속시키는 주장을 할 때마다, 이 주어를 판별(determination)하는 말들이 추가된다. 다양한 판별들이 그리스도가 누구신지와 그가 어떤 일을 하시는지에 대한 지식을 더한다. 이와 같이, 판별들은 다른 이들에게 무언가 중요한 의미를 전달한다.

의사소통은 중요한 판별이 효과적으로 전달될 수 있다는 가정하에 진행된다. 문법적 요소들을 언어적으로 배열하면 술어를 통해 주어에 대한 판별이 늘어나게 된다는 공통의 생각이 기저에 있기에, 전달받는 자는 전달된 내용을 이해할 수 있다. "당신은 메시야입니다"라는 문장은 주어를 어떤 말(그리스도)로 서술하며, 이러한 의사소통은 그리스도가 누구신지에 대한 우리의 지식을 증가시킨다. 모든 판별이 효과적으로 전달된다거나 완전히 이해된다는 말은 사실이 아닐 것이다. 심지어 인간의 의사소통과 이해는 단편과 일별로 진행된다고 생각할 수도 있다. 그럼에도 언어의 문법적 배열에 대한 상호주관적 약속은 처음부터 토론의 근거다. 언어에 관한 약속은 주어에 대한 의미 있는 내용이 전달될 수 있는 유일한 맥락으로서 상호주관적 환경에 헌신하고 있음을 드러낸다.

서술은 경험이 언어로 예시될 때 발생하는 과정이다. 경험은 어떤 독특한 것에 대한 경험을 가능하게 하는 영역이 이미 언어로 경계 지어져 있음을 상정하고 있고, 그래서 경험은 언어를 통해 감탄으로 나오고, 기술되고, 해석되고, 이야기된다. 경험과 언어의 관계는, 사전 경험 또는 새로움을 허용하지 않도록 언어에 의해 철저히 구성된 경험을 표현하는 언어의 표준적인 일-방향성보다 더 가깝다. 경험은 해석될 수 있더라도 경험에 대한 해석 "그 이상"이다. 언어는 경험을 포착하려고 시도하면서 경험과 점점 가까워진다. 이는 원경험을 기술하고, 해석하고, 이야기하는 후속 노력들로 설명된다. 언어는 또한 경험의 윤곽을 설정하기도 한다. 경험은 언제나 문화적인 위치에 있어서, 감탄, 기술, 해석, 이야기의 언어는 불가피하게 그 시대의 문화적 뉘앙스를 갖는다.

이러한 주장을 보이는 데 있어 서술의 문제는, 계속 진행 중인 서술이 생생한 현실의 시제인 현재 시제로 나타나기 때문에 중요하다. 그리스도교의 생생함의 표지는 그리스도의 독특한 사역이 인간의 마음속에 계속 예시되는 것이다. 서술이 완전히 새로운 경험을 언급할 때, 과거의 경험을 특징짓기 위해 이미 모든 면에서 사용되어 온 언어를 가지고 언급하더라도, 현재 시제로 그 서술이 반복된다는 사실만으로도 살아 있는 전통의 현재의 현실을 나타낸다. 오늘날 그리스도교 신학에 대한 특정한 도전은 바로 세계적 규모로 된 현재 이 전통의 현실에 복수의 서술들이 들어오도록 허용하는 것으로 이루어져 있다. 이는 그리스도교의 지적인 역사에서 아직 전례가 없는 것이다. **세계화된 그리스도교의 맥락에서 다원적 서술이 발생하는 신학적 방법을 발견하는 것은 서구 그리스도교의 역사에서 우연적으로**(우발적 사고는 아니더라도) **결정되어 온 광범위한 술어들을 초월할 수 있는 기회이다.** 다원적 술어들에 관한 문제는 새로운 술어들이 이전의 술어들과 (그리고 이 술어들이 교리와 신학적 개념으로 범주화되는 것과) 어떻게 관계될 수 있는지에 대한 것이다. 이어지는 내용에서는 신학이 다원적 술어로 가도록 도전하는 중요한 문제들과 술어가 처음 범주화된 과정에 대한 약간의 고찰을 제시할 것이다.

III.3. 세계화의 맥락에서 교리

오늘날 세계화된 그리스도교는 전에 없던 술어의 다원성으로 우리를 초대한다. 오늘날 서구에서든 비서구권에서든 현대인들은 그리스도교 신학이 세계적 범위에서 그리스도교를 고찰해야 한다고 생각한다. 시카고에 있는 브라질인 신학자 비토르 베트텔레(Vítor Westhelle)

는 최근의 논문에서, 16세기부터 주로 독일 및 북유럽 국가들 그리고 그곳 이민자들과 주로 관련된 개신교 교파를 고찰해 봄으로써 이러한 주장을 펼쳤다. 루터교는 세계의 곳곳에 신속히 퍼지고 있어서, 10년 후에는 북쪽보다 남쪽 개발도상국(global south)에 루터교인들이 더 많이 살게 될 것 같다.[36] 나는 서구 신학의 술어를 결정한 독일 개신교의 광대하고 강력한 역사 때문에, 여기서 서술 도전의 전형적인 예로 루터교를 언급하고 있지만, 이와 같은 사례들을 진술하는 세계 곳곳의 다른 여러 신학자들도 언급될 수 있다. 마르틴 루터, 프리드리히 슐라이어마허, 칼 바르트, 칼 라너(Karl Rahner)는 현대 서구에서 신학적 서술의 근본 특질을 설정했다. 다른 여러 성서학자들, 교회사가들, 조직신학자들은 주요 신학적 개념들의 개념적 윤곽을 설정하고 거기에 내용을 집어넣었다. 오늘날 신학에 제기된 서술에 대한 도전은 먼저 이 시점까지 독일의 엘리트 지성이 서술의 역사를 지배해 왔다는 점을 인식하고 인정하는 것이고—경험적으로, 개념적으로, 언어적으로 구성해 온 이러한 역사를 부인하지 말고—그런 다음 바로 오늘날 그리스도인들의 경험의 범위를 열어 주는 복수의 서술들로 초대하는 것이다.

세계적 범위의 다원적 서술을 촉구하는 데는 초기의 어려움이 발생한다. 우리는 어디서 시작할 수 있을까? 출발점의 문제는 역사적

36 Vítor Westhelle, "Incursions in Luther's Theology," in *The Global Luther: A Theologian for Modern Times*, ed. Christine Helmer, chap. 17 (Minneapolis: Fortress Press, 2009).

우연성과도 관련된 인식론적 쟁점에 좌우된다. 새로운 경험들을 나타내는 새로운 언어들이 요청될 때, 그 과정은 오직 전에 있었던 것과 관련하여서만 시작될 수 있다. 인식론적 측면에서 볼 때, 일단 서술의 과정이 진행 중이면 절대적인 원래의 시작점이란 있을 수 없다. 서술 가능한 그리스도에 관한 개념은 이미 그리스도교 전통을 이루고 있고 이미 전통에 주어져 있기 때문에, 그리스도에 관한 개념의 서술은 인식론적 의미로 '중간에서' 발생한다.

인식론적 과정은 역사적 쟁점과 긴밀하게 관련된다. 서구와 그리스도교의 연계(여기서 우리는 주로 서구 그리스도교 및 비서구 지역에 대한 서구 그리스도교의 사역들에 대해 이야기하고 있다)는 역사적 우연성으로 인정된다. 그리고 역사성이 인간의 현존을 형이상학적으로 구성하는 요소라면(나는 그렇다고 믿는다), 시간 속에서의 변화와 발전의 모든 특징은 불가피한 역사적 우연성으로 규정될 것이다. 서구에서 서술들의 결과로 발생한 그리스도교의 개념들은 언어적으로나 개념적으로 그리스어와 라틴어로 형성되었고, 결국 독일어로, 현재는 영어로 형성되어 있다. 기쁜 소식이 "온 세상"에 선포되면서 "새로운 방언"(막 16:15-17)으로 만들어질 수 있게 된 이 개념들은 서구의 철학, 문화, 사건의 발전에 의해 한층 더 개발되었다. 서구가 포괄적 서술(global predication)에 부과한 것에 관한 논란은 비서구의 서술이 서구에 주어져 있는 것[37]을 거부해야 한다는 처방으로 해결될 수 없다. 오히

37 예를 들어, 영어는 세계 성서학계의 국제 공용어로 부상했다.

려 이 논란은 여러 서술 전통들 간의 상호 작용을 허용하는 창조적 제안들과 마주치게 될 수 있다. 포괄적 서술은 인식과 역사에 있어 서구적인(이는 우연적이다) 지금의 서술 형태에 비판적으로 관계하면서 자유롭게 이를 기반으로 삼을 수 있어야 하지만, 동시에 서구의 서술은 우연성과 우월성을 혼동해서는 안 된다. 그럼에도 불구하고, 현재의 포괄적 서술에 대한 논란은 특수한 서술들의 진리성에 관한 질문들이 반드시 제기되어야 한다고 요구한다. 그리스도교의 진리를 규명하는 과정은 그 과정의 정당화와 공정성을 적절하게 주장할 수 있는 그리스도교를 고취하는 것을 목표로 해야 한다.

그리스도에 대한 새로운 경험을 묘사하는 서술에 맞춰진 인식의 방향은 먼저 서술의 틀이 되어야 하는 특정한 신학적 관점을 구성하는 특징과 딱 들어맞는다. 적절한 인식의 방향을 위한 신학적 가정들은 그리스도의 모호함 없이 유일한 인격에서 나온 그리스도의 모호함 없이 유일한 구원 사역에 대한 그리스도교의 핵심 고백에서 비롯된다. 개별 새로움과 조화시키는 신학적 조율은 독특한 그리스도교의 고백에 따라 이루어진 것이다. 다원적 서술에 대한 그 근본적 포용성(capaciousness) 또한 동일한 기반에 기초하여 이루어져야 한다.

그리스도에 대한 독특한 경험들을 묘사하는 복수의 서술들과 조화시키는 신학적 조율은 함양된 습관, 즉 다양한 수준의 '들음'에서 학습된 경청의 기술인 성향이다. 진정한 경청에는 명확히 언어로 표현된 것들에 동반되는 영적인 공명들에 귀 기울이는 성숙함이 요구된다. 다른 이들의 설명에 귀를 열어 놓고 듣는 것은 숙련된 인격을 요구한다. 특히 자기 자신의 편견을 차단하는 노련함이 필요한데, 자신의 편견이 상대방이 말하는 바를 진정으로 듣지 못하게 막기 때문이다. 경청은 또한 구속의 경험을 그리스도께 귀속시키는 것과 조화를 이루는 문화적, 역사적, 정치적, 사회적 분위기를 듣기 위해 지적 자원들의 함양을 요구한다. 현대 신학은 하나의 방법으로서 민족지학(ethnography)에 개방되어 있어야 하며, 또한 혼종 정체성, 식민지 유산, 성과 젠더에 관한 다성부적(polyvalent) 설명을 탐구하는 이론에 개방되어 있어야 한다. 과거에 고찰된 적 없는 종교적 경험의 요소를 주의 깊게 듣기 위해 다양한 원천들을 차용함으로써, 신학은 새로운 경험들에 대해 듣고 제대로 인식하기 위한 개념적 장치를 개선하는 쪽으로 지적 자원들을 개발하게 된다. 그래서 신학적 포용성의 함양은 그리스도에 대한 하나하나의 경험이 각 사람을 하나님께 영원히 사랑받는 사람으로 존귀하게 만든다는 그리스도교의 핵심 주장을 구현하는 데 기여할 것이다.

역사성에 의해 구성된 서술, 신학 작업과 관련하여 일어난 서술은 도전을 많이 남긴다. 다른 연구 영역들처럼, 신학도 규범성의 표준에 순응하도록 그 신봉자들을 훈련시키는 하나의 관습이다. 권위는 순응을 요구하기 위해, 또는 순응을 강요하는 극적인 경우에 언급된다. 협소한-마음의 영은 신학을 파괴하는 강적이다. 권위나 규범성에 대한 의문을 허용하지 않은 채 규범성을 강제하기 위해서, 바로 이런 의도로 권위를 들먹일 때 특히 그렇다. 때로는 심지어 신학—그 경계나 내용 모두—훈련을 실시하는 것 자체도 대화나 경청이 없게끔 서술들을 차단하기에 충분하다. 절대적인 것들은 위신과 권력이 위협받을까봐 두려워하는 신학자들의 불안함을 감추어준다. 서술이 유일하여 질적으로 다르다는 미명에 숨어서—그리스도에 대한 새로운 경험을 형성하는 공유된 역사를(심지어 한정된 정도의 역사조차도) 인정하지 않고—서술에 교조적으로 호소하는 것은 하나의 도전을 제기한다. '서구적인 것'이든 '남성적인 것'이든, 오랜 세월 그리스도교와 관련된 전통들과 정반대로 독특한 경험의 영역들을 성급히 식별하는 것 또한 암묵적이면서 절대적으로 권위와 규범에 교조적으로 호소하고 있음을 드러낸다. 신학의 범위, 내용, 방법에 대한 훈련은, 하나님이 자기 백성들 사이에서 나타나시는 여러 다양한 방식(히 1:1)으로 숙고하는 살아 있는 전통이라는 신학의 존재 방식을 위협하는 장애물이기도 하다. 만일 규범적이고 표준적인 신학이라는 미명하에 박해를 받아 온 많은 사람들, 종교 개혁자들, 신비주의자들, 예언자들이 없었다면, 신학은 텅 빈 정형문구들, 무의미한 명제들만 재인용하는 상황에 처했을 것이다.

그럼에도 성령은 그리스도교 역사에서 내내 그러하셨듯이, 그리스도교를 살아 있는 전통으로 만들기 위해 교회와 학계의 훈육 구조를 계속 초월하신다. 만일 인간들에게만 맡겨졌다면, 신학적 서술은 그리스도교의 사형 선고가 되었을 것이다. 그러나 하나님은 여전히 그리스도교의 하나님이시기에, 인간의 편협한 마음과 자기만족적 오만을 초월하실 수 있고 기쁨을 주시는 성령의 새로움에 대한 경험에 열려 있도록 사람들을 부르실 수 있다. 신적인 초월에 들어가는 것은 자기 자신의 독단을 희생시킬 것을 요구한다. 신비주의자들이 그리스도교 영성에 각인시키고자 했던 것처럼, 자신에 대하여 죽음으로써 더 건강하고 더 하나님께 초점을 맞춘 인식적 주시가 함양될 수 있었다. 성령의 역사하심을 더 잘 알아보는 신학적 습관을 함양하는 것은 인간의 신학적 훈련을 넘어서기 위해 하나님의 사역에 참여하는 것이다. 신비로운 방식으로 활동하는 영은 그리스도의 마음을 지녔으며, 그래서 그리스도께서 창조하시는 새로운 경험의 진기함을 매우 감탄하는 것은 성령의 사역의 일부분이다. 만일 초월이 그리스도교를 나타내는 하나의 표시라면, 만일 그리스도교가 '풍성한 생활'의 새로운 가능성을 촉진하는 과업에 관여되어 있다면, 초월은 또한 신학적 서술이라는 예술이자 과업에 관여한다. 세심한 인식적 주시를 통해 받아들여진 복수의 서술들은 전통적 개념의 경계를 넓히고, 특정한 삶과 특정한 사람들 안에서 그리스도께서 역사하심을 말하지 못하게 하는 장벽을 허물며, 그리스도의 새로움의 복음이 세계 도처에서 경험됨을 기뻐한다.

III.3.1. 범주화

다원적 서술은 술어를 개념의 좌표망에 위치시키는 과정과 함께 간다. 서술들은 설령 반복 서술이더라도, 이전의 서술들에 대한 기억을 유지시키고 미래에 가능한 서술들을 비축하는 역할을 하는 더 큰 개념 영역을 만들어 낸다. 새로운 서술이 생길 때, 그것들은 이러한 개념의 영역들에 잘 들어맞기도 하지만, 동시에 이 개념들을 비판적으로 확장하거나 불안정하게 만들기도 한다. 그리스도교의 전체 역사가, 신학적 범주화의 과정에 의해 만들어지고 나서 개념의 영역에 배치된 다수의 서술들을 보여 준다. 신학적 범주화는 서술들 사이의 관계를 보여 줌으로써, 그리고 기존의 관계에 의문을 제시함으로써, 옛 것이든 새 것이든 서술들을 이해한다. 서술의 의미와 설명에 대해 캐묻는 일은 개념적 영역이 무엇을 왜 의미하는지를 설명하며 기능하도록 범주화하는 경향이 있다.

범주화에 대한 인식론적 관점은 주어에 대한 보다 완전한 판별에 술어를 참여시키는 것과 관련된다. "*s*는 *p*이다"와 같은 판단은 주어에 대한 판별에 개별 술어를 추가하는 주장이다. 이후의 판단들은 특정한 주어와 관련된 다양한 술어들에 관한 주장을 추가한다. 술어들은 주어에 관한 새로운 경험을 예시할 수도 있고 미래의 예시 가능성으로서 주어에 포함되기도 한다. 복수의 술어들이 주어에 추가되면서 새로운 문제들이 발생한다. 복수의 술어들을 어떤 하나의 주어로 범주화하는 것은 술어들과—실제든 가능한 것이든—주어의 관계에 대한 탐구로 초대한다. 더 나아가 어떻게 주어가 다른 주제들과 관련되는지에 대한 탐구로 초대한다. 새로운 판별들은 이미-범주화된 주어에 대해 의문을 제기하여 다른 영역에까지 관계들을 탐구하도록 강요한다. 예를 들어 어떤 사람의 머리색에 대한 단순한 서술은 유전적 판별에 대한 물음들—어떤 특정인의 부모 및 친척들과의 관계, 특정한 머리색에 영향을 미치는 개인의 행동(이를테면 식단이나 염색), 환경적 요인들(이를테면, 염소계 세척제로 청소한 수영장 물), 롤 모델의 영향—이 생겨나게 하여 판단들을 더 큰 세상에 자리매김시킨다.

술어들은 개념의 좌표망에 자리매김하면서 개념들을 불안정하게 할 수도 있고 안정화시킬 수도 있다. 어떤 술어들은 개념들에 관한 핵심 판별들로 승격되고, 어떤 술어들은 덜 중요하게 여겨진다. 좌표망은 '과정 안에', 개념들이 서로 간의 관계를 통해 결정되면서 술어들을 개념에 맞추는 생생한 과정 안에 있다. 범주화 과정은 비판적이기도 하고 구성적이기도 하다. 때로는 그 과정이 두려움을 일으키기도 한다. 특히 불안정화가 특정 개념들에 대해 인지된 연속성을 위협할 때 그렇다. 예를 들어, 1980년대에 페미니스트 신학은 남성 인간을 떠올리게 하는 용어들(아버지와 아들)로 된 삼위 하나님에 대한 전통적인 명명을 위협하는 것으로 인식되었다. 그럼에도 페미니스트 신학은 여성의 관점에서 하나님에 대한 경험을 탐구하는 새로운 영역을 열어 주었다. 그래서 하나님의 어머니적인 성품들에 관한 더욱 부요한 판별들이 결실로 나타났다. 세계기독교적 서술들이 발생하는 상황은 주로 서구 신학자들을 도전한다. 신학자들이 두려움을 세상 속 성령의 사역에 대한 호기심으로 대체하도록, 익숙한 범주화 패턴으로 환원하는 것에 의문을 던지도록 도전한다. 하지만 이러한 도전이 비판적 호기심을 희생시키는 데 이르러서는 안 된다. 불안정화와 새로운 자리매김 방식은 복음에 대한 핵심 판별들을 모호하게 할 수도 있다. 예를 들어, 현대 미국에서의 번영복음은 그리스도를, 칼뱅주의 신학 전통의 틀로 표현된 후기 자본주의적이고 신자유주의적인 좌표망에 자리매김시킨다. 또 다른 예를 들자면, 여성의 특성과 역할에 대한 제한이 동반되는 서구의 이성애-규범성(heteronormativity)이라는 패턴의 안정화에 대해서는, 여성의 경험으로부터 그리고 여성의 자유를 진정으로 바라시는 하나님의 뜻에 대한 신학적 반성으로부터 얻은 새로운 서술들에 기초하여 비판적인 물음이 제기되어야 한다.

더 나아가 범주화가 술어들을 개념의 좌표망에 자리매김시키는 데 성공하면서, 범주화는 술어들이 서로서로 관계를 맺고 또한 특정한 방식으로 특정한 개념들과 관계를 맺는 이유에 대한 설명이 된다. 이런 식으로 범주화는 신학의 '체계화적' 경향과 잘 들어맞는다. 체계의 개발은 범주화와 더불어, 술어와 개념들의 관계가 특정한 방식으로 자리매김하는 이유에 대한 어느 정도의 자기의식을 요구한다. 범주화의 과정은 그것이 일어나고 있는 방식을 시험하는 과정과 더불어 일어나야 한다. 범주화는 당연한 방식으로 조직신학의 칸칸에 주제들을 끼워 넣는 것일 수 없고, 다만 현실을 개념화하는 친숙한 방법에 대한 설명을 시험하고 범주적 인식을 이해하기 위한 새로운 길을 열어 주는 초대장이다. 초기 그리스도교 및 전통적인 신학의 범주화에 대해 묻는 것은 적절한 관계를 회복하거나 술어들이 주어와 관련되는 새로운 방식을 드러내는 결과를 가져올 수 있다. 살아 있는 체계는 바로 초월로 특징지어진 체계이다.

III.3.2. 구성

신학은, 특히 신학의 체계조직적인 형태는 구성의 과정이다. 구성은 체계를 핵심 견해들에 맞추고 이러한 자리매김에 대한 설명에 의문을 제기할 수 있는 새로운 가능성을 열어 준다. 술어들을 서로 서로의 그리고 주제어와의 구체적인 관계에 배치하는 과정에서, 구성은 체계적인 형태를 취한다. 이번 소단원에서는 구성에 대해 살펴보고 왜 구성에 사변적인 차원이 필요한지를 보이고자 한다. 어떤 신학적 인식론은 살아 있는 체계의 초월성을 특징짓는 사변적인 관점을 가지고 있다.

그리스도교 역사에서 체계는 서술을 범주화하는 주된 형식으로 계발되었다. 그리스도교의 처음 4세기 동안은 예수에 대한 물음과 예수와 예수가 "아버지"라 부른 하나님의 관계에 대한 물음이 제기됨에 따라 체계의 요인이 정해진 것이 가장 중요하게 작용했다. 수많은 이야기들이 이러한 교회의 두 가지 교의(삼위일체와 그리스도론)의 발전을 재구성하고 있다. 슐라이어마허는 자신이 지배적인 "아타나시오스식" 이야기라고 부른 것에 대한 대안적 이야기를 제안했고, 역사 및 영원과 관련된 요인들에 재집중하는 것이 어떻게 역사의 원천에 대한 "사벨리우스식"(Sabellian) 이해로 귀결되는지를 보여 주었다.[38] 루이스 아이레스는 초기 교회의 교리적 갈등을 고쳐

38 슐라이어마허의 입장은 초기 그리스도교의 '사벨리우스식' 입장을 중요하게 수정한다. 신적 양태들은 세대(dispensation) 이후에 공존하며, 따라서 하나의 양태가 이어지는 양태로 용해됨으로써 위격들 사이의 구별을 지우는 것이 아니라, '위격들' 사이의 구별이 유지되는 것이다. 다음을 참조하라. Friedrich Schleiermacher, "Über den

쓰는 일에 착수하여, 삼위일체에 대한 '니케아-이전의' 입장의 발전을 이해하기 위한 또 다른 길을 제안한다.[39] 교의의 발전을 다시 이야기하는 것이 어떤 내용으로 귀결되든지 인식론적 핵심은 동일하다. 그리스도에 대한 복수의 술어들("하나님의 아들"이든 "다윗의 자손"이든[롬 1:3-4])을 범주화하는 것은 궁극적으로 삼위일체와 그리스도론에 대한 물음이 되는 물음들을 낳는다. 초기 그리스도인들은 그리스도와 영원한 성부와의 관계 및 그리스도께서 시간 속에서 이 땅에 머무르신 일을 설명해 줄 삼위일체 교리를 최대한 또렷하게 표현해 보고자 노력했다. 그리스도교 신학 체계를 구성한 요인들은 시간과 영원, 본질[실체]과 우연적 속성, 인격과 사역에 관한 철학적 물음들을 다루면서 설정된 것이다. 이 사변적 측면들은 그리스도교 체계의 구조를 이루는 벽돌이다. 아리우스에서 헤겔에 이르기까지 사변적 차원은 시간과 영원을 관련짓는 신학의 핵심 문제를 의미했다. 그리스도의 형이상학적 위치에 관한 문제에서부터 세계 역사를 절대자와 관련시킨 사색에 이르기까지, 범주화하는 과정에서 발생하는 사변적인 요인들이 신학 체계의 발전을 몰아갔다.

Gegensatz zwischen der Sabellianischen und der Athanasianischen Vorstellung von der Trinität," in *Kritische Gesamtausgabe*, ed. Hans-Friedrich Traulsen, vol. I/10 (Berlin: de Gruyter, 1990); 영역본은 "On the Discrepancy between the Sabellian and Athanasian Method of Representing the Doctrine of the Trinity (1822)," trans. Moses Stuart, *Biblical Repository and Quarterly Observer* 5 (April 1835): 31-33; 6 (July 1835): 1-116.

39 Lewis Ayres, *Nicaea and Its Legacy: An Approach to Fourth-Century Trinitarian Theology* (Oxford: Oxford University Press, 2006).

조직신학에 대한 현재의 불만들은 실제로 체계 자체가 타당한지에 대한 물음과 더불어 체계를 사변적으로 재구성하여 형성하는 것은 또 타당한지에 대한 물음으로 나타난다. 지역적 신학들—특정한 지역적 경험의 관점에서 표현된 신학들—은 체계가 포괄성을 요구하는 것에 의문을 제기한다. 어떻게 복수의 서술들이 모두를 대변하는 하나의 범주 아래 포괄될 수 있는가? 이러한 비판은 주로 보편적인 이야기를 하고자 하는 (독일) 남성 엘리트 지성들이 형성한 서구 체계를 염두에 두고 있다. 오직 한 가지 유형의 원리체계만으로 교리에 대한 참된 해설에 필요한 요인들을 정할 수 있다는 것이 사실인가? 구성 과정을 관통하는 자명한 출발점의 정당성조차 구성하는 중에 문제가 된다. 교리에 대한 그리스도교의 어떤 특정한 형태가 자명하게 참인 것으로 추정된다면, 어떤 발견 방법이 체계 구성을 용이하게 하겠는가? 이와 같은 도전들은 반드시 권위와 우월성을 자처하는 주장들을 드러낸다. 이는 보다 겸손한 신학적 제안들과 맞닥뜨린다. 지역적 요인들에 따라 별개의 교리들로 범주화하는 반박에 부딪혀, 체계적인 구성에 대한 야망은 거부된다. 구성신학은 현재 위태로우며 지역적이다.

하지만 현재 신학의 상태가 필연적으로 체계의 종말을 수반하지는 않는다. 여기서 개괄한 신학적 인식론에 근거하면, 체계는 불가피하게 복수의 서술들을 범주화하는 인식론적 특성이 있다. 미래의 체계들을 상상하는 도전은 바로 사변(speculation)할 수 있는 용기에 달려 있다. 현재 계속 되는 복수의 술어들의 급격한 유입과 이 술어들의 다양한 인식론적 자리매김 방식은 체계적 구성에 관한 형이상학적 문제들을 해결하기 위한 단 하나의 이론적 해결책이란 존재하지 않음을 보여 준다. 오히려, 기수립된 체계와 맞지 않을 수도 있는 술어들을 범주화하기 위해서는 새로운 형이상학적 가능성들을 해명해 낼 필요가 있다. 『아메리카 원주민 신학』(*A Native American Theology*)에서 상관 범주를 포함시키는 것은 어떤 새로운 형이상학을 나타낸다. 이는 지역적 서술들이 요구한 것이지만, 다른 체계들과 비교하며 다른 체계들에 물음을 던지는 방안을 열어 주는 형이상학이다.[40] 구성에는 기설정된 범주화 방식을 넘어서기 위해서—따라서 그리스도 안에서 하나님에 대한 새로운 경험들을 볼 수 있게 하는—사변이 요구된다.

다원적 서술은 주어에 들어갈 수 있는 새로운 가능성들을 나타냄으로써 사변을 도울 수 있다. 복수의 서술들은 경험으로부터 발생하지만, 서술의 범주화는 경험으로 한정될 수 없다. 만일 주어에 대한 개념적 판별이 경험에 제한된다면, 결과적으로 주어가 제한될 것이다. 실재는 서술로 설명될 수 있는 것보다 언제나 더 크다—그리스도의 경우에는 더 아름답다. 사변적 차원은 단지 실제 경험뿐만 아니라 가능한 경험을 상상하도록 서술을 확장함으로써 서술을 이바지하기 위해 도입된다. 서술 과정은 새로운 술어들을 상상함으로써,

40 Clara Sue Kidwell, Homer Noley, and George E. "Tink" Tinker, *A Native American Theology* (Maryknoll, NY: Orbis Books, 2001)와 이 책에 대한 나의 서평(*Pro Ecclesia* 12, no. 2 (Spring 2003): 240-42)을 보라.

주어의 경계선을 늘이고 술어들 상호 관계 및 주어와의 관계에 따라 술어들 간의 관계를 재배치한다. 이러한 대담함은 범주화 작업을 새로운 자리매김의 가능성에 맞춰 조절하기 위해서 가능한 술어들의 범위를 확장할 것이다. 새로운 것을 볼 수 있는 가능성은 사변에 의해 어느 정도 미리 결정된 것이다.

이 부분에 있어 율법과 복음의 차이에 대한 루터의 과격한 통찰이 한 사례이다. 확실한 면죄의 순간이 있음을 알고자 그가 적용한 범주들은 결국 그의 양심을 두려움에 떨게 했다. 루터는 인간의 기여가 없어도 확실한 그리스도의 용서하시는 사역 속에서 기쁜 위안을 발견하자, 자기가 경험한 공포와 악령의 공격을 개념화할 새로운 도구를 찾았다.[41] 율법과 복음을 신적 작용의 두 기능으로 보는 핵심적인 구별은 율법의 신적 기능이 죄악을 극도로 폭로하는 동안에도 칭의를 전적으로 신적 작용에 귀속시키는 발상이 가능하게 했다. 루터 신학에서 사변적인—경험이 부채질했으나, 경험에 머무르지 않고 성서, 철학, 신학과의 지적인 씨름을 통해서 산출된—발전은 인간의 작용을 전제하거나 이후의 새로운 율법을 도입하지 않고 그리스도의 구원 사역을 이해하는 새로운 가능성들을 낳았다.

신학의 구성 작업에 필요한 것은 사변적으로 '닻을 내림'(anchoring) 또는 '발판 삼아 나아감'(benchmarking)이라는 개념이다. 이러한

41 세간의 떠도는 소문(urban legend)으로 루터의 '회심'을 이야기하는 몇 가지 설명이 있다. 리스토 사리넨의 다음 논문을 참조하라. Risto Saarinen, "Luther the Urban Legend," in *The Global Luther: A Theologian for Modern Times*, ed. Christine Helmer, 13-31 (chap. 1) (Minneapolis: Fortress Press, 2009).

말들은 자료의 틀을 잡는 심리적이고 이성적인 측면을 내포한다. 자료는 자료를 구성하기 위해 무엇을 선택을 하느냐에 따라 다른 형태의 틀을 갖게 된다. 영적이고 신학적인 발판들, 즉 통상 '규범적인 것'으로 받아들여진 것은 영적 현실들을 구성함에 있어 신학적 안전지대(comfort zone)를 설정한다. 신학이 개념의 역사에 기여한 위대한 것 중 하나는 하나님에 대한 인간의 경험들을 신적 작용과 근본적 변화에 맞춰 발판 삼으라고 주장한 점이다. 신학자들은 그리스도의 주어짐을 주장한다. 즉, 인간의 작용으로 통제되거나 인간의 개념에 들어갈 수 없다는 것이다. '낯선', '외적 언어', '외재성'과 같은 용어를 동반하는 헌신은 인간의 작용과는 철저히 분리된 신적 작용을 주장함으로써 어휘를 확장한다. 이러한 용어들은 인간의 어휘 목록 안에서 발생한 것이지만, 그럼에도 인간 존재와는 다르면서도 인간 존재를 깊고도 잘 보이지 않는 방식으로 변화시키는 어떤 실재를 가리킨다. 발판 삼아 나아가는 신학 작업은 현실에 대한 사변적 차원이 그리스도의 독특함에 열려 있게 하는 것으로 이루어진다. 그래서 신학적 진리는 독특성을 적절하게 발판 삼아 나아가는 사변적 기술을 요구한다. 신학은 인간이 승자와 패자라는 이름으로 자기 위치를 설정하는 세상에서의 일반적인 경험들과는 동떨어진 하나님의 사역을 굳게 지킨다. 호모 파베르(*homo faber*, 도구를 사용하는 인간)의 세계와는 동떨어져 계신 하나님은 또한 이 세계와 철저히 가까이 계신 분이시기도 하다. 사도 신조 신앙 고백의 첫 항목에 대한 루터의 해석과 같이, 하나님은 온갖 선한 것들을 주시는 분이며, 온갖

악한 것들로부터 우리를 지키시는 분이다.[42]

사변적으로 발판 삼아 나아가는 일은, 인간의 현실과는 다르지만 동시에 인간 현실을 변화시키는 신적 작용의 재현을 목표로 하는 신학적 구성의 특징이다. 그 인식론적 정당성은 다원적 서술과 범주화의 과정에 달려 있다. 서술들은 그리스도의 독특성이라는 공리를 상정함으로써 발생하며, 사변적인 정착 작업은 그리스도의 독특성에 비추어 술어들을 명시적으로 범주화한다. 서술과 구성의 문제는 서술의 방향성을 설정하거나 또는 술어를 개념의 좌표망에 자리매김하면서 그리스도나 문화 중 하나를 특권화하는 선택을 반드시 수반하지는 않는다. 오히려 신학적 인식론은, 초월성과 인식론적으로 일별함으로써 서술이 지속적으로 개방되게 하는 문화적 환경에서 서술이 불가피함을 입증하는 데 유용하다. 서술이든 구성이든 모든 인식론적 절차들은 교리에 대한 새로운 가능성들로 끊임없이 현재를 초월하시는 하나님의 현실 안에 현실의 닻을 내리고 이를 보존하려는 신학적 관점에서 이해될 수 있다.

42 Martin Luther, "Explanation to the First Article of the Creed," in the "Large Catechism (1529)," *BC* 432-33.

현실이 중요하며, 신학은 하나님의 초월적 현실을 증언해야 하는 특별한 소명이 있고, 신학의 진리는 하나님께서 오늘날 살아 있는 언어로 말씀하실 때 신적 진리에 개방되어 있을 수 있는 능력에 달려 있다고 우리에게 알려 준 사람은 바르트였다. 그럼에도 특수한 사회적, 정치적, 지적 환경과의 관계를 통해 독특한 색을 얻게 된 20세기 신학은 오늘날 신학의 모델로서는 유용하지 않을 수 있다. 현대 신학의 사회적 구성 개념의 자리를 고려할 때 특히 문제가 되는 것은 경험에 토대를 둔 슐라이어마허의 신학(이전 시기에는 이렇게 보았다)에 대한 이전 시기의 거부감이다. 이런 식의 슐라이어마허 읽기에 대한 나의 응답은 그의 사상의 복잡한 메커니즘에서 실재가 어떻게 나타났는지를 보이는 것이었다. 나의 목적은 슐라이어마허의 작업을 라이마루스의 물음과 밀접한 관계에 둠으로써 신약성서를 사회적 구성으로 본 그의 이해를 복원하는 것이다. 이는 슐라이어마허가 계속 고민했고 오늘날 신학에도 계속 등장하는 경험과 표현의 간극의 문제와 유사하다고 여겨질 수도 있을 것이다.

여기서 특히 다음 장에서 내 목표는 인식론에서 내용으로 가는 길을 찾는 것이다. 이 길의 첫 단계는 경험과 실재의 관계, 언어와 경험의 관계, 개별적인 것과 상호주관적인 것의 관계를 설명하는 이론이다. 나는 **수용**된 정경 텍스트로 신약성서에 접근하기보다 신약성서가 어떻게 **생성**되었는지에 대한 하나의 설명을 분석함으로써 이 단계를 밟아 왔다. 그러고 나서 특별하고 다양한 역사적 맥락에서 텍스트가 사회적으로 구성되는 성격을 평가할 수 있게 되었다. 슐라이어마허는 생산과 수용 중 **어느 한 쪽을 택하는** 이분법을 상정하지 않았다. 그리스도와의 만남의 관점으로부터 신약성서와 교리적 요인들을 설명하는 개념적 도구를 창조했다. 슐라이어마허는 그리스도교 공동체가 계속되는 경험 속에서 그리스도의 현전을 마주했다고 주장했다.

이 장에서 나는 역사적 관점이 아니라 신학적 인식론의 관점을 사용하여 성서로부터 교리의 발전을 고찰했다. 역사적 논의는 어떻게 성서의 주제들과 개념들이 초기 교회에서 첫 몇 세기동안 신학자들이 다룬 긴급한 문제들로 이어졌는지를 조명해 줄 수도 있다. 반면에 신학적 인식론은 그리스도에 대한 경험과 밀접한 관련 속에서 어떻게 언어가 발생했는지를 설명해 줄 뚜렷한 방법을 집어내는 분석적 시선을 제공한다. 이 신학적 인식론의 목표는 가장 이른 시기의 신약성서의 층위에서부터 현대의 세계화된 그리스도교에 이르기까지 어떻게 성서와 교리가 그 발생에 있어 동일한 인식론적 구조를 갖는지를 설명해 줄 수 있는 개념화 방식을 만들어 내는 것이다.

이러한 시각에서 주제에 접근하는 것은 세 가지를 가능하게 했다. (1) 우리는 사회적-언어적 환경 안에서 언어와 의식의 관계, 실재와 환호의 관계, 자신과 그리스도의 관계를 고려할 수 있게 되었다. 우리는 슐라이어마허로부터 약간의 도움을 받아서, 어떻게 그리스도에 대한 구체적인 경험이 특수한 서술 구조들을 갖는 특정한 언어적 표현들로 이어질 수 있는지를, 그래서 구속 사역을 구속자에게 귀속시키는 교리의 근거로 역할하게 되는지를 볼 수 있었다. (2) 우리는 구속자로서의 그리스도께 계속 초점을 맞추면서 슐라이어마허가 어떻게 특정한 신학적 인식론을 고안해 냈는지를 보았다. 이런 방식의 핵심 측면은 그리스도교를 시대를 관통하는 살아 있는 전통으로 설명하기 위해 개발되었다는 점이다. 이는 갈릴리 나사렛 예수라는 최초의 모습에서부터 오늘날 지구를 가로지르는 그리스도와의 만남에 이르기까지, 서로 다른 시간과 공간 속에서 접근할 수 있는 그리스도이신 예수에 대한 구체적인 이해이다. (3) 마지막으로, 이 방법은 심리학적, 언어적-역사적, 형이상학적, 종교적 자원들을 그 설명에 적용하는 데 개방되어 있었다.

따라서 신학적 인식론은 그리스도에 관한 교리 생산에 기여하는 까닭에 신학적인 것이며, 하나님에 대해 말하는 신학 작업을 하는 존재들이 바로 인간이라는 그 핵심 주장 때문에 인식론인 것이다.

요약하자면, 나는 그리스도의 인격과 사역에 관한 교리가 어떻게 신약성서라는 이른 시기의 층위에 등장했는지와, 동일한 메커니즘이 그리스도교 역사 전체에 걸쳐 계속되는 것을 어떻게 설명할 수 있을지를 보이기 위해 신학적 인식론을 재구성하고 있다. 이 계속되는 것이란 예수와 마주할 때의 서술에 대한 주장들을 표현해 내는 것이며, 그런 다음 구속의 원인이라는 예수 그리스도에 대한 개념이 형성된 방식의 역사를 알려 주는 주장들을 표현해 내는 것이다. 예수 그리스도와 만난 경험적-역사적 체험에 대한 이러한 검토에 기초하여, 언어가 경험의 인상을 나르는 방식을 기록하는 게 가능해졌고 지식 생산의 가능성을 창조했다. 서로 다른 시간에 있는 상이한 집단들은 자신들이 그리스도와 만난 것을 다양한 방식으로 이야기한다. 구체적인 요소들—의식, 언어와 사역, 사회적 경험, 신비주의를 포함하여—의 상호작용이 특정한 역사적 문화적 맥락에서 한데 모여 교리를 생산한다. 교리는 교리적 주장들을 지식으로 만들기 위해 철학적이고 학술적인 자원들을 필요로 한다. 그리스도에 대한 계속되는 경험도 요구된다. 이러한 그리스도에 대한 경험은 인격적인 것을, 아마 신비적인 것까지도 전통에 더하며 공동체와 관련된 경험에 더한다. 이런 식으로 교리의 생산이 살아 있는 그리스도교 전통 안으로부터 나타난다. 그것은 단순히 그리스도교의 기원에 대한 해석학적 검토도 아니고 기원을 규범적으로 구성해 버리는 신앙의 표준도 아니다. 다만 현대의 세계화된 그리스도교 안에서 예수 그리스도에 대한 경험을 서술하는 새로운 방식에 열려 있는 생생한 현실이다.

앞으로 나아갈 길의 개발은 바르트와의 대화에 슐라이어마허를 집어넣는 것으로 끝나지 않는다. 일반적으로는 현실을, 특수하게는 종교적 현실을 회복하기 위한 지적, 구체적, 상호주관적, 경험적 차원의 현대적 노력으로 계속 나아갈 것이 요구된다. 신학과 종교학의 틈에서 접근하여 이러한 단계로 나아가는 것은 교리의 생산에 우리를 더 깊이 끌어들일 것이다. 어떻게 종교학과의 대화가 하나님이 경험되는 방식과 관련하여 교리가 생산되도록 하는 데 도움이 될 수 있을까?

Acknowledging Social Construction and Moving beyond Deconstruction

Doctrine for Theology and Religious Studies

5

사회적 구성임을 인정하고 해체 너머로 나아가기

신학과 종교학을 위한 교리

I. 사회적 구성물일 수밖에 없는 교리

이전 장들에서는 교리의 역사에서 내가 교리의 종말이라고 진단한 것까지 추적했다. 20세기 초에 전개된 신학의 눈을 통해, 특히 몇몇 문화적 철학적 요소들(주로 신칸트주의적 범주들)을 자신들의 신학 작업에 전유한 독일 신학자들의 눈을 통해서 추적했다. 그 목표는 교리가 현실(신적 현실과 인간의 현실 모두)에 대한 특정한 견해들을 그 범위에 받아들이는 인간의 사회적 구성물임을 보이는 것이었다. 바르트는 이 논지의 주창자로 등장했다. 바르트는 평생 신학이 인간의 다른 어떤 활동만큼이나 하나님의 심판 아래 있는 인간의 기획이라고 주장했다. 신학은 인간의 학문들 중에서든 혹은 문화나 사회 속에서든 특권적 자리를 가지고 있지 않다. 신학에 그 주제(하나님의 초월적 현실)를 증언하는 독특한 책임이 있다고 해서 신적 진리에 접근할 특별한 권한이 있는 것은 아니다. 오히려 신학에 대한 특별한 것이 있다면, 그것은 하나님을 증언해야 함에도 불구하고 불가피하게 사회적 구성물일 수밖에 없는 언어와 범주들로 하나님을 증언하는 신학의 과업이다. 20세기 독일 신학에 대한 나의 역사적 검토에서 바르트의 사상의 이러한 차원이 선두에 있었다.

21세기로 넘어갈 무렵, 하나님의 현실과 인간의 현실의 차이를 유지하는 것에 대한 바르트의 신학적 관심은 신학적 분석에서 자취를 감추었다. 신학은 새롭고 교조적인 방향을 취했다. 이러한 변천기에 예상치 못한 전환점이 있었다. 그 전환점은 조지 린드벡이 인류학자 클리퍼드 기어츠의 문화와 종교에 대한 설명을 수용하여 이를 신학에 적용한 것이었다. 이러한 변화를 만들어 가면서 린드벡이 의도한 바는 루터교인들과 로마 가톨릭교인들 사이의 에큐메니컬 대화의 난국을 극복하기 위한 길을 찾는 것이었다. 그는 루터 종교 개혁의 칭의 신학이 촉발한 교리적 차이에 대해 논하려는 특수한 목적으로 교리의 본성을 명확히 하고자 했다. 하지만 공교롭게도 린드벡이 빌려온 인류학적 개념은 교조적 음색으로 바뀌게 되었다. 사회적 구성주의와 의미-만들기로서의 문화 개념은 종교에 대한 **신학적** 설명의 틀로 사용되었고, 종교적 세계관에서의 '문법'으로 교리의 구조적인 역할에 대해 이야기하는 한 가지 방법으로 사용되었다. 사회 구성 개념의 사회적-과학적 의미들과 함의들은 성서적 세계관을 세계 전체를 보는 회로망(matrix)으로 여기는 담론에 가리어졌다.

요컨대, 아이러니하게도, 교리의 사회적·문화적 의미들을 명확히 한 린드벡의 평화적 노력은 초월적 실재를 증언하는 역할로부터 교리를 차단하는 결과로 이어졌다. 이것이 바로 내가 **교리의 종말**이라는 말로 의미하는 바이다. 교리는 사회적 구성물이라는 교리 고유의 위치가 더 이상 인정되지 않을 때, 그리고 교리가 지시하려 했던 초월적 실재를 교리 자체가 대신할 때 그 종착지에 다다른다. 나는 교리의 인식적-우위 모델에 대한 논의로 이러한 전개를 설명했다. 이 모델은 결국 하나님과의 관련성을 상실했을 뿐만 아니라 역사적 차이라는 현실과의 관련성도 상실했다. 마샬의 입장의 아이러니는 언어적으로 표현된 교리의 내재성을 주장함으로써 교리를, 그가 신학으로부터 잘라내길 원했던 사회적 구성물이 되게 했다는 점이다. 게다가 이 이야기의 또 하나의 아이러니는 교리의 종말에 이르렀을 때 에큐메니컬 대화가 없다는 점이다. 교리의 종말점에서는 대화가 전혀 없다. 원래 에큐메니컬 논의에서의 난관을 극복하기 위해 제안된 이 모델은 결국 고독한 교의의 침묵으로 끝난다.

이렇게 요약할 수 있다. 교리의 성격이 사회적 구성임을 인정하지 않을 때—이 점을 잊어버리거나 부인할 때—교리는 빛이나 공기가 없는 방이 된다. 어떤 한 시기의 한 특정 세계에 대한 구성물이 모든 시기에 알맞은 세계 자체에 대한 진리로 오해되었다. 누군가의 고유한 관점을 이루는 사회적 구성물이 규범의 위치로 올라가면서 존재론적 다양성의 근원인 초월적 실재가 가려진다. 따라서 교리의 정합성은 자체적인 규범적 '진리'가 된다.

기어츠는 린드벡에게 많은 영향을 준 논문들이 실린 책에서 어떤 잉글랜드인에 대해 이야기한다. 그 잉글랜드인은 인도인들에 대해 이렇게 들었다—기어츠는 그가 이를 "인도인의 이야기"로 들었다고 말한다. 인도인들은 세계가 거북이 위에 서 있는 코끼리 위의 평면 위에 있다고 믿는다.[1] 잉글랜드인은 남아시아인인 대화 상대에게 물었다. "그렇다면 거북이는 무엇 위에 서 있나요?" 남아시아인은 "또 다른 거북이 위에요"라고 대답했다. "그럼 그 거북이는요?" "그 다음엔 밑으로 쭉 다 거북이입니다." "밑으로 쭉 다밑을 받치는 것은 모두"(all the way down)라는 문구를 학술 담론에서 종종 듣는다. 그리고 나는 여기에서 이 문구를 사용하려 한다. 교리를 표현해 내는 신학의 과업은 그 밑으로 쭉 다 사회적 구성이 받치고 있는 실천이다. 지적인 기획으로서, 신학자의 작업으로서, 신학이라는 분야는 인간의 행동 및 사고와 더불어 인간 생활의 다른 모든 측면들에 완전히 의존하고 있다. 신학은 그 고유의 산물에 담긴 사회적, 정치적, 역사적, 종교적 기원들, 관계들, 가치들을 전달하는 문화적 생산물이다. 신학이 세계와 관련하여 신을 연구하는 임무에 있어 다른 학술적 추구 사이에서 특수한 자리와 책임이 있다고 자처한다 할지라도—혹은 특히 그럴 때—신학이 밑으로-쭉-다 사회적 구성인 인간 문화 모델에서 면제되는 것은 아니다. 신학자들이 그리스도교의 과거와 그 살아 있는 현재를 연결시키는 방식으로 교리를 창조하는 만큼, 이 교리들은 불가피하게 문화적 관계 안에서 만들어진다.

그러면 문제는 다음과 같다. 이를 부정하는 것이 무엇이 문제가 되는가? 신학이 사회적 구성물임을 인정하지 않는 것은 상대주의,

1 Clifford Geertz, "Thick Description: Towards an Interpretive Theory of Culture," in *The Interpretation of Cultures: Selected Essays* (New York: Basic Books, 1973), 29.

세속주의, 자유주의(liberalism)—신학이 독점하고 있다고 주장되는 진리를 타협시킨다고 알려진 세 이데올로기—에 대항하여 신학에 예방 주사를 놓으려는 욕망의 결과일지도 모른다. 아니면 이것은 "하나의 거룩한 사도적 교회"라는 진리에 대한 어떤 특정한 신학의 헌신이 역사적 차이를 삭제할 것을 요구하는 것인지도 모른다. 이런 차이가 하나님에 대한 교리를 정립하려는 성서와 신조의 시도 속에서도 나타나지만 말이다. 어쩌면 "문화에 맞는 언어로 번역"이라는 수사가 몇몇 신학자들로 하여금 역사적 현실들이 신학적 관행에 영향을 미친다는 점을 솔직하게 인정하지 못하게 하는 것일지도 모른다. 아니면 교리적 주장의 대상(즉 하나님의 초월적 현실)이 모든 신학적 정형문구에 의문을 제기하는 것일 수도 있다. 그렇다면 무엇이 문제인가?

그 이유(들)가 무엇이든—내가 바르트와 더불어 마지막으로 주어진 것으로 기울어진다 하더라도—신학이 그 밑의 기반이 쭉 다 사회적 구성물임을 인정하지 못한 결과는 신학과 그 기반을 쭉 다 규범적인 것으로 보는 관점이다. 다른 말로 하자면, 신학이 사회적 구성물이라는 점에서는 오늘날 많은 신학자들이 의견을 같이하더라도, 이렇게 말하는 것이 무슨 뜻인지에 대해서는 생각이 다르다. 예를 들면 이것은 (1) 기어츠가 의도한 대로, 역사와 문화가 쭉 다 떠받친다는 의미일 수도 있다. 혹은 (2) 교리에 대한 인식적-우위 모델에서처럼, 쭉 다 규범성이 떠받친다는 의미일 수도 있다. 그러한 신학자들(사회적 구성이라는 언어를 사용하는 모든 신학자들) 사이의 근본적 차이들을 인식하는 것은 이후의 대화를 위해 필요한 전제조건이다.

여기서 쟁점이 되는 것은 궁극적으로 삼위 하나님과 관련된 그리고 이 하나님의 "물질적 창조에 대한 열정"[2]과 관련된 교리를 생성하는 신학에 대한 전망들과 함께 교리 자체의 본성이다. 교리는 남녀 모두의 생생한 경험을 숙고하는 과업에 헌신한 지적 전통으로부터 나올 때 활기를 띤다. 그러한 신학은 "아침마다 새로운" 자비(애 3:23)의 하나님에 대한 경험으로 들어가는 새로움에 열려 있는 동안, 과거의 종교적 삶에 충실한 생각들을 생산할 것이다. 교리는 신학자들 사이의 대화에서, 자신이 관계 맺고 있는 하나님에 대해 그리고 구속의 현실이 자기 삶에 침입하여 일별한 경험에 대해 서로에게 성실하게 이야기하는 그리스도인들의 대화에서 정립된다. 자신이 아는 것과 자신을 자유롭게 하는 진리(요 8:32)에 대해 경험해 온 것들을 언어로 표현해 내고자 분투하면서 말이다.

따라서 교리의 시작은 "그 밑으로는 쭉 다 거북이"임을 인정하는 것이다. 나는 여기서 이 문구를, 제일 원인에 대하여 궁금해하며 가려운 부분을 긁어 주는 설명을 끈질기게 갈망하는 사람을 그리는 은유로 사용하는 게 아니라, 모든 언어적 구조물이 바로 문화적 산물임을 인식하는 문구로 사용하고 있다. 그러나 여기에 반전이 있다. 나는 뜻밖의 대화 상대인 바르트와 슐라이어마허를 선택하여 이

2 이 문구(passion for material creation)는 매릴린 맥코드 애덤스의 다음 책에서 가져왔다. Marilyn McCord Adams, *Christ and Horrors: The Coherence of Christology*, Current Issues in Theology (Cambridge: Cambridge University Press, 2006), 39.

작업에 착수했다. 신학이 그 밑으로 쭉 다 사회적으로 구성되어 있다는 말은 명백히 신학적인데, 왜냐하면 신학이 사회적 구성 바깥에 그 존재와 현존을 가지고 있는 독특한 실재에 관한 것이기 때문이다. 이 실재는 바깥에 있지만(공간적인 언어라 만족스럽지 못하지만 불가피하게 사용한다), 또한 하나님의 진리를 자신들이 아는 대로 할 수 있는 한 최고로 재현하기 위해 교리를 구성하는 신학적 과업에 착수한 개인들과 공동체들의 생활에 개입되어 있다. 바르트는 성서, 교리, 선포가 자기 시대의 신학의 책임이라고 본 것을 이루는 인간의 말이라고 주장하면서도 하나님의 현실의 외재성을 주장했다. 마찬가지로 슐라이어마허는 인간의 말이 어떻게 신적 실재에 대한 주장을 할 수 있는지에 관심이 있었다. 언어는 실재와 관련이 있다.

그렇다면 필연적인 문제는 인간의 말이 특정한 종교적 경험과 밀접하게 관련하여 분석될 수 있는지와, 언어가 언어적 대상의 외재성에 어떻게 자리를 줄 수 있는지에 관한 것이 된다. 신학적 언어의 특수한 책임은 사회적 구성성이 그 너머의 현실에 개방되어 있음을 나타내는 표시가 되어야 한다는 것이다. 사회적 구성 너머이나, 언제나 다음의 단서가 붙는다. 즉, 물질 창조물과 하나님의 만남 그리고 물질 창조물에 대한 하나님의 참여는 불가피하게 역사적이다. 그런 까닭에 이러한 만나 주심과 참여하심을 언어적 표현으로 가져가려는 모든 노력들은 역사적 자리의 특수성에 따라 좌우된다. 요지는 교리적 정형문구들이 고립된 언어가 되지 않게 하기 위해, 한편으로는 하나님의 초월적 현실에, 다른 한편으로는 살아 있는 종교의 역사적, 문화적 현실에 참여하고 응답하게 하는 언어에 대한 설명을 가져야 한다.

신학적 관점에서 교리 생산에 대한 나의 생각을 개발하기 전에, 내가 신학에서 추적하고 있는 대화와 유사한 대화를 간단히 언급할 필요가 있다. 20세기의 전환기에 특히 독일과 미국에서 학술적 종교 연구를 창시한 이들은 신학자들과 함께 있었는데, 신학과 종교학이라는 두 개의 지적 과업은 서로 오랫동안 얽혀져 왔다. 오늘날에는 신학과 종교학이 학계에서 서로 갈라져 있지만, 심지어 서로 적대적인 생활을 하고 있지만, 최근 몇 년 동안 종교학은 근대 신학의 자취와 비슷한 방향을 취하고 있다. 이는 종교학을 유사한 난관으로 이끌었다. 사회적 구성이라는 개념이 그 역할을 어떻게 수행하는지를 이러한 종교학의 궤적과 비교한다면 유용할 것이다. 신학에서 종교적 현실을 복원하려면 근대적 이해에서의 '종교'의 운명에 관심을 가질 필요가 있다. 이 운명이 쇠퇴하는 한 장소는 종교학이다.

II. 해체를 넘어서

신학의 역사와 종교의 역사가 얽혀 있듯이 두 학술 분야(각각 내부적으로는 여러 형태가 있지만)도 다양한 어휘를 가지고 있고, 인문학 및 사회 과학과 관련하여 현대 학계에서 취하는 방향도 서로 비슷하면서도 다르다. 신학과 종교학은 앞으로 각자의 상이한 영역에서 각자의 주제를 회복하기 위해 취하고 있는 발걸음에 각자 주의를 기울이는 게 건설적이라고 생각할지도 모른다.

종교 연구는 우리가 본 바와 같이 교리 개념의 역사에서 매우 중요한 시기에 기원했다. 신학의 경우와 마찬가지로 신칸트주의의 범주들은 종교사학파(Religionsgeschichtliche Schule)의 형성에 매우 중요했다. 철학자 야코프 프리드리히 프리스(Jakob Friedrich Fries, 1773-1843)는 새로운 종교 연구에 칸트주의의 용어들을 가져온 핵심 인물이다. 당시에 루터교 학자들, 특히 베를린에 있었던 학자들은 루터의 종교적, 지적 일대기에서 '종교 개혁의 돌파' 과정을 기록하기 위해 역사적 방법론에 의지했다. 예를 들어, 칼 홀(1866-1926)은 역사적 루터에 대한 새로운 관심, 즉 루터 르네상스를 일으킨 것으로 여겨지는 역사학자이자 신학자인데, 그는 루터가 하나님을 발견한 과정을 이해하기 위해 역사적, 경험적, 종교적 범주들을 사용했다.[3] 루터 르네상스의 주요 인물 중에는 루돌프 오토(Rudolf Otto, 1869-1937)와 에른스트 트뢸치(1865-1923)도 있다. 그들은 초기에 그리스도교 역사를 어떻게 시대별로 나눌지, 특히 서구 역사에서 중세와 근대가 나뉘는 지점을 어디로 잡을 것인지에 대해 서로 논쟁하기도 했다. 둘 모두 종교의 역사적, 문화적, 사회학적 측면 연구에 중요하게 기여했다.

현대 학계에서 신학과 종교학이 뒤얽힌 역사에 대해 내가 말하고자 하는 이야기에서 오토는 중요한 인물이다. 오토는 종교학에서 오랫동안 주변적인 위치로 밀려나 있었는데, 최근 종교학에서 그에 대한 관심이 다시 유행하고 있다.[4] 오토는 그 자체가 하나의 고유한 분야로서 등장한 종교학계의 신학적인 과거와 그리고 종교학의 미래 방향을 위한 시나리오를 연결하고 있다. 그는 이전에 제시된 다른 어떤 것보다 신학과 종교학 사이의 내적 연관을 발생의 차원에서

3 Karl Holl, *What Did Luther Understand by Religion?*, ed. James Luther Adams and Walter F. Bense, trans. Fred W. Meuser and Walter R. Wietzke (Philadelphia: Fortress Press, 1977).

4 *Rudolf Otto: Theologie, Religionsphilosophie, Religionsgeschichte*, eds. Jörg Lauster, Peter Schüz, Roderich Barth, and Christian Danz (Berlin: de Gruyter, 2013)를 보라.

보여 주는 화신이다.

오토는 루터교 신학자로 훈련받았다. 그는 박사학위 논문으로 루터의 성령론에 대해 썼는데, 이는 두렵지만 매혹적인 신비(*mysterium tremendum et fascinans*)라는 오토의 개념에 영감을 주었다. 오토는 자신의 유명한 책 『성스러움의 의미』(*Das Heilige*, 분도출판사 역간)에서 이를 명시적으로 풀어내는데, 그 중 한 장을 온전히 「루터에 있어서의 누멘적인 것」(the numinous in Luther)이란 주제로 할애한다. "사실 내가 위에서 언급한 용어들['절대 누멘', 위압성*maiestas*, 두려움*tremendum*]을 도입한 까닭은 바로 내가 루터의 표현을 상기하여 그에게서 신의 위압성(*divina maiestas*)과 두려운 의지(*metuenda voluntas*)라는 표현을 빌려왔기 때문이다. 이 표현들은 내가 루터를 처음 연구했을 때부터 내 귓가에 맴돌고 있다."[5] 오토는 당대의 루터교에서 합리적으로, 정치적으로 길들여진 루터의 하나님 개념을 초과하는 하나님 개념을 탐구함으로써, 『노예 의지에 관하여』에서의 루터의 하나님 개념을 되살렸다. 이 책은 루터가 1525년에 에라스무스에게 반대하며 쓴 것이다. 이 책에서 오토는 20세기 초 리츨학파 안에서 합리주의적으로 형성된 자신의 생각을 뒤흔들어 놓는 하나님에 대한 설명을 찾았다.

오토는 그가 탐구하고 있었던 슐라이어마허에게서 하나님 개념

5 Rudolf Otto, "The Numinous in Luther," in *The Idea of the Holy: An Inquiry into the Non-Rational Factor in the Idea of the Divine and Its Relation to the Rational*, trans. John W. Harvey, 2nd ed. (Oxford: Oxford University Press, 1950), 94-108, 위 내용은 99. 『성스러움의 의미』, 길희성 옮김(왜관: 분도출판사, 1987), 169-189. 위 내용은 176.

에 대한 추가적인 영감을 발견했다. 오토는 『성스러움의 의미』에서 이렇게 썼다. "슐라이어마허는 『종교론』에서 아주 강하게 타협 없이, 『신앙론』과 '절대 의존 감정' 이론에서는 덜 뜨겁고 더 억누른 목소리로 이러한 합리주의를 극복하려고 시도했다. 이는 사실 누멘 감정이 처음으로 동요하는 것에 대한 … 하나의 표현을 제시한다."[6] 오토는 새로운 서문을 추가하여 『종교론』 초판을 1899년에 100주년 특별 기념판으로 재출간하고, 1906년에 한 번 더 출간한다.[7] 이 『성스러움의 의미』의 저자는 슐라이어마허를, 특히 『종교론』의 슐라이어마허를 깊이 알고 있다.

이성의 범위로 가장 제한적으로 이해된 것을 넘어 종교적 경험을 개념화하는 방식을 찾고자 했던 『성스러움의 의미』에서 오토의 기획은 그가 읽은 루터와 슐라이어마허에게 명백히 토대를 두고 있으며, 거기서 영감을 얻었다. 경험과 감정을 객관적 실재와 관련시키는 방법론에 있어 오토는 그 당시 통용되던 칸트 논의에도 의존했

6 Otto, *The Idea of the Holy*, 108. [앞서 각주 5에서 제시한 한국어판에는 위 내용이 없다. 저자가 인용한 영역본과 서로 다른 독일어 대본을(영역본은 제9판을, 길희성 역본은 35판을) 번역했기 때문으로 보인다. 또 다른 한국어 번역본인 『哲學入門, 宗教入門, 宗教哲學』, 윤성범 옮김(서울: 乙酉文化社, 1983)에도 위 내용은 없다 — 옮긴이 주.]

7 Friedrich Schleiermacher, *On Religion: Speeches to Its Cultured Despisers*, intro. Rudolf Otto, trans. John Oman (New York: Harper Torchbooks, 1965). 1906년 판에서는 서문을 더 길게 쓰고 주석을 달았는데, 1913년과 1914년에도 재출간되었다[한국어판 『종교론』(대한기독교서회 역간)은 오토의 편집판을 대본으로 하고 있으나 서문은 없고 주석은 있다 — 옮긴이 주]. Todd A. Gooch, *The Numinous and Modernity: An Interpretation of Rudolf Otto's Philosophy of Religion*, Beihefte zur Zeitschrift für die alttestamentliche Wissenschaft 293 (Berlin: de Gruyter, 2000), 7을 보라.

고, 특히 프리스의 도식화 이론에 의존했다. 하나님과 종교적 주체의 관계는 합리적 분류를 벗어났고 그럼으로써 이성적 분석 대상이 아니었지만, 오토가 개발한 감정 분류 체계는 종교적 경험에 대한 독특한 도구 모음을 사용하여 종교를 연구할 수 있는 가능성을 입증했다. 오토는 종교가 궁극적으로 이성이나 마음의 논리적 활동에 대한 것이 아니라고 결론 내린다. 종교적 주체 안에 독특한 감정들을 불어넣는 것은 초월적 실재에 대한 경험이다.

인간의 경험 안에서의 종교에 대한 관심으로 인해 그에 대한 독특한 범주를 개발하게 된 신학자인 오토는 학계의 종교 연구 역사에서 종교학 생성기를 대표하는 인물이다. 신학자들은 종교사 연구와 비교 종교 연구—종교적 경험, 이야기, 의식에 대한—를 신학자로서 자신들의 작업에 필수적이라고 생각했다. 오토와 더불어, 이러한 전망을 보여 준 또 다른 예는 오토보다 약간 이른 시기에 살았던 코넬리우스 페트루스 틸레(Cornelius Petrus Tiele)와 약간 뒤에 등장한 W. 브레데 크리스텐슨(W. Brede Kristensen)이 있다. 두 사람 모두 루터교 성직자이자 신학자였고, 초기 비교 종교학 연구에 기여했다. 이러한 배경을 고려하면, 신학 교육이 상당히 최근까지 종교학 연구의 기본적인 학술 이력으로 여겨졌고, 신학적 발상들이 비판적 종교 이론들의 모판으로 역할 했다는 점은 그리 놀랄 만한 일이 아니다.

하지만 이제는 더 이상 그렇지 않다(물론 우리가 곧 보겠지만 이런 문제들은 끊임없이 변하고, 재고되고, 재배치되고 있다). 지난 몇 십 년 동안 이 두 연구 영역은 꾸준히 분리되었고, 돌이킬 수 없을 만큼 벌어진 것 같아 보인다. 두 분야의 인물들이 이렇게 길을 갈라놓는 데 기여했다. 신학자들은 성서와 전통을 낯선 범주들로, 즉 종교학에서 사용되는 현대의 비판적 분석의 범주들로 번역하려고 하는 접근 방식에 거부감을 표시했다. 그러는 동안 수많은 종교학자들은 신학이 비평적 방법론에 눈감은 채 자기 분야의 교조적인 관심들(interests)을 고백적, 교리문답적으로 나타내고 있다고 희화하는 것이 적절하다고 보고 있다. 신학자들은 종교학의 보다 철저히 객관적이고 비규범적이고 역사주의적인 방법들에 신앙의 범주들을 가져와서 부과하고 있다는 소리를 듣는다. 이렇게 신학이 종교학의 목소리를 묵살함으로써, 신학적 오염으로부터 종교학을 격리시키는 것이든 아니면 세속 학계에 맞지 않는 종교학과들을 만들어서 다양하게 풍자된 신학과 종교학을 철저히 동일시하는 것이든—종교학과의 입장에서 볼 때 폐과의 전조—어떤 판단이 수반되어 뒤따라온다. 어떤 방식이든 신학은 전염병이다. 이는 종교학자들이 쓴 작품들을 아주 힐긋 훑겨보더라도 뚜렷하게 보인다.[8]

과거에 몇몇 종교학자들이 신학에 적대적이었던 이유 하나는 세속 학계의 인정과 지위에 대한 불안감과 관련된다. 종교학은 진정 타당한 학술 분야로 간주되기 위해서, 신념 연구나 주입과는 아무런 관련이 없다는 점을 외관상 명확히 할 필요가 있었다. 특히 개인의 종교적 헌신 및 소속과 아무런 관련이 없으며, 무엇보다도 신학

8 나는 다음 글에서 이에 대해 더 자세히 논하였다. "Theology and the Study of Religion: A Relationship," in Orsi, *The Cambridge Companion to Religious Studies*, 230-31.

과 관련이 없다는 점을—차례대로—명확히 할 필요가 있었다. 세속 학계에서 자리를 요구하기 위해 종교학은 신학 특유의 용어들을 제거했다. 이를테면, 초월, 거룩함, 영, 혼, 신성 같은 것들이다. 하지만 두 분야가 서로 점점 단절된—종교학이 간절하게 그 신학적 유산을 벗기 시작하는 동안 신학이 교의적으로 이해된 하나님 말씀으로 돌아서면서—결과 하나는 종교에서 명확히 종교적인 차원을 학술 탐구의 영역에서 제거한 것이다. 초점은 단지 신념에서 떠나 사회적 제도와 관습으로 전환된 것이 아니었다. 관습 자체도 그 종교적 특성을 박탈당한 것이었다. 종교적인 관습, 종교적 경험, 종교적 정체성, 종교적 형성물—이것들과 종교의 또 다른 측면들은 모두 철저히 해체되었고, 오로지 다름 아닌 사회적 현상으로 재구성되었다. 이는 신학의 전염을 방지하고, 종교가 인식한(그리고 실제) 과잉을 막기 위해 학술 작업에(그리고 아마 학술적 생명과 학자들에게도) 예방 주사로 사용된 백신이었다. 종교의 뒤흔드는 힘을, 인간의 통제와 개념화 너머에 있는 것에 대한 관심을 대화에 가져옴으로써 비판적 확실성들을 불편하게 하는 종교의 능력을 예방하기 위한 것이었다.

그러한 해체 작업의 필요성에 대해 수많은 논증들이 제시되었다. (1) 종교는 역사적이고 문화적인 현상이므로 특히 현대 역사기록학(historiography)과 문화 연구의 범위 안에서 분석되어야 한다. (2) 인간의 마음(human sensorium)은 종교를 창조하는 정치적 과정을 나타내고, 정치와 권력은 종교를 설명한다.[9] (3) 어떤 별개의 현상으로서의 종교는, 종교학을 별개의 학문 분야로 보는 것을 완전히 포기해야 할 만큼 신학으로 오염시킨 서구(독일) 신학자들이 도입한 개념이다. 분석의 범주로서의 '종교'를 포기하는 이 세 번째 주장은, 종교의 주제가 아니라 종교 담론 자체가 연구 대상이 되어야 한다고 제안하기 때문에, 대개 담론 분석의 측면에서 나온다.[10] (4) 종교가 근대성의 세속적 가치 및 명령과 양립하기 위해서는 길들여져야 한다. 이러한 길들임의 현대판은 종교를 정신 의학적 일탈로, 인간 본성의 변이로, 정치적 광기와 진통제로 이해한 19세기의 의심의 대가들의 망령에 시달리고 있다. 그럼에도 19세기의 상응물처럼 현대의 '종교' 파괴자들은 하나의 해체적인 기획 아래 종교의 다양한 측면들을 포괄하고 있기도 하다. 바로 종교적 자연주의라는 독특한 장르다. 종교는 심리학적 주제든, 사회적 주제든, 정치적 주제든, 경제적 주제든, 자연주의적인 단일한 주요 설명주제(explanandum)로 설명될 수 있다.[11]

9 이러한 견해의 예에 대해서는 Talal Asad, "Thinking about Religion, Belief, and Politics," in Orsi, *The Cambridge Companion to Religious Studies*, 36-57을 보라.

10 이러한 견해의 예에 대해서는 Masuzawa, *The Invention of World Religions*를 보라.

11 앤드류 C. 돌(Andrew C. Dole)은, 단 한 종류의 자연주의는 해체적 기획의 경향이 있음을 보여 주는 종교 자연주의에 대한 유용한 유형 분류 체계를 구성했다. 다음 책에서 그의 서문(Introduction)을 보라. *Schleiermacher on Religion and the Natural Order*, AAR Religion, Culture, and History Series (New York: Oxford University Press, 2010), 3-34. 종교 자연주의의 듀이식(Deweyan) 유형, 예컨대 종교 철학자 사미 필스트롬(Sami Pihlström)이 지지한 유형은 강한 인과를 주장하는 자연주의자들에겐 용납될 수 없는 종교적 감정들(sentiments)과 신비 체험을 인정한다. 이에 대해서는 그가 쓴 다음의 글을 보라. "Deweyan Pragmatic Religious Naturalism," in *Pragmatic Pluralism and the Problem of God* (New York: Fordham University Press, 2013): 47-72. '설명의 강박'(compulsion of explanation)에 대해서는 Ludwig Wittgenstein, *Remarks on Frazer's "Golden Bough"*, trans. A. C. Miles, rev. Rush Rhees (Gringley-on-the-Hill, UK: Brynmill, 1979), 2e를 보라.

(5) 이들은 개신교적 신념과 신앙이라는 망령들을 몰아내기 위해 종교에 대한 개념들을 희생시키면서 몸의 실천과 기술에 의존한다.

그러나 20여 년의 노력 끝에, 종교학계는 그러한 내부적 갈등의 지적 결과들과 그 신학적 불안감을 인지하기 시작하고 있다. 해체의 끝에서, 종교라는 주제에 남는 것은 무엇인가? 학문 분야의 주제로서의 종교에서조차 무엇이 남겠는가? 종교의 실재는 사회적 구성이라는 범주 안에서 정치적 과정들과 역사적 분석들에 포함되었고, 그 결과—정치, 사회, 역사라는 범위 안에서도—종교적 경험으로 구체적으로 주장될 수 있는 것의 영역이 거의 전무해질 정도로 줄어들었다. 종교학과 신학 바깥의 새로운 유물론 이론가들은 19세기와 20세기 초의 자연 과학과 사회 과학의 실증주의의 한계를 넘어서 물질에 대한 논의를 확장시키려 하고 있는 동안에도, 옛 유물론은 종교학 안에 잘 살아 있었다.

그래서 어떤 변화가 오고 있는 것 같은데, 루돌프 오토에 대해 재조명되는 관심이 그 조짐이다. 윌리엄 제임스(William James)의 말로 하자면 인간의 현상과 그 연구 대상으로서 종교에 대한 "그 이상의" 이야기가 있고, 널리 유행하는 사회문화적이고 사회역사적 도구들이 종교적 사건이 일어나는 과잉을 언급하기에는 아주 충분하지 않다는 깊어지는 우려가 있다. 여기서 슐라이어마허식으로 말하자면, 그리스도교의 성서에 이야기된 나사렛 예수와의 만남에는 2천 년 동안의 설교자들이 복음의 텍스트를 탐구해 왔음에도 아직도 고갈되지 않은 과잉 같은 것이 있다. 이 설교자들은 자신들이 텍스트를 해석하고 전달할 때 설교를 듣는 청중들이 자기의 삶 속에서 암시적으로라도 경험할 수 있는 방식으로 과잉의 일부를 떠올리게 되기를 바란다. 이는 현재와 과거, 텍스트와 독자, 화자와 청자, 하나와 다수 사이의 어떤 다른—현대의 비판적 연구가 품은 관계들과는 다른—관계이다. 현대 종교학의 텍스트들에 이에 대한 암시들이 있는데, 이는 실제 종교의 실상과도 관련이 있고, 독자들과 청자들이 특정한 시간과 장소의 특정한 공동체를 굉장히 사로잡았고 종교 학자를 굉장히 사로잡았던 어떤 실재를 일별할 수 있는 방식으로 그것을 떠올리는 것과도 관련이 있다.[12]

이러한 목적에 부합할 만한 언어를 찾다 보면 기묘하게도 종교학자들이 다시 신학적인 것으로 돌아간다. 예를 들어 그리스도교 인류학자 조엘 로빈스(Joel Robbins)는 최근의 논문에서 개신교도와 가톨릭교도의 개념적 차이를 나타내는 개념적 장치로 '초월'이라는 말에 호소한다.[13] 로빈스에 따르면 초월은 개신교를, 특히 신자와 신자의 하나님 사이의 관계에 대한 오순절적 이해를 특징짓는 말이다. 반면 내재성은 가톨릭 그리스도교의 성례적인 에토스의 특징이다. 또 인류학자 메튜 엔젤케(Matthew Engelke)는 짐바브웨의 현대 그리스도교

12 Daniel Gold, *Aesthetic and Analysis in Writing on Religion: Modern Fascinations* (Chicago: University of Chicago Press, 2003)에서 종교학의 독특한 시학(poetics)에 관한 논의를 보라.

13 Joel Robbins, "Transcendence and the Anthropology of Christianity: Language, Change and Individualism (Edward Westermarck Memorial Lecture)," *Journal of the Finnish Anthropological Society* 3, no. 2 (2012): 14.

운동 연구에서의 하나의 분석으로 '실제적 현전임재'이라는 말을 효과적으로 사용한다.[14] 또 다른 인류학자 타냐 루어만(Tanya Luhrmann)은 유명하고 널리 알려진 책에서 현대 미국 복음주의 개신교인들에게 "하나님께서 대답하시는" 경우들의 현실을 조사한다.[15] 종교에 대한, 보다 넓게는 인간의 상상력에 대한 현대의 연구들에서 이러한 '그 이상'으로의 전환의 상당수가 종교학의 경계 바깥에서 나타난다는 것은 주목할 만한 일이다. 마치 신학의 영향력을 없애는 일에 최근 집착한 것이 지적 소심함을 남겨 주었다는 듯이 말이다. 적어도 이 점에서는 인류학자들이 더 대담한 것 같다.

이러한 종교적 경험, 실재, 상상, 작용, 초월에 대한 언어를 찾는 일은 종교학의 대화에 언제든 신학이 다시 합류하도록 초청한다. 위에서 슐라이어마허에 대한 나의 언급이 시사하려 했던 바와 같이, 결국 신학은 오랫동안 역사적인 것과 개념적인 것의 관계, 경험적인 것과 추론적인 것의 관계에 관심을 가져 왔고, 또 신학은 국지적이고 개별적인 것에 신경 쓰는 동시에 인간 경험의 초월적 차원도 설명할 수 있는 형이상학을 찾기 위해 범주들이라는 도구 상자를 개발해 왔다. 따라서 우리는 보편자와 개별자 사이의 관계에 관심을 둔 중세 신학자들을, 경험과 텍스트의 관계에 관심을 둔 근세 신학자들을, 개인이

14 Matthew Engelke, *A Problem of Presence: Beyond Scripture in an African Church* (Berkeley: University of California Press, 2007).

15 Tanya M. Luhrmann, *When God Talks Back: Understanding the American Evangelical Relationship with God* (New York: Vintage Books, 2012).

라는 개념을 간직하면서도 역사적이고 사회적인 발전과 밀접하게 관련하여 인간의 작인(human agency)을 관찰한 트뢸치와 리츨로 대표되는 근대 후기의 역사주의 신학자들을 발견한다. 이 모든 탐구들은 종교학과 신학이 공유하는 역사에 속한다. 역사를 공유한다는 말은 그저 공통의 기원을 갖는다는 사실 때문만이 아니라, 서로 공유하는 개념들, 이론 용어들, 문제들의 측면에서 그렇다는 것이다.[16]

하지만 신학은 종교학자들에게, 종교학과 더 넓게는 인문학과 사회과학에서 자원이 될 수 있을까? 신학은 내가 기술한 종말에 이른 교리로 문화적 생성의 문제를 다시 다룰 수 있을까? 아니면 이제 신학은 보다 넓은 학문적 타당성을 잃을 정도로, 교회들을 위한 사업으로 완전히 자리 잡고, 아주 철저히 문화의 부정으로 상상되고 있는가? 과거에 신학자들은 학술적 사상에서 지적이고 합리적이고 방법론적이고 분석적인 자원들을 늘렸고, 이러한 유산은 현대 신학자들에게 하나의 도전으로 변함없이 자리하고 있다. 만일 오늘날 신학이 인문학과 사회 과학에 기여하는 것이 가장 많은데도 바로 그때 거기에 할 말이 가장 적다면 비극일 것이다. 마찬가지로, 만일 신학이 다른 학문분야들로부터, 다른 분야와의 대화 가운데 있음으로써 배울 것이 가장 많은데도 바로 그때 거기에 참여할 언어가 없다면 비극일 것이다.

16 Jörg Dierken, "Transcendental Theories of Religion: Then and Now," in *Schleiermacher, the Study of Religion, and the Future of Theology*, ed. Brent W. Sockness and Wilhelm Gräb, Theologische Bibliothek Töpelmann 148 (Berlin: de Gruyter, 2010), 151-64.

III. 현실이 사회적으로 구성됨을 분명히 하기

신학자들이든 종교학자들이든 사회적 구성물을 마치 현실 자체인 것처럼 생각할 때에만 사회적 구성은 문제가 된다. 그러므로 이런 문제에서 벗어나는 길은 두 가지 생각을 동시에 갖는 것이다. (1) 사회 구성물은 그야말로 사회적으로 구성된 것이다. (2) 사회 구성물들이 전달하고자 하는 것 그 자체 너머에 어떤 실재가 있다. 이질적으로 보이는 이 두 개념을 생산적인 긴장 속에서 동시에 유지하는 것은 차이를 표현하게 하고 신학과 종교학 사이의 대화를 시작하게 한다. 종교라는 주제를 회복하는 것은, 비록 또 다른 관점에서는 신학의 주제를 회복하는 것이기도 하지만, 이 책의 배후에 계속 자리하고 있는 생각이다. 이것이 바로, 바르트가 그랬던 것처럼 신학자들이 실제로 실재에 관심을 가졌을 때와 슐라이어마허가 그랬던 것처럼 신학자들이 실재가 종교적 맥락과 언어로 이해되고 표현되는 복잡한 메커니즘들을 탐구했을 때의 신학적 범주들과 신학적 범주화의 깊이를 모두 회복하려는 나의 역사적 노력의 요지이다. 이것이 내가 지금 도달한 물음이다. 현 상황에서 우리는 신학으로 살아 계신 하나님에 대해 관심 갖는 또 다른 세대의 그리스도인들을 위해 교리를 생산하면서, 슐라이어마허와 바르트의 도움을 받아 신학이 회복하고 선택하고 구성할 책임이 있는 실재의 차원들을 어떻게 충분히 생각할 수 있을까?

나는 신학이 이를 할 수 있는 방식을 다양한 관점에서 고려해 보고자 한다. 이 모든 것은, 교리의 내용은 신적 현실과 인간의 현실에 관한 것이라는 가정과, 또한 교리의 내용은 인간의 역사적 맥락과 인간의 증언에 관한 것이라는 가정과, 또한 교리의 내용은 시간을 초월하시는 동시에 세상 속 인간의 삶과 역사에 깊이 참여하시는 하나님에 대해 우리가 이야기함에 따라 변화하는 증언의 매개인 살아 있는 언어에 관한 것이라는 가정을 전제로 하고 있다.

III.1. 종교학과의 대화

최근 신학이 종교적 경험에 대해 실증적 관심을 붙인 분야 하나는 종교 민족지학(宗教 民族誌學; ethnography of religion)이다. 이는 대개 개념적이고 추상적인 것과 교리적으로 규정된 분석에 스스로를 제한해 온 신학 분야에서 새로운 발전이다. 최근 이렇게 경험적인 것으로 돌아서도록 자극한 원동력 하나는 실천을 강조하는 해방신학이다. 해방신학자들은 그리스도인들이 각자가 처한 정치적 맥락에서 자신의 생활과 사회를 변화시키기 위해 자신들의 신앙을 어떻게 표현하고 실행할지를 묻는다.

해방신학의 기원은 라틴 아메리카의 정치적 긴급 사태들에 있지만, 그 영향력은 라틴 아메리카를 넘어 이제까지 더 광범위하게 미쳐 왔다. 핀란드 신학자 엘리나 부올라(Elina Vuola)[17]와 미국 신학자 메리 풀커슨(Mary Fulkerson)[18]—이들은 종교학과 신학 및 인류학의 교차점에서 연구하고 있다—은 그것들 각각의 맥락의 '현장에서' 신학의 생성 과정을 연구하기 위해 민족지학적 방법들을 전유해 왔다. 그들은 연구 끝에, 종교 실천가들이 신학적 범주와 개념들을 발전시키면 지배적인 신학의 추상적 관념들과 그러한 추상 관념들이 신학에서 갖는 매력에 필연적으로 수정을 가한다는 결론을 내리게 되었다. 민족지학적 연구는 교회의 공식적인 가르침이 평범한 종교 실천자들에 가하는 영향력에 관한 신학적 가정들에도 도전한다. 이러한 그리스도인들이 죄, 은혜, 신성, 인간 본성과 같은 신학적 범주들을 숙고한 방식의 다원성에 주의를 기울임으로써 그렇게 도전한 것이다. 학계의 신학자는 자신의 신학적 주장을 표현하기 위해 사용하는 전통의 역사에서 취한 한정된 텍스트 목록을 가지고 있다. 모든 종교적 맥락 가운데 있는 민족지학은 종교적 사색을 위한 원천

17 Elina Vuola, "Patriarchal Ecumenism, Feminism, and Women's Experience in Costa Rica," in *Gendering Religion and Politics: Untangling Modernities*, ed. Hanna Herzog and Ann Braude (New York: Palgrave Macmillan, 2009), 217-38.

18 Mary McClintock Fulkerson, *Places of Redemption: Theology for a Worldly Church* (New York: Oxford University Press, 2010).

의 범위를 넓히고 대화 상대의 범위를 확장함으로써 신학 담론의 지평을 확장한다. 기어츠는 인류학자들이 현장 연구를 통하여 "다른 나라로부터 들은 것", 즉 인간 경험을 숙고하기 위한 또 다른 관점을 제시했다고 말했다. 이러한 정신에 입각해서, 신학자들이 민족지학에 기대면 다른 마음의 소리들을 듣고 다른 방식으로 구현되는 삶을 배우게 된다고 말할 수 있을 것이다.

신학에서 민족지학과 살아 있는 경험에 새롭게 기대도록 기여한 이들 또한 실천신학자들인 것이다. 조직신학은 보통 교리에 관여하는 것이지만, 종교 엘리트가 아닌 평범한 종교 실천가들이 살아 내고 표현한 그리스도인의 삶의 내용에 관여하는 과업은 실천신학에 할당된다. 하지만 조직신학이 실제로 살아 있는 종교에 관심을 갖는다면, 교리가 관심을 두는 실재를 알려 주는 생각들이 구체화된 삶에 관심을 갖는다면 어떤 일이 일어날까? 타냐 루어만은 신학자는 아니지만, 신학자들은 확실히 그녀에게 배울 수 있다. 신학자들은 하나님의 현실에 대한 인간의 경험을 통해, 하나님의 임재를 가장 간절히 추구할 때 부재하는 듯이 보이는 경험을 통해, 하나님과 타인들과의 오랜 관계를 통해, 기적적인 개입을 통해, 그리스도인의 생각과 실천이 형성되는 방식을 탐구하기 위해 대화, 관찰, 참여라는 자기 성찰적 방법들을 사용할 수도 있다. 그러한 경험들이 규범적인 담론에 영향을 미칠 수도 있지만, 그 자체로 규범적인 담론의 근거가 되는 것은 아니다. 우리는 예수에 대한 막달라 마리아의 경험에서부터, 메히트힐트 폰 막데부르크와 아드리엔느 폰 스페이어의 삼위일체에 대한 비전들과 현대 신비주의자들에 이르기까지, 중추적인 경험, 만남, 사건들이 교리를 더 깊은 진리로 몰아갔다는 것을 역사를 통해 알고 있다. 신학 이론의 형성에 책임이 있는 조직신학자들은 주의 깊게 보고 들으며 이러한 경험의 공간에 열려 있기를, 그래서 살아 있는 경험이 결국 교리적 정형문구로 나아가는 길을 만들 수 있기를 원할 것이다. 달리 표현하자면, 살아 있는 경험은 신학적 성찰에 낯선 원천이 아니다. 그렇게 여겨진다면 이는 신학의 위급 신호일 것이다. 오히려 살아 있는 경험은 신학 형성과 교리 생산에 불가피한 요소다. 이는 종교적 생각과 실천에 대한 공유된 대화 속에서, 서로의 관계 속에서 얻은 그리스도인들의 경험과 이해를 신학에 불어넣는다. 다메섹으로 가는 길이 없었더라면, 바울 서신도 없었을 것이다.

III.2. 역사로 돌아가기

근대적 지식에 주요하게 기여한 역사적 연구(historical scholarship)에 대해서는 공감대가 형성되어 있지만, 시간 속 인간의 삶에 접근하기 위해 제안된 역사기록학들에는 상당한 차이가 있다. 우리는 3장에서 교리에 인식-우위적으로 접근하는 방식이 루터와 토마스 아퀴나스의 역사적 차이를 어떻게 축소 내지 무시했는지를 인용한 예를 통해 살펴보았다. 역사 비평적 방법이 성서를 읽음에 있어서나 종교사를 검토함에 있어서 독점권을 가지고 있지 않음을 인정하기 때문에 그것이 완전히 버려질 수 있을 것이라는 결과로 이어지지는 않는다. 역사로 돌아간다는 것은 인간이 존재하고 있는 현실, 인간들이 역사의 행위자로서 변화에 도움을 줄 수 있는 현실을 되찾는다는 것이다. 초기의 환호들에서 교리적 진술들에 이르기까지, 종교적 경험에서 미래 세대에게 영감을 주는 기록인 경험에 대한 이야기에 이르기까지, 역사가 교리의 생성을 형성하는 현실을 이해하기 위해 중요한 것으로 재인식될 때, 역사 연구는 교리가 생성되고 해석된 방식을 이해하는 데 필수적인 것이 된다.

새롭게 교리 작업을 시작하는 한 방식에는 교리를 다양하게 사회적으로 구성한 것들 간의 역사적 차이를 기술하고 분석할 수 있는 역사적 방법론이 필요하다. 역사는 인간 존재가 자신들의 특수한 삶의 정황들에 (영향을 미치는) 주체이자 그런 환경들에 (영향을 받는) 대상이기도 한 현실에 가장 잘 이를 수 있는 분야이다. 역사적 주장들에 실증주의적 환원이 요구되는 것은 아니다. 오히려 역사학자들은 역사적 방법으로 접근 가능하면서도 협소한 경험적 이해를 초과하는 역사의 측면들을 볼 수 있도록 자신들의 역사기록학적 지평들을 열어 둔다. 신학은 역사학자들이 근대 역사기록학의 한계들을 반박하는 현상들을 포함하여 더 넓은 범위의 현상에 주의를 기울이도록 촉진함으로써 역사적 연구에 기여할 수도 있다.

현재 역사학자들과 마찬가지로 수많은 종교학자들이, 무엇이 역사적 지식으로 간주되며 또 무엇이 역사적 주제로 받아들여질 수 있는지에 대한 일치된 생각에 도전하고 있다. 신학은 이러한 동료들이 인간 현실의 종교적 차원을 평가하는 보다 포괄적인 역사 이론들을 상상하는 작업에 착수하면서[19] 이들과 생산적인 연대를 이룰 수 있다. 마찬가지로 종교학자들은, 신-인간의 만남이라는 종교적 경험(이는 그리스도교가 물려받은 교리적 정형문구들의 의미에 독특한 술어들을 만들어 내도록 촉구한다) 속에 엄청난 다양성이 있음을 그리스도교 사상의 역사가 증거하고 있다는 점을 신학자들로부터 배울 수 있다. 다시 말해, 여기에는 신-인간 상호작용의 다양한 측면을 개념화하기 위해 상이한 시간과 장소에서 계속 다듬어지고 다시 다듬어지는 언어가 있다. 신학의 역사는 신학과 종교학이 시대를 가로지르는 종교적 경험과 정형문구들의 다양성을 의식하게 해 줄 수 있을 것이다.

예를 들어 우리는 어떻게 리츨이 자기 시대의 정치적 현실들과 철학 용어들을 칭의 교리에 끌어들였고, 어떻게 수십 년 뒤 바르트가 초월적인 신적 실재를 주장했는지를 살펴보았다. 슐라이어마허는 종교적 의식에 미치는 그리스도의 변화시키는 영향력을 기술하는 용어로서 신비적 지시를 간직하고 있었다. 두 세기가 흘러 다른

19 Lewis Ayres, "Into the Cloud of Witnesses: Catholic Trinitarian Theology Beyond and Before Its Modern Revivals," in *Rethinking Trinitarian Theology: Disputed Questions and Contemporary Issues in Trinitarian Theology*, ed. Giulio Maspero and Robert J. Woźniak (London: T&T Clark, 2013), 16: "한때 일원화된 이야기 안에 쉽게 자리 잡고 있었던 텍스트와 사람들의 독특한 특성들에 이렇게 초점을 두는 것은 인물들과 관련시키는 어떤 방식들을 방해한다."

신학자들은 언어적으로 구성되어 종교적 세계관으로 기능하는 표현들이라는 틀을 교리에 입혔다. 따라서 당당하고 과감하게 역사적 분석으로 돌아가는 것은, 시간의 흐름에 따른 핵심 교리 용어의 의미 차이들을 발견하고, '교리'라는 개념 자체에 상정되어 있는 여러 종류의 현실들을 이해하고, 교리의 의미를 구성하는 사유와 언어, 경험과 실재, 연속성과 새로움 간의 관계의 복잡성을 분석하는 행위가 될 것이다.

이런 점에서 볼 때 흥미진진한 사례 연구는 삼위일체 교리의 역사에 관한 것이다. 최근 신학자들은 그리스도교라는 새로운 종교가 탄생한 후 초기 수 세기 동안에 있었던 삼위일체 교리의 발전 과정에 집중해 왔다.[20] 종교 개혁 신학에서도 삼위일체는 활발한 토론, 격렬한 논쟁, 창조적 혁신의 주제였다. 그 뒤 계몽주의 시기에는, 그리스도교 역사가인 임창하(Paul C. H. Lim)가 보여 주듯이, 삼위일체가 다시 치열한 연구 주제가 되었다.[21] 오직 성서(*sola scriptura*)라는 개신교의 개념은 이러한 논쟁들에 위기를 제공했다. 성서에서는 글자 그대로의 삼위일체를 발견할 수 없기 때문에, 개신교 신학자들과 평신도들은 술집에서 교실, 농가에서 국회에 이르기까지 거세고 활

20 예를 들어 *The Oxford Handbook of the Trinity*, ed. Gilles Emery, OP, and Matthew Levering, Oxford Handbooks in Religion and Theology (Oxford: Oxford University Press, 2013)의 1부("The Trinity in Scripture")와 2부("Patristic Witnesses to the Trinitarian Faith")에 있는 논문들을 보라.

21 Paul C. H. Lim, *Mystery Unveiled: The Crisis of the Trinity in Early Modern England* (New York: Oxford University Press, 2012).

발하게 논쟁하면서 이 교리를 옹호하거나 비난했다. 그 결과는 가톨릭과 개신교의 다양한 지성과 감성을 반영하는 신학들을 광범위하게 낳았다. 이 시기에 역사 비평과 실증적 역사기록학이 동시에 일어나면서 삼위일체론의 진리 여부에 강렬하게 몰두하게 되었다. 역사학자들과 신학자들은 성서에서 만난 그리스도교의 하나님과 역사에서 표현된 삼위일체 교리의 관계를 이치에 닿게 설명하기 위해 자신들의 방법론적 도구들을 사용하였다.

이런 논쟁들이 삼위일체 교리에 대한 도전과 활력의 증거다. 논쟁들은 이 교리의 진리 여부 문제에 머무르지 않는다. 이후 근대 시기 동안 삼위일체 교리의 역사는 이 교리 전개에 있어 사변적인 **그리고** 역사적인 도구들이 점점 증가함을 보여 준다. 초기의 교회가 삼위일체 개념을 그리스도의 신성에 대한 문제들에 대답하는 방식으로 발전시킨 반면, 근대의 논쟁들은 성서와 초기 교회 사이의 간극의 관점에서 삼위일체 교리에 접근했다. 존재와 역사 사이에 벌어진 간극의 입장에서 삼위일체를 철저히 생각해 보려는 바로 그러한 노력의 결과로, 슐라이어마허와 헤겔은 생성(becoming)이라는 형이상학적 측면에서 삼위일체를 개념화하기 위해 역사적이고 사변적인 도구를 모두 사용하면서 서구 역사기록학의 가능성들을 확장했다.[22] 바르트의 『교회 교의학』의 프롤레고메나가 나오기까지, 삼위일체론은 역사

22 이 주제에 대한 더 자세한 이야기는 나의 논문 "Between History and Speculation: Christian Trinitarian Thinking after the Reformation," in *The Cambridge Companion to the Trinity*, ed. Peter C. Phan, Cambridge Companions to Religion (Cambridge: Cambridge University Press, 2011), 149-69를 보라.

적인 것과 사변적인 것을 통합시키는 체계의 발전에 동기와 영감을 주는 것으로 근대 신학의 역사에 단단히 닻을 내리고 있었다.

교리들은 시간의 흐름에 따른 사회적 구성물로서 어떤 역사적·문화적 맥락에서든지 이용할 수 있는 말로 생산되었고, 사회적 구성의 기폭제로서도 생산되었다. 교리는 언제나 생산물인 동시에 사회적 구성의 생산자이다. 즉 형성된 것이자 형성하는 것이다. 교리에 대한 이 둘 모두의/사이의(both/and) 역사적 변증법이 항상 있다. 근대 역사주의의 압박은 역사 발전의 측면에서 삼위일체 교리를 고찰하도록 의제를 정해 놓았다. 하지만 슐라이어마허의 예를 들자면 이러한 교리 이해는 결국 근대 사상에서 그 밖의 기본적인 이분법들에 문제를 일으켜서, 바르트의 경우에서처럼 삼위일체 교리의 조직신학적 중요성에 대한 새로운 생각들을 불러왔다. 한편으로 근대 역사기술학은 우리로 하여금 삼위일체 교리를 형성해 온 유산들에 주의를 기울이게 한다. 다른 한편 삼위일체 교리는—그 특수한 형이상학적, 존재론적 물음들로, 공동체와 사상의 관계에 대한 관심으로—근대 비평적 사상에 대한 몇몇 주요 문제들에 대해 생각해 볼 수 있는 새로운 개념적 가능성을 열어 준다. 신학 연구는 삼위일체와 생산적으로 씨름하면서 문화에 대한 면역성을 주기는커녕 오히려 실제로는 합리적이고 창의적인 가능성을 확장시켰다. 교리 작업은 문을 여는 것으로 이어졌지, 닫는 것으로 이어지지 않았다.

역사는 하나님이 인간들과 시간 속에서 만나시기에 교리가 살아계신 하나님의 실재와 관련된다는 점을 보여 주기 위한 하나의 초대장이다. 즉, 역사는 교리와 실재의 관계로 돌아가기 위한 초대장이다. 교리는 인간의 손으로 만든 작품이다. 그리고 교리 작업에는, 하나님께서 인간들이 기대하지도 예상하지도 못한 일로 인간들을 놀라게 하실 수도 있다는 지속적인 인식이 포함된다. 이는 교리의 정형문구들을 다시, 또다시 고치도록 요구할 것이다.

IV. 언어, 교리, 실재

내가 주장해 왔듯이, 교리가 규범적인 정형문구들을 받아들인 것이라는 주장은 바르트의 입장도, 슐라이어마허의 입장도, 루터의 입장도 아니다.[23] 교리는 신성에 관한 것이며, 신성과 피조 세계의 여러 가지 관계들에 관한 것이다. 교리는 살아 계신 하나님의 실재에 관한 것이다. 교리는 지식과 진리를 향해 돌진하지만, 동시에 그 인간적인 기원들과 역사적인 특수성을 인지하고 있다. 하나님께서 다양한 방식으로, 종종 숨겨진 방식으로 창조하시고 변화시키시는 관계들을 보고 이해하려면 영적 안목이 요구된다. 삼위일체 교리와 그리스도에 관한 교리에서처럼, 교리가 하나님의 존재의 특수한 형태들을 주장하고 세상과 관계하시는 특수한 방식이 신실함을 주장할 때

23 하나님으로부터 온 선물이라는 교리에 관한 루터의 입장에 대해서는 Risto Saarinen, "Luther und humanistische Philosophie," in *Lutherjahrbuch 80: Jahrgang 2013*, Organ der Internationalen Lutherforschung (Göttingen: Vandenhoeck & Ruprecht, 2013), 91-99를 보라.

조차도, 교리로 하나님을 길들일 수는 없다. 교리는 인간 신학자들이 처한 상호주관적인 문화 조건하에서 작동하는 그들의 영적, 지적 능력에 따라서만 그 내용이 나타날 수 있다. 교리에 대한 인식적 겸손함의 가장 깊숙한 근거는 신학자가, 인간의 노력을 거부할 수 있고 새로운 것으로 인간의 예상을 산산조각 낼 수 있는 신적 실재 앞에 자신이 서 있음을 인지하는 데 있다.

현대 신학자 프란체스카 애런 머피(Francesca Aran Murphy)가 『하나님은 이야기가 아니다』(*God Is Not a Story*)에서 논증했듯이, 신학은 형이상학을 포함하는 내용에 지속적인 관심을 촉진하기 위해 이야기 모델들을 통해 실재를 묶어 두는 그 전통 너머를 보아야 한다.[24] 머피의 제안을 명제로 바꾸면 이렇다: 머피와 나의 생각처럼 만일 신학이 인격의 현실, 하나님의 현실, 상호주관적 현실에 대한 것이라면, 신학에 위임된 임무는 방법의 문제에 몰두하는 것이 아니라 무엇보다 역사적·종교적 내용에 관한 것이어야 한다.

신학은 교리, 언어, 내용에 대해 역사적이고 세계화된 관점에서 다시 일어난 구성적 관심을 가지고 종교학자들이 종교로서의 종교 연구를 추구하도록 초대한다. 이는 신학자들이 종교학자들과 소통하는 방법을 찾고, 종교적 경험[25]의 기술과 종교적 실재와 언어의

24 Francesca Aran Murphy, *God Is Not a Story: Realism Revisited* (New York: Oxford University Press, 2007): "이야기된 합리성은 어디에도 가지 않고 혹은 아무것도 하지 않고, 그것 외부의 어떤 존재도 허용하지 않는다"(112쪽). 또한 "이야기 신학에서 성서는 하나의 그림(a picture)이 아니라 그리기(a picturing), 즉 그로써 실재를 이해하는 규칙-지배적인 과정이다"(3쪽).

관계를 탐구하는 신학의 특유의 방식들을 공유할 방법을 찾는 학문적 책임을 받아들일 때, 특히 그렇다. 이러한 문제들에 대해, 신학은 개념적 용어, 분석 가능성, 현대적 용례와 구성적 적용을 이해하기 위한 역사적 관점을 제공하며, 신학자들과 종교학자들은 종교의 주제에 대한 연구를 회복하는 작업, 특히 현실을 종교적 현실로 보는 작업을 협력하여 할 수 있다. 그러한 문제들에 있어 신학은 보다 경험/실증 지향적인 동료들에게 허용된 것보다 개념적이고 사변적인 자원에 더 자유롭게 의존할 수 있다. 신학은 신학이 발견해 온 종교적 현실들을 기술하기 위한 독특한 언어 사용 방식들을 공유함으로써 이러한 초대를 매력 있게 만들 수 있다.

역사에서 하나님의 현실은 논의되고, 논쟁되고, 전달되고, 다툼이 되는 주제였다. 그 과정에서 현실을 토론하고, 논쟁하고, 전달하기 위한 장소인 역사적 한계들이 시험된다. 러시아 정교회 신학자 파벨 플로렌스키(Pavel Florensky)가 합리성의 막다른 길[26]로 상정한 삼

25 요르크 라우스터(Jörg Lauster)는 최근 한 논문에서 더 역사적이고 구성적인 신학 작업은 종교적 경험의 개념에 관한 작업이어야 한다고 제안했다. 영어에서는 이 경험이라는 한 단어로 축소되어 있지만, 독일어에서는 다음과 같이 최소 세 단어가 있다. Erfahrung, Erlebnis (사건의 특성을 갖는 말), Widerfahrnis (자기 바깥의 실재나 대상에 대한 경험의 수동적 차원을 강조하는 말). Erlebnis란 말은 20세기 초 신칸트주의적 맥락에서, 특히 마부르크에서 비롯되었다. Jörg Lauster, "Liberale Theologie: Eine Ermunterung," *Neue Zeitschrift für systematische Theologie und Religionsphilosophie* 49, no. 3 (2007): 291-307를 보라.

26 Pavel Florensky, *The Pillar and Ground of the Truth: An Essay in Orthodox Theodicy in Twelve Letters*, trans. Boris Jakim (Princeton: Princeton University Press, 1997), 41: "호모우시오스(ὁμοούσιος, 동일본질)라는 한 마디는 그리스도론적 교의만 표현하는 게 아니라 합리적인 사고 법칙에 대한 영적인 평가도 표현한다. 여기서 합리성은 치명상을 입었다."

위일체론은 철학자들이 이성의 논리와 의미론을 철저히 생각함에 있어 그들의 레퍼토리를 확장하도록 도전함으로써 서구 사상의 독특한 역학에 중요한 기여를 했고 계속 하고 있다. 삼위일체론은 또한 역사기록학이 영원성의 신비들을 엿보게 하거나 혹은 적어도 그러한 신비의 가능성을 엿보게 함으로써 역사의 신비주의로 불릴 수 있는 것에도 영감을 주었다. 이러한 관점에서 시간과 시간 속에서 일어난 것은 그것들의 지평이 닫혔을 때와 다르게 보인다. 교리의 발전은 이성과 경험에 대해 우리가 물려받은 생각들을 확장한다. 교리는 역사 속 하나님의 활동을 주목하면서 현실을 보는 새로운 길을 열어 주고, 무엇보다도 하나님의 현실을 보는 새로운 길을 열어 주지만, 그 후엔 합리적으로 일치된 생각이라고 여겨진 것들을 바라보는 새로운 길까지도 열어 준다.

언어와 실재는 다른 조건에서는 다른 방식으로 결합된다. 다양하고 상이한 시간과 장소에 있는 신학자들은 같은 말을 말하면서도 다른 것을 의미할 수도 있다(마 24:5). 혹은 서로 상당히 다르게 보이는 말을 하면서도 비슷한 것을 의미하고 있을 수도 있다.[27] 모든 교리적 탐구는 형식과 내용이 불가분한 것이지만 그럼에도 형식과 구별하여 내용을 분석하며, 통합시키고 구별할 수 있는 개념들을 사용

27 에큐메니컬 신학에서 테오도어 디에터(Theodor Dieter)는 언어, 의미, 실재 사이에서 절충하는 과정을 제안한다. 다음의 그의 글을 보라. "Ein Blick zurück und ein Blick nach vorn: Vortrag beim 45. Internationalen Sommerseminar in Strasbourg am 1. Juli 2011," http://www.ecumenical-institute.org/wp-content/uploads/2012/10/Seminar-2011-Dieter.pdf.

한 분석과 비교를 요구한다.

신학적 실천에는 또한 공동체적 차원이 있다. 종교를 일반적으로 연구하는 방식들 사이의 차이가, 특히 개인과 공동체의 관계가 유난히 이분법적이 되는 곳이 이 지점이다. 신학은 개인에게 구속력을 갖는 공동체의 규범적 교리들에 초점을 맞춘다고 말해지는 반면, 현장의 경험적 연구는 신학적 규범에서 벗어나거나 혁신을 제공하는 수많은 신념과 해석과 관습을 드러낼 수 있다. 교리와 권위가 같다고 보는 입장에서는 종교적 경험이 수용된 교리적 규범들에서 빗나갈 때 경험을 바로 잡기 위해서 그 경험에 대해 연구하는 것 말고는, 규범에서 빗나간 날 것 그대로의 종교적 경험을 연구할 이유가 별로 없다. 더욱이 몇몇 현대 신학자들 사이에서는 개인의 종교 경험이 언어, 텍스트, 전통에 대한 하나의 대안적 권위를 이룬다는 생각에 반대하는 것이 정치적 우위에 있다. 이런 식으로 개인의 경험에 우선권을 부여하는 것은 실제로는 현대적 존재 질서에 항복한 것이 아니더라도, 신-자유주의적(neo-liberal)* 가치들을 신학적, 철학적 언어로 재진술한 것으로 보인다.

나는 먼저 (슐라이어마허도 그랬듯이) 하나의 개념적 도전으로서 규범적 유산들과 생생한 다성부적 의미(polyvalence) 사이의 단절에 대

* neo-liberal은 시장과 관련된(그리고 여기서 파생된) 의미이기도 하고, 한스 프라이(Hans W. Frei)와 조지 린드벡을 구별하기 위해 사용된 말이기도 하다. 조지 헌싱어에 따르면, 프라이는 말 그대로 좀 더 후기자유주의적(postliberal)이나, 린드벡에게는 약간 더 신자유주의적인(neoliberal) 요소가 있다. George Hunsinger, "Postliberal Theology," in *Cambridge Companion to Postmodern Theology*, ed. Kevin Vanhoozer (Cambridge: Cambridge University Press, 2003), 44 참조—옮긴이 주.

해 주장하고 있고, 그 다음으로 윤리적, 정치적 경고로서 개인적인 것을 강조하는 문제에 대해 주장하고 있다. 하지만 진리는 역사적 해석(들)으로 이해된다고 해서 약해지지 않는다. 오히려 역사적인 것에 조화시키는 것은 인간의 상호주관성이라는 매개에 진리를 가져다준다. 여기에서는 불일치와 설명, 경쟁적인 관점과 다양한 제안들—이 모든 것이 진리를 정형문구로 표현하는 과정의 일부이다. 신학은 언제나 상호적이며 사회적이다. 역사적, 사회적으로 뿌리내리고 있음이 신학을 구성한다. 마찬가지로 교리는 논의와 논쟁 가운데 타결되는 생산물 안에 존재한다—언제나 그렇게 존재해 왔다. 교리는 증거를 필요로 하고, 비교를 통한 관점들로부터 유익을 얻는다. 만일 이 말이 너무 부드럽게 들린다면, 권력과 강요의 현실도 역사에 연루되어서 교리를 만들고 있으며, 그러한 현실들도 인정되고 연구되어야 한다는 말을 덧붙이겠다. 교리는 성육신의 현실에, 인간이 되신 하나님의 현실에 열려 있다. 교리는 개념을 형성함으로써 형태를 갖는다. 그리고 교리는 언제나 오류의 위험을 안고 있다. 권력을 진리로 오해하는 오류를 포함해서 말이다. 아니, 특히 그런 오류의 위험이 있는 것이 교리이다.

하나님의 현실, 인격의 현실, 상호주관성의 현실에 맞춰진 신학은 이 현실들에 대한 지식과 경험을 전달하기 위해 없어서는 안 되는 도구인 언어의 문제도 반드시 언급해야 할 것이다. 앞에서 우리가 계속 봐 왔듯이, 언어의 문제는 실재와 담론의 관계에 대한 탐구로 우리를 초대한다. 교리와 관련하여, 언어의 문제는 어떻게 담론적 형성물들이 사람들 사이에서, 언어적 장벽을 가로 질러서, 초역사적으로 지식과 진리를 전달하는지를 묻게 만든다. 예를 들면, 어떻게 삼위일체론의 진리를 파악하며, 어떻게 특정한 지역 회중 안에서 그 진리를 생생하게 할 수 있는가? 어떻게 아프리카와 아시아의 그리스도인들이 삼위일체의 현실을 파악하고 그 현실을 살아 낼 수 있는가? 그리고 삼위일체론은 4세기와 21세기에 어떻게 알려져 있는가? 이 물음들을 가지고 앞으로 나아가면, 우리는 언어와 특정 교리적 긴박함의 관계가 연구될 수 있는 방식을 고려함에 있어 신학자이자 철학자인 리스토 사리넨의 선례를 취할 수도 있다. 사리넨은 교리가 지시하는 대상에 대한 새로운 연구가 가능하게 하기 위해서 신학자들이 의미론과 인지이론의 최근 작업을 숙지하도록 종용한다.[28] 그래서 이 책도 다음과 같이 제안해 온 것이다. 즉, 교리에 대한 새로운 관심이란 말의 의미는 그리스도교에서 교리가 생산된(그리고 생산되고 있는) 메커니즘들을 더 잘 이해하기 위해서, 그리고 언어적으로 표현된 교리들이 신적 실재(교리는 궁극적으로 신적 실재에 관한 것이다)와 관계되는—그리고 신적 실재의 심판을 받을 수도 있는—방식들을 더 잘 인식하기

28 리스토 사리넨은 '후기자유주의 신학자들'에 의한 '전통주의적'으로 교리를 읽는 방식 너머로 나아가려고 하면서 자신의 목표를 이렇게 표현한다. "본 논문은 언어적 발언이 신앙의 신비들에 대해 말하기 위한 자원들을 언어적 발언 안에 구체화시키는 방식을 보일 것이다. 많은 자유주의자들이 신비를 언어적 개체인 텍스트에 위치시키지 않고 교회의 사회적이고 문화적인 맥락에 위치시키기 때문에, 언어적 발언들은 후기 자유주의 이론들에서보다 그러한 일을 훨씬 더 잘 할 수 있을 것이다." 다음의 글을 보라. "Reclaiming the Sentences: A Linguistic Loci Approach to Doctrine," *Neue Zeitschrift für systematische Theologie und Religionsphilosophie* 54, no. 1 (2012): 1-2.

위해서 언어와 실재의 관계의 문제를 또 다시 논의하자는 것이다.

아무리 못해도, 교리와 교회 사이의 관계에 대한 수사에 보다 큰 비판적 투명성이 필요하고, 언어적 정형문구들의 역사적·문화적 특수성에 대해 보다 충분히 주의를 기울이는 것이 필요하다. 더 나은 것은, 공동체적 맥락에서 규범적 진술의 역할에 대한 더 많은 연구가 필요하고, 특히 교리의 의무를 개인에 따라 상대적으로 부과하고 또한 하나님의 현실과 인간 경험의 현실에 대한 개방성을 탐구할 필요가 있다. 성서 텍스트의 이야기에 신실할 것을 요구할 때, 그러한 선포 자체가 그 지시 대상이 살아 계신 하나님임을 보장하지는 않는다. 한 영혼이 기도로 익힌 새로운 정형문구들이 하나님에 대한 지식과 사랑을 더 깊이 통찰할 수 있을 것이다.

내가 종교 개혁 이후의 신학에서 삼위일체 교리의 예를 소개한 것은 신학과 근대 사상의 필연적인 상호 작용을 다시 강조하기 위해서였다. 교리는 역사적, 문화적, 철학적 발전과의 관계에서 새롭게 생각하는 방식에 개방된다. 그렇게 되었을 때 결국 사고에 긍정적이고 생산적으로 기여할 수 있는 방식으로 말이다. 여기서 나는 교리, 역사의 우연성, 인간의 경험, 철학이 서로를 두르며 짝을 이루어 살아 계신 하나님의 현실에 가닿는 나선형 모델을 생각하고 있다. 교리는 인간의 현실과 관련하여 하나님에 대한 주장을 폄에 따라 신학의 지식 추구에 독특한 내용으로 기여한다. 동시에 신학은 합리성의 방법론들을 생산적인 방식으로 개선한다. 교리는 하나님에 대한 큰 문제들을 다룰 수 있는 새로운 가능성을 개발할 여지가 있는 방식으로 문화적 언어 안에서 생산되는데, 교리는 또한 이러한 문화적 언어들을 미묘하게 변화시킬 수 있으며, 따라서 종교학과 신학의 주제들을 되찾기 위한 새로운 전망들을 불러일으킬 수 있다.

신학자는 박물관 안내원이 아니다. 그들의—우리의—역할은 잃어버린 문명에서 나온 교리의 유물을 가리키는 것이 아니다. 오히려 신학자의 역할은 어떻게 하나님이 여전히 인간과 관련되어 있는지를 보이는 것이다. 신학 작업의 초역사적 차원은 어떤 개별 신학자보다 훨씬 더 오래 지속되는 신학 견해의 수명을, 현대 회중 내지 교회의 모든 소속을 초월하는 상속된 연대를 인식한다. 하나님은 하나님이시기에, 인간이 예기치 못한 방법으로 인간 공동체 속에서 인간들과 관계를 맺으실 것이다. 그러나 동시에 인간은 하나님이 인간에게 관여하심을 인식할 수 있을 것이다. 하나님이 인류와 계속 관계를 맺으시기 때문이다. 교리 연구로서의 신학은 분별과 기억이라는 두 가지 현재의 현실에서 제기되는 도전을 받아들여야 한다.

궁극적으로 교리에 대한 신학적 관심은, 인간의 현실을 초월하시면서 또한 내주하시는 신의 현전을 분별하기 위해, 인간 현실에 대한 연구를 통해 접근하는 하나님의 현실에 대한 것이다. 이렇게 많은 것들이 복잡하게 뒤얽힌 관계들—인간 존재 및 공동체와 하나님의 관계, 종교적 경험과 신학자의 관계—로부터 새로운 이야기가 나온다. 예기치 못한 미래의 지평이 나타날 것이다. 그렇다면 교리는 이 현실이 우리에게 닿을 때 현실을 인식하기 위한 하나의 준비이고, 하나님의 새로운 현실은 교리의 출발이다.

참고문헌

Abraham, William J. "Systematic Theology as Analytic Theology." In *Analytic Theology: New Essays in the Philosophy of Theology*, edited by Oliver D. Crisp and Michael C. Rae, 54–69. New York: Oxford University Press, 2009.

Adams, Marilyn McCord. *Christ and Horrors: The Coherence of Christology*. Current Issues in Theology. Cambridge: Cambridge University Press, 2006.

Arndt, Andreas, and Wolfgang Virmond. *Schleiermachers Briefwechsel (Verzeichnis) nebst einer Liste seiner Vorlesungen*. Schleiermacher-Archiv 11. Berlin: de Gruyter, 1992.

Asad, Talal. "Thinking about Religion, Belief, and Politics." In *The Cambridge Companion to Religious Studies*, edited by Robert A. Orsi, 36–57. Cambridge Companions to Religion. New York: Cambridge University Press, 2012.

Assel, Heinrich. *Der andere Aufbruch: Die Lutherrenaissance—Ursprünge, Aporien und Wege: Karl Holl, Emanuel Hirsch, Rudolf Hermann (1910–1935)*. Forschungen zur systematischen und ökumenischen Theologie 72. Göttingen: Vandenhoeck & Ruprecht, 1994.

Ayres, Lewis. "Into the Cloud of Witnesses: Catholic Trinitarian Theology beyond and before Its Modern Revivals." In *Rethinking Trinitarian Theology: Disputed Questions and Contemporary Issues in Trinitarian Theology*, edited by Giulio Maspero and Robert J. Woźniak,

3–25. London: T&T Clark, 2013.
———. *Nicaea and Its Legacy: An Approach to Fourth-Century Trinitarian Theology*. Oxford: Oxford University Press, 2006.
Barth, Karl. "Brunners Schleiermacherbuch." *Zwischen den Zeiten* 8 (1924): 49–64.
———. "Concluding Unscientific Postscript on Schleiermacher." In *The Theology of Schleiermacher: Lectures at Göttingen, Winter Semester of 1923/24*, edited by Dietrich Ritschl and translated by Geoffrey W. Bromiley, 261–79. Grand Rapids: Eerdmans, 1982.
———. *The Epistle to the Romans*. ET of the 6th German ed. (1933). Translated by Edwyn C. Hoskyns. London: Oxford University Press, 1968. 『로마서』, 손성현 옮김(서울: 복있는사람, 2017).
———. *The Göttingen Dogmatics (1924–25): Instruction in the Christian Religion*. Edited by Hannelore Reiffer. Translated by Geoffrey W. Bromiley. Vol. 1. Grand Rapids: Eerdmans, 1991.
———. "The New Word in the Bible (1917)." In *The Word of God and Theology*, translated by Amy Marga, 15–30. London: T&T Clark, 2011.
———. "The Righteousness of God (Lecture in the City Church of Aarau, January 1916)." In *The Word of God and Theology*, translated by Amy Marga, 1–14. London: T&T Clark, 2011. ET of "Die Gerechtigkeit Gottes." In *Das Wort Gottes und die Theologie: Gesammelte Vorträge*, 5–17. Munich: Chr. Kaiser, 1925.
———. "The Word of God as the Task of Theology (1922)." In *The Word of God and Theology*, translated by Amy Marga, 171–98. London: T&T Clark, 2011. ET of "Das Wort Gottes als Aufgabe der Theologie (Elgersburg, October 1922)." In *Das Wort Gottes und die Theologie: Gesammelte Vorträge*, 156–78. Munich: Chr. Kaiser, 1925.
Bayer, Oswald. *Martin Luther's Theology: A Contemporary Interpretation*. Translated by Thomas H. Trapp. Grand Rapids: Eerdmans, 2008.
———. *Theologie*. Handbuch systematischer Theologie 1. Gütersloh: Gütersloher Verlagshaus, 1994.
Beiser, Frederick C. *The German Historicist Tradition*. New York: Oxford University Press, 2011.
Birkner, Hans-Joachim. *Schleiermachers christliche Sittenlehre: Im Zusammenhang seines philosophisch-theologischen Systems*. Theologische Bibliothek Töpelmann 8. 1964. Repr., Berlin: Alfred Töpelmann,

2012.
Brunner, Emil. *Erlebnis, Erkenntnis und Glaube*. 4th and 5th eds. Zurich: Zwingli-Verlag, 1923.
———. *Die Mystik und das Wort: Der Gegensatz zwischen moderner Religionsauffassung und christlichem Glauben dargestellt an der Theologie Schleiermachers*. 1924. 2nd ed., Tübingen: J. C. B. Mohr (Paul Siebeck), 1928.
———. *Religionsphilosophie evangelischer Theologie*. Munich: R. Oldenbourg, 1928. Repr., Munich: Leibniz, 1948.
Büchsel, Friedrich. "*Krisis*." *TDNT* 3 (1965): 941–42.
Büttgen, Philippe, Ruedi Imbach, Ulrich Johannes Schneider, and Herman J. Selderhuis, eds. *Vera Doctrina: Zur Begriffsgeschichte der Lehre von Augustinus bis Descartes / L'idée de doctrine d'Augustin à Descartes*. Wolfenbütteler Forschungen 123. Wiesbaden: Harrassowitz Verlag, 2009.
Chalamet, Christophe. *Dialectical Theologians: Wilhelm Herrmann, Karl Barth and Rudolf Bultmann*. Zurich: Theologischer Verlag Zurich (TVZ), 2005.
———. "Reassessing Albrecht Ritschl's Theology: A Survey of Recent Literature." *Religion Compass* 2, no. 4 (2008): 620–41.
Chignell, Andrew, Terence Irwin, and Thomas Teufel, eds. Special edition on Neo-Kantianism. *Philosophical Forum* 39, no. 2 (June 2008).
Childs, Brevard S. *Biblical Theology of the Old and New Testaments: Theological Reflection on the Christian Bible*. Minneapolis: Fortress Press, 1992.
Christian, William A., Sr. *Doctrines of Religious Communities: A Philosophical Study*. New Haven: Yale University Press, 1987.
Coakley, Sarah, ed. Special edition on "The God of Nicaea: Disputed Questions in Patristic Trinitarianism." *Harvard Theological Review* 100, no. 2 (2007).
Davaney, Sheila Greeve. *Historicism: The Once and Future Challenge for Theology*. Guides to Theological Inquiry. Minneapolis: Fortress Press, 2006.
Davidson, Donald. *Truth and Predication*. Cambridge, MA: Belknap Press of Harvard University Press, 2005.
Dierken, Jörg. "Transcendental Theories of Religion: Then and Now."

In *Schleiermacher, the Study of Religion, and the Future of Theology*, edited by Brent W. Sockness and Wilhelm Gräb, 151–64. Theologische Bibliothek Töpelmann 148. Berlin: de Gruyter, 2010.

Dieter, Theodor. "Ein Blick zurück und ein Blick nach vorn: Vortrag beim 45. Internationalen Sommerseminar in Strasbourg am 1. Juli 2011." http://www.ecumenical-institute.org/wp-content/uploads/2012/10/Seminar-2011-Dieter.pdf.

———. "Why Does Luther's Doctrine of Justification Matter Today?" In *The Global Luther: A Theologian for Modern Times*, edited by Christine Helmer, 189–209. Minneapolis: Fortress Press, 2009.

Dole, Andrew C. *Schleiermacher on Religion and the Natural Order*. AAR Religion, Culture, and History Series. New York: Oxford University Press, 2010.

Emery, Gilles, OP, and Matthew Levering, eds. *The Oxford Handbook of the Trinity*. Oxford Handbooks in Religion and Theology. Oxford: Oxford University Press, 2011.

Engelke, Matthew. *A Problem of Presence: Beyond Scripture in an African Church*. Berkeley: University of California Press, 2007.

Fabricius, D. Cajus. "Albrecht Ritschl und die Theologie der Zukunft." *Preußische Jahrbücher* 140 (1910): 16–31.

———. *Positives Christentum im neuen Staat*. Dresden: Hermann Püschel, 1935. ET, *Positive Christianity in the Third Reich*. Dresden: Hermann Püschel, 1935.

Fiorenza, Francis Schüssler. "Schleiermacher's Understanding of God as Triune." In *The Cambridge Companion to Schleiermacher*, edited by Jacqueline Mariña, 171–88. Cambridge Companions to Religion. Cambridge: Cambridge University Press, 2005.

Florensky, Pavel. *The Pillar and Ground of the Truth: An Essay in Orthodox Theodicy in Twelve Letters*. Translated by Boris Jakim. Princeton: Princeton University Press, 1997.

Ford, David F. *Shaping Theology: Engagements in a Religious and Secular World*. Malden, MA: Blackwell, 2007.

Frank, Manfred. "Metaphysical Foundations: A Look at Schleiermacher's *Dialektik*." Translated by Jacqueline Mariña and Christine Helmer. In *The Cambridge Companion to Schleiermacher*, edited by Jacqueline Mariña, 15–34. Cambridge Companions to Religion.

Cambridge: Cambridge University Press, 2005.

Frei, Hans W. *The Eclipse of Biblical Narrative: A Study in Eighteenth and Nineteenth Century Hermeneutics*. New Haven: Yale University Press, 1974. 『성서 내러티브의 상실: 18-19세기의 해석학 연구』, 김승주·조선영 옮김(서울: 감은사, 2022).

———. *Types of Theology*. Edited by George Hunsinger and William C. Placher. New Haven: Yale University Press, 1992.

Fulkerson, Mary McClintock. *Places of Redemption: Theology for a Worldly Church*. New York: Oxford University Press, 2010.

Geertz, Clifford. *The Interpretation of Cultures: Selected Essays*. New York: Basic Books, 1973.

Geisler, Ralf. *Kants moralischer Gottesbeweis im protestantischen Positivismus*. Göttinger theologische Arbeiten 51. Göttingen: Vandenhoeck & Ruprecht, 1992.

Gilland, David Andrew, trans. and ed. *Karl Barth–Emil Brunner Correspondence*. Edinburgh: T&T Clark, 2013.

Gold, Daniel. *Aesthetic and Analysis in Writing on Religion: Modern Fascinations*. Chicago: University of Chicago Press, 2003.

Gooch, Todd A. *The Numinous and Modernity: An Interpretation of Rudolf Otto's Philosophy of Religion*. Beihefte zur Zeitschrift für die alttestamentliche Wissenschaft 293. Berlin: de Gruyter, 2000.

Hart, John W. *Karl Barth vs. Emil Brunner: The Formation and Dissolution of a Theological Alliance, 1916–1936*. Issues in Systematic Theology 6. New York: Peter Lang, 2001.

Heimburger, Martin, ed. *Begründete Freiheit: Die Aktualität der Barmer Theologischen Erklärung; Vortragsreihe zum 75. Jahrestag im Berliner Dom*. Neukirchen/Vlyun: Neukirchener Verlag, 2009.

Heit, Alexander. *Versöhnte Vernunft: Eine Studie zur systematischen Bedeutung des Rechtfertigungsgedankens für Kants Religionsphilosophie*. Forschungen zur systematischen und ökumenischen Theologie 115. Göttingen: Vandenhoeck & Ruprecht, 2006.

Helmer, Christine. "Albrecht Benjamin Ritschl" In *Metzler Lexikon christlicher Denker*, edited by Markus Vinzent, 586–87. Stuttgart: J. B. Metzler, 2000.

———. "Between History and Speculation: Christian Trinitarian Thinking after the Reformation" In *The Cambridge Companion to the Trinity*,

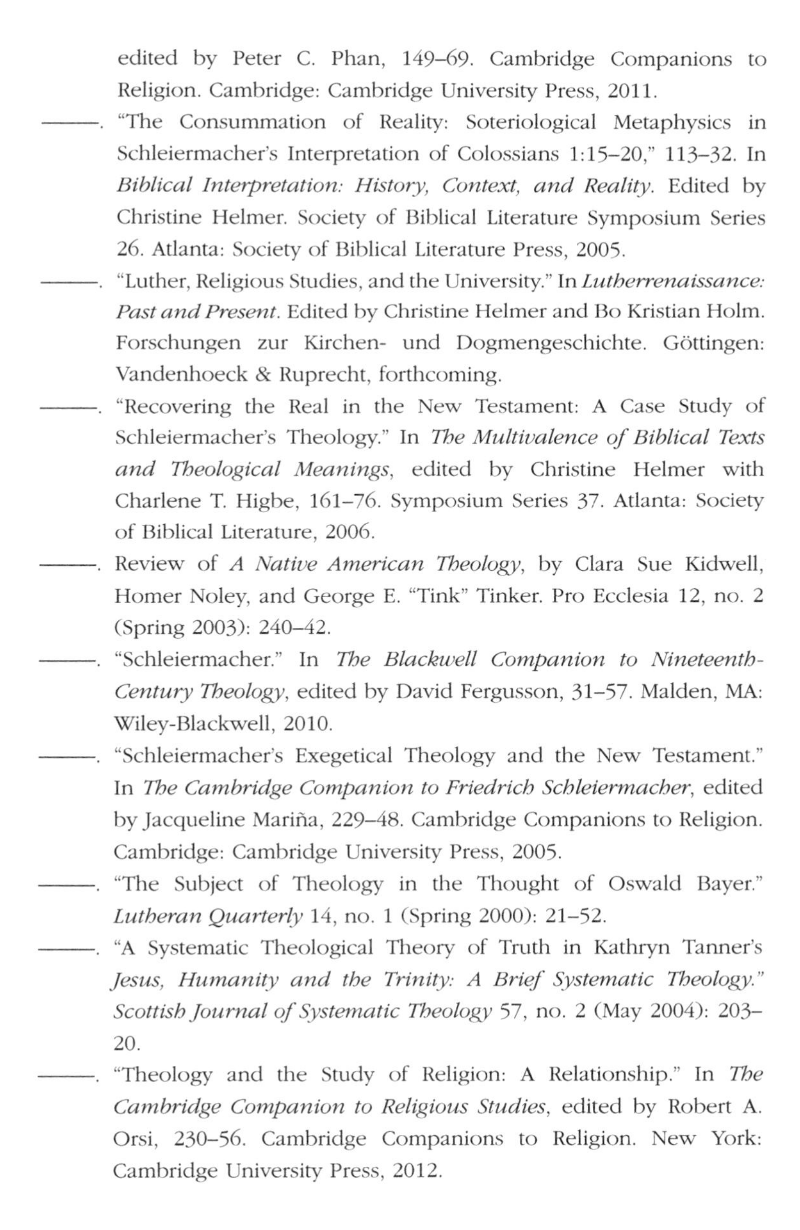

edited by Peter C. Phan, 149–69. Cambridge Companions to Religion. Cambridge: Cambridge University Press, 2011.

———. "The Consummation of Reality: Soteriological Metaphysics in Schleiermacher's Interpretation of Colossians 1:15–20," 113–32. In *Biblical Interpretation: History, Context, and Reality*. Edited by Christine Helmer. Society of Biblical Literature Symposium Series 26. Atlanta: Society of Biblical Literature Press, 2005.

———. "Luther, Religious Studies, and the University." In *Lutherrenaissance: Past and Present*. Edited by Christine Helmer and Bo Kristian Holm. Forschungen zur Kirchen- und Dogmengeschichte. Göttingen: Vandenhoeck & Ruprecht, forthcoming.

———. "Recovering the Real in the New Testament: A Case Study of Schleiermacher's Theology." In *The Multivalence of Biblical Texts and Theological Meanings*, edited by Christine Helmer with Charlene T. Higbe, 161–76. Symposium Series 37. Atlanta: Society of Biblical Literature, 2006.

———. Review of *A Native American Theology*, by Clara Sue Kidwell, Homer Noley, and George E. "Tink" Tinker. Pro Ecclesia 12, no. 2 (Spring 2003): 240–42.

———. "Schleiermacher." In *The Blackwell Companion to Nineteenth-Century Theology*, edited by David Fergusson, 31–57. Malden, MA: Wiley-Blackwell, 2010.

———. "Schleiermacher's Exegetical Theology and the New Testament." In *The Cambridge Companion to Friedrich Schleiermacher*, edited by Jacqueline Mariña, 229–48. Cambridge Companions to Religion. Cambridge: Cambridge University Press, 2005.

———. "The Subject of Theology in the Thought of Oswald Bayer." *Lutheran Quarterly* 14, no. 1 (Spring 2000): 21–52.

———. "A Systematic Theological Theory of Truth in Kathryn Tanner's *Jesus, Humanity and the Trinity: A Brief Systematic Theology*." *Scottish Journal of Systematic Theology* 57, no. 2 (May 2004): 203–20.

———. "Theology and the Study of Religion: A Relationship." In *The Cambridge Companion to Religious Studies*, edited by Robert A. Orsi, 230–56. Cambridge Companions to Religion. New York: Cambridge University Press, 2012.

———. "United and Divided: Luther and Calvin in Modern Protestant Theology." In *Calvin and Luther: The Unfinished Conversation*, edited by R. Ward Holder, 195–211. Refo500 Academic Studies 12. Göttingen: Vandenhoeck & Ruprecht, 2013.

Helmer, Christine, Christiane Kranich, and Birgit Rehme-Iffert, eds. *Schleiermachers Dialektik: Die Liebe zum Wissen in Philosophie und Theologie*. Religion in Philosophy and Theology 6. Tübingen: Mohr Siebeck, 2003.

Herms, Eilert. "Schleiermacher's *Christian Ethics*." Translated by Jacqueline Mariña and Christine Helmer. In *The Cambridge Companion to Schleiermacher*, edited by Jacqueline Mariña, 209–28. Cambridge Companions to Religion. Cambridge: Cambridge University Press, 2005.

———. "'Weltanschauung' bei Friedrich Schleiermacher und Albrecht Ritschl." In *Theorie für die Praxis—Beiträge zur Theologie*, 121–43. Munich: Chr. Kaiser, 1982.

Hockenos, Matthew D. *A Church Divided: German Protestants Confront the Nazi Past*. Bloomington: Indiana University Press, 2004.

Holl, Karl. "Die Rechtfertigungslehre in Luthers Vorlesung über den Römerbrief mit besonderer Rücksicht auf die Frage der Heilsgewißheit." *Zeitschrift für Theologie und Kirche* 20 (1910): 245–91.

———. *What Did Luther Understand by Religion?* Edited by James Luther Adams and Walter F. Bense. Translated by Fred W. Meuser and Walter R. Wietzke. Philadelphia: Fortress Press, 1977.

Holm, Bo Kristian. "Der Trost kommt vom Sehen—zu Katechismussystematik und Lehrbergiff." In *Denkraum Katechismus: Festgabe für Oswald Bayer zum 70. Geburtstag*, edited by Johannes von Lüpke and Edgar Thaidigsmann, 109–24. Tübingen: Mohr Siebeck, 2009.

———. "Zur Funktion der Lehre bei Luther: Die Lehre als rettendes Gedankenbild gegen Sünde, Tod und Teufel." *Kerygma und Dogma* 51, no. 1 (2005): 17–32.

Howard, Thomas Albert. *Protestant Theology and the Making of the Modern German University*. Oxford: Oxford University Press, 2006.

Hunsinger, George. *How to Read Karl Barth: The Shape of His Theology*. New York: Oxford University Press, 1991.

Hütter, Reinhard. *Suffering Divine Things: Theology as Church Practice*.

Grand Rapids: Eerdmans, 2000.

Jenson, Robert W. *Canon and Creed*. Interpretation: Resources for the Use of Scripture in the Church. Louisville, KY: Westminster John Knox Press, 2010.

———. *Systematic Theology*. Vol. 1, *The Triune God*. New York: Oxford University Press, 1997.

Jones, Paul Dafydd. "The Rhetoric of War in Karl Barth's *Epistle to the Romans*: A Theological Analysis." *Journal for the History of Modern Theology / Zeitschrift für neuere Theologiegeschichte* 17 (2010): 90–111.

Jowett, Benjamin. "On the Interpretation of Scripture." In *The Interpretation of Scripture and Other Essays*, 1–76 (chap. 1). London: G. Routledge & Sons, 1907. Repr. from *Essays and Reviews*, edited by F. Temple et al., 330–433. London: Parker & Son, 1860.

Jüngel, Eberhard. *God's Being Is in Becoming: The Trinitarian Being of God in the Theology of Karl Barth*. Translated and introduced by John Webster. Edinburgh: T&T Clark, 2001.

Kelsey, Catherine L. "A Reading of Schleiermacher's *Life of Jesus* Lectures: An Historian at Work." In *Schleiermacher, Romanticism, and the Critical Arts: A Festschrift in Honor of Hermann Patsch*, edited by Hans Dierkes, Terrence N. Tice, and Wolfgang Virmond, 209–26. Lewiston, NY: Edwin Mellen, 2007.

Kidwell, Clara Sue , Homer Noley, and George E. "Tink" Tinker. *A Native American Theology*. Maryknoll, NY: Orbis Books, 2001.

Kirjavainen, Heikki. "Die Spezifizierung der Glaubensgegenstände bei Luther im Licht der Spätmittelalterlichen Semantik." In *Thesaurus Lutheri: Auf der Suche nach neuen Paradigmen der Luther-Forschung*, edited by Tuomo Mannermaa, Anja Ghiselli, and Simo Peura, 237–57. Veröffentlichungen der Finnischen Theologischen Literaturgesellschaft 153, in Zusammenarbeit mit der Luther-Agricola-Gesellschaft A24. Helsinki: Finnische Theologische Literaturgesellschaft, 1987.

Kloppenborg, John S. *Excavating Q: The History and Setting of the Sayings Gospel*. Minneapolis: Fortress Press, 2000.

Knuuttila, Simo. "Luther's View of Logic and Revelation." *Medioevo: Rivista di storia della filosofia medievale* 24 (1998): 219–34.

Lauster, Jörg. "Liberale Theologie: Eine Ermunterung." *Neue Zeitschrift für systematische Theologie und Religionsphilosophie* 49, no. 3 (2007): 291–307.

Lauster, Jörg, Peter Schüz, Roderich Barth, and Christian Danz, eds. *Rudolf Otto: Theologie, Religionsphilosophie, Religionsgeschichte*. Berlin: de Gruyter 2013.

Leppin, Volker. "Fragment-Controversy." In *EBR*, vol. 9 (forthcoming).

Lim, Paul C. H. *Mystery Unveiled: The Crisis of the Trinity in Early Modern England*. New York: Oxford University Press, 2012.

Lindbeck, George A. *The Church in a Postliberal Age*. Edited by James J. Buckley. Radical Traditions Series. Grand Rapids: Eerdmans, 2002.

———. *The Nature of Doctrine: Religion and Theology in a Postliberal Age*. 1984. 25th Anniversary ed., Louisville, KY: Westminster John Knox Press, 2009. ET, *Christliche Lehre als Grammatik des Glaubens: Religion und Theologie im postliberalen Zeitalter*. Translated by Markus Müller and introduced by Hans G. Ulrich and Reinhard Hütter. Theologische Bücherei 90. Gütersloh: Gütersloher Verlagshaus, 1994. 『교리의 본성』, 김영원 옮김(고양: 도서출판 100, 2021).

Luhrmann, Tanya M. *When God Talks Back: Understanding the American Evangelical Relationship with God*. New York: Vintage Books, 2012.

Mahlmann, Theodor. "Articulus stantis et (vel) cadentis ecclesiae." In *RGG* 1:799–800.

———. "*Doctrina* im Verständnis nachreformatorischer lutherischer Theologen." In *Vera Doctrina: Zur Begriffsgeschichte der Lehre von Augustinus bis Descartes / L'idée de doctrine d'Augustin à Descartes*, edited by Philippe Büttgen et al., 199–264. Wolfenbütteler Forschungen 123. Wiesbaden: Harrassowitz Verlag, 2009.

Makkreel, Rudolf A., and Sebastian Luft, eds. *Neo-Kantianism in Contemporary Philosophy*. Studies in Continental Thought. Bloomington: Indiana University Press, 2009.

Mariña, Jacqueline. "Schleiermacher between Kant and Leibniz: Predication and Ontology." In *Schleiermacher and Whitehead: Open Systems in Dialogue*, edited by Christine Helmer with Marjorie Suchocki, John Quiring, and Katie Goetz, 73–92. Theologische Bibliothek Töpelmann 125. Berlin: de Gruyter, 2004.

Marshall, Bruce D. "Faith and Reason Reconsidered: Aquinas and Luther on

Deciding What Is True." *The Thomist* 63, no. 1 (1999): 1–48.

———. *Trinity and Truth*. Cambridge Studies in Christian Doctrine. Cambridge: Cambridge University Press, 2000.

Martikainen, Eeva. "Der Doctrina-Begriff in Luthers Theologie." In *Thesaurus Lutheri: Auf der Suche nach neuen Paradigmen der Luther-Forschung*, edited by Tuomo Mannermaa, Anja Ghiselli, and Simo Peura, 205–19. Veröffentlichungen der Finnischen Theologischen Literaturgesellschaft 153, in Zusammenarbeit mit der Luther-Agricola-Gesellschaft A24. Helsinki: Finnische Theologische Literaturgesellschaft, 1987.

Masuzawa, Tomoko. *The Invention of World Religions: Or, How European Universalism Was Preserved in the Language of Pluralism*. Chicago: University of Chicago Press, 2005.

McCormack, Bruce L. *Karl Barth's Critically Realistic Dialectical Theology: Its Genesis and Development, 1909–1936*. New York: Clarendon Press, 1995.

McCutcheon, Russell T. "The Study of Religion as an Anthropology of Credibility." In *Religious Studies, Theology, and the University: Conflicting Maps, Changing Terrain*, edited by Linell E. Cady and Delwin Brown, 13–30. Albany: State University of New York Press, 2002.

McDowell, John C. "Karl Barth, Emil Brunner and the Subjectivity of the Object of Christian Hope." *International Journal of Systematic Theology* 8, no. 1 (January 2006): 25–41.

McGrath, Alister. *Emil Brunner: A Reappraisal*. West Sussex, UK: Wiley-Blackwell, 2014.

Meier, Kurt. *Die theologischen Fakultäten im Dritten Reich*. De Gruyter Studienbuch. Berlin: de Gruyter, 1996.

Murphy, Francesca Aran. *God Is Not a Story: Realism Revisited*. New York: Oxford University Press, 2007.

Newman, John Henry, Cardinal. *An Essay on the Development of Christian Doctrine*. 1878. Repr., Westminster, MD: Christian Classics, 1968.

Orsi, Robert A. "Introduction." In T*he Cambridge Companion to Religious Studies*, edited by Robert A. Orsi, 1–13. Cambridge Companions to Religion. New York: Cambridge University Press, 2012.

———. "The Problem of the Holy." In *The Cambridge Companion to Religious*

Studies, edited by Robert A. Orsi, 84–105. Cambridge Companions to Religion. New York: Cambridge University Press, 2012.

Osthövener, Claus-Dieter. "Schleiermachers kritisches Verhältnis zur theologischen Aufklärung." In *Die Aufgeklärte Religion und ihre Probleme*, edited by Wilhelm Gräb, 511–39. Berlin: de Gruyter, 2013.

Otto, Rudolf. *The Idea of the Holy: An Inquiry into the Non-Rational Factor in the Idea of the Divine and Its Relation to the Rational*. Translated by John W. Harvey. 2nd ed. Oxford: Oxford University Press, 1950. 「宗教入門」,『哲學入門, 宗教入門, 宗教哲學』, 윤성범 옮김(서울: 乙酉文化社, 1963).

Patsch, Hermann, and Dirk Schmid. "Einleitung [to Schleiermacher's exegetical writings]." In *KGA* I/8, edited by Hermann Patsch and Dirk Schmid, vii–lvii. Berlin: de Gruyter, 2001.

Pedersen, Else Marie Wiberg. "Mysticism in the *Lutherrenaissance*." In *Lutherrenaissance: Past and Present*, edited by Christine Helmer and Bo Kristian Holm, forthcoming. Forschungen zur Kirchen- und Dogmengeschichte. Göttingen: Vandenhoeck & Ruprecht, forthcoming.

Pihlström, Sami. *Pragmatic Pluralism and the Problem of God*. New York: Fordham University Press, 2013.

Ratschow, Carl Heinz. *Lutherische Dogmatik zwischen Reformation und Aufklärung*. 2 vols. Gütersloh: Gütersloher Verlagshaus Gerd Mohn, 1964–66.

Reischle Max. *Ein Wort zur Controverse über die Mystik in der Theologie*. Freiburg im Breisgau: J. C. B. Mohr (Paul Siebeck), 1886.

Ritschl, Albrecht. *The Christian Doctrine of Justification and Reconciliation: The Positive Development of the Doctrine*. ET of vol. 3 of *Die christliche Lehre von der Rechtfertigung und Versöhnung*. Translated by H. R. Mackintosh and A. B. Macaulay. Edinburgh: T&T Clark, 1900.

———. *Die christliche Lehre von der Rechtfertigung und Versöhnung*. 3 vols. 1870–74. 3rd ed., Bonn: Adolph Marcus, 1889.

———. *Die christliche Vollkommenheit: Ein Vortrag; Unterricht in der christlichen Religion*. Edited by Cajus Fabricius. Leipzig: J. C. Hinrichs'sche Buchhandlung, 1924. Repr., *Unterricht in der christ-*

lichen Religion. Edited and introduced by Christine Axt-Piscalar. Study edition of the original (1875) along with changes of the 2nd and 3rd editions. Tübingen: Mohr Siebeck, 2002.

———. *A Critical History of the Christian Doctrine of Justification and Reconciliation*. ET of vol. 1 of *Die christliche Lehre von der Rechtfertigung und Versöhnung*. Translated by J. S. Black. Edinburgh: Edmonston & Douglas, 1872.

———. "Festrede am vierten Seculartage der Geburt Martin Luthers." In *Kleine Schriften*, edited by Frank Hofmann, 148–74. Theologische Studien-Texte 4. Waltrop: Hartmut Spenner, 1999.

———. *Theologie und Metaphysik: Zur Verständigung und Abwehr*. 2nd ed. Bonn: Adolph Marcus, 1887. Repr., *Kleine Schriften*, edited by Frank Hofmann, 68–142. Theologische Studien-Texte 4. Waltrop: Hartmut Spenner, 1999. ET, *Theology and Metaphysics*. In *Three Essays*, translated and introduced by Philip Hefner, 149–217. Philadelphia: Fortress Press, 1972.

Robbins, Joel. "Transcendence and the Anthropology of Christianity: Language, Change and Individualism (Edward Westermarck Memorial Lecture)." *Journal of the Finnish Anthropological Society* 3, no. 2 (2012): 5–23.

Saarinen, Risto. "Luther the Urban Legend." In *The Global Luther: A Theologian for Modern Times*, edited by Christine Helmer, 13–31. Minneapolis: Fortress Press, 2009.

———. "Luther und Humanistische Philosophie." In *Lutherjahrbuch 80: Jahrgang 2013*. Organ der Internationalen Lutherforschung. Göttingen: Vandenhoeck & Ruprecht, 2013:77–109.

———. "Reclaiming the Sentences: A Linguistic Loci Approach to Doctrine." *Neue Zeitschrift für systematische Theologie und Religionsphilosophie* 54, no. 1 (2012): 1–22.

Schleiermacher, Friedrich. *Critical Essay on the Gospel of St. Luke*. Translated and introduced by Connop Thirlwall. London: John Taylor, 1825. Repr. with further essays, emendations, and other apparatus by Terrence N. Tice. Schleiermacher: Studies and Translations 13. Lewiston, NY: Edwin Mellen, 1993.

———. *Dialektik*. In *Sämmtliche Werke*, edited by Ludwig Jonas, vol. III/4.2. Berlin: G. Reimer, 1839.

———. *Dialektik*. Edited by Rudolf Odebrecht. Leipzig: Prussian Academy of Sciences, 1942. Repr., Darmstadt: Wissenschaftliche Buchgesellschaft, 1976.

———. *Hermeneutics and Criticism and Other Writings*. Translated by Andrew Bowie. Cambridge Texts in the History of Philosophy. Cambridge: Cambridge University Press, 1998.

———. *Kurze Darstellung des theologischen Studiums zum Behuf einleitender Vorlesungen (1810/30)*. Edited by Heinrich Scholz. 3rd ed. Leipzig: A. Deichert, 1910. Repr. in the series Bibliothek klassischer Texte. Darmstadt: Wissenschaftliche Buchgesellschaft, 1993. ET of the 1810 and 1830 editions as *Brief Outline of Theology as a Field of Study*, with essays and notes by Terrence N. Tice. Schleiermacher Studies and Translations. vol. 1. Lewiston, NY: Edwin Mellen Press, 1990.

———. *The Life of Jesus*. Translated by S. MacLean Gilmour. Edited and introduced by Jack C. Verheyden. Lives of Jesus Series. Philadelphia: Augsburg Fortress, 1975. Repr., Mifflintown, PA: Sigler Press, 1997.

———. *The Life of Schleiermacher as Unfolded in His Autobiography and Letters*. Translated by Frederica Rowan. Vol. 1. London: Smith, Elder & Co., 1860.

———. *On Colossians 1:15–20*. Translated by Esther D. Reed and Alan Braley. In New Athenaeum / Neues Athenaeum 5 (1998): 48–80.

———. *On Religion: Speeches to Its Cultural Despisers*. Edited and translated by Richard Crouter, 2nd ed. Cambridge: Cambridge University Press, 1996.

———. *On Religion: Speeches to Its Cultured Despisers*. Introduced by Rudolf Otto. Translated by John Oman. New York: Harper Torchbooks, 1965. 『종교론: 종교를 멸시하는 교양인을 위한 강연』, 최신한 옮김(서울: 한들, 1997).

———. "Über den Gegensatz zwischen der Sabellianischen und der Athanasianischen Vorstellung von der Trinität [1822]." In KGA I/10, edited by Hans-Friedrich Taulsen with the assistance of Martin Ohst, 223–306. Berlin: de Gruyter, 1990. Translated by Moses Stuart as "On the Discrepancy between the Sabellian and Athanasian Method of Representing the Doctrine of the Trinity (1822)." Biblical *Repository and Quarterly Observer* 5–6 (April 1835): 31–33; (July

1835): 1–116.
——. *Vorlesungen über die Dialektik*. In *KGA* II/10, edited by Andreas Arndt, parts 1 and 21–2. Berlin: de Gruyter, 2002.
Schmid, Heinrich, ed. *The Doctrinal Theology of the Evangelical Lutheran Church*. 3rd ed. Translated by Charles A. Hay and Henry E. Jacobs. Minneapolis: Augsburg, 1961.
Schwarz, F. H. Chr. "Review of Schleiermacher's *Brief Outline*." *Heidelberger Jahrbücher der Litteratur* 5, no. 33 (1812): 526–27.
Slenczka, Notger. *Der Glaube und sein Grund: F. H. R. von Frank, seine Auseinandersetzung mit A. Ritschl und die Fortführung seines Programms durch L. Ihmels; Studien zur Erlanger Theologie I*. Forschungen zur systematischen und ökumenischen Theologie 85. Göttingen: Vandenhoeck & Ruprecht, 1998.
Soulen, R. Kendall. *The Divine Name(s) and the Holy Trinity*. Vol. 1, *Distinguishing the Voices*. Louisville, KY: Westminster John Knox Press, 2011.
Steinberg, Jonathan. *Bismarck: A Life*. New York: Oxford University Press, 2011. Strauss, David Friedrich. *The Christ of Faith and the Jesus of History: A Critique of Schleiermacher's "The Life of Jesus"* (1865). Translated, edited, and introduced by Leander E. Keck. Lives of Jesus Series. Philadelphia: Fortress, 1977.
Tanner, Kathryn. *Jesus, Humanity and the Trinity: A Brief Systematic Theology*. Minneapolis: Fortress Press, 2001.
Thiel, John E. "The Development of Doctrine." In *The Blackwell Companion to Catholicism*, edited by James J. Buckley, Frederick Christian Bauerschmidt, and Trent Pomplun, 251–67. Malden, MA: Blackwell, 2007.
Vainio, Olli-Pekka. *Beyond Fideism: Negotiable Religious Identities*. Transcending Boundaries in Philosophy and Theology Series. Surrey, UK: Ashgate, 2010.
Vanhoozer, Kevin J. *The Drama of Doctrine: A Canonical-Linguistic Approach to Christian Theology*. Louisville, KY: Westminster John Knox Press, 2005. 『교리의 드라마』, 윤석인 옮김(서울: 부흥과개혁사, 2017).
Vuola, Elina. "Patriarchal Ecumenism, Feminism, and Women's Experience in Costa Rica." In *Gendering Religion and Politics: Untangling*

Modernities, edited by Hanna Herzog and Ann Braude, 217–38. New York: Palgrave Macmillan, 2009.

Welker, Michael. "Rethinking Christocentric Theology." In *Transformations in Luther's Theology: Historical and Contemporary Reflections*, edited by Christine Helmer and Bo Kristian Holm, 179–92. Arbeiten zur Kirchen- und Theologiegeschichte 32. Leipzig: EVA-Verlag, 2011.

Westhelle, Vítor. "Incursions in Luther's Theology." In *The Global Luther: A Theologian for Modern Times*, edited by Christine Helmer, chap. 17. Minneapolis: Fortress Press, 2009.

Widmann, Peter. "Die Lutherdeutung Albrecht Ritschls in ihrer Frontstellung gegen die liberale Theologie und des Neuluthertum." In *Lutherrenaissance: Past and Present*, edited by Christine Helmer and Bo Kristian Holm, forthcoming. Forschungen zur Kirchen- und Dogmengeschichte . Göttingen: Vandenhoeck & Ruprecht, forthcoming.

Wieckenberg, Ernst-Peter. *Johan Melchior Goeze*. Hamburger Köpfe. Hamburg: Ellert & Richter Verlag, 2007.

Wiles, Maurice. *The Making of Christian Doctrine: A Study in the Principles of Early Doctrinal Development*. Cambridge: Cambridge University Press, 1967.

Wittgenstein, Ludwig. *Remarks on Frazer's "Golden Bough."* Translated by A. C. Miles. Revised by Rush Rhees. Gringley-on-the-Hill, UK: Brynmill, 1979. Zachhuber, Johannes. "Friedrich Schleiermacher und Albrecht Ritschl: Kontinuitäten und Diskontinuitäten in der Theologie des 19. Jahrhunderts." *Zeitschrift für neuere Theologiegeschichte / Journal for the History of Modern Theology* 12, no. 1 (2005): 16–46.

찾아보기 (고대 원천)

찾아보기 (인명)

V

W

Z

찾아보기 (주제)

ㅂ

ㅅ

ㅇ

A-Z

Α-Ω

교리의 본성에 관한 현대적 논쟁●

I. 들어가는 말

종교의 본질적인 가르침을 체계화한 교리(敎理, doctrine)는 개인과 공동체의 믿음의 내용을 구성하고, 가치 판단의 근거가 되며, 삶의 기준으로 작동한다. 교리는 신앙의 대상에 대한 지식과 이를 실제 삶에 적용할 때 '잣대' 역할을 한다는 의미에서 규범적 성격을 가진다. 이때 명문화한 신앙을 참되고 공적이라고 규정해 줄 특별한 권위가 교리에 부여된다. 또한, 교리는 역사적 존재인 인간이 특정 종교·정치·사회·문화·경제적 상황 속에서 형성하고 교육하는 만큼 개인과 공동체의 시대적 경험과 상호 영향을 주고받는다. 이처럼 교리라는

● 이 해제의 일부는 제37회 기독교학문연구회 학술대회(2020. 10. 31.)에서 "교리의 본성에 관한 현대적 논쟁: 크리스틴 헬머의 〈교리의 종말〉을 중심으로"라는 제목의 글로 발표되었다. 학회에서 건설적 논평과 질문을 하신 김성원 교수(서울신학대학교)와 철학/신학 분과 참여자들께 감사를 표한다.

개념 자체가 규범성과 개방성을 함께 내포한 만큼, 교리는 여러 신학적 주장 이면에 '공유된 그 무엇'을 가리키지만, 교리를 정의하고 중요성을 매기는 방식에는 시대마다 교단마다 '차이'가 있게 마련이다.

그리스도인의 신앙과 실천에서 교리의 필요성은 초기 교회 이래 지금까지 다양한 방식으로 논의되었다. 하지만, 오늘날 교회와 신학교에는 교리에 대한 무관심이 알게 모르게 널리 퍼져있는 상황이다. "나는 교리가 아니라, 예수 그리스도를 믿습니다"(I don't believe in doctrines, but I believe in Jesus Christ)라는 '경건한' 신앙 고백은 역설적이게도 교리의 위기를 보여 주는 방증이기도 하다. 이러한 현상은 교회의 권위가 근대 세계의 도래와 함께 심각한 도전을 받고, 순수 이론보다는 실천에 관심이 집중되어 있으며, 역사적 기억과 전통이 서로 다른 교단 간의 대화와 연합이 이뤄지면서 발생한 불가피한 일이기도 하다.

변화된 시류를 마주하며 어떤 이들은 종교개혁자와 그 후예들처럼 교리 교육을 강화해야 오늘날 위기를 헤쳐 갈 수 있다고 주장한다. 다른 부류는 추상적 교리가 아니라 그리스도교적 실천이 신앙의 핵심임을 강조한다. 두 입장 중 어느 것을 골라야 할지를 고민하다 보면 자칫 교리의 본성은 무엇이고 이를 오늘날 어떻게 재해석(혹은 재구성)할까에 대한 근본적 질문은 놓치게 될 위험도 있다. 달리 말하면, 위에서 언급한 두 상반된 입장의 이면에는 특정한 역사적 시기에 형성된 교리의 '형식'을 지나치게 경직되게 받아들이고, 교리의 규범성을 초역사성으로 오해한 신학적 빈곤이 놓여 있을 수도 있다. 그렇기에 오늘날 우리는 이 같은 혼란 이면으로 현대성의 도전을 마주하며 그리스도인의 정체성을 파악하고, 교회의 전통을 책임 있게 수용하며, 시민으로서 공적 책임을 충실히 담당하기 위한 교리의 필요성을 읽어 낼 필요가 있다.

이 해제는 교리의 본성과 역할에 관한 문제의식을 심화하고 새롭게 상황화하려 노력한 미국의 루터교 신학자 크리스틴 헬머(Christine Helmer, 1965-)의 『교리의 종말』의 내용을 한국 독자를 위해 재구성하려는 시도이다.[1] 헬머와 함께 19-20세기 독일어 사용권과 북미에서 치열하게 이뤄진 신학적 논의를 따라감으로써, 역사적 종교로서 그리스도교의 정체성을 고민하면서도 변화된 세계가 던지는 도전에 적절히 반응하도록 이끄는 교리 이해가 가능할지 질문하고자 한다. 하지만 이 책에 소개된 후기자유주의적 교리 이해나 근대 독일 신학에 대한 지성사적 접근 등이 낯선 독자를 위해 원래 책의 흐름을 다소 변경할 수밖에 없었다. 우선, 이 글은 20세기 말 이후 지금껏 교리의 본성에 관한 가장 영향력 있는 논의를 남긴 조지 린드벡(George A. Lindbeck, 1923-2018)의 신학적 유산에 대한 헬머의 비판을 소개함으로써, 린드벡의 제안 속에 교리의 '종말'의 위험이 어떤 방식으로 내포되었는지를 살펴볼 것이다. 그 후에는 현시대와 함께 호흡하면서도 그리스도교의 근원적 신앙 고백에 충실한 교리의 가능성을 찾고자, 프리드리히 슐라이어마허(Friedrich D. E.

1 미국에서 출판된 원서는 다음과 같다. Christine Helmer, *Theology and the End of Doctrine* (Louisville: Westminster John Knox Press, 2014).

Schleiermacher, 1768-1834)를 헬머가 인식론적으로 전유하는 방식을 소개하고자 한다. 구체적으로는 슐라이어마허가 계시 대신 인간 경험을 교리의 내용으로 삼았다는 오해가 일어난 이유를 19-20세기 신학 발전사 속에서 풀어낸 후, 슐라이어마허를 통해 헬머가 교리를 위한 신학적 인식론을 어떻게 재구성하는지를 탐구하고자 한다. 『교리의 종말』을 통해 지난 세기 거장들과의 비판적이고 건설적인 대화에 들어감으로써, 한편으로는 교리를 종말(end)로 이끄는 교리주의와 교리무용주의의 양극단을 피하고, 다른 한편으로는 교리의 목적(end)을 새롭게 발견할 지혜와 언어를 찾기를 기대한다.

II. 조지 린드벡과 '예기치 않은' 교리의 종말

헬머는 한 마디로 교리를 "신적 실재가 주는 선물을 언어와 역사로 담아내는 신학 장르"[2]로 이해한다. 이 짧은 정의에서 그의 주된 관심이 '교리와 언어와 실재'의 관계에 놓여 있음을 알 수 있다. 그렇다면 '교리의 종말'이란 구체적으로 무엇을 의미할까? 그는 "교리가 어떤 새로운 것도 말할 수 없는 게 당연해질 때, 교회의 정체성을 권위 있게 강화하는 기여도에 따라 교리의 중요성이 측정될 때, 교리는 종말에 이른 것"[3]이라 생각한다. 『교리의 종말』을 읽다 보면 개

2 이 책, 17.

3 이 책, 38.

신교 역사에서 '교리의 종말'이라 불릴 만한 두 사건을 마주하게 된다. 첫째 종말은 (많은 신학자가 지적하듯) 근대 세계가 도래하던 19세기에 독일 개혁파 신학자 슐라이어마허가 감정을 종교의 핵심에 두고, 교리를 역사주의적으로 해석함으로써 찾아왔다. 하지만 헬머는 이는 슐라이어마허를 피상적이고 부분적으로 이해했기에 생긴 오해라고 주장한다. 둘째는 현대 사회에서 교회의 정체성에 대한 새로운 이해가 요구되고 에큐메니컬 대화가 일어나는 맥락에서 20세기 미국 루터교 신학자 린드벡이 교리의 문화-언어적 해석을 제안하며 비롯되었다. 헬머가 볼 때, 린드벡의 신학적 기획을 이어받은 제자들에게서 자라난 교리에 대한 '인식적-우위 모델'(Epistemic-Advantage Model)은 일면 교회의 정통 가르침을 옹호하는 것 같지만, 실제로는 교리와 실재의 관계를 모호하게 규정함으로써 교리의 종말을 가져올 수 있다.

린드벡이 1984년 출판한 『교리의 본성』(*The Nature of Doctrine*)은 20세기 중·후반에 나온 현대 신학서 중 가장 주목받고 영향력을 끼친 책으로 손꼽힌다. 후기자유주의(postliberal) 신학의 선구작으로 불리곤 하는 이 책에서, 역사신학자이자 제2차 바티칸 공의회 참관자였던 저자는 교리의 본성에 대해 교회의 역사적 정체성과 에큐메니컬 대화라는 맥락에서 질문한다.[4] 린드벡은 종교와 교리에 대한 이해

4 George A. Lindbeck, *The Nature of Doctrine: Religion and Theology in a Postliberal Age* (Louisville: Westminster John Knox Press, 1984). 특히 6장 "후기자유주의 신학을 향하여"(Towards a Postliberal Theology)를 참고하라.

방식을 인식-명제적(cognitive-propositional), 경험-표현적(experiential-expressive), 문화-언어적(cultural-linguistic) 접근법으로 구분한다. 첫째, 인식-명제적 접근은 "교회의 교리가 객관적 실재에 대한 정보를 담은 명제나 진리 주장으로 작동"[5]한다고 본다. 하지만 고전적인 진리의 상응 이론을 전제하는 이 같은 모델은 신학적 전통이 다른 교회들 사이의 갈등을 유발할 수 있을 뿐 아니라, 기표와 기의의 복잡한 관계를 상정하는 포스트모던적 맥락에서 설득력이 떨어진다. 둘째, 슐라이어마허로 대표되는 경험-표현적 이론은 교리가 실재에 관한 명료하고 객관화된 정보를 전달하기보다는 "내적 감정이나 태도, 실존적 지향성 등에 대한 비정보적이고 비담론적 상징"[6]으로 기능한다고 본다. 하지만 이 역시 교단마다 종교적 경험에 교리적 중요성을 다르게 부여하기에 신학적 대화를 촉진하기에 역부족이다. 셋째는 린드벡 본인이 제시하는 이론으로, 철학자 루트비히 비트겐슈타인과 문화인류학자 클리퍼드 기어츠의 영향하에서 종교, 교리, 진리에 관한 이론을 통합하며 발전시킨 문화-언어적 모델이다.[7]

5 Lindbeck, *The Nature of Doctrine*, 16.

6 Lindbeck, The Nature of Doctrine, 16. 하지만 (헬머가 이 책 4장에서 지적하듯) 이는 슐라이어마허에 대한 영미권 신학의 오랜 오해에서 비롯된 범주화이다. 『교리의 본성』을 접한 독일의 슐라이어마허 전문가에 따르면, 슐라이어마허를 린드벡의 모델에 따라 분류하면 오히려 '문화-언어적 접근'에 가깝다. Matthias Gockel, *Barth and Schleiermacher on the Doctrine of Election: A Systematic-Theological Comparison* (Oxford: Oxford University Press, 2006), 43-44.

7 조지 헌싱어는 린드벡의 문화-언어적 모델에서 "종교 이론은 '문화적'(cultural)이고, 교리 이론은 '규정적'(regulative)이며, 진리 이론은 '실용주의'(pragmatist)"라고 평한다. George Hunsinger, "Postliberal Theology," in *Cambridge Companion to*

종교는 언어 그리고 언어와 상관된 삶의 형식을 닮았고, 그러므로 문화와 유사하다(이들이 기호론적으로 실재와 가치 체계, 즉 실재와 삶의 실천을 구성하는 관용어로서 이해되는 한 그러하다). 교회의 교리의 기능은 이 같은 사용이라는 관점에서 더욱 두드러진다. 달리 말하면 교리를 표현적 상징이나 진리 주장이 아니라, 담론과 태도와 행동을 위한 공유된 권위 있는 규칙으로 볼 때 그 기능이 더욱 확연히 보인다. 이렇게 종교를 개념화하는 일반적 방식을 '문화-언어적' 접근이라고 앞으로 부를 것이며, 이 같은 함의를 가진 교회의 교리에 관한 입장은 '규정적' 혹은 '규칙' 이론으로 언급될 것이다.[8]

린드벡이 이러한 주장을 펼치는 이유는 그리스도인의 정체성과 삶의 형식은 구체적 공동체 속에서 형성되고 우선적으로 관찰된다는 전제가 있기 때문이다. 이때 삼위일체론이나 그리스도론 등의 명제화된 교리는 공동체적 믿음과 실천을 위해 공유된 문법을 제공하는 이차적 언어라고 할 수 있다. 그리고 교회는 신자들이 이러한 문법을 배우고 언어를 연습하는 구체적이고 특별한 장소이다. 그리스도인은 정경과 신조를 통해 익힌 그리스도교 신앙의 심층 구조를 가지고 세상에서 자신들의 위치를 발견하고 그리스도교적 삶을 실천하는 존재이다.[9]

Postmodern Theology, ed. Kevin Vanhoozer (Cambridge: Cambridge University Press, 2003), 44.

8 Lindbeck, *The Nature of Doctrine*, 18.

린드벡의 문화-언어적 접근법은 20세기 후반 세속화의 거센 도전에 교리의 규범성이 위협받을 당시 대서양 양쪽 신학계에서 폭넓은 지지층을 확보했다. 『교리의 본성』은 다원주의 사회에서 그리스도교적 정체성을 어떻게 지킬지에 대한 진지한 답변이었고, 성서적 신앙과 교리적 진리에 헌신하던 이들은 현대 문화로 대치되지 않는 그리스도교의 고유한 언어와 문법을 발견하는 중요한 이론적 기반을 이 책에서 확보하였다. 하지만 비트겐슈타인의 언어적 전환, 기어츠의 문화인류학, 루터교적 유산의 조합은 '종교로서 그리스도교'에 대한 이해를 새로운 국면으로 이끌었다. 기어츠의 문화 이론에 따라 린드벡도 종교를 모든 것을 아우르는 '세계관'으로 이해했다. 하지만, (기어츠가 강조한 삶의 실천에서 형성되는 분위기와 동기가 아니라) 그는 기호학적이고 인식론적인 언어 체계를 세계관을 구성하는 데 주요한 범주로 삼았다.[10] 그 결과 (루터 신학의 핵심인 설교에서 선포되는 케리그마가 아니

9 헬머는 문화-언어적 이론에 등장하는 순수한 교리(*pura doctrina*), 성령을 통해 습득하는 새로운 언어(문법), 언어의 학습 장소로서 교회, 외적인 말씀(*verbum externum*), 들음으로 생기는 믿음(*fides ex auditu*) 등의 개념은 역사신학 전공자이자 에큐메니컬 신학자로서 린드벡에게서 두드러진 '루터교적' 유산이라 평가한다. Christine Helmer, "George A. Lindbeck: Ecumenical Theologian from a Distinctively Lutheran Perspective," *Lutheran Forum* 32/2 (2018), 17-20; "The Catholic Luther at YDS" (2019. 4. 3.), https://divinity.yale.edu/news/catholic-luther-yds (2020. 10. 13. 최종 접속).

10 클리퍼드 기어츠는 종교를 다음과 같이 정의한다. "종교란 (1) 작용하는 상징의 체계로, (2) 인간에게 강력하고, 널리 미치며, 오래 지속되는 분위기와 동기를 성립시키고, (3) 일반적인 존재의 질서 개념을 형성하며, (4) 그러한 개념에 사실성의 층을 씌워, (5) 분위기와 동기가 특이하게 현실적인 것으로 보이게 한다." 클리퍼드 기어츠, 『문화의 해석』, 문옥표 옮김(서울: 까치글방, 1998), 115. 이러한 종교관은 린드벡이 세계관이란 관점에서 그리스도교에 접근하게 하는 데 중요한 이론적 기반이 되었다.

라) 공동체 내의 신앙과 실천을 질서 지우고 의미를 형성하는 텍스트내재적(intratexual) 규칙이 새로운 조명을 받게 되었다.[11] "[종교 공동체의 정경적 문서들에] 함빡 젖은 사람들에게는 이 문서들이 창조한 것보다 더 실제적인 세계란 없다. 따라서 성서의 세계는 우주를 흡수할 수 있다. 그 세계는 해석의 틀을 제공하고, 그 틀 속에서 신앙인들은 삶을 살고 실재를 이해하고자 한다. … 전통적으로 성서 주석 방법은 … 성서가 고유한 의미의 영역을 창조하며, 해석은 이것을 실재 전체로까지 확장하는 일임을 전제한다."[12] 이 인용문에서 루터 전문가이기도 했던 린드벡의 후기자유주의적 입장에서는 '성서'가 세계관의 기호와 언어 체계의 의미를 우선적으로 결정함을 알 수 있다.

종교를 세계관으로 보려는 시도는 린드벡의 예일 제자들에게 여러 방식으로 계승되었다. 하지만 헬머는 린드벡의 유산을 이어받은 2세대 신학자들의 기획에 불만족을 표한다.[13] 특별히 『교리의 본성』

11 본문에서 약술한 린드벡 신학이 남긴 유산의 명과 암에 대한 헬머의 평가는 다음을 참고하라. Christine Helmer, "Luther, History, and the Concept of Religion," In *Lutherrenaissance: Past and Present*, Bilingual Edition, ed. Christine Helmer and Bo Holm (Göttingen: Vandenhoeck & Ruprecht, 2014).

12 Lindbeck, *The Nature of Doctrine*, 117. 린드벡의 텍스트내재성 개념을 잘 요약해 주는 이 인용문은 헬머가 직접 언급했던 것임을 밝힌다.

13 린드벡이 은퇴하기 전인 1990년대 초반 예일에서 루터 연구를 시작한 헬머는 흥미롭게도 구약학자로 국내에도 잘 알려진 브레바드 차일즈(Brevard S. Childs, 1923-2007)에게 가장 큰 영향을 받았다. 실제 헬머는 루터의 삼위일체론 논문에 차일즈의 정경비평 방법론을 응용했고, 박사논문을 출판하면서 차일즈에게 헌정했다. 다음을 보라. Marilyn McCord Adams, "Forward to the Original Edition," in Christine Helmer, *The Trinity and Martin Luther*, rev. ed. (Bellingham: Lexham Press, 2017), xxii-xxiii.

25주년 기념판 서문을 썼을 정도로 스승과 밀접했던 브루스 마샬(Bruce D. Marshall, 1955-)을 비판할 때는 '인식적-우위 모델'이란 표현까지 만들어 낸다.[14] 마샬은 교회가 진리로 받드는 공유된 핵심 신념을 계몽주의 이후 일반화된 '인식적 기준'(epistemic standard)에 맞추기는 힘들어졌다고 진단한다.[15] 마샬은 (린드벡의 입장을 발전시켜) "교리는 언어-문헌적 정형문구로 표현되어야 하며, 또한 세계를 인식하는 범주로 기능한다"[16]고 보지만, 세계관을 구성하는 데 필요한 언어와 논리를 (린드벡과는 달리) 성서보다는 신조 본문(creedal text)에서 찾고자 한다. 물론 교회의 핵심 교리는 성서로부터 내용을 추출되었다고 하지만, 다른 한편 이는 공동체가 공유했던 '신앙의 기준'(*regula fidei*)을 통해 성서를 해석한 결과물이다.[17] 즉, 신조의 진술들은 성서에 대한 공동체의 해석과 적용을 특징짓고 정합성(coherence)을 부여하는 역할을 한다. 또한, 신조의 진술들 덕분에 평소 세상을 이해하고 참여하던 습관과 경향성과는 전혀 다른 방식으로 우리의 생각과 신념,

14 Bruce D. Marshall, "Introduction: Nature of Doctrine after 25 Years," in George A. Lindbeck, *The Nature of Doctrine: Religion and Theology in a Postliberal Age*, 25th Anniversary Edition (Louisville: Westminster John Knox Press, 2009). 린드벡은 제자 마샬이 자신의 입장을 잘 이해하고 있다고 인정한다. George A. Lindbeck, "Response to Bruce Marshall," *The Thomist* 53 (1989), 403-406.

15 Bruce D. Marshall, *Trinity and Truth* (Cambridge: Cambridge University Press, 2000), 4.

16 이 책, 199.

17 Bruce D. Marshall, "Faith and Reason Reconsidered: Aquinas and Luther on Deciding What Is True," *The Thomist* 63/1 (1999), 8; 이 책, 208-211 참고.

행동은 '종교적 세계관' 속에 일관되게 자리 잡게 된다.[18] 바로 이 지점에서 헬머는 '신조의 권위'가 '세계관으로서 종교' 개념과 결합하면서, "교리의 초월적 지시 대상과 관련하여 중요한 방향 전환"[19]이 일어났음을 지적한다. 교리가 생동적이려면 역사에서 활동하시는 하나님을 지시해야 하지만, 안타깝게도 마샬의 제안에서는 신학자가 살아계신 하나님이 아니라 신앙 언어의 문법에 집중하게 한다. 새로운 지평을 여는 신적 현실 대신 정형화된 교리적 담론을 절대화하다가는 신학이 폐쇄된 세계관에 갇히게 된다.

물론 마샬이 신조와 세계관을 무차별적으로 동일시하지는 않았고, 그의 신학은 여기서 간략히 요약된 것보다 훨씬 복잡하고 풍성한 의미를 품는다. 하지만 마샬에 대한 헬머의 비판의 요지는 분명하다. 역사적·사회적으로 조건 지어진 자리에서 신적 실재를 가리켜야 할 교리가

> 인식적-우위 모델에 이르렀을 즈음에는 더 이상 내용이나 지시 대상에 대해서는 관심을 두지 않는다. 교회 안에서 신학의 지위는 분석적이며, 성서에 대한 규범적 해석 방식으로서의 신조를 포함한다. 진리의 구체적인 근거는 교회-신조의 분석에 있다. 교회의 정체성은 교회가 성서를 읽을 때 사용하는 특정한 교리에 의해 결정된다.

18 이 주제는 다음 책 5장 2절 "그리스도론적 정합성으로서 인식적 권한"에 잘 요약되어 있다. Marshall, *Trinity and Truth*, 115-126.

19 이 책, 141.

… 교리의 유일한 과업은 과거의 구체적인 표현들을 규명하고, 표현해 내고, 연결시켜서 현재의 상황에 적용하는 것이다. 과거에 기초한 규범으로 이해된 확언, 교회-신조를 분석하여 얻은 확언을 넘어설 길이 없는 것 같아 보인다. … 이 지점에서 교리는 종말에 이르렀다.[20]

헬머는 개신교 전통에서 교리는 (마샬의 인식적-우위 모델에서 상정하는 것보다 훨씬) 다층적인 역사적 구성물이며, 사회문화적으로도 복잡한 기능을 담당해 왔다고 생각한다. 이것은 아마 린드벡의 영향력이 지대했을 당시 예일 대학교에서 공부했음에도 루터의 삼위일체 '교리'로 박사 논문을 썼고, 중세 신학에 관심을 기울였던 린드벡의 박사 학생들과는 달리 루터 이후 '독일 근대 신학'을 연구했던 헬머의 배경 때문일지 모른다. 그는 예일의 선배들과 다른 방식으로 린드벡의 유산을 평가하면서 비판적 물음을 던진다. 교리를 교회의 신앙과 실천의 문법으로 이해하려는 후기자유주의적 시도가 교리의 언어가 초월적 실재를 지시해야 한다는 교리의 근원적 본성을 약화하지 않을까? 텍스트내재성에 대한 강조 아래서 신학자의 언어가 기존의 교리적 전통의 틀 속에서 맴돌다 신학이 새롭게 변화하는 현실에 제대로 반응하지 못하게 되지는 않을까? 교리의 정합성 자체가 진리의 기준이 되어버리면, 신학이 외부와 소통할 수 없이 고립되고 폐쇄된 체계로 변질되지 않을까? 루터교에 머물러 있으면서 에큐메

20 이 책, 229-230.

니컬 '대화'를 이끌었던 린드벡과 달리, 왜 그의 제자 중 적지 않은 수가 가톨릭으로 '개종'을 했을까?[21] 이러한 질문을 던지며 헬머는 린드벡 혹은 마샬의 본 의도와 달리 교리에 대한 문화-언어적이고 인식적-우위 접근이 오히려 교조적인 신학적 세계관을 낳으며 교리의 종말, 즉 "대화 없는 교리, 발견 없는 신학, 역사 없는 교회, 의미 없는 언어"[22]를 초래하지는 않을지 경계한다.

III. 프리드리히 슐라이어마허와 '오해된' 교리의 종말

린드벡과 그의 제자들에 대한 헬머의 비판적 거리두기는 교리와 언어, 실재의 상호 관계를 새롭게 밝힐 수 있는 신학적 모델에 대한 탐구로 이어진다. 동시에 그는 현시대의 문화적 · 언어적 · 사상적 다양성에 적절히 반응하고, 대학교 내 여러 학문과 신학 사이의 생산적인 대화를 풍성하게 해 줄 교리에 대한 새로운 이해를 추구한다. 이는 '교리의 종말'(end)이라는 위기를 넘어 그리스도인과 교회를 포함한 인류 전체의 번영을 지향하는 교리의 진정한 '목적'(end)에

21 Helmer, "George A. Lindbeck," 19. 헬머는 문화와 교리를 린드벡이 불안전하게 묶어 두었기에, 그의 제자들에게서는 이 둘이 분리되며 교리를 세계관으로 이해하는 인식적-우위 모델이 형성되었다고 본다. 그리고 헬머는 린드벡의 개신교인 남자 제자들(브루스 마샬, 라인하르트 휘터, 러스티 레노, 마이클 루트 등)이 가톨릭 신자가 된 것 역시 린드벡의 유산의 왜곡된 형태로 본다. 이 내용은 헬머가 필자에게 보낸 2020년 9월 15일 이메일 내용을 허가를 받고 옮긴 것이다.

22 이 책, 230.

대한 질문이기도 하다. 이를 위해 헬머는 자기 나름의 신학 프로그램을 제시하기보다는 근대 신학의 선구자 슐라이어마허와 독창적인 대화를 시도한다.

헬머는 슐라이어마허의 신학에 붙은 '자유주의' 혹은 '비실재론'이라는 딱지를 우선 문제시한다. 특별히 그는 슐라이어마허의 사상을 신비주의라고 규정했던 에밀 브룬너(Emil Brunner, 1889-1966) 때문에 이후 약 한 세기 동안 교리에 관한 논의에서 슐라이어마허의 이름이 거의 사라졌다고 본다. 이러한 오해를 벗기고자 헬머는 19-20세기 신학의 발전 궤적 속에 브룬너가 슐라이어마허를 오독하게 이끈 개념적 틀이 형성되어 있음을 보여 준다. 그 후 헬머는 기존의 슐라이어마허 해석과는 달리, 슐라이어마허의 변증법이나 성서 주석 등을 새로운 시각에서 읽으면서 교리와 언어와 실재의 관계를 재조명할 인식론적 가능성을 모색한다.

1. 신비주의자 슐라이어마허?: 에밀 브룬너와 '슐라이어마허 문제'

19세기 후반 스위스 취리히 태생의 전도유망한 신학도였던 브룬너는 '경험과 지식과 신앙'의 관계를 주제로 한 교수자격취득논문(Habilitation)을 1921년에 제출했다.[23] 이듬해 취리히 대학에서 교편을 잡은 그는 곧이어 19세기 독일 신학의 대표자인 슐라이어마허를 강력히 비판하는 『신비주의와 말씀』(*Die Mystik und das Wort*, 1924)을

23 Emil Brunner, *Erlebnis,Erkenntis und Glaube* (Tübingen: J. C. B. Mohr, 1921).

출판하며 신학계의 주목을 받았다.[24] 헬머가 지적하듯 이 책은 "이후 한 세기 동안 지속된 슐라이어마허 문제의 씨앗"[25]을 신학계에 심은 문제작이라 할 수 있다. 그런데 이 논쟁적 책의 제목에서 '신비주의'와 '말씀'이 대조되고 있음을 눈여겨볼 필요가 있다. 정작 슐라이어마허는 『신앙론』(*Glaubenslehre*)에서 신비주의라는 단어가 오해를 불러일으킬 수 있기에 사용을 조심했는데,[26] 왜 브룬너는 거의 400쪽에 달하는 슐라이어마허 비판서 제목에 신비주의를 넣을 정도로 이 단어에 집착했을까? 그 이유를 알기 위해서는 19세기 신칸트주의 신학에서 '영과 자연'의 구분이 일어나게 된 계기부터 더듬어 찾아가야 한다.

19세기 후반 독일 신학을 대표했던 알브레히트 리츨(Albrecht Ritschl, 1822-1889)은 종교개혁을 완성한다는 야심을 가지고 칭의 교리를 연구했고, 그 결과 나온 세 권으로 구성된 『칭의와 화해에 관한 그리스도교 교리』(*Die christliche Lehre von der Rechtfertigung und Versöhnung*)는 지금껏 그의 대표작으로 손꼽힌다.[27] 이 방대한 저술의 내용을 요약하는 것은 본 해제의 범위와 글쓰는 이의 능력을 넘

24 Emil Brunner, *Die Mystik und das Wort: der Gegensatz zwischen moderner Religionsauffassung und christlichem Glauben, dargestellt an der Theologie Schleiermachers* (Tübingen: J. C. B. Mohr, 1924).

25 이 책 133.

26 Friedrich Schleiermacher, *Christian Faith*, ed. H. R. Mackintosh and J. S. Stewart (Edinburgh: T & T Clark, 1999), 429; 이 책, 135, 258 참고.

27 Albrecht Ritschl, *Die christliche Lehre von der Rechtfertigung und Versöhnung*, 3 vols. (Bonn: Adloph Marcus, 1870-1874).

어서므로, 소위 '슐라이어마허의 문제'와 관련된 내용만 간략히 짚어 보기로 하자.[28] 리츨은 '죄인을 의롭게 하는 하나님의 심판'이란 칭의 교리의 내용을 신칸트주의적 맥락에서 재해석하려 했다. 그는 인간 이성의 사변에 기초한 '형이상학'과, 추상적 절대자와 합일을 강조하다 도덕적 요청에 무감하게 되는 '신비주의'는 개신교 신학의 본질과 어긋난다고 보았다.

종교의 본질을 도덕으로 재해석한 칸트의 영향을 깊게 받은 리츨은 그리스도교가 나사렛 예수를 통한 구원과 그분을 통해 도래한 윤리적 공동체라는 두 중심점을 가진다고 주장했다. 둘의 긴장은 리츨의 칭의와 화해에 대한 교리에서는 은혜를 통한 '개인적인 용서'와 하나님 나라를 향한 '공동체의 지향'이라는 두 국면으로 나타난다.[29] 교회와 정부라는 두 통치 질서를 구분했던 루터와 달리, 죄인에 대한 하나님의 심판은 리츨에게서는 개인의 윤리적 활동과 최고선인 하나님 나라가 만나는 지점이 된다. 바로 여기서 헬머는 역사적 예수를 매개로 인간 현실과 마주한 하나님의 활동을 강조하는 리츨의 칭의론이 자유로운 '영'과 피조성에 묶인 '자연' 사이의 대립을 자라나게 할 신학적 씨앗을 독일 신학계에 심었다고 예리하게 지적한다.[30] 그리고 리츨의 비판을 요약해 주는 '신학에는 형이상학

28 이하 내용은 이 책, 80-102를 참고하라

29 이 내용은 영역본의 다음 부분에 잘 나온다. Albrecht Ritschl, *The Christian Doctrine of Justification and Reconciliation*, vol. III. trans. H. R. Mackintosh and A. B. Macaulay (Edinburgh: T & T Clark, 1900), 546-549.

30 믿음에서 자라난 확신이 어떻게 '자연'의 우월한 힘에 대한 인간의 불안을 극복하게

도 신비주의도 없어야 한다'라는 경구는 이후 독일어권 신학자들이 형이상학과 신비주의를 하나님의 영과 대립하는 자연, 즉 하나님의 심판 아래 있는 인간의 사변 혹은 종교성으로 인식하게 만드는 데 리츨 신학이 이바지했음을 보여 준다.

이전 세기 자유주의 신학을 극복하고자 분투한 젊은 브루너는 '영과 자연'이라는 대조의 틀을 가지고 19세기를 들여다봤고, 그 결과 슐라이어마허의 신학을 '신비주의'라고 부르게 되었다. 단, 바르트와 함께 일으킨 변증법적 신학의 관심사에 따라 책 제목을 정하다 보니 영 대신 '하나님 말씀'이 신비주의와 대조되었다.[31] 책의 부제 "슐라이어마허 신학에서 보이는 현대적 종교 개념과 그리스도교 신앙의 대조"에서 짐작할 수 있듯, 브루너는 슐라이어마허의 인간학적 '종교 개념'을 신적 은총을 믿음으로 받는 것을 강조한 종교 개혁 신학의 왜곡이라 보았다.[32] 슐라이어마허가 사용한 '동일성의 형이상학'이나 '직접적 자기의식' 등의 근대 철학과 심리학적 범주는

하고 영적 자유를 주는지는 다음을 참고하라. Albrecht Ritschl, *Instruction in the Christian Religion*, in *The Theology of Albrecht Ritschl: Together with Instruction in the Christian Religion*, trans. Albert Swing (New York: Longmans, Green and co., 1901), 174-175.

31 이 책, 116.

32 Brunner, *Die Mystik und das Wort*. 10-12. 소위 '신정통주의'의 대표 신학자인 브루너와 바르트가 1920년대에 자신들의 신학의 대척점으로 삼았던 슐라이어마허 비판에 관해서는 다음을 참고하라. 특히 카페츠는 슐라이어마허에 대한 브루너와 바르트의 미묘한 입장차를 잘 보여 준다. 두 젊은 신학자가 보인 차이는 약 10년 뒤 자연 신학에 대한 논쟁에서 더욱 벌어지게 된다. Paul E. Capetz, *Christian Faith as Religion: A Study in the Theology of Calvin and Schleiermacher* (Lanham: Universit Press of America, 1998), 4-6.

인간 '영'을 우선시하는 사상을 형성했고, 그 결과 하나님 말씀은 인간 내면에 갇혀 버렸다. 이에 대한 반작용으로 브룬너는 인간의 사변, 윤리, 종교성으로 환원되지 않는 하나님 말씀의 객관적 지평을 강조했다. 즉, 인간에게 자유롭게 말 건네시는 하나님, 말씀을 통한 하나님과 만남, 말씀에 대한 순종이 브룬너의 말씀의 신학의 핵심 화두가 되었다.

하지만 더 큰 맥락에서 조망하자면 19세기 자유주의 신학을 극복하려던 브룬너의 노력마저 지난 세기 루터교 신학자들이 씨름했던 '자연과 영'의 패러다임 속에서 이뤄진 셈이다. 브룬너의 슐라이어마허에 대한 비판을 약 100년이 지난 현시점에 되돌아보면 그 자체로도 설득력이 떨어지지만, 헬머는 그것보다 더 큰 문제를 브룬너가 이후 신학계에 떠안겼다고 본다. 즉, 슐라이어마허가 신비주의로 규정되면서 "슐라이어마허가 고수하고자 했던 긴장, 즉 (한편으로) 지식 추구에 관여하는 학문 분야로서의 신학에도 해당되는 지식 관념에 대한 그의 이해와 (다른 한편으로) 신학의 주제 내지 그리스도교 신앙 진술을 해명하는 신학의 독특한 과업 사이의 긴장"[33]도 함께 사라졌다. 이러한 헬머의 논평을 뒤집어 보면, 유한한 인간의 정신에 어떻게 영원한 존재에 대한 지식이 형성되고, 현시대의 문제를 놓고 신학이 타학문과 어떻게 '접촉점'을 찾을지에 관한 답을 브룬너에게서 발견하기 힘들다는 큰 불만이 놓여 있다.

33 이 책, 136.

2. 교리의 종말을 넘기 위한 신학적 인식론: 결국 다시 슐라이어마허에게로

신학은 "교리에 매이지 않고 때로는 교리와 상반되게 말씀하시는 하나님에 대한 감각을 회복해야 한다"[34]는 다소 과장된 표현의 이면에서 잘 보이듯 헬머는 교리의 본성에 대한 담론은 철저하게 신의 초월성으로부터 시작해야 한다고 주장한다. 하지만 신학이 단지 교리가 신적 실재를 권위 있게 가리키는지, 과거로부터 내려오는 전통에 충실한지만을 따진다면 뭔가 불충분하다. 여러 학문이 각각 전문적 이론을 내어놓고 경쟁을 벌이는 다원화된 사회에서 신학은 초월적 실재를 인간 언어로 서술할 때 어떤 방식으로 지식이 형성되는지, 이러한 신학적 지식 추구가 어떻게 다른 학문과 생산적이면서도 비판적인 대화에 들어갈지도 물어볼 수 있어야 한다. 이를 위해 헬머는 19세기 유럽에서 근대 대학이 성립되고 학문의 분화가 이뤄질 때, 학문으로서 신학의 정초를 놓은 슐라이어마허를 통해 "교리, 역사의 우연성, 인간의 경험, 철학이 서로를 두르며 짝을 이루어 살아 계신 하나님의 현실에 가닿는"[35] 모델을 찾고자 한다.

흥미롭게도 헬머는 슐라이어마허를 본격적으로 다루기 전 브룬너와 동시대인 스위스 신학자이자 20세기 가장 영향력 있는 교의학자로 손꼽히는 칼 바르트(Karl Barth, 1886-1968)에게 깊은 관심을 기울인다. 바르트 역시 브룬너와 마찬가지로 '하나님 말씀'에서 시작하는 신학을 추구한다. 그런데 신학의 시작점에서 바르트는 크게 당혹

34 이 책, 232. 따라서 헬머는 교리가 '새로움'과 '상호주관성' 속에서 정립된다고 본다.

35 이 책, 348.

감을 표한다. 신학자는 유한한 인간이기에 초월적 하나님에 대해 말할 수 '없지만,' 말씀을 위한 특별한 소명 받은 사람으로서 하나님에 대해 말을 '해야만' 한다.[36] 신학자는 하나님 말씀을 인간의 언어로 표현하려 할 때 압도적인 무력감을 느끼지만, 바로 이 역설이 19세기 신학과는 차별화된 신학의 새로운 가능성과 출발점을 발견하는 지점이다. 하나님의 말씀과 인간의 말 사이에서 뿜어지는 생생한 긴장을 신학의 핵심에 품고자, 바르트는 신학이란 하나님의 심판 아래 있는 인간의 끝없이 계속되는 비판적 작업이라고 규정한다. 즉, 신학은 특정 시공간에 속한 인간의 유한한 구성물이지만, 그러한 신학의 대상인 '하나님 말씀'은 고정된 언어 체계가 아니라 인간의 기획을 기초부터 흔들며 늘 새로움을 가져오는 하나님의 은총이기도 하다.

> 신학자는 자신이 이해하고, 해석하고, 설명하고자 하는 실재로 인해 자신의 말을 낸다. 하지만 신학자의 말은 인간의 말로서 불가피하게 역사적으로, 사회적으로 조건 지어진 자리에 있으며, 그 말이 가리키는 현실에 예속된다. 하나님 말씀에 대한 신실한 순종은 책임 있는 신학자의 성향에 나타나는 특징이다. 그럼에도 신학자는 하나님 말씀이 자신의 말을 중단시킬 때 놀라서는 안 된다. 하나님이 말씀하실 때, 하나님 말씀은 위기를 촉발한다. 이 사건의 길을 열어 줘야 하는 인간의 말에 대해서조차 하나님의 말씀은 위기이다.[37]

36 칼 바르트, "신학의 과제로서의 하나님 말씀," 『말씀과 신학』 바르트 학회 공역 (서울: 대한기독교서회, 1995), 93 참고.

1910년대 중반 바르트가 스승인 자유주의 신학자들을 비판한 이래 줄곧 놓치지 않았던 이러한 '변증법적 역동성'은 한편으로 교리가 신적 실재를 지시하는 고유한 역할을 담당하지만, 다른 한편으로는 성서의 증언에 충실하면서도 시대적 상황을 경청하면서 늘 새롭게 쓰여야 한다는 통찰을 낳았다. 특별히 신학적 성숙기에 바르트가 보여 준 '예수 그리스도 안에서 하나님의 자기 계시'와 '인간의 언어로 이루어진 교리'의 관계를 삼위일체론적 맥락에서 조명한 것은 신학적으로는 매우 독창적이고 방법론적으로도 정교한 시도였다고 헬머는 높게 평가한다.[38] 하지만, 헬머가 볼 때 현시대가 던지는 다양한 요구와 도전에 적절히 반응하기 위해서는 더욱 유연하고 개방적인 교리의 모델이 필요하다. 하나님 말씀과 인간의 말을 대조하며 시작하던 바르트와는 다른 방식으로 언어와 실재의 관계를 풀어 가야 더 유의미한 교리에 대한 담론이 나올 수 있다. 그리스도교만의 고유한 신학적 인식론이 아니라, 타학문과 공유 가능한 지식과 언어 이론을 활용해야 신학이 자기만의 영역에 함몰되지 않을 수 있다. 이를 위해 헬머는 바르트보다 한 세기 앞서 활동했던 슐라이어마허에게로 거슬러 올라간다.

그렇다면, 교리의 "종말을 시작으로 바꾸는 일을 착수"[39]하고자

37 이 책, 196.

38 특별히 "하나님 말씀에 관한 교리"라는 제목으로 1932년과 1938년도에 각각 출판된 『교회교의학』 I/1과 I/2를 보라. 신학의 과제, 방법, 주제를 설명하던 이전 교의학의 프롤레고메나와 달리, 바르트는 『교회교의학』의 프롤레고메나에 해당하는 I/1과 I/2에서 교리의 내용, 즉 자기를 주님으로 스스로 계시하시는 삼위일체 하나님에 대한 실질적인 고찰을 시도한다. 이 책, 171-196 참고.

39 이 책, 237.

왜 하필 슐라이어마허를 모델로 삼아야 하는가? 교리는 역사가 계속 흐르고 인간의 삶이 다원화되는 중에도 초월적인 신적 실재를 계속해서 지시하고, 신앙의 규범으로서 역할을 잃지 않아야 한다. 역사적 예수의 삶과 성경의 기록, 교리의 형성 사이에 분명 시공간적 불연속성이 있지만, 교리는 그러한 차이 이면에 흐르는 강력한 연속성을 붙잡을 수 있어야 한다. 또한, 교리는 인간의 현실과 질적으로 다른 하나님의 말씀이 선사할 새로움을 고루한 신학적 틀에 맞게 단순화하거나 길들이지 않도록 개방적이고 유연할 수 있어야 한다. 그렇기에 "실재와 관련된 언어에 대한 독특한 이해가 어떻게 신약성서 생성에 뿌리를 이루는지와, 또한 어떻게 이러한 이해가 교리의 역사를 형성하는 한결같은 요인인지를 보여 줄 신학적 인식론"[40]이 필요하다.

슐라이어마허에게 '그리스도의 현전'은 단지 1세기 팔레스타인에 잠깐 있던 과거 사건이 아니다. 그것은 현재와 미래에도 생동적 경험이요 살아 숨 쉬는 전통이다. 인간의 언어로 쓰인 교리가 한결같이 가리키는 초월적 실재가 있다면 바로 역사를 뛰어넘어 현전하는 구원자 그리스도이다. 각각의 사람이 서로 다른 시간과 장소에서 고유하게 경험하는 '그' 실재야말로 교리가 계속해서 새로 쓰이게 하는 근원적 동력이다.[41] 다른 무엇과도 대체될 수 없는 그리스

40 이 책, 244.

41 F. 쉴라이에르마허, 『신학연구입문』 김경재·선한용·박근원 옮김 (서울: 대한기독교서회, 1982), 74, 78, 특별히 §103과 §115를 보라. 그리스도를 통한 구속이 슐라이어마허의 신학의 핵심에 있기에, 그는 구약을 그리스도교의 성서로 보았지만 신약과 같은 정경적 중요성을 부여하지는 않았다.

도를 통한 구속의 강렬한 경험은 신약성서의 초기 형태부터 그 이후 교리의 발전사를 꿰뚫고 있다. 이러한 근원적 전제를 가지고 베를린 대학교에서 슐라이어마허는 신약성서 주석을 하고, 교회사를 연구하며, 교의학과 실천신학을 전개했다. 그의 사상이 성서와 교리 모두가 역사적 산물이면서도 동시에 살아 계신 그리스도에 근거하고 있다는 전제 위에 형성되었기에, '언어와 실재와 경험'이 분리되지 않으면서도 교리를 '역사주의적' 관점에서 평가할 수 있는 특별한 모델이 자랄 수 있다.

여기서 명심할 것은 헬머가 슐라이어마허의 신학 자체가 아니라, "슐라이어마허에게 약간의 도움받은 신학적 인식론"[42]을 재구성하는 것을 목표로 하고 있다는 점이다. 그렇기에 그는 필요에 따라 슐라이어마허의 다양한 텍스트를 선별적으로 사용한다. 교의학의 코페르니쿠스적 전환이라 불리곤 하는 『신앙론』이 정통 교리를 그리스도인의 자기의식으로 재해석했다는 대중적 교재에 나오는 독법과는 다르게, 그는 『변증법』과 『해석학』을 가지고 어떻게 주체가 언어를 통해 지식을 형성하게 되는지 인식론적 원리를 살피고,[43] 성서

42 이 책, 235.

43 슐라이어마허는 '지식 이론'에 대한 학문인 변증법과 '이해의 기술'인 해석학 강의를 여러 번 반복할 정도로 큰 관심을 기울였지만, 온전한 책의 형태로 자신의 생각을 정리해서 출간하지는 못했다. 『변증법』은 슐라이어마허가 서문만 완성한 채 세상을 떠났고, 『해석학』은 유고와 학생들의 강의 노트를 편집해서 나왔다. 이 두 분야에 대한 슐라이어마허의 기여는 다음 책을 참고하라. 최신한, 『슐라이어마허: 감동과 대화의 사상가』(서울: 살림, 2003), 76-93, 108-126. 헬머는 '상호주관성'에 관해 최신한 교수가 쓴 논문을 포함한 슐라이어마허의 변증법에 관한 연구서(*Schleiermachers*

주석을 텍스트로 삼아 복음서의 언어와 초기 그리스도인의 그리스도 경험 사이의 상응 관계를 탐구한다.[44] 이러한 전례 없이 독특한 방법론에 힘입어 헬머는 지난 세기에 횡행했던 슐라이어마허에 대한 소위 '신정통주의적' 해석을 극복한다. 그리고 교리가 사회적 구성물임을 인정하면서도 언어와 실재 사이의 관계를 자의적 혹은 우연적으로 설정하려는 구조주의와 해체주의의 유혹도 비켜간다. 이 짧은 지면에 헬머가 슐라이어마허를 인식론적으로 전유하는 방식을 다 소개할 수 없기에, '역사적 예수와 신약성서의 관계' 그리고 '환호(acclamation)의 문법적 구조'를 실재와 언어와 교리의 유기적 결합을 보여 주는 사례로 간략히 소개하도록 하겠다.[45]

첫째, 슐라이어마허가 태어난 해 세상을 떠났던 헤르만 자무엘 라이마루스(Hermann Samuel Reimarus, 1694-1768)는 나사렛 예수의 제자들이 스승의 실제 메시지를 왜곡하고 부활 사건을 날조하여 그리스도교를 세웠다고 주장하며 논란을 일으켰다. 그 파장은 복음서와 역사적 예수 사이에 벌어진 '틈 자체'에 사람들의 이목을 주목시켰

Dialektik)를 편집했고, 개인적으로도 최신한 교수의 슐라이어마허의 철학적 저작에 관한 해석을 높게 평가한다.

44 슐라이어마허는 1804년부터 1834년까지 거의 매학기 신약의 각 책에 대해 강의를 했고, 당시 독일 신약학계에 주목받았던 여러 가설과 이론을 내어놓았다. 하지만 안타깝게도 그의 신약 강의 중 출판된 것은 극소수이다. 자세한 내용은 다음을 참고하라. Christine Helmer, "Schleiermacher's Exegetical Theology and the New Testament," in *Cambridge Companion to Friedrich Schleiermacher*, ed. Jacqueline Mariña (Cambridge: Cambridge University Press, 2005).

45 헬머는 슐라이어마허주의적 인식론을 설명하고자 '예수와 성서', '환호' 외에도 '신비주의'와 '총체적 인상' 등도 논의한다. 이 책, 257-264 참고.

다. 이러한 상황을 마주한 슐라이어마허는 실제 나사렛 예수와, 그분 말씀과 행적을 기록한 복음서 사이의 연결점이 깨지지 않았음을 입증하려 하였다. 역사적 예수와 성서 본문 간의 연속성을 보증하고자, 그는 한편으로는 제자들과 예수 사이의 '물리적 근접성'도 언급했지만, 다른 한편 복음서가 제자들을 '극적으로 변화'시킨 한 인물에 대한 글임을 강조했다. 즉, "신약성서의 생성을 설명함에 있어 신학적으로 중요한 요소는 역사가 아니라 구원론이다."[46] 복음서의 언어와 실재의 연속성은 역사적 사실 여부로만 판단될 것이 아니라, 구원론적 관계라는 측면에서도 설명되어야 한다. 1세기 예수께서 성취하고 나눠 주셨던 구원은 신약성경 생성기에만 한정되지 않고, 그 이후부터 지금까지 그리스도교 역사 전체를 이어오고 있다.[47] 이러한 관점에서 보자면 성서와 교리의 형성은 역사적으로는 차이가 있지만, 같은 인식론적 원리를 전제한다고 할 수 있다.

둘째, 실재-교리의 밀접한 관계를 설명하고자 슐라이어마허는 인간의 주관적 의식으로 환원될 수 없는 언어에 대한 분석을 시도한다. 신약 텍스트의 초기 층위의 언어 형식에 대한 연구를 통해 그는 '실재에 대한 일차적 경험'을 '이후에 기록된 성서'가 왜곡했다는 주장에 반론을 제기한다. 원경험과 언어가 비록 같지는 않더라

46 이 책, 257.

47 『신앙론』 §11에서 슐라이어마허는 그리스도교가 유일신 신앙을 가진 종교이지만, 나사렛 예수가 성취한 구속이 다른 모든 것과 연결되어 있다는 것을 믿는다는 점에서 고유한 특수성을 가진다고 본다. Schleiermacher, *Christian Faith*, 52.

도, 후자를 전자에 덧씌워진 2차적 층위로 볼 수는 없다. 생각과 감정 등을 언어로 지각하고 표현하고 공유하는 존재로서 인간의 경험은 애초부터 언어와는 뗄 수 없는 관계이다.[48] 특히, 복음서 곳곳에 등장하는 '환호'라는 고유한 표현 방식은 한편으로는 경험과 언어의 불가분리성을 보여 주고, 다른 한편으로는 나사렛 예수의 구원자로서 실재를 드러내는 역할도 한다. 사람들이 예수를 만났을 때 반응은 특이하게도 1인칭 화자가 구원자에게 2인칭으로 발화하는 '환호'라는 형태로 나타난다(예를 들면, 베드로나 사마리아 여인 등은 역사적 예수를 앞에 두고 "당신은 …이십니다!"라고 말했다). 나사렛 출신의 한 남자와 만남은 놀랍게도 극적이면서도 변혁적 힘을 관계에 불어넣었고, "[그의] 인격은 경험의 본질을 드러내는 어떤 특수한 언어적 정형문구를"[49]사람들의 입에서 나오게 했다.

초기 그리스도인의 언어 분석은 신약의 초기 층위에서 언어-실재가 관계 맺는 방식을 보게 해 줄 뿐만 아니라, 실재에 새롭게 노출될 때 언어가 풍성해지는 원리와 교리가 형성되는 역사적 과정을 가늠하게 해 주기 때문에 방법론적으로 중요하다.[50] 슐라이어마허가 『변증법』에서 말했듯, 개념 형성은 특정 개체에 관해 서술하는 언어를 매개로 지식이 형성되는 인식론적 작업이기도 하다. 예를 들면, 구원자 예수를 지시하는 술어는 '그리스도이시다'에서 '주님이

48 이 책, 265.

49 이 책, 267.

50 이 책, 268-271.

시다', '대제사장이시다', '생명의 빵이시다', '죽임당하신 어린양이다' 등으로 구원의 경험이 깊어지고 넓어질수록 다양해졌다. 이러한 다채로운 술어는 강력한 구원의 힘을 경험한 사람들 입에서 예수께서 '끌어낸' 것이고, 그분의 현존 덕분에 언어는 확장되며 새로운 현실을 생생하게 가리키게 되었다. 이후 '그리스도론적'인 환호의 문구가 많이 쌓이고 수집되고 문서로 기록되면서, 2인칭의 환호는 3인칭으로 재진술화되었다(가령, '당신은 주님이십니다!'라는 환호가, '베드로는 예수 그리스도를 주님이라 불렀다'라는 문장이 된다). 그리스도의 인격과 그분의 구원에 '관한' 서술들이 축적되고 여러 사람이 해석하고 범주화하고 재기술하면서, 그분과 만남의 생동적 경험을 언어를 통해 나누고 토론하는 '상호주관적' 공동체가 형성되었다. 더 나아가 그분과 만남에 내포된 구원론적 지평은 교리 안에서 재현되었고, 교리의 언어는 공동체에서 그리스도의 현존의 의미를 전달하고 교육하고 검증하는 데 핵심 역할을 담당했다.

시간의 흐름 속에 그리스도교가 새로운 환경으로 들어가고, 서로 다른 문화를 배경으로 하는 공동체들이 생겨나면서 점차 교리도 복잡하게 발전하고 신학의 언어도 다양해졌다. 그러한 다원화 과정 중에도 교회가 유연한 통일성을 가질 수 있었던 것은, 성서에 기록된 초기 그리스도인의 환호 속에 내포된 구원자에 대한 생생한 경험이 '규범성'을 가지기 때문이다. "가장 이른 시기의 신약성서의 층위에서 확립된 그리스도론의 원칙이 이후의 교리적 정형문구들을 통제하고 있지만, 동시에 이 종교의 새로움은 구속자가 구속을 완전히 성취했다는 그리스도론적 주장에 의존하고 있다."[51] 인간이 만들고 유지하는 종교적 틀 속에 갇힐 수 없으신 분인 그리스도의 현존은 강렬하면서도 고유한 경험을 불러일으킨다. 그 경험이 획득한 '규범성'과 '의외성'이라는 상반된 속성에서 생긴 척력이 열어젖힌 창조적 공간에서 교리는 나사렛 예수의 역사에 단단히 뿌리를 내리면서도 시간의 흐름과 함께 새로운 형태로 역동적으로 자란다.

요약하자면, 하나님의 계시를 포착하고 표현해 낼 언어적 공식(linguistic formula)의 필요성은 교리가 언제나 존재해야 할 이유가 된다. 그렇지만 교리는 교회가 수호해야 할 고정된 언어 구성체나 불변의 신념 체계가 아니라, "그리스도교의 살아 있는 전통에 영향을 미친 근본 현실들을 탐구하고 경험하기 위한 출발점"[52]이다. 교리는 하늘에서 뚝 떨어졌거나 과거로부터 물려받은 초역사적 권위를 가진 '정답'이 아니라 오늘을 살아가는 그리스도인이 배움과 성숙을 위해 고민하며 풀어 가야 할 '과제'라 할 수 있다. 그렇기에 헬머는 신적 실재와 그리스도인의 경험 사이의 관계를 풍성하면서도 섬세하게 설명해 주는 '슐라이어마허의 도움을 받은 인식론'이 현대 사회의 도전에 적절히 반응하면서도 규범성은 놓치지 않는 교리의 모델을 형성하는 데 도움이 된다고 강력히 제안한다.

51 이 책, 279-280.

52 이 책, 12.

IV. 나가는 말: 규범성과 다원성 사이에서 교리에 대해 생각하기

앞서 이야기했듯, 그리스도를 통한 구원의 경험이 구체적 시공간에서 일어나기에 교리는 '역사적' 성격을 가진다. 하지만 특정 세대에 묶이지 않는 구원자와 만남을 교리의 언어가 지시한다는 점에서 교리에는 '초역사적 성격'도 있다. 헬머가 볼 때, 오늘날 신학은 진보 보수 할 것 없이 이러한 교리의 이중적 본성을 충분히 고려하지 않고 있다. 그 결과 '교리의 종말'이 가까이 온 듯한 징후가 곳곳에 보인다. 교회가 공유하는 교리적 공식이나 신앙 고백적 전통은 무시하고, 종교적 현상이나 경험 자체 혹은 종교 공동체의 사회학적 구조를 분석하는 것을 '학문적'이라 간주하는 근대적 환상에 사로잡히기도 한다. 서구 문명 속에서 신학이 발전하다 보니 교리적 표현에는 '역사적 우연성'이 있게 마련인데, 이것을 '신학적 우월성 내지는 규범성'으로 착각하는 이도 있다. 언어를 매개로 이루어지는 인간의 상호주관성에 대한 진지한 고려 없이, 사랑의 실천으로만 그리스도교의 핵심을 드러내려는 악의 없는 열심도 적지 않다. 특정한 시기와 장소에 형성된 신앙 고백문을 성서 해석과 그리스도인 삶의 불변하는 규범처럼 여기고, 교리적 명제를 모아서는 불온사상 검문용 매뉴얼처럼 사용하기도 한다.

『교리의 종말』이란 도발적 제목을 써 가면서 헬머가 던진 도전은 이러한 맥락 속에서 이해될 필요가 있다. 이 책에 담긴 제안은 교리가 특정한 시공간의 한계 속에서 인간이 창조한 신념 체계냐, 아니면 시공간을 초월한 권위를 가진 가르침이냐라는 단순한 이분법에 빠지지 않으려는 노력의 결과물이다. 그런데 글을 맺기 전 독자에게 환기하고 싶은 바는, 다른 무엇보다도 헬머가 린드벡의 영향하에 마샬이 발전시킨 인식적-우위 모델에 대해 특별히 비판적이라는 점이다. 마샬처럼 교리를 세계관화 하면, "교회론을 사회학으로, 포스트모던 구성을 역사로, 성경을 교리로 대체"[53]할 위험이 있다. 신학자가 신앙 언어의 문법을 분석하는 데 매달리다가는, 언어의 원천이 되는 생동적인 신적 실재에 참여해야 한다는 본래적 사명을 잊을지 모른다. 헬머는 비슷한 경향이 개혁주의 인식론자(Reformed Epistemologists) 사이에서도 나타난다고 본다. 이러한 전문적 신학 담론뿐만 아니라 문화와 적대적 방식으로 '기독교 세계관'을 사용하는 곳, 하나님 말씀이 '지금 여기서' 불러올 새로움에 주의를 기울이지 않는 곳, 정형화된 과거 교리로 현대의 학문적·실천적 담론을 재단하고 세계기독교의 복잡한 실재를 단순화하는 곳이라면 '교리의 종말'이 임박했다고 할 수 있다. 이럴 때일수록 신학적·논리적 정합성 대신 예기치 못하는 하나님의 실재를, 교리의 '순수성' 대신 우리의 구원을 위한 "그리스도의 죄 없으심"[54]을 교리의 핵심 주제이자 지향점으로 삼으려 노

53 헬머가 2020년 9월 15일에 보낸 이메일을 허락을 받고 인용했다. 이 문단의 내용은 이메일 내용에 상당 부분 기반하고 있다.

54 헬머는 오늘날 그리스도인이 교리나 복음의 순수성을 말하면서도, 정작 '순수성'의 아우라를 자신들의 정치적 이익에 부합하는 반문화적 신학을 정당화하는 데 사용한다고 본다. 그러나 예수 그리스도도 1세기 팔레스타인의 문화에서 자유롭지 못하셨고, 단지 죄가 없으셨을 뿐이다. 따라서 종교개혁 이후 개신교인이 즐겨 사용하는 '순수한 교리' 대신 '구원자 그리스도의 죄 없으심'을 핵심 이미지로 삼을 때 더욱 개방적이고 유연한 교리 이해가 가능하다고 본다. 이 내용은 2020년 10월 10일 헬머가 보낸 편지에서 허락을 받고 옮겼다.

력해야 한다. 그래야 현실의 팍팍함에 숨을 깊이 들이마실 여유도 빼앗기고, 분열된 사회에 갇혀 서로를 신뢰하며 대화하는 기쁨도 잃어버린 현대인에게 그리스도교는 다시 희망의 원천이 될 수 있다.

물론 『교리의 종말』에서 "자신들이 근대성의 공격으로 여긴 것으로부터 교리를 보호하려고 했던 사람들이 오늘날 교리가 맞이한 도전을 초래했음"[55]을 보여 주려는 헬머의 특이한 역사 읽기 방식을 불편하게 여기는 독자가 얼마든지 있을 수 있다. 19-20세기 독일과 미국을 오가며 선별적으로 논지를 전개하다 보니 설명된 것보다 설명되지 못한 것도 많고, 자신의 기획을 구체적 교리 조항 해석에 어떻게 적용할지를 충분히 다루지 못하기도 했다. 슐라이어마허를 대화 상대로 삼아 내어놓은 제안에 여전히 '신칸트주의' 용어가 많다 보니, 헬머가 19세기 독일의 자유주의 신학을 어떤 식으로 전유하는지를 더 확실히 알아보고 싶은 마음이 들기도 한다. 또한 그리스도의 구원론적 영향과 성서의 초기 층위의 언어 분석 등을 통해 구성된 신학적 인식론으로 교의학 내지 조직신학의 체계 전체를 만들어 낼 수 있을지도 불명확하다(물론 슐라이어마허는 『신앙론』에서 이를 놀랄 만한 방식으로 성취했다).[56]

55 이 책, 38.

56 헬머는 바르트의 교의학에 대해 논평하며, 정합성(coherence)과 포괄성(comprehensiveness)의 원리로 기능하는 교리는 신학적 체계의 내용이 될 수 있다고 말한다. 하지만, 그의 슐라이어마허적 인식론이 신학적 명제 사이의 정합성에는 이바지할 수 있겠지만 어떻게 신학 체계 전체를 세우는 포괄성을 형성할지는 아직은 의문이다. Helmer, *Trinity and Martin Luther*, x을 참고.

하지만 이 얇은 책이 인종 문제와 경제적 불균형, 여성주의, 환경 문제, 다문화화, 난민 인권, 대학의 위기, 종교의 정치화 등의 복잡한 문제에 당면한 현대 교회가 교리를 버리지 않으면서도 교리주의에 빠지지 않을 방법론적 대안을 추구하고 있다는 데 큰 의의를 찾을 수 있다. 헬머가 이야기하듯 "성서에 이야기된 나사렛 예수와의 만남에는 2천 년 동안의 설교자들이 복음의 텍스트를 탐구해 왔음에도 아직도 고갈되지 않은 과잉 같은 것"[57]이 있다. 특정한 교리적 표현이나 교회의 권위가 아니라 바로 이 마르지 않는 생명의 힘이 교리의 규범성이자 초역사성의 근원임을 올바로 인정할 때, 교리의 종말(end)의 분위기가 아무리 짙어질지라도 교리의 목적(end)은 늘 새롭게 재발견될 수 있으리라 생각한다. 그리고 교리의 역사성과 초역사성 사이의 긴장을 인정하는 솔직함과 성숙함이 있어야, 인간의 현실을 예기치 못한 방식으로 새롭게 이끌어 갈 하나님의 미래가 이 땅에 열리는 데 교리가 올바로 기여하게 될 것이다.

57 이 책, 326.

추천의 글

『교리의 종말』은 오랜 구상을 거친 중요한 책이다. 20세기가 어느 정도 지난 지금에서야 우리는 자유주의 신학에 관한 이야기를 새로운 방식으로 들려주는 모습을 볼 수 있게 되었다. 헬머가 말하는 교리의 '종말'은 이야기의 한 단원이 끝남을 의미하는 것이지, 이야기 자체가 끝났다는 의미는 아니다. 헬머는 린드벡이 슐라이어마허를 읽는 방식, 즉 그를 성서 언어와 교리의 규범성을 종교적 경험으로 대체한 신학자로 읽는 방식에 도전한다. 이 작업을 수행하는 방식은 그저 신앙 언어의 문법을 분석하는 것이 아니라, 오히려 이러한 언어를 야기하는 살아 있는 현실에 참여하는 것이다. 이 책은 다음의 각각의 문제들을 동시에 다루며 이에 대한 신선한 접근의 길을 열어 주는 구성신학을 하도록 자극한다. 즉, 교회와 학계 모두에 대한 신학의 이중적인 책임, 초역사적 진리와 역사적 전통 간의 긴장에 대해 다루고, 무엇보다도 교리적 언어와 신학적 실재(즉, 하나님)의 관계의 문제를 다룬다. 우리는 무언가 신실한 것뿐만 아니라 무언가 새로운 것에 대해 이야기하도록 안내되고 있다. 그 이유는 바로 신학이 논하는 대상인 실재가 살아 움직이기 때문이다.

케빈 벤후저 트리니티 신학대학교 조직신학 연구 교수

책 제목에서 end(종말)는 애매한 의미를 지니는데, 이는 의도적인 것이다. 즉, 목적이라는 의미이자 끝이라는 의미이다. 교리의 참된 '목적'은 교리 너머에 있는 관계를, 즉 살아 계신 하나님께서 이 세상의 인간 존재와 맺으시는 관계를 가리키는 것이다. 이 목적이 보이지 않을 때 우리는 교리의 종말이라는 위험에 처한다. 크리스틴 헬머는 교리에 새로운 활기를 불어넣고자 한다. 헬머는 이 목적을 달성하기 위해, 신비주의와 형이상학에 대한 리츨 학파의 반응과 바르트의 말씀의 신학을 통해 슐라이어마허를 비판한 브룬너에서부터, 소위 예일 학파(이 학파에서는 교리가 지시적 지위를 완전히 잃음으로써 신적 실재 및 역사적 현실과의 연관성까지 잃었다)로 불리는 이들에 의한 인식론적 모델의 창조에 이르는 여행에 우리를 데려간다. 헬머는 사회적으로 이해된, '실재'와의 상호작용을 표현하는 것으로 교리에 대한 이해를 진척시키기 위해 슐라이어마허의 인식론(그 과정에서 저 위대한 베를린인에 대한 몇몇 신화를 깨부순다)을 복원함으로써 자신의 구성적인 해법을 진행해 나간다. 이 섬세한 연구는 바르트의 말씀 개념을 중요한 방식으로 확장하고 심화시킨 신학적 인식론을 낳았고, 또한 최근 몇십 년간 교리에 대한 무너진 평판을 복구하는 교리 이해를 낳았다.

브루스 L. 맥코맥 프린스턴 신학대학교 찰스 핫지 조직신학 교수

교리에 관한 최근의 논의는 대개 근대적인 신학적 통찰에 비판적이었다. 크리스틴 헬머는 이러한 논의를 신중하게 고치는 작업에 착수한다. 역사 및 종교학을 진지하게 여겨야 한다고 강조하면서 말이다. 헬머는 이러한 강조가 신학 교리에 들어 있는 언어와 현실을 경시하는 것이 아니라, 그 언어와 현실에 새로운 타당성을 부여하는 것임을 입증하고 있다.

리스토 사리넨 헬싱키 대학교 에큐메니컬신학 교수

헬머의 책은 그리스도교 신학과 신앙에서뿐만 아니라 학계에서도 교리에 대한 신기원을 이룬 새로운 활력소이다. 이 책은 두 가지 중요한 접근을 비판한다. 하나는 교리에 관한 권위주의적인 관점으로, 교리에 구성적 성격이 있음을 부인하는 접근 방식이고, 또 하나는 종교학의 환원주의적 경향으로, 신학과 교리를 반지성적인 것으로 보는 접근 방식이다. 헬머는 인간 증인이 교리와 초월성을 중요하게 연결시키려면 교리에 사회적 구성의 성격이 있다는 점과 교리가 반드시 변한다는 점을 인식해야 한다고 주장한다. 헬머는 깊은 깨달음을 주는 방식으로 마르틴 루터와 프리드리히 슐라이어마허의 공헌을 재전유하고, 어떻게 칼 바르트의 작업이 사회 구성주의와 초월성을 결합하는 자신의 작업을 지지하는지도 보여 준다.

메리 매클린톡 풀커슨 듀크 대학교 신학 교수

간결하고 우아하게 쓰인 이 책은 교리(또는 신학 자체가)가 종말을 맞게 되었다는 우리 시대의 의혹에 위축되지 않고 이와 씨름하고 있다. 헬머는 교리의 새로운 목적에 대한 설득력 있는 전망을 보여 주는 밑그림을 그린다. 이것은 학계, 문화, 교회를 가로지르며 울려 퍼진다. 그의 책은 나무를 보다가 숲을 놓치는 우를 범하지 않고 신학, 종교학, 철학과 대화하며 이를 다룸으로써, 학제간 토론을 위한 훌륭한 가능성을 열어 준다.

앤드류 치그넬 코넬 대학교 철학 교수